21世纪会计系列规划教材·致用型

财务分析：方法与案例

（第二版）

Financial Analysis :
Methods and Cases

刘义鹃 主 编

徐光华 柳世平 副主编

东北财经大学出版社
Dongbei University of Finance & Economics Press
大连

图书在版编目（CIP）数据

财务分析：方法与案例 / 刘义鹍主编. —2版. —大连：东北财经大学出版社，2015.11（2017.11重印）

（21世纪会计系列规划教材·致用型）

ISBN 978 - 7 - 5654 - 2130 - 3

Ⅰ. 财… Ⅱ. 刘… Ⅲ. 会计分析-高等学校-教材 Ⅳ. F231.2

中国版本图书馆 CIP 数据核字(2015)第 246456 号

东北财经大学出版社出版

（大连市黑石礁尖山街217号 邮政编码 116025）

教学支持：（0411）84710309

营 销 部：（0411）84710711

总 编 室：（0411）84710523

网 址：http://www.dufep.cn

读者信箱：dufep@dufe.edu.cn

大连永盛印业有限公司印刷   东北财经大学出版社发行

幅面尺寸：185mm×260mm 字数：543千字 印张：23.25 插页：1

2015年11月第2版   2017年11月第5次印刷

责任编辑：王 莹   责任校对：王 娟 孙 萍 毛 杰

封面设计：张智波   版式设计：钟福建

定价：38.00元

第二版前言

本书第一版自2012年8月出版以来，得到了广大读者的认可，于2013年8月第二次印刷，并有多家大学的商学院将本书作为其财务分析课程的教材或主要参考资料，也有的大学将本书作为相关专业讲授类似课程的教材。

随着社会经济环境的变化，财务分析的需求与应用领域不断扩展，使企业财务分析的内容及其深度和广度日益拓展，财务分析方法也日趋完善与丰富，因此教材内容需要不断更新。

在本书再版过程中，除保留个别有典型意义的案例以外，在保持第一版精华的基础上，主要对案例进行了重大调整。这些案例大都是作者近三年采集的上市公司最新的公开信息，它们可以为读者在学完各章相关内容以及全书内容以后立即对现实问题展开分析提供便利条件。另外，本书包含了作者近年来一些新的研究成果。各章关于质量分析的内容也比第一版更加完善和丰富。

通过本次修订，本书在突出新理论、新方法的同时，对财务分析框架进行了系统梳理，强调体系完整，将战略分析的思想贯穿于会计分析、财务分析与前景分析中，将相关比率分析与质量分析融入报表分析，并增加获现能力分析内容，着重对反映财务能力的重要指标进行因素解析分析、综合分析、财务预警分析和前景分析，突出财务分析面向未来的决策支持功能。本书可以作为高等学校经济与管理类专业学生（包括本、专科生及MBA和工程硕士等专业学生）的教学用书。

全书共分13章，其中第1、8、10、11章由徐光华修订，第3、4章由柳世平修订，第7、9章由刘义鹃修订，第5章由刘义鹃和宋玉修订，第2、13章由温素彬修订，第6、12章由邓德强修订。在本版的修订过程中，研究生周佳伦、马炜炜、邓丰明等同学做了大量工作，特此致谢。同时，也借此机会向批评、支持和关心本书的朋友们表示衷心的感谢，正是你们的批评、支持和关心，才使得本书的质量越来越好！

书中存在疏漏谬误之处恐难避免，恳请大家不吝指正，以使本书渐臻完善。

编　者

2015年9月于南京

第一版前言

财务分析是一门依据现代经济理论，运用企业价值最大化的经营理念，对现实中的财务报告资料及其他相关资料进行分析，为企业经营管理者、股权投资者、债权投资者、社会中介机构和政府职能部门等各种利益相关者做出正确决策提供准确信息或依据的应用性学科。

自美国学者本杰明·格雷厄姆（Benjamin Graham）将财务报表分析引入投资决策以后，人们已开始重视并接受这一概念，越来越多的人认识到财务报表分析的重要性，因为只有了解企业，才能做出科学的决策，而财务报表正是了解企业最为重要的窗口。与此同时，企业财务报表质量的高低、信息使用者对财务报表理解的深浅又将直接影响其决策的科学性和正确性。因此，学会全面、深入地解读和分析企业财务报表，对于了解企业真实的经营状况、更好地做出相应的预测和决策，已显得至关重要。

随着社会经济环境的变化，财务分析的需求与应用领域不断扩展，企业财务分析的内容及其深度和广度日益拓展，方法也日趋完善与丰富，因此教材编写需要不断跟上时代的要求。本书从体系到内容，我们力求有所突破、有所创新，主要体现在以下几个方面：

1. 逻辑严密、层次清晰。在研究和借鉴以美国为代表的西方财务报表分析体系与内容的基础上，吸收现代企业管理相关理论，结合我国企业财务报表分析实际，提出了"财务分析基础"、"财务报表解读"、"财务能力分析"和"财务运用分析"等四个模块组成的"大厦模式"财务报表分析体系，各部分逻辑严密、层次分明。

2. 内容翔实、案例丰富。全书内容分4篇，其中第1篇为全书的理论基础，第2、3篇为全书的主体内容，第4篇则是传统财务报表分析内容的拓展。各部分均融入相关案例，达到理论与实践的有机结合和相得益彰。

3. 格物致知、吐故纳新。面对经济发展突飞猛进、金融市场瞬息万变、财务信息急剧膨胀的当今社会，我们密切关注经济、管理理论与实践的最新发展，将Excel应用于企业财务分析，深入探究报表中财务指标变化的脉络和缘由，同时吸收国内外新的研究成果，以树立精品意识，提升教材品质。

4. 深入浅出、循序渐进。在教材内容的组织安排和编写过程中，无论是整体内容还是局部章节，都尽可能做到深入浅出、循序渐进，以达到理想的教学效果。

5. 体例新颖、形式灵活。每章设置"学习目标"、"重点与难点"、"引言"、"正文"（穿插"相关链接"）、"本章小结"、"讨论题"、"业务题"和"案例分析"等栏目。书末的"参考文献与推荐阅读"为学习者设计了一个较为科学的知识体系，以帮助大家更轻松有效地学习财务报表分析。

全书共分13章，其中第1、8、10、11章由徐光华撰写，第3、4章由柳世平撰写，第7、9章由刘义鹃撰写，第5章由刘义鹃和宋玉撰写，第2、13章由温素彬撰写，第6、12章由邓德强撰写，研究生江华参与了资料收集和书稿校对等教材编写工作，最后由刘义鹃总纂定稿。

本书可以作为高等学校经济与管理类专业（包括MBA、MPAcc等专业硕士学位和高职院校相关专业）的教学用书。

由于我们仓促走笔，书中缺点乃至错误恐难避免，恳请大家不吝指正，以使本书渐臻完善。

编　者

2012年5月于南京

目　　录

第1篇　财务分析基础

第1章　财务分析概述　⇨ 2

学习目标　/ 2

重点与难点　/ 2

引　言　/ 2

1.1　财务分析的产生与发展　/ 3

1.2　财务分析的内涵与目标　/ 7

1.3　财务分析的内容与形式　/ 12

1.4　财务分析的局限性和发展预测　/ 17

本章小结　/ 19

讨论题　/ 20

案例分析　/ 20

第2章　财务分析程序与方法　⇨ 21

学习目标　/ 21

重点与难点　/ 21

引　言　/ 21

2.1　财务分析的程序与步骤　/ 22

2.2　财务分析的信息基础　/ 24

2.3　财务分析的方法与技术　/ 35

本章小结　/ 44

讨论题　/ 45

业务题　/ 45

案例分析　/ 46

第2篇　财务报表解读

第3章　资产负债表分析　⇨ 49

学习目标　/ 49

重点与难点　/ 49

引　言　/49

3.1 资产负债表分析的目的和内容 / 50

3.2 资产负债表水平分析 / 53

3.3 资产负债表结构分析 / 61

3.4 资产负债表项目分析 / 67

本章小结 / 91

讨论题 / 91

业务题 / 92

案例分析 / 92

第 4 章 利润表分析 ⇨ 93

学习目标 / 93

重点与难点 / 93

引 言 / 93

4.1 利润表分析的目的和内容 / 94

4.2 利润表水平分析 / 96

4.3 利润表结构分析 / 105

4.4 利润表项目分析 / 110

本章小结 / 130

讨论题 / 131

业务题 / 131

案例分析 / 132

第 5 章 现金流量表分析 ⇨ 135

学习目标 / 135

重点与难点 / 135

引 言 / 135

5.1 现金流量表分析的目的和内容 / 136

5.2 现金流量表的一般分析 / 141

5.3 现金流量质量分析 / 157

本章小结 / 163

讨论题 / 164

业务题 / 164

案例分析 / 164

第 6 章 所有者权益变动表分析 ⇨ 166

学习目标 / 166

重点与难点 / 166

引 言 / 166

6.1 所有者权益变动表分析的目的和内容 / 167

6.2 所有者权益变动表的一般分析 / 169

6.3 所有者权益变动对财务状况质量的影响 / 179

本章小结 / 186

讨论题　/ 186

业务题　/ 187

案例分析　/ 188

第3篇　财务能力分析

第7章　企业盈利能力分析　⇨ 191

学习目标　/ 191

重点与难点　/ 191

引　言　/ 191

7.1　盈利能力分析的目的和内容　/ 192

7.2　商品经营盈利能力分析　/ 198

7.3　资产经营盈利能力分析　/ 200

7.4　资本经营盈利能力分析　/ 204

7.5　上市公司盈利能力分析　/ 207

本章小结　/ 212

讨论题　/ 213

业务题　/ 213

案例分析　/ 214

第8章　企业营运能力分析　⇨ 215

学习目标　/ 215

重点与难点　/ 215

引　言　/ 215

8.1　营运能力分析的目的和内容　/ 217

8.2　流动资产管理效果分析　/ 218

8.3　固定资产利用效果分析　/ 224

8.4　总资产营运能力分析　/ 226

本章小结　/ 228

讨论题　/ 229

业务题　/ 229

案例分析　/ 230

第9章　企业偿债能力分析　⇨ 233

学习目标　/ 233

重点与难点　/ 233

引　言　/ 233

9.1　偿债能力分析的目的和内容　/ 234

9.2　短期偿债能力分析　/ 237

9.3　长期偿债能力分析　/ 246

本章小结　/ 260

讨论题　/ 261

业务题　/261

案例分析　/262

第10章　企业发展能力分析　⇨ 269

学习目标　/269

重点与难点　/269

引　言　/269

10.1　企业发展能力分析的目的和内容　/270

10.2　企业发展能力指标分析　/275

本章小结　/279

讨论题　/280

业务题　/280

案例分析　/280

第11章　财务综合能力分析　⇨ 282

学习目标　/282

重点与难点　/282

引　言　/282

11.1　财务综合能力分析的目的和内容　/283

11.2　沃尔分析法　/285

11.3　杜邦分析法　/288

11.4　帕利普分析法　/297

本章小结　/300

讨论题　/300

业务题　/301

案例分析　/302

第4篇　财务运用分析

第12章　企业财务危机预警　⇨ 305

学习目标　/305

重点与难点　/305

引　言　/305

12.1　财务危机预警概述　/306

12.2　财务危机预警定性方法　/313

12.3　财务危机预警定量方法　/315

12.4　财务危机预警系统方法　/325

本章小结　/331

讨论题　/331

业务题　/332

案例分析　/332

第 13 章　Excel 在财务分析中的运用　⇨ 334

　　学习目标　／334

　　重点与难点　／334

　　引　言　／334

　　13.1　Excel 的基本技能　／334

　　13.2　比率分析模型　／340

　　13.3　财务综合评价模型　／346

　　13.4　Excel 中控件的使用　／350

　　13.5　数据透视表在财务分析中的使用　／352

　　本章小结　／357

参考文献与推荐阅读　⇨ 359

第1篇

财务分析基础

{第1章}
财务分析概述
{第2章}
财务分析程序与方法

第 1 章

财务分析概述

分析财务报表，只是分析公司的开始并非终点。

——巴菲特

不完全懂得财务报表分析的经营者，就好比是个不能得分的球员。

——罗伯特·C.希金斯

学习目标

1. 了解财务分析的产生与发展；
2. 理解财务分析的内涵与目标；
3. 掌握财务分析的内容与形式；
4. 了解财务分析的局限性。

重点与难点

1. 财务分析的目的；
2. 财务分析的体系。

引　言

被称为"财务分析之父"的哥伦比亚大学经济学教授本杰明·格雷厄姆（Benjamin Graham，1894—1976）在美国国内并不为很多人所知，其实大名鼎鼎的投资大师沃伦·巴菲特（Warren Buffett）就是格雷厄姆的得意门生。巴菲特以杰出的投资业绩与显赫的财富而闻名于世，但在投资理念上几乎全部师承了格雷厄姆的学术精华。

1934 年，格雷厄姆与大卫·陶德（David Dodd）合著的《有价证券分析》一书问世了，他在该书中创立了一整套关于有价证券的卓有成效的理论。由于他对定量分析的贡献，格雷厄姆被公认为"财务分析之父"。巴菲特曾虔诚地说过："在许多人的罗盘上，格雷厄姆就是到达北极的唯一指标。"大卫·刘易斯（David Lewis）甚至说："格雷厄姆的证券分析学说是每一位华尔街人士的'圣经'，而他则是当之无愧的'华尔街教父'。"

那么，财务分析能够为人们提供什么样的信息或帮助呢？

信息是当今社会最重要的资源之一，任何经济活动都离不开信息，而且都表现为一个信息处理过程，即对信息的收集、加工、处理与分析，依据分析的结果做出经济决策和实施经济决策，并依据决策实施过程中反馈的信息控制实施过程。

企业财务报表是集中反映企业一定时期经营活动、投资活动和筹资活动等各类财务信息的载体，财务信息是企业日常经济活动中最重要的信息资源，而财务报表解读与分析（以下简称财务分析）则是研究如何利用财务信息进行科学决策的一门科学与艺术，包括使用简单数学方法理解会计在报表形成过程中的作用和评价企业战略，其目的是通过研究公司财务报表了解报告公司的历史面貌、当前状态及未来前景，为改善企业经营状况提供线索，同时在信用决策、评价证券、分析竞争者和评估经理人员业绩等方面起着重要作用。

1.1 财务分析的产生与发展

有了稳定的财务信息的供给机制，企业外部的利益相关者还必须能够充分地利用这些信息，他们必须正确地理解与分析这些信息，必须具有利用信息进行决策的能力。财务分析正是研究各利益相关者出于各自经济决策的需要而分析、理解财务信息的原理、技术方法与技巧的一门学问。

1.1.1 财务分析的产生

财务分析自产生至今，其分析的重心逐渐转移，从最初的信用分析、投资分析发展到如今的内部分析。

1. 信用分析

财务分析最早产生于美国，是美国工业大发展的产物，起源于美国银行家对企业进行的所谓信用分析。在美国工业大发展前，企业规模较小，银行根据个人信用给企业贷款。然而，随着经济的发展，银行不能根据个人的信用给企业贷款，这样银行就更关心企业的财务状况，关心企业是否具有偿债能力。19世纪末20世纪初，美国银行为确保发放贷款的安全性，对于申请贷款的企业要求提供其资产负债表。随后，美国银行家亚历山大·沃尔（Alexander Wall）作为财务综合评价领域的著名先驱者之一，创立了比率分析体系。在当时，沃尔的比率分析体系，仅限于"信用分析"，所用的财务比率指标只有流动比率指标，主要为银行提供信用分析服务，以防范贷款的违约风险，对贷款人进行信用调查和分析，据以判断客户的偿债能力。所以，信用分析又称资产负债表分析，主要用于分析企业的流动资金状况、负债状况和资金周转状况等。

信用分析体系的形成，标志着财务分析作为一门独立学科的正式诞生。当时的代表著作有沃尔的《信用分析》（1921）、《财务报表的比率分析》（1928）、《财务报表分析》（1930）、《财务报表之看法》（1936）和吉尔曼（Stephen Gilman）的《财务报表分析》等。

但应注意到，企业良好的偿债能力（尤其是长期偿债能力），必须以良好的经营状况和雄厚的盈利能力为基础。因此，现代的财务分析，不再只是对单纯的资产负债表进行分析，而是向着以利润表为中心的方向转变。实践调查表明，目前银行是混合采用几种不同的方法以做出是否贷款的决策。方法的选择明显与企业的规模有关，对中小企业，重点考察的是企业的资产负债表，而对大型企业，强调的重点是企业的盈利能力。

2. 投资分析

到了 20 世纪 20 年代，随着资本市场的形成，财务分析由主要为贷款银行服务扩展到为投资人服务。在资本市场上，随着社会筹资范围的扩大，非银行的贷款人和股权投资人的增加，公众开始进入资本市场和债券市场，投资人对财务信息分析的要求更为广泛，为确保和提高投资收益，广大投资者纷纷利用银行对不同企业及行业的分析资料进行投资决策。于是，财务分析由信用分析阶段进入投资分析阶段，其主要任务也从稳定性分析过渡到收益性分析，使财务分析涵盖了偿债能力、盈利能力、筹资结构、利润分配等分析内容，从而发展到比较完善的外部财务分析体系。

值得注意的是，稳定性分析变为收益性分析，并非是后者对前者的否定，而是以后者为中心的两者并存。可是，由于盈利能力的稳定性是企业经营稳定性的重要方面，企业的流动性在很大程度上依赖于盈利能力，所以随着稳定性分析的深化，收益性分析也成为稳定性分析的重要组成部分。这时的稳定性分析，其内涵不仅包括企业支付能力的稳定性，而且包括企业收益能力的稳定性。于是，财务分析又向着以收益性为中心的稳定性分析方向发展，逐步形成了目前企业财务分析的基本框架。

3. 内部分析

财务分析在开始阶段只是用于外部分析，即企业外部利益相关者根据各自的要求而进行的分析。后来，企业在接受银行的分析与咨询过程中，逐渐认识到了财务分析的重要性，开始由被动地接受分析逐步转变为主动地进行自我分析。尤其是在第二次世界大战以后，企业规模不断扩大，特别是公司制的企业组织形式出现后，经营活动日趋复杂。

为了改善企业的内部管理，使企业在激烈的市场竞争中求生存、图发展，不得不借助于财务会计报告所提供的有关资料进行"资讯导向"、"目标管理"、"利润规划"及"前景预测"。这些都说明，财务分析开始由外部分析向内部分析拓展，并表现出两个显著特征：①内部分析不断扩大和深化，成为财务分析的重心；②分析所需和所用的资料非常丰富，为扩大分析领域、提高分析效果、发展分析技术提供了前提条件。

通过财务分析掌握企业的经营状况，预测企业未来的发展前景，已经成为现代企业及社会的一大要求。不过，无论是外部分析还是内部分析，它们所用的资料主要来源于已公布的财务报表。也就是说，它们都是以企业对外公布的财务会计报告为中心解析财务会计信息的。

1.1.2 我国财务分析的产生和发展

在我国，过去将财务分析称为经济活动分析，理论界对其产生的说法不一。已故会计学家李宝震教授在《论会计在经济管理中的重要作用》一文中认为，经济活动分析随会计一起产生和发展。在唐元和八年（公元 813 年），宰相李吉甫所著《元和国计簿》十卷通过历年财政状况的比较，说明军费增加是财政困难的原因之一。可以说，这是我国经济活动分析最早的一本著作。而多数人认为，这本专著应被看做我国会计理论发展史的一个里程碑，不应作为分析的开始。

新中国成立前，只存在财务分析的某些内容，但不具备经济活动分析的整体知识，分析方法主要是比率分析法。没有专著，只有一些译著，公开发表的文章也很少，主要有 1939 年《会计学刊》创刊号中的《决算报表与分析》、1940 年《会计学刊》第 3 期中的《成本会计与成本变动的分析》、1947 年《现代会计》第 8 期中的《销售毛利变动的分析》等。

新中国成立后，财政部于1951年11月召开第一次全国财务管理及会计工作会议，对国营企业财务报表的格式和种类做了统一规定。1952年年初，国家颁发了《国营企业决策报告编制暂行办法》的通知，为开展企业财务报表分析奠定了基础。自1952年起，企业开始进行财务报表分析。1955年，国务院制定了《国营企业决算报告编送办法》，明确规定企业必须编送财务状况说明书，其内容包括：①生产、基建、劳动工资、供应、销售、成本、财务等计划的完成情况；②财务情况分析；③损益原因分析；④成本分析；⑤流动资金的运用情况；⑥固定资产的利用情况；⑦企业奖励基金等特种基金和其他预算拨款的使用情况；⑧财务会计工作的情况和今后的改进意见。以上内容在年度终了要详细汇报，季度终了可以略报。

1953年前后，高校开设经济活动分析课程，使用苏联教科书和中国人民大学补充教材《新中国国营企业经济分析特点》。1957年10月，第一本经济活动分析教科书正式出版，即《工业企业经济活动分析》。同期，一些有关经济活动分析的文章在全国范围内发表。进入20世纪60年代后，会计"应彻底放权"、"大力简化"的论调出现，企业经济活动分析的实践和理论研究基本停止。至20世纪70年代，会计工作混乱，会计核算工作、研究工作、教学工作基本中断，经济活动分析这门学科的发展同样如此。中共十一届三中全会以后，会计工作得到重视。1980年1月中国会计学会成立，有力地推动了会计理论研究。杨纪琬教授和阎达五教授率先提出了"会计的本质是一种管理活动"的观点，第一次突破了传统"工具论"的提法。会计除记录、反映外，还有分析经济情况、核算经济效果、监督经济活动、预测经济前景、参与经济决策的重要作用。1980年10月，财政部召开全国会计工作会议，研究如何适应新形势，进一步发挥会计的作用，更好地为"四化"服务。在这以后，经济活动分析的实践和理论得以全面恢复和发展。

20世纪90年代初期进行的财务与会计制度改革，是我国企业财务分析和财务报表分析的理论与实践发展的又一个重大飞跃。从总体上看，新的财务分析理论在以下方面做了重大突破性改革：

第一，借鉴国际惯例，改革了报表体系，使企业财务分析能够更好地与国际惯例接轨，更好地适应社会主义市场经济发展的新要求。

第二，强化了报表分析和财务评价职能，并使报表分析和财务评价成为企业财务管理的一个专门化的重要功能，从而为企业报表分析和财务评价成为一门独立学科奠定了理论基础。

第三，改革了财务分析指标体系，使报表分析成为企业投资者、债权人、国家经济管理机关和企业内部管理者的共同需要，改变了单纯从政府角度评价企业的评价立场。新的报表分析指标体系，以工业企业为例，主要包括资产负债率、流动比率、速动比率、应收账款周转率、存货周转率、销售利税率、资本金利润率、成本费用利润率等八项。借助这套指标体系，可以从不同的角度分析和评价企业偿债能力、获利能力和营运能力，揭示企业目前的实际情况，以适应各方面的需要。

第四，改革了报表分析和财务评价方法。借助新指标体系，根据企业计划完成程度，更重要的是采取了指标实际值与标准值，判断企业目前所处的经营环境，适应各方面的需要。

【相关链接】

财务分析与大数据时代

随着大数据时代的来临，企业的财务分析活动也出现了一系列变化，而财务数据分析作为企业财务分析的重要组成部分之一，其分析结果的准确度直接影响着财务管理水平。在大数据时代，财务分析等同于大数据分析。

财务分析最早起源于20世纪，至今已有100多年的发展历史，并初步形成了相应的分析管理体制。财务分析具有很强的时效性，其分析内容应随着经济环境的发展变化而及时改变。随着知识经济时代的到来，大数据被广泛地应用至各个领域，如保险、医疗、信息、航空航天等行业，并取得了良好成效。在财务分析中，大数据技术以其大量化、多样化、快速化优势受到了财务管理人员的一致好评，它一方面极大地提升了财务数据分析和处理的能力，另一方面还提高了财务管理的质量和水平。

会计技术是编制财务报表的基础和前提，财务报表则是财务分析的基础。管理者可以通过财务分析了解和掌握企业的运营状况，进而制定行之有效的管理制度和政策。财务分析的最终目标是使财务管理人员了解过去的经营业绩和当前的财务管理水平，从而进行科学决策，推动财务管理的可持续发展。因此，会计技术的发展影响和决定着财务分析的产生与发展。这是一个信息化的时代，云平台如火如荼地进行，大数据概念又横空出世。大数据除了具有数据庞大的特点以外，数据变化速度快、种类繁多、准确性较高也是其主要特征。伴随着微博、微信等网络媒体的快速发展以及媒体时代的来临，互联网中无时无刻不在产生大量数据，大数据时代的来临已经成为不可逆转的趋势。这给传统的数据仓库、数据处理和分析技术都提出了巨大挑战。

最早提出"大数据"时代到来的是全球著名咨询公司麦肯锡。究其本质，大数据与其说是一门技术，不如说是新环境下海量数据价值发挥的方法之一。传统企业的财务分析可利用这种方法进一步发挥作用。大数据，或称巨量资料，指的是所涉及的资料量规模巨大到无法通过目前主流软件工具在合理时间内达到撷取、管理、处理、整理信息从而有助于企业进行经营决策目的的资讯。在"大数据时代"，大数据指不用随机分析法这样的捷径，而采用所有数据进行分析处理。大数据的4V特点是大量、高速、多样、价值。

一项针对大型跨国公司高管进行的调查结果显示，目前企业中约有超过2/3的管理人员肯定了数据的价值和作用，并将其视作企业发展的无形资产，要求企业妥善利用。这显示出，在大数据时代企业越来越认识到数据本身的价值和从数据中得到的价值二者之间的差异，要求进一步深化财务管理体制改革，积极运用各项信息化手段进行财务管理，不断提升其数据分析和处理能力，以更好地适应信息时代的企业财务管理需求，从而有效地增加其竞争优势。数据的分析和利用受各方面因素的影响较大，其分析难度较大且过程较为复杂，因此，企业必须充分利用手头现有资源加强财务数据管理，不断提升其数据处理和分析能力，保证数据价值的充分发挥，实现其决策的科学化和信息化。

要想更好地提升企业的财务管理能力，企业就必须进一步明确财务分析和大数据的关系，统筹兼顾，实现资源的优化配置。众所周知，财务数据是企业最基本的数据之一，其积累量较大，其分析结果直接影响着企业财务管理的最终质量。因此，企业在进行决策分析时，必须坚持客观公正原则，以财务数据为基础，制定明确的分析指标和依据，以保证企业财务管理的平稳推进和运行。

在进行财务分析时，财务管理人员首先应该查找和翻阅当期的管理费用明细，并将其与前一阶段的数据进行对比，找出二者的主要差异，从而找出管理费用的变化规律，最终得出变化原因。在进行原因分析时，财务管理人员可以建立一个多维度的核算项目模型，并在模型中做好变化标记。在整个分析过程中，财务人员往往要花费大量时间用于管理费用核算与验证，同时查找相关资料。在财务软件中，上述系列动作要切换不同的界面。而如果利用大数据技术，只要通过鼠标的拖拽，就可以在短短几秒钟内分析出所有管理费用明细发生在每个部门的情况。对于企业的决策者而言，通过对财务信息的加工、搜集和深度分析，可以获得有价值的信息，促使决策更加科学合理。

资料来源 李琪瑶，张宇虹.财务分析与大数据时代[J].中小企业管理与科技（下旬刊），2015（1）.

1.2 财务分析的内涵与目标

1.2.1 财务分析的内涵

关于财务分析，可以从财务会计与财务分析之间的区别与联系中理解什么是财务分析及为什么需要财务分析。财务会计研究的焦点在于如何提供信息，即研究如何向企业的利益相关者提供决策相关信息的有关理论与技术问题。从理论的角度来看，财务会计首先界定企业的利益相关群体，其次研究这些群体需要做出哪些经济决策，这些决策需要哪些信息，然后研究如何确认、计量和报告交易与事项对决策的影响。换言之，财务会计是一门翻译学，主要研究如何将交易与事项对企业财务状况、经营成果与资金变动情况的影响翻译成会计语言（即所谓的通用商业语言），并以财务报告的形式将这种影响同会计信息的用户（即利益相关者）进行沟通，即财务会计是对企业目标实现程度、企业履行其义务的情况所作的陈述与披露。

财务分析则从企业所作的陈述与披露的解读与分析中，评价企业目标的实现程度与其义务的履行情况，即财务分析主要研究企业利益相关者如何解读这些信息，信息的解读过程是信息生成过程的逆过程。不同的利益相关者与企业利益相关的性质不一样，其信息需求、对会计信息关注的重点（即分析目标）、使用的分析方法等也就不尽相同。财务分析这门课程不仅要讨论财务分析的一般目标与一般方法，还要分别研究不同利益相关者的不同分析目标与分析方法。

关于财务分析的概念，美国南加州大学教授 Water B.Meigis 认为，财务分析的本质在于搜集与决策有关的各种财务信息并加以分析与解释的一种技术。美国纽约市立大学 Leopokl A.Bemstein 认为，财务分析是一种判断的过程，旨在评估企业现在或过去的财务状况及经营成果，其主要目的在于对企业未来的状况及经营业绩进行最佳预测。台湾政治大学教授洪国赐等认为，财务分析以审慎选择财务信息为起点，作为探讨的根据；以分析信息为重心，以揭示其相关性；以研究信息的相关性为手段，以评核其结果。

综上所述，财务分析是以会计核算和报表资料及其他相关资料为依据，采用一系列专门的分析技术和方法，对企业等经济组织过去和现在有关筹资活动、投资活动、经营活动的偿债能力、盈利能力、营运能力和发展能力状况等进行分析与评价，为企业的投资者、债权人、经营者及其他关心企业的组织或个人了解企业过去、评价企业现状、预测企业未来、做出正确决策提供准确信息的经济应用学科。

其实，财务分析的概念有狭义与广义之分。狭义的概念是指以企业财务会计报告反映的财务指标为主要依据，通过分析，包括对财务会计报告数据的进一步加工，生成一些新的数据，对企业在运营过程中的利弊得失、企业的财务状况和经营结果进行评价和剖析，为报表使用者做出投资判断和决策提供重要财务信息的一种分析活动。广义的概念是在此基础上还包括行业分析、企业战略分析、企业环境分析、企业发展前景分析和资本市场分析等。因此，财务分析概念体系可以如图1-1所示。

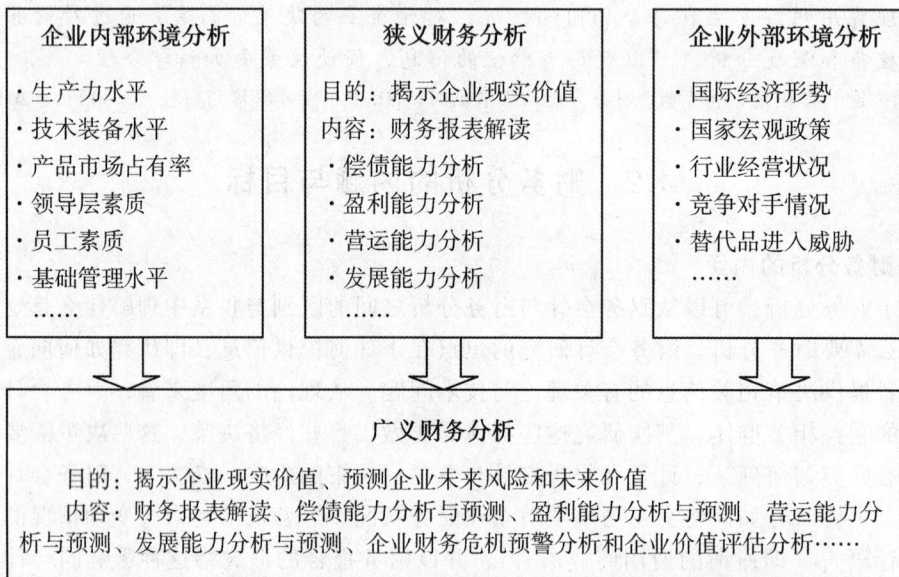

企业内部环境分析	狭义财务分析	企业外部环境分析
·生产力水平 ·技术装备水平 ·产品市场占有率 ·领导层素质 ·员工素质 ·基础管理水平 ……	目的：揭示企业现实价值 内容：财务报表解读 ·偿债能力分析 ·盈利能力分析 ·营运能力分析 ·发展能力分析 ……	·国际经济形势 ·国家宏观政策 ·行业经营状况 ·竞争对手情况 ·替代品进入威胁 ……

广义财务分析

目的：揭示企业现实价值、预测企业未来风险和未来价值
内容：财务报表解读、偿债能力分析与预测、盈利能力分析与预测、营运能力分析与预测、发展能力分析与预测、企业财务危机预警分析和企业价值评估分析……

图1-1　财务分析概念体系

从图1-1中可以看出，狭义财务分析是以财务报表为基础的，其主要目标是揭示企业的现实价值，但这不是最终目的。只有在狭义财务分析的基础上，结合企业内部环境和外部环境的分析，运用一定的分析方法，才能对企业未来进行有效的预测分析。报表使用者不仅关心企业的过去和现在，更关心企业的未来。

1.2.2　财务分析的主体及目标

财务信息与决策密切相关，它是决策过程中不可缺少的依据。由于进行财务分析并做出决策的主体各不相同，因此，他们进行财务分析的目标也各不相同。

所谓财务分析的主体是指与企业存在一定的现实或潜在的经济利益关系，为特定目的对企业进行财务分析的单位、团体和个人。一般而言，与企业有着经济利益的方方面面都会成为企业财务报表的用户，并且他们站在各自的立场上，为各自的目的，对企业的财务状况、经营成果及现金流量进行分析和评价。这些用户均构成财务分析的主体，包括企业所有者、企业贷款人、企业经营管理者、供应商和客户、政府部门、员工、竞争对手及潜在投资者等。财务分析的主体与目标有以下几个方面：

1. 企业所有者

按照现代企业理论，股东或业主是企业的所有者，拥有企业净资产的所有权，他们与企业经营者之间是委托代理关系。由于现代企业所有权与经营权相分离，作为委托代理关系的委托人，一方面，有权要求企业提供有关财务信息，了解企业财务状况、经营成果及现金流量，对其投资风险和投资回报做出估计和判断，为投资决策提供依据；另一方面，委托人需要选择优秀的经营管理者从事企业的经营活动，只有通过财务信息对企业经营者受托责任的履行情况进行分析评价，才能为选择经营管理者提供依据。因此，企业所有者是最重要的主体，他们对企业的投资回报及投资风险最为关注。对于一般投资者来讲，他们更关心企业提高股息、红利的发放水平。而对于拥有企业控制权的投资者来讲，他们考虑更多的则是如何增强竞争实力，扩大市场占有率，降低财务风险和减少纳税支出，追求长期利益的持续、稳定增长。另外，对于上市公司的股东而言，他们还关心公司股票的市场价值，关心其在二级市场上的投资收益和风险。

美国有位名叫巴菲特的股票投资专家，其主要经验之一就是：当企业的市面价格低于其价值时就投资。他认为：买股票不在于整个市场的涨跌，而在于所要买的股票价格是否比企业的价值低。投资股票本质上是选择企业，核心问题是判断企业到底值多少钱，即所谓的选股，它是由企业财务会计报告信息决定的；而不应是选市，选市是尽可能选择较低的市价进入市场，它是由股票总体供求关系决定的，而不是由企业业绩决定的。因此，投资者的财务分析目标为：①了解企业的盈利能力，即投资报酬率的高低；②了解企业的财务分配政策，即股利分配率的高低；③了解企业的财务结构、资产结构和财务规划，预测企业未来发展趋势。

2. 企业贷款人

企业贷款人包括向企业提供信贷资金的银行、公司及债券持有者等。债权人因为不能参与企业剩余收益分配，决定了债权人必须对其贷款的安全性首先予以关注，所以，债权人在进行企业财务分析时，最关心的是自己的贷款风险，必须判断企业是否有足够的支付能力，以保证其债务本息能够及时、足额地得以偿还。而企业的财务报表恰恰能够帮助贷款人判断企业的偿债能力，因此，贷款人需要对企业的信用和风险情况及其偿债能力进行分析。

短期债权人和长期债权人关注的重点又有所不同。短期借款需动用企业当期的资产偿付，所以短期债权人关心企业的财务流动性超过关心企业收益性，更重视对企业短期财务状况和短期偿债能力的分析；长期贷款则由企业在数个会计年度内偿付，因而，长期贷款人重视企业未来较长时间内偿债能力的分析，要求根据企业现在的经营情况和财务状况预测其未来的经营前景、收益能力和偿付能力。

3. 企业经营管理者

按照现代企业委托代理理论，企业经营管理者受托代理企业的经营管理业务，对股东投入的资本负有保值增值的责任。他们负责企业的日常经营活动，必须确保企业能支付给股东与其风险相适应的收益，及时偿还各种到期债务，并使企业的各种经济资源得到有效利用。为满足不同利益主体的需要，协调各方面的利益关系，企业经营者必须对企业经营理财的各个方面，包括营运能力、偿债能力、盈利能力及社会贡献能力的全部信息予以详尽了解和掌握，以便及时发现问题，采取对策，规划和调整市场定位目标、策略，以进一步挖掘潜力，为经济效益的持续稳定增长奠定基础。因此，经营者的财务分析目标为：①了解企业资产的收益能力和流动能力；②了解企业资产存量结构、权益结构；③预测企业资产未来的收益能力和流动能力；④进行财务筹资、投资决策；⑤评价企业各项决策的执行情况。

4. 供应商和客户

供应商是企业原材料等资源的提供者，在现代企业契约关系中，供应商是企业的经济利益相关者。在赊购业务过程中，企业与供应商形成了商业信用关系，因此，供应商和贷款人类似，他们必须判断受信企业的信用状况、风险情况及偿债能力。

企业商品的消费者是客户，也是企业的利益相关者。企业在为客户提供商品和劳务时，同时承担着商品质量担保的义务。客户关心的是企业连续提供商品和劳务的能力，希望通过财务信息了解企业的销售能力和发展能力。

5. 政府部门

政府与企业的关系表现为多种形式。一方面，政府可以通过持有股权对企业行使全部或部分的业主权益，此时政府除关注投资所产生的社会效应外，还必然对投资的经济效益予以考虑。在谋求资本保全的前提下，期望能够同时带来稳定增长的财政收入；另一方面，政府对几乎所有企业实行程度不同的管制，此时政府是以社会管理者的身份利用企业财务报表，吸取对其宏观经济管理、制定宏观经济政策有用的信息。

因此，政府考虑企业经营理财状况，不仅需要了解企业所占用的资金的使用效率，预测财务收入增长情况，有效地组织和调整社会资源的配置，而且还要借助财务分析，检查企业是否存在违法违纪、浪费国家财产的问题，最后通过综合分析对企业的发展后劲以及对社会的贡献程度进行考察。

6. 员工

企业的员工通常与企业存在着长久、持续的关系。他们关心工作岗位的稳定性、工作环境的安全性及取得报酬的持续性和增长性，因此，他们关注企业的盈利能力及发展前景。

7. 竞争对手

竞争对手希望获取关于企业财务状况的会计信息及其他信息，借以判断企业间的相对效率。同时，还可为未来可能出现的企业兼并提供信息。因此，竞争对手可能把企业作为接管目标，因而他们对企业财务状况的各个方面均感兴趣。

8. 潜在投资者

潜在投资者的投资目的尽管千差万别，但都是出于对投资收益和资源有效利用的考虑，因此为了对自己的未来投资收益率做出合理的判断和评估，理所当然地会关注未来投资对象的财务状况和经营成果。

尽管不同利益主体进行财务分析有着各自的侧重点，但就企业总体来看，财务分析可归纳为三个方面：偿债能力分析、营运能力分析、盈利能力分析。其中，偿债能力是财务目标实现的稳健保证，营运能力是财务目标实现的物质基础，盈利能力是两者共同作用的结果，同时也对两者的增强起着推动作用。三者相辅相成，共同构成企业财务分析的基本目标与内容。

9. 其他

注册会计师通过对财务报表的分析，可以确定审计重点；咨询机构通过对企业财务报表的分析，可以为各类报表使用人提供专业咨询服务。

从前面的讨论中，我们可以得出以下结论：

（1）财务信息使用者所要求的信息大部分是面向未来的；

（2）不同的信息使用者各有其目的，因此，即使对待同一对象，他们所要求得到的信息也是不同的；

（3）不同的信息使用者所需的信息的深度和广度不同；

（4）企业财务报表中并不包括使用者需要的所有信息。

【相关链接】

中美商业领袖圆桌会议

第五届中美商业领袖圆桌会议"融入纽约——中国企业的思考和步伐"于2014年4月17日在美国纽约举办，该会议由亚布力中国企业家论坛、中美商业领袖圆桌会议基金会主办，中国工商银行总行、复星集团联合承办。届时中美两国具有卓越影响力的商业领袖都将汇聚一堂，分享并交流对于科技、金融、经济、城镇化等问题的见解。

据介绍，本次会议举办地点为纽约第一大通曼哈顿广场（One Chase Manhantan Plaza），该项目作为洛克菲勒家族两栋地标性建筑之一，极具商业价值。2013年10月，复星集团以7.25亿美元从摩根大通手中买下这栋大楼。目前纽约第一大通曼哈顿广场已经与复星地产倾力打造的金融蜂巢新地标——外滩金融中心（BFC）结成了姊妹楼，希望通过第一大通曼哈顿广场和BFC架起上海与纽约间金融与文化沟通的桥梁，共同开启中美之间金融文化交流的新征程。

在本次会议上，主办方特意邀请诺贝尔奖获得者约瑟夫·斯蒂格利茨教授以"Making Globalization"为题进行主题报告。同时还将进行三场平行论坛，分别为"中国新型城镇化的机遇和挑战"、"利率市场化与金融创新"、"中国企业投资美国的机会与展望"。在当天的晚宴中，嘉宾们将领略到"纽约旋律和中国文化经典的时空交融"。

近日，在复星国际的业绩发布会上，复星首次对外阐述了以公私合作关系（public-private-partnership，PPP）的模式建造承载城市功能建设职能的蜂巢城市（社区）产品。相比普通的地产开发，复星的蜂巢城市有很多不同，首先它不是一个地产项目，而是一个城市功能的建设项目。其次，它具备产业和就业功能，不是一个纯粹的地产消费概念。围绕这个功能既有主流产业，比如金融产业，也有为其配套的产业，比如文化消费、医疗、教育、中介机构等。最后，它是一个集工作、生活、消费于一体的社区。在这个社区里，效率是最高的。简单来说，商店可以24小时营业，这样收益率会大幅提高，人的幸福度也会提高。而PPP模式就是让公众、社会资本共同参与城市核心功能的建设。不是单纯地参与城镇化、参与核心功能的建设，而是通过复星产业优势协助政府建设城市核心功能，建设政府某一个特别急需的城市化功能。

复星集团首创的以PPP模式建造蜂巢城市（社区）产品的蓝图，已经勾起了具有敏锐判断力的美国投资者们的极大兴趣。由复星地产策划，复星集团董事长郭广昌、万通控股董事长冯仑、中国证监会前主席刘明康、诺贝尔奖获得者约瑟夫·斯蒂格利茨作为对话嘉宾的平行论坛"中国新型城镇化的机遇和挑战"吸引了众多美国嘉宾的参与。

资料来源　佚名.第五届中美商业领袖圆桌会议4月17日纽约开幕[EB/OL].[2014-04-15].http://sh.house.163.com/14/0415/15/9PSPEDDN00073SDJ.html.

1.3　财务分析的内容与形式

1.3.1　财务分析的内容

财务分析作为一门独立学科，必然涉及对财务分析目标、分析方法、分析内容和体系的界定与安排。我国财务分析经过几十年的演变和发展，还没有形成统一的分析体系。在研究财务分析产生和发展、界定财务分析内涵、明确财务分析目标的基础上，吸收现代企业管理相关理论，结合我国企业财务分析实际，将我国财务分析归纳为四篇十三章的内容，并构建了"财务分析基础、财务报表解读、财务能力分析和财务运用分析"的财务分析体系，其中，财务报表解读及财务能力分析为主体内容和核心内容，理论与方法为基础，财务运用分析为辅助内容。如图1-2所示，首先在理论基础上进行"财务报表解读"，然后在财务报表解读的基础上进行"财务能力分析"，最后在财务能力分析的基础上进行"财务运用分析"，四个部分有机结合，构建财务分析的"大厦"。

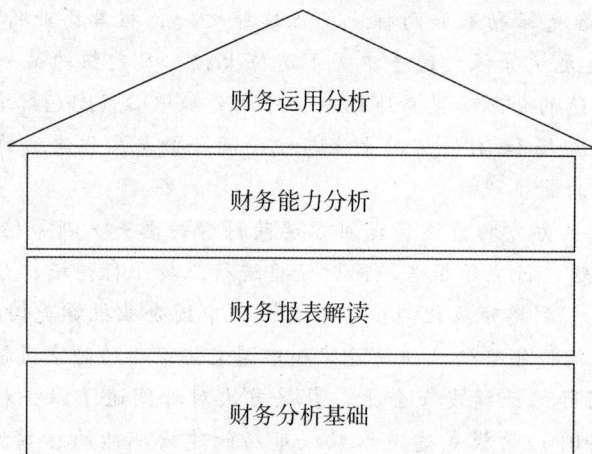

图1-2　财务分析"大厦模式"示意图

1. 理论基础

财务分析理论基础要解决的是为什么分析、分析什么、怎样分析以及依据什么分析等问题。财务分析基本理论、财务分析基本方法构成了财务分析理论基础的整体构架。

财务分析基本理论包括：界定财务分析内涵、目的；探索财务分析产生与发展的影响因素；说明财务分析的供给与需求对财务分析发展的促进及影响；介绍我国财务分析体系内容与形式，了解财务分析的局限性。

2. 财务报表解读

财务报表解读是财务分析核心内容之一，只有在正确、透彻地解剖与阅读财务报表的基础上，才能对财务报表进行更深入的分析与剖析，也才能对企业做出更准确的诊断，进而做出更科学的预测和决策。

财务报表解读主要是对四大表的解剖与阅读，即资产负债表分析、利润表分析、现金流量表分析以及所有者权益变动表分析。

（1）资产负债表分析，包括对资产负债表的水平分析、结构分析，以及资产、负债和所有者权益项目的分析。按照我国当前会计准则，资产负债表是最重要的一张会计报表。通过资产负债表的分析，可以了解资产、负债及所有者权益的构成，从而可以了解企业偿债能力、资产的使用效率等。

（2）利润表分析，包括对利润表的水平分析、结构分析，以及利润项目的分析。利润表分析可以了解利润的变动和构成，从而全面地了解企业盈利能力以及影响企业盈利能力的因素，以便为报表使用者的决策提供依据。

（3）现金流量表分析，包括对现金流量表的水平分析、结构分析、附表分析，以及现金流量表主要项目的分析和现金流量质量分析。利润表说明了利润的构成，从稳定性的角度反映了利润的质量；通过现金流量表分析，可以进一步从利润现金保证性的角度评价利润质量，并为支付能力的评价做出补充说明。

（4）所有者权益变动表分析，包括对所有者权益变动表的水平分析、结构分析、项目分析，以及所有者权益变动对财务状况质量的影响。所有者权益变动表不仅说明了所有者权益增减变动的情况，而且说明了所有者权益增减变动的原因，从而有助于正确评价资本保值增值的能力。

3. 财务能力分析

财务能力分析主要是分析企业财务运行状况及运行效果。通常企业财务状况可从偿债能力状况、营运能力状况、盈利能力状况和增长能力状况四个方面来体现。因此，本部分包括偿债能力分析、营运能力分析、盈利能力分析、发展能力分析和财务综合能力分析五个方面内容，可以称作"五力分析模型"。

（1）偿债能力分析。它包括短期偿债能力分析和长期偿债能力分析两部分。短期偿债能力分析在明确影响短期偿债能力因素的基础上，通过对流动比率、速动比率等指标的计算与分析，评价企业的短期偿债能力状况；长期偿债能力分析则主要通过对资产负债率等指标的计算与分析，评价企业的长期偿债能力及其财务风险程度。偿债能力评价是银行、供应商等债权人对企业进行财务分析的重要目的，是其资金能否如期收回的主要依据；就企业自身而言，通过分析偿债能力，有利于企业科学合理地进行筹资决策和投资决策。

（2）营运能力分析。首先对全部资产营运能力进行分析；然后分别对流动资产营运能力和固定资产营运能力进行分析。流动资产营运能力分析是企业营运能力分析的重点，主要包括对流动资产周转率的分析，即对各项流动资产周转率的分析及流动资产周转加速对资产与收入的影响分析。资产周转的快慢影响资产的变现能力，因而影响企业的资产流动性；资产周转的快慢也影响企业的利润，资产周转越快，说明资产的利用效率越高，在其他条件不变的情况下利润就越多，盈利能力就越强。

（3）盈利能力分析。首先对一般企业资本经营盈利能力进行比率分析与因素分析；其次对资产经营盈利能力进行分析；然后对商品经营能力及影响盈利能力的关键因素——主营业务利润进行因素分析；最后对上市公司盈利能力进行分析。

（4）发展能力分析。首先对企业产品生产周期各阶段的增长能力特点进行分析；其次对增长策略（包括竞争策略和财务策略）进行分析；然后对发展能力指标进行分析；最后对企业发展的动因进行分析。

（5）财务综合能力分析。首先对全部资产及相应权益变动情况和结构状况进行综合分析；然后对企业利润与现金流量状况进行综合分析；最后应用杜邦分析法对企业综合能力进行分析。

4.财务运用分析

财务运用分析主要是对日常经营活动、投资活动和筹资活动所衍生的财务活动进行的解剖与分析，也是基于财务报表解读和财务能力分析的综合分析。本书所述财务运用分析主要包括企业财务危机预警分析和 Excel 在财务分析中的运用。

（1）企业财务危机预警分析。它是以企业的财务报表及其他相关的经营资料为依据，根据相关管理理论，采用定性与定量相结合的方法，对企业在经营管理活动中的潜在风险进行跟踪与监控，及早发现危机信号，将企业所面临的危险情况预先告知企业经营者和其他利益相关者，并分析企业发生财务危机的原因和企业财务运营体系隐藏的问题，以提早着手实施预控的过程，主要包括财务危机预警的基本模型与方法和财务危机预警系统设计。

（2）Excel 在财务分析中的运用。在进行财务分析时，多数企业是利用手工计算财务指标，其计算工作量较大。有些企业按照上级要求计算财务指标，很少自行设计，因而很难更全面更系统地进行财务分析，难以充分发挥本身的积极性和主动性，不利于管理水平的提高；还有些企业虽然实现了会计电算化，但会计软件中原有的财务分析指标如果不能增加或修改，往往难以充分满足需要。针对上述种种问题，我们主张利用 Excel（电子表格）进行分析，其优点是分析方法不限，分析指标不限，分析内容不限。

【相关链接】

煤炭企业"绿色"财务管理内容

绿色财务管理就是综合考虑有限资源、环境保护、企业盈利和社会效益的一种财务管理。煤炭企业绿色财务管理包括绿色筹资、绿色投资、绿色营运、绿色分配四方面内容。

绿色筹资是煤炭企业利用可持续发展的绿色战略去吸引投资者的注意，有效筹集企业发展所需资金。煤炭企业的绿色筹资渠道和筹资方式应根据外部经济环境的变化和企业自身的不同发展阶段灵活掌握。可以利用国家对煤炭企业的绿色政策取得财政专项拨款；也可以借助国家产业政策的扶持，在煤层气开发等项目上取得政策性或低息贷款；还可以通过发行绿色债券、绿色股票等方式寻求民间资本的参与。

绿色投资就是在加入了生态环境保护的成本后，煤炭企业所采取的投资模式。绿色投资可分为两大方向：自然资源有效利用投资和生态环境保护治理投资。煤炭企业是重污染、高耗费企业，两大方向都应有所涉及。要投资新建矿井水处理站和生活污水处理站；要在综合机械化采煤、综合机械化掘进设备和工艺方面投资，确保安全回收煤炭资源，减少废弃物的对外排放，减少对环境的污染；要投资大量资金进行采空塌陷区复垦治理、煤矸石综合治理。

绿色营运就是煤炭企业在资金营运过程中要保持动态平衡，要保证不发生生态环境问题。为了保持这一动态平衡，不仅要合理估算现金流入量，而且要合理估算现金流出量，尤其是其中的绿色流量，煤炭企业要考虑到由于环保形象好而扩大市场占有份额增加的收益现金流量，考虑到正常的环保成本，加大绿色宣传费用、绿色设备购置费用、绿色设备运行费用，在资金营运过程中要充分体现绿色管理的思想，进行绿色采购、绿色生产、绿色销售。

绿色分配是通过制定合理的绿色利润分配政策，达到宣传环境保护的目的，形成绿色积累，用于煤炭企业再发展。一是使绿色股股利的发放顺序早于普通股股利，但后于优先股股利；二是早期绿色投资者的分配比例要高于晚期绿色投资者，鼓励投资者尽快加入绿色投资行列；三是绿色债权人可以按一定比例参与一般投资者的利润分配，行使参与煤炭企业债券的权利；四是提取绿色公积金和绿色公益金，为煤炭企业后续的绿色经营提供资金保证。

资料来源　赵蕊芬.生态文明理念下煤炭企业绿色财务管理探讨[J].会计之友，2013（36）.

1.3.2　财务分析的形式

财务分析形式由于财务分析主体、客体和目的不同而不同。要准确分析企业财务状况，实现分析目标，需要明确不同财务分析形式的特点及用途。通常，财务分析的形式可以进行如下划分：

1. 内部分析和外部分析

（1）内部分析：主要指企业内部经营者对企业财务状况的分析，目的在于判断和评价企业生产经营是否正常、顺利。通过流动分析，可检验企业的资金运营速度、货款支付能力或债务偿还能力；通过收益性分析，可评价企业盈利能力和资本保值、增值能力；通过分析企业经营目标完成情况，可考核与评价企业经营业绩，及时、准确发现企业的问题与不足，为企业未来生产经营顺利进行、提高效益指明方向。

（2）外部分析：主要指企业外部的投资者、债权人及政府部门等根据各自需要分析企业有关情况。投资者对企业的财务分析，主要关心企业盈利能力和发展后劲，以及资本的保值和增值状况；债权人对企业的财务分析，主要看企业偿债能力和信用情况，判断其本金和利息能否及时、足额收回；政府部门对企业的财务分析，主要看企业经营行为的规范性、合法性以及对社会的贡献情况。在现代企业制度条件下，外部财务分析是财务分析的重要或基本形式。

值得注意的是，内部分析和外部分析不能完全孤立或隔离，要保证财务分析的准确性，内部分析有时也应站在外部分析的角度进行，而外部分析也应考虑或参考内部分析的结论，以避免片面性。

2. 全面分析和专题分析

（1）全面分析：主要指对企业一定时期内的生产经营情况进行系统、综合、全面分析和评价，其目的在于寻找企业生产经营中带有普遍性的问题，全面总结企业在这一时期的成绩和问题，为协调各部门关系、搞好下期生产经营安排奠定基础和提供依据。全面分析通常在年终进行，形成综合、全面的财务分析报告，向职工代表大会或股东大会汇报。

（2）专题分析：指根据不同分析主体或分析目的，深入分析企业生产经营过程中某一方面的问题。如经营者分析生产经营过程某一环节存在的突出问题，投资者或者债权人分析自己关心的某个方面的问题等，都属于专题分析。专题分析可以及时深入揭示企业在某方面的财务状况，为分析者提供详细的资料信息，对于解决企业关键性问题有重要作用。例如，当企业某时期资金紧张时，通过财务专题分析，可以从筹资结构、资产结构、现金流量设计以及支付能力等方面，研究资金紧张的原因，找到解决对策。

为了全面深入揭示企业问题，正确评价企业各方面的状况，财务分析中应将全面分析和专题分析相结合。

3. 静态分析和动态分析

（1）静态分析：是根据某一时点或某一时期的财务报表信息，分析报表中各项目或报表之间各项目关系的财务分析形式。例如，可通过某一财务比率或某几个财务比率揭示财务关系；也可通过垂直分析或结构分析揭示总体中各项目的水平。静态分析的目的在于寻找财务分析活动的内在联系，揭示其相互影响和作用，以及经济效益和财务现状。

（2）动态分析：指根据几个时期的财务报表或相关信息，分析财务变动状况。例如，水平分析或趋势分析就属于动态分析。动态分析的目的在于通过对不同时期财务活动进行对比分析，揭示财务活动的变动及其规律。

尽管静态分析和动态分析都各有优点和不足，但是要对财务报表进行全面综合分析，两者都是必需的。

【相关链接】

财务分析，你做到位了吗？

公司最近销售形势一片大好，可是账上资金却越来越吃紧，怎么才能让销售部及其他部门也意识到这个问题？每月开总结会议时，财务数据明明白白地摆在那儿，可业务部门为什么就是理解不了这些数据的意义？老板拿着财务部门出具的分析报告连问三个"为什么"，怎么会变得哑口无言？

作为财务人员尤其是财务分析人员，你可能会经常遇到这样的困惑。其实，要把财务分析工作做到位，是有一定讲究的。日前，《中国会计报》和中国会计视野网就此联合发起了一场讨论，让我们一道看看经验人士怎么说。

将数据转化成"白话文"

"产生上述问题的原因，归结起来，是分析者的工作还没有做到位。撰写财务分析报告，我们首先要弄清楚目的，即让决策层和其他部门透过财务数据看清楚企业目前的运行状况，并提示风险点。"江苏扬州某餐饮公司财务副经理李玉华总结道。

李玉华以文章开头第一个问题举例说，销售形势好而资金吃紧的原因可能是多方面的，排除投资和筹资活动的影响，财务分析人员可以告诉销售部门，放宽信用政策导致应收账款相比此前多占用了多少资金；也可以告诉生产和采购部门，产量和采购量加大占用了多少资金。把财务数据转化成白话文，再辅以图表的形式，财务分析报告更能"引人入胜"。

"我认为财务人员要写出有用的财务分析报告，一要有扎实的财务基础知识；二要有全局经营意识，财务分析报告要表述的内容，应该是经营人员需要听的，不妨让财务部门的业务骨干到经营部门锻炼一下；三要有较强的文字表达能力，一针见血地指出问题和风险所在。"李玉华进一步建议道。

财务要与业务相融合

一份优秀的财务分析报告，光有财务账面数据是不够的。"通常情况下，账面数据比较滞后，财务分析工作还需要账外的数据，比如未执行的合同，已发生未报销、已出库未确认的收入，业务部门的计划执行情况等。另外，账面一般只有金额，还需要一些数量、单价等业务部门的数据，把财务数据与业务数据结合起来，才能做出好的分析和判断。"重庆一家地产公司的资深会计刘杨的观点得到了很多会计人的响应。

之所以出现文章开头列举的第二种状况，也是因为财务部门没有把财务数据的变化和业务部门的行为结合起来，财务部门必须告诉业务部门，财务数据变化的深层原因是什么，毕竟不懂财务的人是读不懂财务报表的。"财务部门一定要树立服务意识，你要从业务人员的视角来加以分析，然后把你的想法在总结会议上表达出来，这才算是比较到位的财务分析工作。"刘杨解释道。

的确，有效的财务分析必须立足企业实际情况，财务人员不能做表面文章，要深入生产第一线，掌握真实可靠的数据。

请解释财务报表的异常表现

"都说通过财务分析能发现风险，可我怎么就发现不了？"针对许多会计人的这一疑惑，厦门某物流公司财务总监李磊表示，财务人员发现不了风险，一是不了解业务，二是不了解公司的规划或经营政策。哪些财务数据的异常是由业务部门的行为导致的？这个行为是普遍的还是偶发的？这种行为的发生是否与管理者的风格有关？这些问题都需要财务人员到现场去了解，去和业务人员聊天，才能得到答案。

在一定程度上，财务分析就像医生看病，手段有很多，望闻问切，但目的都相同，即找出病根子，然后开出药方。财务分析不一定能找到完美的解决方法，但一定要提出针对异常财务数据的观点。

对于财务分析的步骤，李磊也有自己的经验："首先要深入实际，掌握本企业、整个行业的现状和发展趋势；其次是发现主要矛盾和影响企业效益的关键环节；再次是了解管理者关心的主要问题；最后，写出初稿后要征求有关人员的意见，做必要的补充。另外，需要强调的是，文字要尽量简明扼要，用事实说话，少用或不用形容词；没有充分的把握，不要轻易下结论；对存在的问题，提出自己的见解。"

资料来源 骆伟琼.财务分析，你做到位了吗？[N].中国会计报，2011-07-08.

1.4 财务分析的局限性和发展预测

1.4.1 财务分析的局限性

财务分析的主要依据之一来自于企业财务报告，因此，由于财务报告本身缺陷而造成的财务分析的缺陷也在所难免。

（1）财务报告是对企业以往发生的经济业务事项的信息反映，以历史成本作为计价基础，这使得财务报告所提供的信息缺乏一定时效性，从而影响财务分析对未来经济事项的预测。

（2）财务报告是基于企业会计政策和会计估计编制的，运用不同会计政策和会计估计在一定程度上会影响企业财务信息的可比性，进而影响财务分析结果的合理性和可利用性。

（3）财务报告所反映的信息没有包含企业所有可被利用的经济资源。一方面，财务报表中反映的是符合货币计量前提要求的可计价的经济资源；另一方面，现行财务报表附注主要侧重于反映企业选择、确定及变更会计政策和会计估计，说明或有事项、表后事项、关联方关系及其交易、重要的资产转让、出资、企业合并、分立，解释说明盈亏、投资、融资等重大事项，但有关人力资源、创新能力等其他一些内容不能得到全面披露，而这些内容对财务分析以及相关的经营与投资决策等具有重大影响。因此，以财务报告为主要信息依据的财务分析结果，会导致反映内容方面的局限性。

（4）财务报告在编制过程中的主观能动性和其他人为因素的影响，使得它所反映的有关信息极有可能被人为操纵或粉饰。据此所进行的财务分析便不可避免带有人为修饰的痕迹，无法准确、客观地评价企业现状。

（5）财务分析，特别是在财务报表分析中，采用比较多的方法当属各类比率分析。然而，在比率计算中，一些数据的确定、时间上的对应与否等问题，会影响比率分析所反映内容的可比性及其准确度。例如，在计算各类周转率时，确定周转额以及相关资产平均占用资金带有很大程度上的估计因素，难免与企业实际情况存在一定程度的脱节。

1.4.2　财务分析的发展预测

随着经济环境的发展和技术的不断进步，未来的财务分析内容将不断扩充与完善。上述财务分析的一些局限性将被减弱或被弥补。有关人力资源因素的财务分析、绿色环保信息分析、衍生金融工具的财务分析等内容都有可能得到补充和利用，企业日常财务、会计信息的及时获得将有所保证，能大大缩短财务分析的展期或滞后时间，增强时效性，从而提高其分析结果的参考价值和利用价值。

此外，现代化技术手段的运用，使越来越多的财务、会计处理事项转为自动化数据处理。财务分析所需要的大量原始数据和信息，绝大部分可以通过计算机或网络得到快速及时的收集，并进而利用计算机或网络进行整理、分析和传递，这在显著降低分析成本、提高同步信息处理的同时，能有效提高财务分析结果的质量和时效性。

【相关链接】

当前企业财务分析工作存在的问题分析

1. 对于财务分析工作的认识存在问题

就当前企业中的财务管理工作来说，在认识层面上仍旧存在问题，许多企业的财务工作人员不能够对企业的财务分析工作有一个正确的认识，只是在做一些会计核算工作，对于企业财务工作的发展要求没有深入的了解。另外，许多财务工作人员没有清楚地认识财务工作服务的对象，因而在与其相关的一些业务单位进行工作上的对接时容易产生一些问题。另外，这些财务工作者认为财务工作只包含一些基础的方面，而没有注意到对于不同部门应当提供不同的服务，财务分析工作更是如此，无论面向怎样的客户，都只采用同一种财务分析方法，并且做出的财务分析报告往往是较为专业的，不易被理解。

2. 忽略了非财务指标的分析

对于财务指标的分析工作是财务分析中十分重要的一种形式，但不代表只需要注重财务指标分析而忽视非财务指标的分析，这样做只会使得现行的财务分析工作产生很大的局限性。现代企业中所说的非财务指标是指与企业长远发展息息相关、密切联系的因素，比如顾客的满意程度、产品和服务的质量、公司重组和管理层的交接、公司潜在的发展能力、创新能力、技术目标、市场份额。非财务指标相较于财务指标最大的一个优势是面向未来，比如开发和创新，而财务指标只能显示过去取得的成绩，面向过去。对于企业来说，过去的成绩只能说明公司在过去的发展情况，未来的发展才是更要掌控的。这些看似与经济毫无关联的因素实际上是影响公司财务状况的重要原因。比如产品和服务的质量代表了公司的信誉度和形象，好的产品与服务质量会增加顾客对公司产品的满意度，顾客的满意程度影响产品的销售量，销售量决定了销售额，即公司的业绩。所以说，非财务指标分析往往是与企业的长远发展前景相关联的，当企业通过某些方式来创造出一些未来的价值时，财务指标分析不能恰当评价企业的财务状况。

3. 当前的财务工作不能够预示风险

当前各个企业所使用的财务分析方法虽然能够对企业的现行财务状况进行分析，但是并不能够预见未来财务发展中可能存在的风险，也不能够对今后的财务发展进行相应的指导。现行的财务分析方法是一种对已经完成的、具有结果的财务工作的分析，是基于财务报表和指标来进行的，并不能够反映出企业未来财务工作的发展和变化，对于企业的财务工作发展不能提供指导，也很难对企业有关未来发展的经济决策提供参考。这种现状会导致当前的企业财务分析工作产生一定的局限性，不利于企业财务管理工作的开展，在一定程度上会制约企业的发展前景。

4. 财务分析方法单一，局限性大

现代企业人员在进行财务分析时习惯于运用单一的分析方法，比如有些企业习惯于用静态的思维、静态的企业发展战略、静态的市场环境、静态的生产经营计划、静态的员工需求与能力对企业进行静态分析。这些企业很少关注外部和内部的变化，很少主动修正和完善企业的战略规则，很少调整行动方案，从而很难做到与时俱进。单一的财务分析方法不仅无法正确定位企业在市场中所处的地位，更严重的是片面的分析结果对企业长远的发展会产生阻碍，导致企业偏离正确的发展方向。各种分析方法都是相互联系、相互补充的，在运用时不能孤立地使用一种方法做出投资判断，而应该把各种方法结合起来。

资料来源　卢霞.企业财务分析存在的问题以及改进措施[J].财经界，2014（9）.

本章小结

企业财务报表是集中反映企业一定时期经营活动、投资活动和筹资活动等各类财务信息的载体。财务信息是企业日常经济活动中最重要的信息资源，而财务报表解读与分析则是研究如何利用财务信息进行科学决策的一门科学与艺术。

财务分析是以会计核算和报表资料及其他相关资料为依据，采用一系列专门的分析技术和方法，对企业等经济组织过去和现在有关筹资活动、投资活动、经营活动的偿债能力、盈利能力、营运能力和发展能力状况等进行分析与评价，为企业的投资者、债权人、经营者及其他关心企业的组织或个人了解企业过去、评价企业现状、预测企业未来提供准确信息、做出正确决策的经济应用学科。财务分析的产生至今已有一百多年的历史，不同的时期，其分析的重心也有所不同；从最初的信用分析、投资分析到如今的内部分析。

财务信息与决策密切相关，它是决策过程中不可缺少的依据。由于进行财务分析并做出决策的主体各不相同，因此，他们进行财务分析的目标也各不相同。

本书结合我国企业财务分析实际，在研究财务分析概念体系的基础上提出了"财务分析基础、财务报表解读、财务能力分析和财务运用分析"的财务分析体系，四部分构成财务分析的"大厦"。要准确分析企业财务状况，实现分析目标，需要明确不同财务分析形式的特点及用途。通常，财务分析的形式可以划分为内部分析和外部分析、全面分析和专题分析，以及静态分析和动态分析。由于财务分析的主要依据之一来自于企业财务报告，因此由于财务报告本身缺陷而造成的财务分析的缺陷也在所难免。

讨论题

1. 什么是财务分析？为什么要对财务报表进行分析？

2. 财务分析是如何产生和发展的？不同时期有何不同特点？

3. 财务分析的主体有哪些？他们各自要达到什么目的？

4. 财务分析的形式有哪些？

5. 你认为掌握财务分析的原理与方法有何用途？当今著名的财务分析专家有哪些？他们各自有何观点和影响？

案例分析

微软公司与三大汽车公司收入、利润的比较①

表 1-1、表 1-2 是微软公司与通用、福特、戴姆勒克莱斯勒三大汽车公司 1999—2006 年销售收入和净利润数据。

表 1-1　　　　　微软、通用、福特和戴姆勒克莱斯勒销售收入　　　　单位：亿美元

公司	1999年	2000年	2001年	2002年	2003年	2004年	2005年	2006年
微软公司	230	253	284	322	368	398	443	511
通用汽车	1 690	1 739	1 691	1 773	1 855	1 935	1 926	2 073
福特汽车	1 601	1 698	1 609	1 623	1 642	1 709	1771	1 601
戴姆勒克莱斯勒汽车	1 482	1 603	1 540	1 474	1 364	1 421	1 498	1 516

表 1-2　　　　　微软、通用、福特和戴姆勒克莱斯勒净利润　　　　单位：亿美元

公司	1999年	2000年	2001年	2002年	2003年	2004年	2005年	2006年
微软公司	94	73	78	95	90	122	126	141
通用汽车	60	45	6	17	38	28	−106	−21
福特汽车	72	35	−55	−10	—	—	20	−124
戴姆勒克莱斯勒汽车	57	79	−7	47	4	25	28	32

通用、福特和戴姆勒克莱斯勒三大汽车公司 2006 年合计的销售收入和资产余额分别为 5 190 亿美元和 7 156 亿美元，是微软公司的 10.2 倍和 11.3 倍，三大汽车公司的员工总数高达 91 万人，是微软公司的 12.9 倍。但截至 2006 年年末，三大汽车公司的股票市值总和只有 946 亿美元，仅相当于微软公司 2 932 亿美元股票市值的 32%。三大汽车巨头为何还赶不上一家软件公司？如何诠释这种有悖于常理的现象？在资本市场上"做大"为何不等于"做强"？

问题探讨：

这种经营规模与股票市值背离的现象，你认为是否可以通过财务报表以及其他相关资料进行解读与分析，寻找隐藏在现象背后的真正原因呢？

---

① 黄世忠.财务报表分析的逻辑框架——基于微软和三大汽车公司的案例分析[J].财务与会计，2007（10）.

第 2 章

财务分析程序与方法

在我看来，手段的完美性和目标的迷惑性是我们这个时代的特征。

——爱因斯坦

一个钟情于计算、沉迷于资产负债表而不能自拔的投资者，多半不能成功。

——彼得·林奇

学习目标

1. 了解财务分析的程序与步骤；
2. 理解战略分析的原理与思路；
3. 掌握财务报表分析的一般方法和技术。

重点与难点

1. 财务分析的依据；
2. 财务分析的技术。

引 言

你了解自己买的股票吗？你知道自己作为股东的上市公司的经营状况和财务状况吗？投资大师彼得·林奇曾说过："不进行研究的投资，就像打扑克从不看牌一样，必然失败。"对于投资者而言，在选择股票之前或持有股票期间对上市公司进行财务分析，有助于投资者更好地把握股票投资价值，规避投资风险。

巴菲特 1990 年曾提醒投资者，财务报表上尽管都是精确的数据，但这些数据经常被企业管理层操纵和歪曲，并不能反映企业真实的经营盈利情况："利润这个名词总是会有一个精确的数值。当利润数据伴随着不合格会计师的无保留审计意见时，投资人可能就会以为利润数据像圆周率一样精确无误，可以精确计算到小数点后好几十位。可是，事实上，如果是缺乏诚信的公司出具的财务报告，利润就会被蓄意操纵。尽管最后会真相大白，但在这个过程中财富已经转手。事实上，一些美国富豪通过会计造假编造出如同海市蜃楼的发展前景，以此推高公司股价创造巨额财富，这些会计操纵方法在美国大型公司财务报表中屡见不鲜。因此，投资人必须时刻提高警惕，在试图计算出一家公司真正的经济利润时，应把会计数据作为起点，而不是终点。"巴菲特告诉投资者，看透企业管理层操纵财务报表数据，就必须精通财务会计："你必须懂得财务会计，而且你必须要懂得财务会计的微妙之处。财务会计是商业世界通用的语言，尽管是一种并不完美的语言。除非你愿意投入时间和精力学习掌握财务会计，学会如何阅读和分析财务报表，否则你就无法真正独立地选择股票。"

2.1 财务分析的程序与步骤

财务分析程序，也称财务分析的一般方法，是指进行财务分析时所要遵循的一般规定和程序。财务分析程序是进行财务分析的基础，它为财务分析工作的具体展开提供了规范的行为路径。

不同学者对于具体的步骤和程序可能有不同的选择，但一般都分为四个阶段：财务分析信息收集和整理阶段；战略分析阶段；财务分析实施阶段；财务分析综合评价阶段。

2.1.1 财务分析信息收集和整理阶段

财务分析信息收集和整理阶段主要完成三个任务：

（1）确定要收集哪些财务数据。这是由财务分析的目的决定的，有什么样的财务分析目的，就会需要相对应的相关财务数据。同样，也只有明确了财务分析的目的，才能有效地、正确地寻找到相关的财务数据。

（2）确定以怎样的程序来收集这些数据。在明确了要收集哪些数据的基础上，应制订相应的具体收集计划，包括人员的安排、时间的调控、其他资源的调度以及拟采用的财务分析技术和路径。这个步骤是保证后续财务分析步骤合理有效展开的必要铺垫。对于一些复杂的、大型的财务分析项目一般应用书面的形式订立相应的程序和计划，而对于简单的项目则可以用草图、口头说明等方式，但一般不应跳过该步骤而直接进入实施阶段。

（3）执行既定的程序。程序的执行是其计划的一个延伸，但不是一维单向的延伸。当在执行的过程中发现计划的不足之处时应该做相应的调整。另外，很多的财务分析信息并不是随时随地就能够取得的，因此也要注意平时对相关财务信息的积累。

2.1.2 战略分析阶段

在明确了收集什么信息以及怎么收集的基础上，财务分析应该进入战略分析阶段。所谓的战略分析就是对拟进入的行业的整体形势进行分析，或者是针对企业的竞争对手制定战略层面的策略时所需要进行的分析和规划。

战略分析常用的方法是波特提出的五力分析模型。波特五力分析模型，又称波特竞争力模型，是哈佛大学商学院的迈克尔·波特（Michael E. Porter）于 1979 年创立的用于行业分析和商业战略研究的理论模型。该模型在产业组织学基础上推导出决定行业竞争强度和市场吸引力的五种力量：①供应商的讨价还价能力；②购买者的讨价还价能力；③潜在进入者的威胁；④替代品的威胁；⑤来自目前在同一行业的公司的竞争。

另外，3C 模型也时常被用于战略分析。3C 模型是由日本战略研究专家提出的，强调成功的战略有三个关键因素：①公司自身（corporation），主要考察公司的优势，包括人才、技术、成本、差异化、品牌、文化等方面；②顾客（customer），主要为顾客着想，包括顾客目的细分、顾客市场细分；③竞争对手（competition），重点分析采购、设计、制造、销售及服务等功能领域的差异化、品牌差异化、利润和成本的差异化。在制定任何经营战略时，都必须考虑这三个因素。只有将公司、顾客与竞争对手整合在同一个战略内，可持续的竞争优势才有存在的可能。

《麦肯锡季刊》经广泛调查和研究，得出了进行战略测试的 10 项标准：

（1）你的战略会战胜市场吗？

（2）你的战略发掘了优势的真正来源吗？

（3）你的战略是否精细化地定义了在何处参与竞争？

（4）你的战略能否使你领先于趋势？

（5）你的战略是否基于独到的见解？

（6）你的战略是否考虑到了不确定性？

（7）你的战略能否在承诺与灵活性之间保持平衡？

（8）你的战略是否受到偏见的影响？

（9）你对按照自己的战略采取行动有足够的信心吗？

（10）你是否将自己的战略转化成了行动计划？

经过上述 10 项标准的测试，能够对公司战略的合理性进行综合评价和优化。

企业战略层面的分析对企业的后续分析有重要的意义。这是因为，一个企业的战略行为能够在宏观的层面影响微观战术层，从而影响企业的各个方面。同时，一个好的战略分析也使得后续的财务分析能够更有方向感。

2.1.3　财务分析实施阶段

1. 财务指标分析

对财务指标进行分析是财务分析的一项重要途径。由于会计信息在综合性上的突出特点，使得财务分析能够通过挖掘会计信息的内涵来窥探企业的真实经营信息。

不同的财务分析目标会导致主体使用不同的财务指标来进行相关的分析。对于权益投资人来说，资产的保值和增值是最为重要的，因此资本收益率、总资产回报率以及每股股利等都是他们较为常用的指标；而对于债权人来说，贷款的风险是其最为关注的领域，因此债权人一般更多地使用长期或短期的偿债能力指标，如流动比率、速动比率等。

2. 基本因素分析

因素分析法要在财务指标分析的基础上，通过替代等数学手段，揭示某些财务指标变化的原因。

但要说明的是，会计信息并不能完全反映一个企业经营的原貌，因此基于会计信息的财务分析也不可能对企业经营过程中产生的所有问题都给出一个完整的答案，因此，基本因素分析法所揭示的财务指标变动的原因并不一定是唯一的原因，也不一定是根本原因，只是从财务视角给出的一个解释。

2.1.4　财务分析综合评价阶段

财务分析综合评价阶段的主要任务是延续财务分析实施阶段的工作。在财务分析实施阶段，由于大量地采用指标和比率分析的方法，因此在得到有用的数据的同时也使得财务分析的结果偏重于某一具体的事件而缺少综合性，在财务分析综合评价阶段就是要将财务分析实施阶段的不同指标综合在一起考察，以得出正确的财务分析结论。

在这个阶段，企业不但要对现有的经营情况加以分析，还要对企业的未来发展趋势加以预测和评价。

最终，在财务分析的综合评价阶段应给出财务分析报告。这是采用书面形式对财务分析的目的所给出的系统的、完整的回答。

2.2 财务分析的信息基础

2.2.1 财务分析信息的种类

财务分析信息是财务分析的基础和不可分割的组成部分。没有财务分析信息，财务分析如"无米之炊"，进行财务分析是不可能的，而为了满足不同的分析目的所使用的财务分析信息可能是不同的。从不同角度来看，财务分析信息的种类有所不同：

1. 企业内部信息和企业外部信息

财务分析信息根据信息的来源可以分为企业内部信息和企业外部信息。

企业内部信息是指从企业内部获取的财务信息，主要包括企业财务报告、财务计划、招股说明书、上市公告书及其他相关资料。

企业外部信息是指从企业外部获取的信息，主要包括注册会计师的审计报告、行业财务信息、中介机构的评估报告等。

2. 定期信息和不定期信息

财务分析信息根据取得时间的确定性程度可以分为定期信息和不定期信息。

定期信息是企业经常需要、可定期取得的信息。定期信息主要包括：①会计信息。会计信息尤其是财务会计信息是以会计制度规定的时间按月度或年度核算和编报的，是企业财务分析中可定期取得的信息。②统计信息。企业的统计月报、季报和年报信息也是财务分析的定期信息之一。③综合经济部门的信息。综合经济部门的信息有的按月公布，有的按季公布，有的按年公布，也有一些市场信息是按日或按旬公布的。④中介机构信息。定期信息为企业定期进行财务分析提供了可能。

不定期信息则是根据临时需要搜集的信息。不定期信息主要包括：①宏观经济政策信息；②企业间不定期交换信息；③国外经济信息；④主要报纸杂志信息等。不定期信息，有的是由于信息不能定期提供形成的，有的是基于企业不定期分析需要形成的。

企业在财务分析中应注重定期信息的搜集与整理，同时也应及时搜集不定期信息。

3. 实际信息和标准信息

财务分析信息根据实际发生与否可分为实际信息和标准信息。实际信息是指反映各项经济指标实际完成情况的信息。标准信息是指用于作为评价标准而收集与整理的信息，如预算信息、行业信息等。财务分析通常是以实际信息为基础进行的，而标准信息对于评价企业财务状况也是不可或缺的。

4. 会计信息和其他信息

会计信息包括对外披露的财务报告和内部管理信息。

根据《企业会计准则第 30 号——财务报表列报》，对外披露的财务报告如图 2-1

所示。

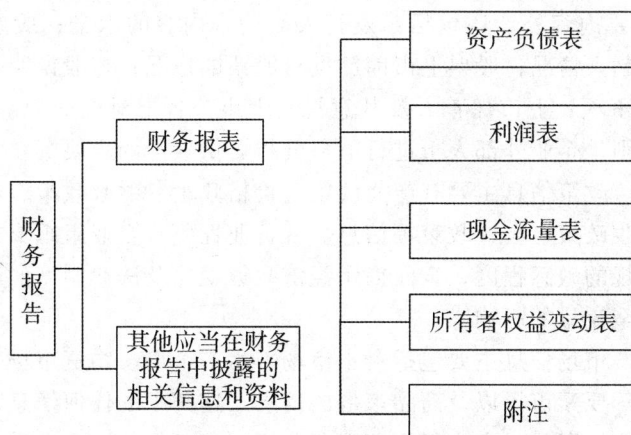

图 2-1　对外披露的财务报告

企业除了按照规定编报满足外部利益相关者需求的财务报告外，还需要编制满足内部管理控制需要的成本费用报表，提供成本分析所需的信息。例如，成本费用报表如图 2-2所示。

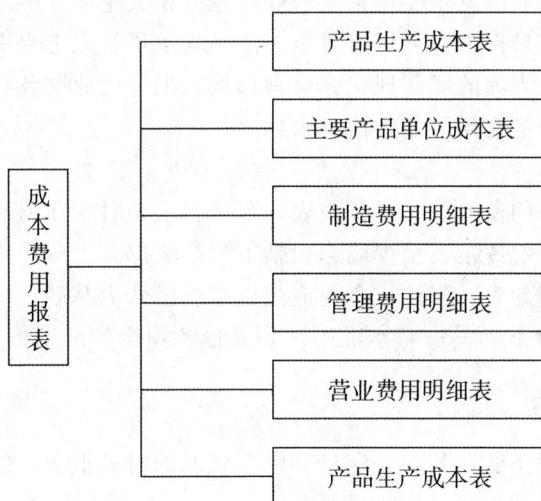

图 2-2　成本费用报表

除企业对外提供的财务报告和内部成本费用报表所提供的信息外，进行财务分析还需要其他信息。包括：

（1）审计报告。审计报告是企业委托注册会计师根据独立审计准则的要求，对企业对外报送的财务报告的合法性、公允性和一贯性做出的独立鉴证报告，它是财务分析人员判断公司会计信息真实程度的重要依据。

（2）招股说明书。招股说明书是股份有限公司在向社会公众发行股票时，按照规定向社会公众公开有关信息的书面文件。招股说明书通常包括本次发行概况、风险因素、发行人基本情况、业务和技术、募股资金运用、发行定价及股利分配政策等事项。它是社会公众了解发起人和将要设立公司的情况并做出购买公司股票决策的重要依据。

（3）上市公告书。上市公告书是发行人在其股票上市前，向公众公告与发行上市有关事项的文件。公司股票获准在证券交易所交易后，须公布上市公告书。上市公告书除了包括招股说明书的重要内容外，还包括：发行人对公告内容的承诺；股票上市情况；发行人、股东和实际控制人情况；股票上市前已发行股票的情况；招股说明书刊登日至公告书刊登日发生的重要事项；上市保荐人及其意见。上市公告书对企业的情况披露比较充分，是进行财务分析特别是企业外部人士进行财务分析可供参考的重要资料。

（4）政策信息。政策信息主要有产业政策、价格政策、财政政策、金融政策、货币政策、分配政策、税收政策、会计政策等信息。从行业性质、企业组织形式等角度分析企业财务状况对政策法规的敏感程度，全面揭示经济政策变化及法律制度的调整对企业财务状况、经营成果和现金流量的影响。

（5）市场信息。市场信息主要包括资本市场、生产市场、物资市场、劳动力市场、技术市场、土地市场等要素市场以及商品市场的信息。这其中的任何信息都可能与企业经营及财务状况息息相关。因此，在进行企业财务分析时，必须关注商品供求与价格变化对企业产品或服务质量与收入的影响，关注劳动力供求与价格对企业人工费的影响，关注技术市场供求及价格对企业无形资产规模、结构的影响，关注资本市场资金供求渠道及价格对企业投资、融资的影响，以便从市场环境变化中分析企业财务状况变化的成因及趋势。

（6）行业信息。行业信息主要指企业所处行业的相关企业、产品、技术、规模、效益等方面的情况，因此在进行财务分析时着重关注平均水平、先进水平以及行业发展前景的信息，以客观评价企业当前的经营现状，合理预测、把握企业财务状况、经营业绩与现金流量的发展趋势、为决策提供可靠的信息依据。

2.2.2 财务报表

财务分析中最重要的资料就是财务报表。财务报表是对企业财务状况、经营成果和现金流量的结构性表述。财务报表至少应当包括下列组成部分：资产负债表、利润表、现金流量表、所有者权益变动表、附注。企业应当以持续经营为基础，根据实际发生的交易和事项，按照《企业会计准则——基本准则》和其他各项会计准则的规定进行确认和计量，在此基础上编制财务报表。

1. 资产负债表

资产负债表是反映企业在某一特定日期财务状况的财务报表，例如公历 12 月 31 日的财务状况。

资产负债表主要提供有关企业财务状况方面的信息，即某一特定日期关于企业资产、负债、所有者权益及其相互关系。资产负债表的作用如下：第一，可以提供某一日期的资产总额及其结构，表明企业拥有或控制的资源及其分布情况，使用者可以一目了然地从资产负债表上了解企业在某一特定日期所拥有的资产总额及其结构；第二，可以提供某一日期的负债总额及其结构，表明企业未来需要用多少资产或劳务清偿债务以及清偿时间；第三，可以反映所有者所拥有的权益，据以判断资本保值、增值的情况以及负债的保障程度。

资产负债表遵循了"资产=负债+所有者权益"这一会计恒等式，把企业在特定时日所拥有的经济资源和与之相对应的企业所承担的债务及清偿以后属于所有者的权益充分反映出来。因此，资产负债表应当分别列示资产总计项目与负债和所有者权益之和的总计项目，并且这二者的金额应当相等。

我国企业会计准则中规定的资产负债表格式见表 2-1。

表 2-1　　　　　　　　　　　　　　**资产负债表**　　　　　　　　　　会企 01 表

编制单位：　　　　　　　　　　　年　月　日　　　　　　　　　　单位：元

资产	期末余额	年初余额	负债和所有者权益（或股东权益）	期末余额	年初余额
流动资产：			流动负债：		
货币资金			短期借款		
以公允价值计量且其变动计入当期损益的金融资产			以公允价值计量且其变动计入当期损益的金融负债		
衍生金融资产			衍生金融负债		
应收票据			应付票据		
应收账款			应付账款		
预付款项			预收款项		
应收利息			应付职工薪酬		
应收股利			应交税费		
其他应收款			应付利息		
存货			应付股利		
划分为持有待售的资产			其他应付款		
一年内到期的非流动资产			划分为持有待售的负债		
其他流动资产			一年内到期的非流动负债		
流动资产合计			其他流动负债		
非流动资产：			流动负债合计		
可供出售金融资产			非流动负债：		
持有至到期投资			长期借款		
长期应收款			应付债券		
长期股权投资			其中：优先股		
投资性房地产			永续债		
固定资产			长期应付款		
在建工程			长期应付职工薪酬		
工程物资			专项应付款		
固定资产清理			预计负债		
生产性生物资产			递延收益		
油气资产			递延所得税负债		
无形资产			其他非流动负债		
开发支出			非流动负债合计		
商誉			负债合计		
长期待摊费用			所有者权益（或股东权益）：		
递延所得税资产			股本		
其他非流动资产			其他权益工具		
非流动资产合计			其中：优先股		
			永续债		
			资本公积		
			减：库存股		
			其他综合收益		
			专项储备		
			盈余公积		
			未分配利润		
			所有者权益（或股东权益）合计		
资产总计			负债和所有者权益（或股东权益）总计		

法定代表人：　　　　　主管会计工作负责人：　　　　　会计机构负责人：

2. 利润表

利润表是反映企业一定期间生产经营成果的财务报表。利润表的列报必须充分反映企业经营业绩的主要来源和构成，有助于报表使用者判断净利润的质量及其风险，有助于报表使用者预测净利润的持续性，从而做出正确的决策。

通过利润表，可以反映企业一定会计期间收入的实现情况，如实现的营业收入有多少，实现的投资收益有多少，实现的营业外收入有多少等；可以反映企业一定会计期间的费用耗费情况，如耗费的营业成本有多少，税金及附加有多少，销售费用、管理费用、财务费用各有多少，营业外支出有多少等；可以反映企业生产经营活动的成果，即净利润的实现情况，据以判断资本保值、增值等情况。

利润表格式见表 2-2。

表 2-2　　　　　　　　　　　　　　　　**利润表**　　　　　　　　　　　会企 02 表

编制单位：　　　　　　　　　　　　　　年度　　　　　　　　　　　　　　单位：元

项目	本期金额	上期金额
一、营业收入		
减：营业成本		
税金及附加		
销售费用		
管理费用		
财务费用		
资产减值损失		
加：公允价值变动收益（损失以"－"号填列）		
投资净收益（损失以"－"号填列）		
其中：对联营企业和合营企业的投资收益		
二、营业利润（亏损以"－"号填列）		
加：营业外收入		
其中：非流动资产处置利得		
减：营业外支出		
其中：非流动资产处置损失		
三、利润总额		
减：所得税费用		
四、净利润		
五、其他综合收益的税后净额		
（一）以后不能重分类进损益的其他综合收益		
（二）以后将重分类进损益的其他综合收益		
六、综合收益总额		
七、每股收益：		
（一）基本每股收益		
（二）稀释每股收益		

3. 现金流量表

现金流量表是以现金为基础编制的财务状况变动表。现金流量表反映企业一定期间内现金的流入和流出，表明企业获得现金的能力。

现金流量表所指的现金一般包括现金及现金等价物。现金是指企业库存现金以及可以随时用于支付的存款。不能随时用于支付的存款不属于现金。现金等价物是指企业持有的期限短、流动性强、易于转换为已知金额现金、价值变动风险很小的投资。期限短，一般是指从购买日起三个月内到期。现金等价物通常包括三个月内到期的债券投资等。权益性投资变现的金额通常不确定，因而不属于现金等价物。企业应当根据具体情况，确定现金等价物的范围，一经确定不得随意变更。

现金流量是指现金和现金等价物的流入与流出。

编制现金流量表的目的是为财务报表使用者提供企业一定会计期间内有关现金的流入与流出的信息。企业一定时期现金流入与流出是由各种因素产生的，现金流量表首先要对企业各项经营业务产生或运用的现金流量进行合理的分类，通常按照企业经营业务发生的性质将企业一定期间内产生的现金流量归为三类：一是经营活动产生的现金流量。经营活动是指企业投资活动和筹资活动以外的所有交易和事项，包括销售商品或提供劳务、经营性租赁、购买货物、接受劳务、制造产品、广告宣传、推销产品、交纳税款等。二是投资活动产生的现金流量。投资活动是指企业长期资产的购建和不包括在现金等价物范围内的投资及其处置活动。三是筹资活动产生的现金流量。筹资活动是指导致企业资本及债务规模和构成发生变化的活动，包括吸收投资、发行股票、分配利润等。

现金流量表的结构包括基本报表和补充资料。

基本报表的内容有六项：一是经营活动产生的现金流量，主要包括销售商品、提供劳务、购买商品、支付工资、交纳税款等；二是投资活动产生的现金流量，主要包括收回投资和取得投资收益，购建和处置固定资产、无形资产和其他长期资产等；三是筹资活动产生的现金流量，主要包括吸收投资、借入款项、偿还债务、分配利润等；四是汇率变动对现金及现金等价物的影响；五是现金及现金等价物净增加额；六是期末现金及现金等价物余额。

补充资料的内容有三项：一是将净利润调节为经营活动现金流量；二是不涉及现金收支的重大投资和筹资活动；三是现金及现金等价物净变动情况。

现金流量表格式见表 2-3。

企业应当采用间接法在现金流量表附表中披露将净利润调节为经营活动现金流量的相关信息。现金流量表补充资料格式见表 2-4。

4. 所有者权益变动表

所有者权益变动表是反映构成所有者权益的各组成部分当期的增减变动情况的报表。所有者权益变动表应当全面反映一定时期所有者权益变动的情况，不仅包括所有者权益总量的增减变动，还包括所有者权益增减变动的重要结构性信息，特别是要反映直接计入所有者权益的利得和损失，让报表使用者准确理解所有者权益增减变动的根源。

表 2-3　　　　　　　　　　　　现金流量表　　　　　　　　　　　　会企 03 表

编制单位：　　　　　　　　　　　年度　　　　　　　　　　　　　　单位：元

项　目	本期金额	上期金额
一、经营活动产生的现金流量：		
销售商品、提供劳务收到的现金		
收到的税费返还		
收到其他与经营活动有关的现金		
经营活动现金流入小计		
购买商品、接受劳务支付的现金		
支付给职工以及为职工支付的现金		
支付的各项税费		
支付其他与经营活动有关的现金		
经营活动现金流出小计		
经营活动产生的现金流量净额		
二、投资活动产生的现金流量：		
收回投资收到的现金		
取得投资收益收到的现金		
处置固定资产、无形资产和其他长期资产收回的现金净额		
处置子公司及其他营业单位收到的现金净额		
收到其他与投资活动有关的现金		
投资活动现金流入小计		
购建固定资产、无形资产和其他长期资产支付的现金		
投资支付的现金		
取得子公司及其他营业单位支付的现金净额		
支付其他与投资活动有关的现金		
投资活动现金流出小计		
投资活动产生的现金流量净额		
三、筹资活动产生的现金流量：		
吸收投资收到的现金		
取得借款收到的现金		
收到其他与筹资活动有关的现金		
筹资活动现金流入小计		
偿还债务支付的现金		
分配股利、利润或偿付利息支付的现金		
支付其他与筹资活动有关的现金		
筹资活动现金流出小计		
筹资活动产生的现金流量净额		
四、汇率变动对现金及现金等价物的影响		
五、现金及现金等价物净增加额		
加：期初现金及现金等价物余额		
六、期末现金及现金等价物余额		

表 2-4   **现金流量表补充资料**

补 充 资 料	本期金额	上期金额
1.将净利润调节为经营活动现金流量：		
净利润		
加：资产减值准备		
固定资产折旧、油气资产折耗、生产性生物资产折旧		
无形资产摊销		
长期待摊费用摊销		
处置固定资产、无形资产和其他长期资产的损失（收益以"-"号填列）		
固定资产报废损失（收益以"-"号填列）		
公允价值变动损失（收益以"-"号填列）		
财务费用（收益以"-"号填列）		
投资损失（收益以"-"号填列）		
递延所得税资产减少（增加以"-"号填列）		
递延所得税负债增加（减少以"-"号填列）		
存货的减少（增加以"-"号填列）		
经营性应收项目的减少（增加以"-"号填列）		
经营性应付项目的增加（减少以"-"号填列）		
其他		
经营活动产生的现金流量净额		
2.不涉及现金收支的重大投资和筹资活动：		
债务转为资本		
一年内到期的可转换公司债券		
融资租入固定资产		
3.现金及现金等价物净变动情况：		
现金的期末余额		
减：现金的期初余额		
加：现金等价物的期末余额		
减：现金等价物的期初余额		
现金及现金等价物净增加额		

所有者权益变动表格式见表2-5。

表2-5　　　　　　　　　　　　**所有者权益（股东权益）变动表**　　　　　　　　　会企04表

编制单位：　　　　　　　　　　　　　　年度　　　　　　　　　　　　　　　　　单位：元

项目	本年金额						上年金额					
	实收资本（或股本）	资本公积	减：库存股	盈余公积	未分配利润	所有者权益合计	实收资本（或股本）	资本公积	减：库存股	盈余公积	未分配利润	所有者权益合计
一、上年年末余额												
加：会计政策变更												
前期差错更正												
二、本年年初余额												
三、本年增减变动金额（减少以"-"号填列）												
（一）净利润												
（二）直接计入所有者权益的利得和损失												
1.可供出售金融资产公允价值变动净额												
2.权益法下被投资单位其他所有者权益变动的影响												
3.与计入所有者权益项目相关的所得税影响												
4.其他（外币报表折算差额）												
上述（一）和（二）小计												
（三）所有者投入和减少资本												
1.所有者投入资本												
2.股份支付计入所有者权益的余额												
3.其他												
（四）利润分配												
1.提取盈余公积												
2.对所有者（或股东）的分配												
3.其他												
（五）所有者权益内部结转												
1.资本公积转增资本（或股本）												
2.盈余公积转增资本（或股本）												
3.盈余公积弥补亏损												
4.其他												
四、本年年末余额												

5. 财务报表附注

财务报表附注是财务报表不可或缺的组成部分，是对在资产负债表、利润表、现金流量表和所有者权益变动表等报表中列示项目的文字描述或明细资料，以及对未能在这些报表中列示项目的说明等。

财务报表中的数字是经过分类与汇总后的结果，是对企业发生的经济业务的高度简化和浓缩的数字，如果没有形成这些数字所使用的会计政策以及理解这些数字所必需的披露，财务报表就不可能充分发挥效用。因此，财务报表附注与资产负债表、利润表、现金流量表、所有者权益变动表等报表具有同等的重要性，是财务报表的重要组成部分。报表使用者要了解企业的财务状况、经营成果和现金流量，应当全面阅读附注。

附注应当按照如下顺序披露有关内容：

（1）企业的基本情况。

①企业注册地、组织形式和总部地址。

②企业的业务性质和主要经营活动，如企业所处行业、所提供的主要产品或服务、客户的性质、销售策略、监管环境的性质等。

③母公司以及集团最终母公司的名称。

④财务报告的批准报出者和财务报告批准报出日。

（2）财务报表的编制基础。

（3）遵循企业会计准则的声明。企业应当声明编制的财务报表符合企业会计准则的要求，真实、完整地反映了企业的财务状况、经营成果和现金流量等有关信息，以此明确企业编制财务报表所依据的制度基础。如果企业编制的财务报表只是部分地遵循了企业会计准则，附注中不得做出这种表述。

（4）重要会计政策和会计估计。根据财务报表列报准则的规定，企业应当披露采用的重要会计政策和会计估计，不重要的会计政策和会计估计可以不披露。

（5）会计政策和会计估计变更以及差错更正的说明。企业应当按照《企业会计准则第28号——会计政策、会计估计变更和差错更正》及其应用指南的规定，披露会计政策和会计估计变更以及差错更正的有关情况。

（6）报表重要项目的说明。企业应当以文字和数字描述相结合、尽可能以列表形式披露报表重要项目的构成或当期增减变动情况，并且报表重要项目的明细金额合计应当与报表项目金额相衔接。在披露顺序上，一般应当按照资产负债表、利润表、现金流量表、所有者权益变动表的顺序及其项目列示的顺序进行披露。

（7）其他需要说明的重要事项。这主要包括或有和承诺事项、资产负债表日后非调整事项、关联方关系及其交易等，具体的披露要求须遵循相关准则的规定。

【相关链接】

上交所再发新规　细化公司年报叙述性信息披露

叙述性信息披露是指年度报告中财务信息以外的所有非财务信息。"管理层讨论与分析"是非财务信息披露的核心。为规范上市公司年报"管理层讨论与分析"的披露，根据《公开发行证券的公司信息披露内容与格式准则第2号——年度报告的内容与格式》（2007年修订）和证监会《关于做好上市公司2011年年度报告工作的通知》，上海证券交易所公司管理部于2012年2月制定了"管理层讨论与分析的编制要求"备忘录（《上市公司

2011年年度报告工作备忘录第五号——管理层讨论与分析的编制要求》）。

备忘录要求上市公司在"概述公司报告期内总体经营情况"部分的编制中，若公司利润构成或利润来源发生重大变动，应详细说明具体变动情况。公司应当对前期已披露的发展战略和经营计划的实现或实施情况、调整情况进行总结。若公司实际经营业绩较曾公开披露过的本年度盈利预测或经营计划低20%以上或高20%以上，应详细说明造成差异的原因。

与此同时，公司应当根据自身实际情况分别按行业、产品或地区说明报告期内主业收入、主业利润的构成情况。对于占公司营收或营业利润总额10%以上的业务经营活动及其所属行业，以及占营收或营业利润总额10%以上的主要产品，应分项列示其收入、成本、毛利率，并分析其变动情况。同时，公司应当披露主要业务的市场变化情况、营业成本构成的变化情况。若相关数据与上一年度报告期间相比变动在20%以上的，应说明原因。

在此基础上，备忘录还要求上市公司披露主要供应商、客户情况；公司资产构成同比发生重大变动的，应说明产生变化的主要影响因素；报告期公司经营活动产生的现金流量与净利润存在重大差异的，应解释原因。此外，备忘录对上市公司主要子公司及参股公司的经营情况及业绩分析、公司控制的特殊目的主体情况、"对未来发展的展望"等内容的编制都提出了详细要求。

在明确内容的同时，备忘录对编制细节也提出了详细要求：

首先，要求上市公司提供动态信息，即应当从公司管理层的角度对主要业务和资金的使用、来源、重大财务问题等进行全面讨论和分析，向投资者提供正确理解公司财务状况、经营成果和现金流量情况所必要的动态信息，使投资者自公司管理层了解更多关于公司现状及未来发展变化的趋势，以及可能存在的风险和不确定因素。

其次，要求突出重要信息，即应当包括公司未来短期和长期的分析，突出管理层认为最重要的信息，着重于管理层已知的、可能导致财务报告难以显示公司未来经营成果与财务状况的重大事项和不确定因素，包括已对报告期产生重要影响但对公司未来发展没有影响的事项，以及尚未对报告期产生影响但对公司未来发展具有重要影响的事项等。

此外，要求上市公司在编制时重在分析、突出公司个性、简洁易懂，以及管理层实实在在的参与。

资料来源　王璐.上交所再发新规　细化公司年报叙述性信息披露[N].上海证券报，2012-02-06.

2.2.3　审计报告

由于一般的财务报表使用者其专业知识、时间、精力及条件有限，很难对财务报表的真实性和合规性做出判断，为了增强企业提供的财务报表的可靠性，降低信息风险，需要聘请独立于企业的外部专业人士，即注册会计师进行审计，对财务报表的公允性、合法性等发表审计意见。因此，审计报告是财务报表披露质量的鉴定书。

审计报告是注册会计师根据独立审计准则的要求，在实施必要的审计程序后，以经过核实的审计证据为依据，对被审计单位年度财务报表发表审计意见的书面文件。

审计报告应当说明审计范围、会计责任与审计责任、审计依据和已实施的主要审计程序等事项。审计报告应当说明被审计单位的财务报表的编制是否符合企业会计准则及国家其他财务会计法规的规定，在所有重大方面是否公允地反映了其财务状况、经营成果和现金流量情况，以及所采用的会计处理方法是否遵循了一贯性原则。

审计报告根据意见类型可分为无保留意见、保留意见、否定意见和无法表示意见四种类型的审计报告。在出具保留意见、否定意见或无法表示意见审计报告时，应明确说明理由，并在可能情况下指出其对财务报表反映的影响程度。

2.3　财务分析的方法与技术

2.3.1　水平分析和结构分析

1. 水平分析

水平分析是指将反映企业报告期财务状况的信息（也就是财务报表信息资料）与反映企业前期或历史某一时期财务状况的信息进行对比，研究企业各项经营业绩或财务状况的发展变动情况的一种财务分析方法。

水平分析的基本要点是：将报表资源中不同时期的同项数据进行对比。它所进行的对比，一般而言，不是指单指标对比，而是对反映某方面情况的报表的全面、综合对比分析。变动数量的计算公式是：变动数量=分析期某项指标实际数−前期同项指标实际数；变动率的计算公式是：变动率（%）=变动数量/前期实际数量×100%（公式所说的前期，可指上年度，也可指以前某一年度）。

按上述方法编制的报表形式，可称为比较财务报表。比较财务报表也可以同时选取多期（两期以上）会计数据进行比较，称为长期比较财务报表。长期比较财务报表的优点是，可以提醒使用者排除各年份非常或偶然事项的影响，将企业若干年的财务报表按时间序列加以分析，能更准确地看出企业发展的总体趋势，有助于更好地预测未来。

在进行水平分析时，还应特别关注相关指标的可比性，看看是否存在因会计政策或会计处理方法变动而影响了报表中某些项目前后的可比性，同时也应了解各项目相对比例的变化。

水平分析具体有两种方法：比较分析法和指数趋势分析法。

（1）比较分析法。比较分析法是将上市公司两个年份的财务报表进行比较分析，旨在找出单个项目各年之间的不同，以便发现某种趋势。在进行比较分析时，除了可以针对单个项目研究其趋势，还可以针对特定项目之间的关系进行分析，以揭示出隐藏的问题。举例而言，如果发现销售收入增长 10%，销售成本增长 14%，也就是说成本比收入增长得更快，这与我们通常的假设是相悖的（我们通常假设：在产品和原材料价格不变时，销售收入和销售成本同比例增长）。现在出现了这种差异，一般有三种可能：一是产品价格下降；二是原材料价格上升；三是生产效率降低。要确定具体的原因，就需要借助其他方法和资料作进一步的分析。

（2）指数趋势分析法。当需要比较三年以上的财务报表时，比较分析法就变得很麻烦，于是就产生了指数趋势分析法，指数趋势分析的具体方法是，在分析连续几年的财务报表时，以其中一年的数据为基期数据（通常是以最早的年份为基期），将基期的数据值定为 100，其他各年的数据转换为基期数据的百分比，然后比较分析相对数的大小，得出有关项目的趋势。在使用指数时要注意的是由指数得到的百分比的变化趋势都是以基期为参考的，是相对数的比较，好处就是可以观察多个期间数值的变化，从而得出一段时间内数值变化的趋势。如果将通货膨胀的因素考虑在内，用指数除以通货膨胀率，就得到去除通货膨胀因素后的金额的实际变化，更能说明问题。这个方法在用过去的趋势对将来的数值进行推测时是有用的，还可以观察数值变化的幅度，找出重要的变化，为下一步的分析指明方向。

2. 结构分析

结构分析是指以财务报表中的某个总体作为 100%，再计算出各组成项目占总体的百分比，从而得出各个项目的结构比例及其对总体的影响大小。这样既可以用于同一公司不同时期财务状况的纵向比较，又可以用于不同公司的横向比较。同时可以消除不同规模差异的影响，有利于分析公司的财务状况和经营成果。

财务结构分析，又称资本结构分析，就是诊断企业体质健康与否的根据，故为评估企业长期偿债能力与长期安全性的一项重要指标。

一般而言，从资产负债表可以看出股本结构、资产负债结构、流动资产与流动负债的结构、流动资产内部结构、长期资产内部结构、长期资产与长期资本的结构、负债与股东权益的结构、负债内部结构、股东权益内部结构等。上述九种财务结构的风险主要体现在：资本结构之间勾稽关系是否匹配合理；财务杠杆与财务风险、经营杠杆与经营风险是否协调；股东权益内部结构与企业未来融资需求是否具有战略性；各种资本结构有无人为操纵现象等。

从利润表可以看出各种不同收益对净利润的贡献大小和耗蚀程度，包括收入结构、成本结构、费用结构、税务支出结构、利润结构和利润分配结构等。

从现金流量表可以看出现金流入比、现金流出比和现金流入流出比等。

财务结构是否合理、合规、合法，是否能够为实现企业价值最大化起到促进作用，是否会成为将来企业财务风险的隐患，都是企业财务管理人员和学者极为关注的财务问题。虽然说世界上没有公认的财务结构标准，但是一些有意无意遵循的规律性的东西，还是对识别和防范财务结构风险有一定裨益。

常用的结构分析指标主要有以下几种：

（1）股东权益比率。其计算公式为：

$$股东权益比率 = \frac{股东权益总额}{资产总额} \times 100\%$$

$$= \frac{股东权益总额}{股东权益总额 + 负债总额} \times 100\%$$

股东权益比率显示企业总资本中企业自有资本所占的比率，反映企业的基本财务结构是否稳定。

（2）资产负债率。其计算公式为：

$$资产负债率 = \frac{负债总额}{资产总额} \times 100\%$$

$$= \frac{负债总额}{股东权益总额 + 负债总额} \times 100\%$$

资产负债率可衡量企业的总资本中究竟有多少百分比是依赖外来资金提供的。

资产负债率与股东权益比率可说是一体两面，两者总和恰好是 100%。

（3）资本负债率。其计算公式为：

$$资本负债率 = \frac{负债总额}{股东权益总额} \times 100\%$$

此项比率比资产负债率更能准确地揭示企业的长期偿债能力状况。

（4）权益乘数。其计算公式为：

$$权益乘数 = \frac{资产总额}{股东权益总额} \times 100\%$$

（5）流动负债占总负债比率。其计算公式为：

$$流动负债占总负债比率 = \frac{流动负债}{负债总额} \times 100\%$$

流动负债为企业对外负债中须于短期内偿还的债务。此项比率过大，将影响资金流动的安全性。

（6）利息保障倍数，又称利息保障率。其计算公式为：

$$利息保障倍数 = \frac{所得税及利息费用前纯益}{利息费用}$$
$$= 继续营业单位税前净利（净损）+ 利息费用利息费用$$

利息保障倍数是企业中期营运的财务指标，反映一家公司向银行借钱做生意，所赚来的纯益是否足够支付银行利息。公司虽然短期速动比率及流动比率符合标准，但若是负债重，获利不足以支付利息，中长期将面临亏损倒闭的命运。

2.3.2　比率分析

比率分析是利用财务经济指标之间的相互关系，通过计算财务比率来分析、剖析、评价企业财务活动和财务关系的一种方法。财务比率在财务分析中处于极为重要的地位，所以通常将其作为一种专门的分析方法。

采用比率分析法进行分析时，需要根据分析的内容和要求，计算出有关的比率，然后进行分析。由于各种比率的计算方法各不相同，其分析的目的以及所起的作用也各不相同。根据计算方法的不同，财务比率大体上可以分为三类：相关比率分析、结构比率分析和动态比率分析。

1. 相关比率分析

相关比率是指同一时期财务报表中两项相关数值的比率。此类比率包括：（1）反映偿债能力的比率，如流动比率、速动比率、资产负债率、权益乘数等；（2）反映营运能力的比率，如存货周转率、应收账款周转率、流动资产周转率等；（3）反映盈利能力的比率，如净资产收益率、总资产报酬率、销售净利率、成本费用利润率等；（4）反映现金流动能力的比率，如现金比率、经营活动现金流量与净利润的比率、现金负债率等。

2. 结构比率分析

结构比率是指财务报表中个别项目数值与全部项目总和的比率。这类比率揭示了部分与整体的关系，通过不同时期结构比率的比较还可以揭示公司财务业绩构成和结构的发展变化趋势。结构比率的计算方法通常是：

$$结构比率 = \frac{某指标某部分的数值（部分）}{该指标的总体数值（总体）} \times 100\%$$

结构比率指标通常表现为各种比重。在财务报表分析中常用的结构比率包括：（1）利润表的结构比率，如营业利润占利润总额的比重、主营业务利润占营业利润的比重等；（2）资产负债表的结构比率，如存货与流动资产的比率、流动资产与全部资产的比率、流动负债占总负债的比重、所有者权益占总资本的比重等；（3）现金流量表的结构比率，如经营活动现金流量占总现金流量的比重、投资活动现金流量占总现金流量的比重、筹资活动现金流量占总现金流量的比重等。

【例 2-1】S 公司的现金流量表汇总表见表 2-6。

表 2-6   现金流量表汇总表

编制单位：S 公司   2013 年度

项　目	本期金额（元）	比重（%）	上期金额（元）	比重（%）
经营活动产生的现金流量净额	−1 413 264 890.2	−69.16	−1 088 516 055.78	−10.71
投资活动产生的现金流量净额	16 518 557 861.42	808.33	15 968 841 536.89	157.09
筹资活动产生的现金流量净额	−13 060 822 891.42	−639.13	−4 715 811 816.46	−46.39
汇率变动对现金及现金等价物的影响	−922 602.21	−0.05	596 402.68	−0.01
现金及现金等价物净增加额	2 043 547 477.59	100	10 165 110 067.33	100

从表 2-6 可见，S 公司 2013 年产生的现金流量中，投资活动产生的现金流量净额为正，占 808.33%，与 2012 年的 157.09%相比，上升较多；经营活动产生的现金流量净额为负，占−69.16%，与 2012 年的−10.71%相比，下降较多；筹资活动产生的现金流量净额为负，占−639.13%，与 2012 年的−46.39%相比，下降较多。因此，2013 年 D 公司的现金流量主要是投资活动产生的，经营活动、筹资活动主要是现金流出，说明公司运营所需资金量较大，同时也说明公司的主营业务现金流量不足，需要引起注意。

3. 动态比率分析

动态比率是指财务报表中某个项目不同时期的两项数值的比率，又称为趋势分析或水平分析。公司的经济现象受着多方面因素变化的影响，只从某一时期或某一时点上很难完整地分析公司财务状况的发展规律和趋势，而必须把若干数据按时期或时点的先后顺序整理为数列，并计算出它的发展速度、增长速度、平均发展速度和平均增长速度等，才能探索它的发展规律和发展趋势。

根据财务指标的时间特征的不同，财务指标的时间数列可分为时期数列和时点数列。时期数列反映某种经济现象在一定时期内发展过程的结果及总量，它是各个时期的数值不断累计的结果。例如，销售收入、利润总额等利润表项目所构成的数列就是时期数列。时点数列表明在特定时点上的某种经济现象所处的状态的数值。由于各时点上的数值大部分都是现象的重复，因此时点数列不能复加，如年末的资产总计、所有者权益合计、流动资产合计等资产负债表项目所构成的时间数列就是时点数列。

根据财务指标的时间数列，可以计算出相关指标的增长量、发展速度、增长速度等指标，以反映相关财务指标的发展规律。

（1）增长量。增长量反映某种经济现象在一定时期内增加（或减少）的绝对数，是比较期与基期的差额，增长量指标由于作为比较标准的时期不同，分为逐期增长量（即把前一期作为基期逐期比较）和累计增长量（即把各个比较期统一与某个固定基期比较）。增长量的计算公式为：

增长量=比较期数值（报告期水平）−基期数值（基期水平）

（2）发展速度。发展速度是表明某种经济现象发展程度的比率，它是全部数列中各比较期与基期水平之比。根据比较标准的时期不同，分为定基发展速度和环比发展速度。定基发展速度是报告期水平与固定基期水平对比；环比发展速度是报告期水平与前一期水平对比。

$$定基发展速度=\frac{报告期某指标数值}{固定基期该指标数值}\times100\%$$

$$环比发展速度=\frac{报告期某指标数值}{前一期该指标数值}\times100\%$$

在财务分析中使用动态比率分析，能够将连续数年的财务报表中的某重要项目进行比较，计算该项目前后期的增减方向和幅度，以说明公司财务状况或财务成果的变动趋势。

下面以主营业务收入和净利润为例进行趋势分析。

【例 2-2】S 公司的主营业务收入数据见表 2-7。

表 2-7　　　　　　　　　　　S 公司主营业务收入趋势分析表

项　目	2011年	2012年	2013年
主营业务收入（元）	14 818 471 443.83	16 840 697 450.65	17 541 378 682.13
定基发展速度（%）	100	113.65	118.38
环比发展速度（%）	100	113.65	104.16

从表 2-7 的数据可见，该公司主营业务收入在 2011 年到 2013 年呈现大幅度增长趋势，2012 年环比发展速度达 113.65%，2013 年环比发展速度达 104.16%；以 2011 年为基期，2012 年定基发展速度达 113.65%，2013 年定基发展速度达 118.38%。

【例 2-3】S 公司的净利润数据见表 2-8。

表 2-8　　　　　　　　　　　S 公司净利润趋势分析表

项　目	2011年	2012年	2013年
净利润（元）	15 590 169 767.35	17 026 875 298.77	17 417 504 918.68
定基发展速度（%）	100	109.22	111.72
环比发展速度（%）	100	109.22	102.29

由表 2-8 的数据可见，从总体趋势看，该公司的净利润呈增长趋势，尤其是 2012 年增长更加迅速，环比发展速度为 109.22%。

单独观察表 2-7 或表 2-8，都会给我们留下较好的印象，即该公司处于高速增长状态。但是，如果将表 2-7 和表 2-8 结合起来观察则发现，尽管该公司的利润增长速度也较高，但在 2013 年利润的增长速度是低于收入增长速度的，说明该公司在收入增长的同时，营业利润率却呈现下降趋势。由此可见，在运用动态比率分析时，不仅要分析单个项目的发展速度或增长速度，还要进行相关指标的发展速度的对比分析和财务比率的发展速度的分析，这样才能较全面地掌握公司的发展状况和发展规律。

2.3.3　因素分析

因素分析是依据财务指标与其驱动因素之间的关系，从数量上确定各因素对指标影响程度的一种方法，具体可分为连环替代法和差额分析法两种形式。差额分析法实际上是连环替代法的一种简化形式。

连环替代法的基本程序如下：

第一，确定分析指标及其影响因素。运用指标分解法，将财务总指标进行分解或扩展，从而得到分析指标与其影响因素之间的关系式。

例如，资产净利率（即权益净利率）可以进行如下的分解：

$$资产净利率 = \frac{净利润}{平均总资产}$$

$$= \frac{总产值}{平均总资产} \times \frac{销售收入}{总产值} \times \frac{净利润}{销售收入}$$

$$= 资产生产率 \times 产品销售率 \times 销售净利率$$

根据上式的分解可见，企业资产净利率的影响因素有资产生产率、产品销售率和销售净利率三个因素。这三个因素分别反映了企业的生产效率、销售效率和生产成本水平。对资产净利率进行分析，并按照因素分解进行分析，便能够发现影响资产净利率变动的具体原因，进而为提高资产净利率提供科学、准确的指导。

再如，净资产收益率可以进行如下分解：

$$净资产收益率 = \frac{净利润}{平均净资产}$$

$$= \frac{净利润}{销售收入} \times \frac{销售收入}{平均总资产} \times \frac{平均总资产}{平均净资产}$$

$$= 销售净利率 \times 总资产周转率 \times 权益乘数$$

上式即著名的杜邦分析法。

对净资产收益率还可以进行如下分解：

$$净资产收益率 = \frac{净利润}{平均净资产}$$

$$= \frac{息税前利润}{销售收入} \times \frac{销售收入}{平均总资产} \times \frac{税前利润}{息税前利润} \times \frac{平均总资产}{平均净资产} \times \frac{净利润}{税前利润}$$

$$= 经营利润率 \times 总资产周转率 \times 财务成本效应 \times 财务杠杆效应 \times 税收效应$$

如果使用变动成本法资料，净资产收益率还可以进行如下分解：

$$净资产收益率 = \frac{净利润}{平均净资产}$$

$$= \frac{净利润}{销售收入} \times \frac{销售收入}{平均总资产} \times \frac{平均总资产}{平均净资产}$$

$$= \frac{安全边际}{销售收入} \times \frac{边际贡献}{安全边际} \times \frac{销售收入}{平均总资产} \times \frac{平均总资产}{平均净资产} \times (1-所得税税率)$$

$$= 安全边际率 \times 边际贡献率 \times 总资产周转率 \times 权益乘数 \times (1-所得税税率)$$

$$= \frac{1}{经营杠杆系数} \times \frac{1}{财务杠杆系数} \times 总资产周转率 \times 权益乘数 \times (1-所得税税率)$$

第二，确定因素顺序。在确定影响因素时，另一个重要的问题是影响因素之间的排序。不同的排列顺序会产生不同的计算结果。如何确定正确的排列顺序呢？这是一个理论上和实践中尚未解决的问题。按照统计学的一般原则，通常的做法是：数量指标在前，质量指标在后。现在也有人提出按照重要性原则进行先后排序。一般地，排列在前的因素对经济指标影响的程度不受其他因素影响或影响较小，排列在后的因素中含有其他因素共同作用的成分。目前的一般原则是：先数量指标，后质量指标；先基础指标，后派生指标；先实物量指标，后价值量指标；相邻指标相乘要有意义。例如，对净资产收益率进行分解时，将销售性指标排在前面，结构性指标排在后面，并且相邻指标相乘具有经济意义。

第三，分别计算报告期和基期的指标。以净资产收益率为例，两项指标的计算为：

基期净资产收益率=基期销售净利率×基期总资产周转率×基期权益乘数

报告期净资产收益率=报告期销售净利率×报告期总资产周转率×报告期权益乘数

净资产收益率的变动=报告期净资产收益率-基期净资产收益率

第四，进行因素连环替代和因素影响的分解。进行因素连环替代的原则是：对于被分析的因素，分别取报告期数值和基期数值进行计算；对于被分析因素之前的因素，固定在报告期；对于被分析因素之后的因素，固定在基期。

连环替代法用公式表示如下：

基期指标　　　$R0=A0×B0×C0$　　　(1)

第一次替代　　$A1×B0×C0$　　　(2)

第二次替代　　$A1×B1×C0$　　　(3)

第三次替代　　$R1=A1×B1×C1$　　　(4)

(2) - (1) 表示 A 驱动因素对指标 R 的影响，(3) - (2) 表示 B 驱动因素对指标 R 的影响，(4) - (3) 表示 C 驱动因素对指标 R 的影响，(4) - (1) 表示各驱动因素对指标 R 的总影响。

差额分析法的分析原理同连环替代法，其分析公式如下：

A 驱动因素对指标 R 的影响=（A1-A0）×B0×C0

B 驱动因素对指标 R 的影响=A1×（B1-B0）×C0

C 驱动因素对指标 R 的影响=A1×B1×（C1-C0）

各驱动因素对指标 R 的总影响=A1×B1×C1-A0×B0×C0

可见，运用连环替代法和差额分析法得出的分析结论是一致的。

第五，因素分析。对替代结果进行因素分析，确定各因素对分析指标的影响程度或影响量。

【例 2-4】对 S 公司 2013 年对比上年权益净利率的变化进行因素分析。

权益净利率=销售净利率×总资产周转率×权益乘数

本年权益净利率=93.72%×13.27%×115.16%=14.32%

上年权益净利率=95.60%×13.81%×118.57%=15.65%

与上年相比，本年权益净利率下降了 1.33%，这主要是受到总资产周转率和权益乘数下降的影响，销售净利率在本年虽然是下降的，但是这种下降对权益净利率的影响小于另外两种因素下降对权益净利率的影响。利用因素分析针对三种驱动因素变动对权益净利率的影响程度定量分析如下：

(1) 销售净利率变动的影响=（93.72%-95.60%）×13.81%×118.57%=-0.31%

(2) 总资产周转率变动的影响=93.72%×（13.27%-13.81%）×118.57%=-0.60%

(3) 权益乘数变动的影响=93.72%×13.27%×（115.16%-118.57%）=-0.42%

(4) 各驱动因素变动的总体影响=-0.31%-0.60%-0.42%=-1.33%

分析得知，权益乘数降低了 3.41%，使权益净利率下降了 0.42%；总资产周转率下降了 0.54%，使权益净利率下降了 0.60%；销售净利率下降了 1.88%，使权益净利率下降了

0.31%。三种驱动因素共同影响，使得权益净利率下降了1.33%。

2.3.4　财务综合分析

财务综合分析是将偿债能力、资产管理能力和盈利能力等诸方面的分析纳入一个有机的整体中，以全方位地对企业经营状况、财务状况及企业经济效益的优劣做出准确的评价与判断。财务综合分析的方法很多，其中应用比较广泛的有杜邦分析法和沃尔比重评分法。

1. 杜邦分析法

杜邦分析法是利用各主要财务比率间的内在联系，对企业综合财务状况及经济效益进行系统分析评价的一种分析方法。因其最初由美国杜邦公司创立与成功运用而得名。杜邦分析法中权益净利率是最具综合性与代表性的指标，在整个财务分析体系中居于核心地位，其他各项指标都是围绕这一核心的。

杜邦分析法主要反映了权益净利率、资产利润率、销售净利率、总资产周转率以及权益乘数几项财务比率之间的关系。

$$权益净利率 = \frac{净利润}{销售收入} \times \frac{销售收入}{总资产} \times \frac{总资产}{股东权益}$$

$$= 销售净利率 \times 总资产周转率 \times 权益乘数$$

销售净利率、总资产周转率以及权益乘数是权益净利率的三个重要驱动因素。销售净利率和总资产周转率反映了企业的经营战略，权益乘数反映了企业的财务政策。提高权益净利率可以通过提高销售净利率或总资产周转率进而提高资产利润率来实现，但销售净利率与总资产周转率在很多情况下达不到同时提高，二者经常呈反向变动。在资产利润率不变的情况下，可以通过提高财务杠杆提高权益净利率，但同时也会增加财务风险。

杜邦分析法通过对财务比率和相关数据自上而下的分析，实现了系统、全面评价企业经营成果和财务状况的目的。

2. 沃尔比重评分法

在进行财务分析时，分析者遇到的难题之一就是不能准确判断各项财务比率的实际值是偏高还是偏低，而与本企业的历史数据比较，也只能看出自身的变化，却难以评价其在市场竞争中的地位。为此，财务状况综合评价的先驱者之一亚历山大·沃尔在20世纪初出版的《信用晴雨表研究》和《财务报表比率分析》中提出了信用能力指数的概念，把若干个财务比率用线性关系结合起来，以此评价企业的信用水平。沃尔比重评分法包含流动比率、产权比率、固定资产构成率、存货周转率、应收账款周转率、固定资产周转率和权益资本周转率七种财务比率，分别给定了在总评价中所占的比重，总和为100分，然后确定标准比率，将各财务比率的实际值与标准值比较，评出每项财务比率的得分，最后得出总评分，从而对企业信用水平做出评价。沃尔比重评分法见表2-9。

沃尔比重评分法在一定程度上解决了对财务比率的实际值进行评价的问题，但也存在缺陷。首先，所选取的财务比率和对财务比率权重的设定缺乏理论上的说服力；其次，在进行实际评分时，当某项指标严重异常时，会对总评分产生不合逻辑的重大影响。

表 2-9　　　　　　　　　　　　　　　　沃尔比重评分法

财务比率	权重 ①	标准值 ②	实际值 ③	相对值 ④=③÷②	评分 ⑤=①×④
流动比率	25				
产权比率	25				
固定资产构成率	15				
存货周转率	10				
应收账款周转率	10				
固定资产周转率	10				
权益资本周转率	5				
合　计					

2.3.5　图解分析

图解分析是以各种图或表格表示企业有关财务状况、经营成果的各种关系和趋势的一种分析方法。图表方式能够使信息使用者一目了然，迅速掌握财务状况和经营成果的相关信息。

1.S 公司权益净利率趋势分析图

S 公司 2011 年到 2013 年的权益净利率变动情况如图 2-3、图 2-4 所示。

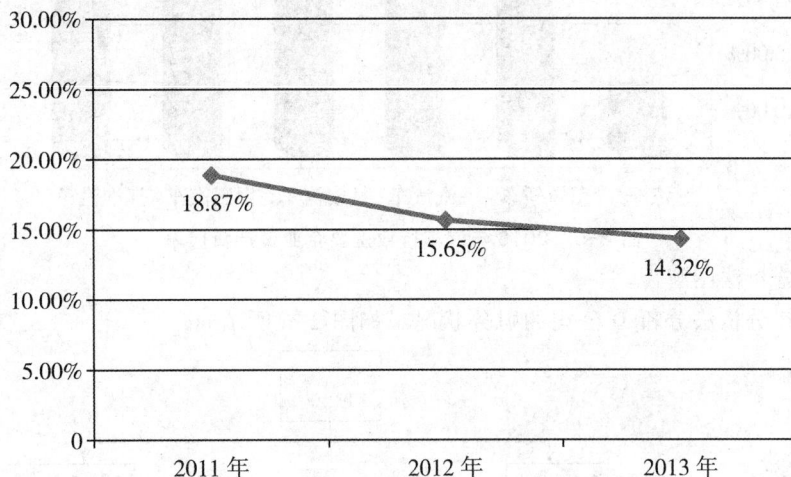

图 2-3　S 公司权益净利率趋势分析图

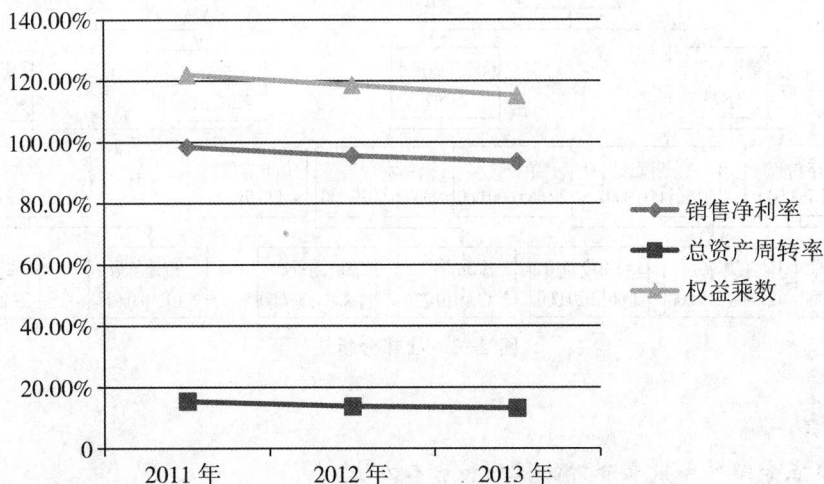

图 2-4　S 公司权益净利率驱动因素趋势分析图

S 公司近两年的权益净利率出现了较大波动。2013 年权益净利率相对于 2011 年来说变化较大，降低了 4.55%。权益乘数、销售净利率、总资产周转率均出现了下降的趋势，从而使得 S 公司该年的权益净利率波动较大。

2.S 公司资产负债率行业对比

2013 年汽车行业主要企业资产负债率如图 2-5 所示。对比 2013 年 S 公司所在行业其他企业的资产负债率，S 公司的资产负债率明显偏低，S 公司有必要对其现有的负债规模进行考虑，现有的资产负债率反映出 S 公司的资金可能没有得到充分利用。

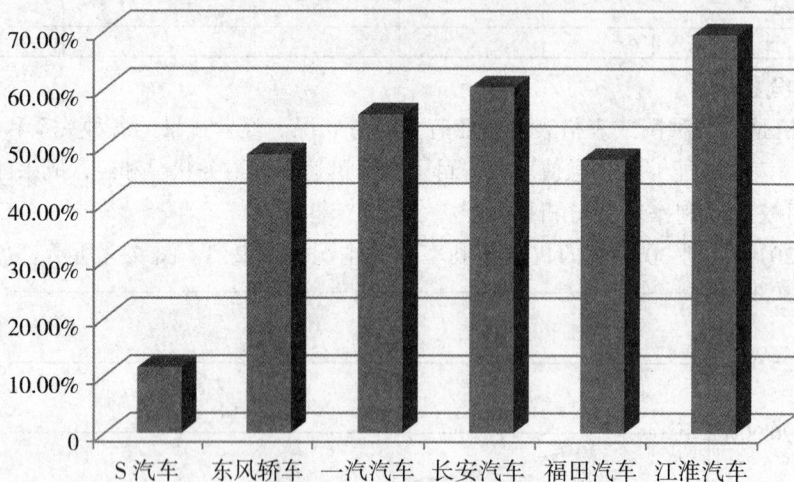

图 2-5　2013 年汽车行业主要企业资产负债率

3.杜邦分析法图解

运用杜邦分析法分析 D 公司的财务状况（如图 2-6 所示）。

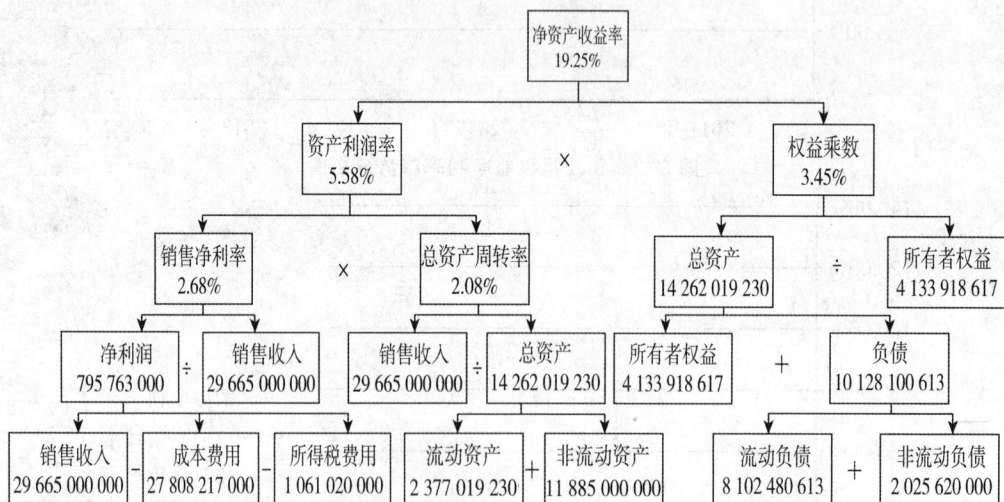

图 2-6　杜邦分析法

本章小结

本章重点介绍财务报表分析的程序和基本方法。

财务报表分析的程序包括四个阶段：财务分析信息收集和整理阶段；战略分析阶段；

财务分析实施阶段；财务分析综合评价阶段。

　　财务分析信息是财务分析的基础和不可分割的组成部分。没有财务分析信息，财务分析如"无米之炊"，进行财务分析是不可能的。财务分析信息多种多样，包括企业内部信息和企业外部信息、定期信息和不定期信息、实际信息和标准信息、会计信息和其他信息等。

　　财务分析通常使用相对指标进行，包括水平指标、结构指标、比率指标、发展指标等。

　　财务综合能力分析方法主要有杜邦分析法和沃尔比重评分法等。

讨论题

　　1. 财务分析分为哪几个阶段？各个阶段的任务是什么？

　　2. 简述三种常用的战略分析方法。

　　3. 简述比率分析的作用和不足。

　　4. 运用因素分析法应该注意哪些问题？

　　5. 请对杜邦分析法进行改进，以使其包括现金流量的分析内容。

　　6. 请对杜邦分析法进行改进，以使其包括变动成本法的成本信息。

业务题

　　1. 某企业 2013 年和 2014 年的相关财务指标见表 2-10。

表 2-10　　　　　　　　　　**2013 年和 2014 年相关财务指标数据**

指标	2013 年	2014 年
权益净利率（ROE）（%）	4.98	5.95
营业杠杆系数（DOL）	1.87	1.70
财务杠杆系数（DFL）	2.30	2.40
安全边际率（RSM）（%）	23.30	24.50
边际贡献率（RMC）（%）	30.80	31.90
资产周转率（CTR）（次）	0.65	0.71
权益乘数（CER）	1.53	1.56
账面所得税税率（T）（%）	30.10	31.30

　　要求：请运用连环替代因素分析法分析该企业的权益净利率发生变化的原因。

　　2. 某企业 2014 年 12 月 31 日资产负债表（简表）见表 2-11。

表 2-11 资产负债表（简表） 单位：元

资产	期末余额	年初余额（略）	负债和所有者权益	期末余额	年初余额（略）
流动资产合计	190 970		流动负债合计	99 808	
其中：速动资产	70 890		非流动负债合计	150 040	
非流动资产合计	412 300		负债合计	249 848	
其中：固定资产	239 870		所有者权益合计	353 422	
无形资产	120 000				
资产总计	603 270		负债和所有者权益总计	603 270	

要求：

（1）对资产负债表进行结构分析。

（2）计算资产负债表的相关比率。

（3）对该企业的资产负债表进行评价。

案例分析

A 公司近三年的主要财务数据和财务比率见表 2-12。

表 2-12 A公司主要财务数据和财务比率

项　目	2012 年	2013 年	2014 年
销售收入（万元）	4 000	4 300	3 800
总资产（万元）	1 430	1 560	1 695
普通股（万元）	100	100	100
盈余公积（万元）	500	550	550
所有者权益合计（万元）	600	650	650
流动比率	1.19	1.25	1.2
平均收现期（天）	18	22	27
存货周转率	8	7.5	5.5
债务/所有者权益	1.38	1.4	1.61
长期债务/所有者权益	0.5	0.46	0.46
销售毛利率（%）	20	16.3	13.2
销售净利率（%）	7.5	4.7	2.6
总资产周转率（%）	2.8	2.76	2.24
总资产净利率（%）	21	13	6

假设该公司没有营业外收支和投资收益，所得税税率不变。

问题探讨：

（1）分析说明该公司资产获利能力的变化及其原因。

（2）按顺序确定 2014 年与 2013 年相比销售净利率和资产周转率变动对资产获利能力的影响数额（百分位取整）并加以分析。

（3）分析说明该公司资产、负债和所有者权益的变化及其原因。

（4）假如你是该公司的财务经理，在 2015 年应从哪些方面改善公司的财务状况和经营业绩？

第 2 篇

财务报表解读

{第 3 章 }
资产负债表分析
{第 4 章 }
利润表分析
{第 5 章 }
现金流量表分析
{第 6 章 }
所有者权益变动表分析

第 3 章

资产负债表分析

当你读不懂某一公司的财务情况时，不要投资。股市最大的亏损源于投资了在资产负债方面很糟糕的公司。先看资产负债表，搞清该公司是否有偿债能力，然后再投钱冒险。

——彼得·林奇

学习目标

1. 了解资产负债表的定义、结构、编制方法、作用及局限性；
2. 掌握资产负债表列报的内容；
3. 熟悉资产负债表的水平分析；
4. 熟悉资产负债表的结构分析；
5. 掌握资产质量的内涵；
6. 掌握流动资产与非流动资产项目分析；
7. 掌握流动负债与非流动负债项目分析；
8. 掌握所有者权益项目分析。

重点与难点

1. 资产质量的内涵；
2. 资产负债表的结构分析。

引 言

2003 年春天，巴菲特得知沃尔玛有意出售一个年营业额约 230 亿美元的非核心事业，该事业名为麦克林（McLane）。多年以来，巴菲特一直把《财富》杂志所调查的"最受人景仰的企业"那一票投给沃尔玛，因为他对沃尔玛的诚信和经营能力有着高度的信心。当时整个收购交易出奇的简单迅速，巴菲特和沃尔玛的首席财务官面谈了两小时，巴菲特当场点头同意购买金额，而沃尔玛的首席财务官只打了通电话请示首席执行官，交易就宣告结束。29 天后，购买麦克林的 15 亿美元款项，就由伯克希尔—哈撒韦公司直接汇入沃尔玛账户，中间没有任何投资银行介入。这种交易是否太过于草率？巴菲特说，他相信沃尔玛财务报表所提供的一切数字，因此计算合理的收购价格对他来说轻而易举。事后也证明，沃尔玛提供给巴菲特的各项数据的确坦诚无欺。

3.1 资产负债表分析的目的和内容

3.1.1 资产负债表分析的目的

1. 资产负债表的定义

资产负债表是反映企业在某一特定日期财务状况的财务报表。它反映企业在某一特定日期所拥有或控制的经济资源、所承担的现时义务和所有者对净资产的要求权，是一张静态反映企业财务状况的财务报表。

资产负债表是根据资产、负债和所有者权益之间的相互关系，按照一定的分类标准和一定的顺序，将企业在某一特定日期的资产、负债和所有者权益各项目予以适当排列，并根据会计账簿日常记录的大量数据浓缩整理后编制而成的。

2. 资产负债表分析的目的

（1）通过资产负债表了解企业拥有或控制的经济资源，据以解释、评价和预测企业的短期偿债能力。偿债能力是指企业以其资产偿付债务的能力，短期偿债能力主要体现在资产的流动性上。所谓流动性是指资产转换成现金或负债到期清偿所需的时间。企业拥有和控制的经济资源包括流动资产、固定资产及其他资产。企业的流动资产，除现金及银行存款可随时偿还负债外，其余流动资产变现越快，其流动性越强，偿债能力也越强，一般来讲，交易性金融资产的流动性较应收票据和应收账款强，而应收账款的变现能力又较存货强。可见，通过对企业流动资产构成的分析，可以识别企业的短期偿债能力。

（2）通过资产负债表了解企业的资本结构，据以解释、评价和预测企业的长期偿债能力。企业的长期偿债能力主要指企业以全部资产清偿全部负债的能力。一般认为，资产越多，负债越少，其长期偿债能力越强，反之，若资不抵债，企业则缺乏长期偿债能力。资不抵债往往由企业长期亏损、蚀耗资产引起，还可能因为举债过多所致。所以，企业的长期偿债能力一方面取决于它的获利能力，另一方面取决于它的资本结构。通过资本结构分析，可以识别企业的长期偿债能力及财务稳定性。

（3）通过资产负债表可了解企业资源分布及资财权益，据以识别企业的财务弹性。财务弹性指标反映企业两个方面的综合财务能力，即迎接各种环境挑战、抓住经营机遇的适应能力，包括进攻性适应能力和防御性适应能力。所谓进攻性适应能力，指企业有财力去抓住经营中出现的稍纵即逝的获利机会及时进行投资，不致放任其流失。所谓防御性适应能力，指企业能在客观环境极为不利的情况下或因某一决策失误使其陷入困境时转危为安的生存能力。企业的财务弹性主要来自于资产变现能力、从经营活动中产生现金流入的能力、对外筹集和调度资金的能力，以及在不影响正常经营的前提下变卖资产获取现金的能力。资产负债表本身并不直接提供有关企业财务弹性的信息，但是可通过对资财分布状况及资财权益分析，间接识别企业财务弹性。

（4）通过资产负债表可了解企业资源占用情况，有助于识别与评价企业的经营业绩。企业的经营业绩主要取决于其获利能力，企业获利能力大小，直接影响到企业盈利水平及其稳定的增长，也关系到能否向债权人还本付息和向投资者支付较高股利。但企业要获得盈利必须占用一定数额资源，资源占用状况对获利有一定影响，将获得利润与占用资源相比称为资金利润率或投资利用率，它是衡量获利能力的重要指标。可见，了解企业资源占用状况为分析、识别、评价企业的经营业绩奠定了基础。

【相关链接】

财务报告的妙用

受格雷厄姆的影响，彼得·林奇对阅读财务报告也有着足够的重视，他常常根据公司财务报告中的账面价值去搜寻公司的隐蔽性资产。

彼得·林奇对如何阅读公司的财务报告有其独特的看法：无数财务报告的命运是送进废纸篓，这不足为怪。封面和彩页上的东西还可以看懂，但却无甚价值。后面所附的数字犹如天书，但又相当重要。不过，有个办法可以只花几分钟就从财务报告上得到有用的情况。那就是翻过封面和彩页介绍，直接找到印在较差纸张上的资产负债表（财务报告，或者说所有的出版物，都遵循了一条规律：纸张越差，所印内容越有价值）。资产负债表中所列出的资产和负债，对投资者来说，才是至关重要的。彼得·林奇认为，通过公司的资产和负债，可以了解该公司的发展或衰退情况、其财务地位的强弱等，有助于投资者分析该公司期货每股值多少现金之类的问题。

对于账面价值，彼得·林奇认为有一种理论是极为错误的，那就是如果账面价值为每股 20 美元，而实际售价只有每股 10 美元，那么投资者就以便宜一半的价钱买到了想要的期货。这种理论的错误之处在于，标出的账面价值常常与期货的实际价值毫无关系，账面价值常常大大超过或低于期货的实际价值。例如，1976 年年末，阿兰伍德钢铁公司的账面价值为 3 200 万美元，即每股 40 美元。尽管如此，该公司在 6 个月后还是破产了。其原因在于，该公司更新了一套炼钢设备，该设备的账面价值为 3 000 万美元，但由于计划不周，操作上又出了差错，结果毫无用处。为了偿还部分债务，该公司以约 500 万美元的价格把轧钢板机卖给了卢肯斯公司，工厂的其他部分则几乎没有卖到多少钱。

在资产负债表右面的负债很多的情况下，左面的账面资产就更加不可靠。假定一家公司的资产为 4 亿美元，负债为 3 亿美元，结果账面价值是正的 1 亿美元。谁能确保资产部分的数字是实实在在的呢？假设 4 亿美元的资产在破产拍卖中只能卖到 2 亿美元，那么实际上账面价值就是负的 1 亿美元。公司不仅一文不名，还倒欠不少呢。投资在按账面价值购买一种期货时，必须对其真实价值有一个详细的了解。

账面价值常常超出实际价值，同样，它也常常低于实际价值。彼得·林奇认为，这正是投资者挖掘隐蔽性资产从而赚大钱的地方。

对于那些拥有诸如工地、木材、石油和稀有金属等自然资源的公司来说，这些资产只有一部分真实价值被登记在账面上……商誉作为公司的一项资产，常常使公司产生隐蔽性资产。

彼得·林奇认为，市场总是存在着盲点，投资者可以以最低的风险去实现预期的利润。投资者应保持足够的耐心和敏锐的分析能力不断地发掘市场所存在的盲点，市场盲点一旦被整个市场所认同，先迈一步的投资者将会获得可喜的回报……

资料来源 张健.财务报告的妙用 [EB/OL].[2007-06-20].http://www.chinavalue.net/Management/Article/2007-6-20/69692.html.

3.1.2　资产负债表分析的内容

　　资产负债表分析的内容包括资产负债表水平分析、资产负债表结构分析和资产负债表项目分析。资产负债表水平分析也叫趋势分析，方法包括绝对额分析、环比分析和定基分析；内容包括资产的趋势分析、负债的趋势分析及所有者权益的趋势分析。对资产负债表的结构分析常常采用共同比资产负债表分析。资产负债表结构分析通常包括资产结构分析、资本结构分析及资产资本结构分析。资产负债表项目分析就是对资产、负债和所有者权益三个要素质量的分析。在下面的几节中我们将对这几种分析方法作详细的介绍。

　　要了解如何对资产负债表进行分析，首先要对资产负债表的内容作系统的了解。资产负债表列报，最根本的目标就是应如实反映企业在资产负债表日所拥有的资源、所承担的负债及所有者所拥有的权益。因此，资产负债表应当按照资产、负债和所有者权益三大类分别列报（见表 3-1）。资产类项目分为流动资产和非流动资产，按照各项资产的流动性排列，其排列顺序是流动资产列于非流动资产之前。资产类项目至少包括以下单列项目：货币资金、交易性金融资产、应收账款、预付款项、存货、持有至到期投资、长期股权投资、投资性房地产、固定资产、生物资产、无形资产和递延所得税资产。负债类项目按照债务归还期的长短排列，其排列顺序是流动负债列于非流动负债之前。负债类项目至少包括以下单列项目：短期借款、应付账款、预收款项、应付职工薪酬、应交税费、长期借款、应付债券、长期应付款、预计负债和递延所得税负债。所有者权益类项目按照永久性程度的高低排列，即永久性程度高者列于前，反之列于后，因此，实收资本（或股本）项目列于其他权益类项目之前。所有者权益类项目至少包括以下单列项目：实收资本（或股本）、资本公积、盈余公积和未分配利润。

表 3-1　　　　　　　　　　　　　　　　　　　　资产负债表　　　　　　　　　　　　　　　　　会企 01 表

编制单位：S 公司　　　　　　　　　　　　　　2013 年 12 月 31 日　　　　　　　　　　　　　　　单位：元

资　　产	期末余额	年初余额	负债和股东权益	期末余额	年初余额
流动资产：			流动负债：		
货币资金	39 964 590 909.55	37 921 043 431.96	短期借款	1 200 000.00	64 508 000.00
交易性金融资产	0	0	吸收存款及同业存款	0	0
应收票据	1 528 517 522.10	1 568 800 877.00	交易性金融负债	0	0
应收账款	729 557 891.22	371 924 320.37	应付票据	0	0
预付款项	411 451 092.97	576 430 358.52	应付账款	6 894 878 780.15	5 909 312 451.30
应收利息	448 230 974.72	0	预收款项	691 916 996.68	410 594 478.56
应收股利	618 210 697.15	6 881 214 320.79	应付职工薪酬	1 947 665 741.76	1 170 711 960.23
其他应收款	732 148 603.50	1 177 722 625.90	应交税费	−47 072 457.12	114 147 508.95
买入返售金融资产	0	0	应付利息	0	0
存货	1 270 657 653.67	1 124 284 469.32	应付股利	0	0
一年内到期的非流动资产	1 150 882 798.16	2 391 915 135.00	其他应付款	740 765 748.01	407 064 050.00

资　产	期末余额	年初余额	负债和股东权益	期末余额	年初余额
其他流动资产	7 448 087 257.07	4 721 800 000.00	一年内到期的非流动负债	240 280 081.30	6 385 856 465.00
流动资产合计	54 302 335 400.11	56 735 135 538.86	其他流动负债	0	0
非流动资产：			流动负债合计	10 469 634 890.78	14 462 194 914.04
发放贷款及垫款	0	0	非流动负债：		
可供出售金融资产	4 719 654 253.35	5 076 436 663.25	长期借款	0	0
持有至到期投资	0	0	应付债券	0	0
长期应收款	0	206 347 798.16	长期应付款	0	0
长期股权投资	74 812 750 277.08	65 654 951 529.68	专项应付款	939 884 119.00	972 655 000.00
投资性房地产	347 342 603.70	359 196 410.69	预计负债	547 355 040.27	313 290 318.98
固定资产	3 885 316 541.31	4 112 544 054.11	递延所得税负债	0	135 787 194.02
在建工程	1 199 119 820.34	712 388 433.31	其他非流动负债	4 550 618 668.57	4 484 003 669.48
工程物资	0	0	非流动负债合计	6 037 857 827.84	5 905 736 182.48
无形资产	1 633 316 043.87	2 541 070, 960.71	负债合计	16 507 492 718.62	20 367 931 096.52
开发支出	0	601 856 307.40	股东权益：		
长期待摊费用	0	0	股本	11 025 566, 629.00	11 025 566 629.00
递延所得税资产	0	0	资本公积	50 680 755, 600.39	51 510 141 075.56
其他非流动资产	2 220 457 958.04	1 008 024 113.42	减：库存股		
非流动资产合计	88 817 957 497.69	80 272 816 270.73	盈余公积	16 943 432 989.44	13 459 932 005.70
			未分配利润	47 963 044 960.35	40 644 381 002.81
			外币报表折算差额		
			股东权益合计	126 612 800 179.18	116 640 020 713.07
资产总计	143 120 292 897.80	137 007 951 809.59	负债和股东权益总计	143 120 292 897.80	137 007 951 809.59

3.2　资产负债表水平分析

3.2.1　比较资产负债表的编制

　　资产负债表水平分析也叫趋势分析，主要是对资产负债表进行横向分析，可以对企业进行多期比较分析，反映其发展趋势。趋势分析可以是绝对额的比较，也可以是相对额的比较；可以只作简单比较，也可以在表中计算出定基或环比发展趋势等进行比较。

3.2.2 资产负债表水平变动情况分析

1. 资产项目的趋势解读与分析

（1）绝对额分析

将企业连续几年的流动资产、非流动资产的部分项目的绝对额进行对比，以查看这些资产项目的变化趋势，从而洞悉企业资产的变动情况。S 公司 2009—2013 年的部分资产项目金额见表 3-2。

表 3-2 S 公司部分资产项目的绝对额趋势分析 单位：元

项　目	2009年	2010年	2011年	2012年	2013年
货币资金	5 019 064 516.55	21 126 904 062.35	27 755 933 364.63	37 921 043 431.96	39 964 590 909.55
应收票据	218 192 270.00	515 793 601.50	826 562 626.00	1 568 800 877.00	1 528 517 522.10
应收账款	355 717 392.78	153 460 769.56	258 541 719.86	371 924 320.37	729 557 891.22
存货	1 913 156 716.62	1 825 397 723.96	1 513 378 422.24	1 124 284 469.32	1 270 657 653.67
流动资产合计	14 367 415 209.90	34 925 951 293.80	42 926 183 427.20	56 735 135 538.86	54 302 335 400.11
长期股权投资	34 851 923 302.68	38 087 522 474.80	62 915 530 416.21	65 654 951 529.68	74 812 750 277.08
固定资产	3 725 267 382.66	3 976 145 991.69	3 924 191 415.81	4 112 544 054.11	3 885 316 541.31
无形资产	1 578 300 513.56	1 680 304 290.35	2 474 743 364.82	2 541 070 960.71	1 633 316 043.87
非流动资产合计	42 397 773 383.87	45 641 576 202.10	78 010 648 106.02	80 272 816 270.73	88 817 957 497.69
资产总计	56 765 188 593.77	80 567 527 495.90	120 936 831 533.22	137 007 951 809.59	143 120 292 897.80

将表中的部分数据反映在图形中，如图 3-1 所示。

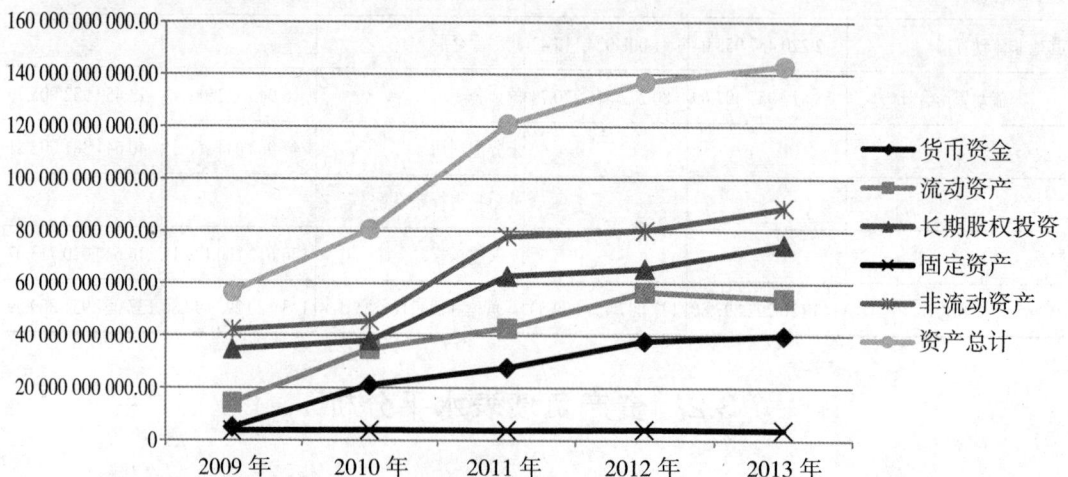

图 3-1 S 公司部分资产项目的绝对额趋势分析（单位：元）

由图 3-1 可以看出，S 公司的资产在 2009 年到 2013 年呈持续上升趋势，尤其是在 2009 年至 2011 年之间上升速度很快，但是在 2011 年至 2013 年之间就趋于平缓。其中，非流动资产和长期资产也表现出相似的增长趋势。流动资产中，货币资金在 2009 年至 2013 年间稳步增长，但是应收账款变动比较大，特别是从 2012 到 2013 年间，应收账款增加了近一倍。而存货在 2009 年至 2012 年间下降明显，2013 年稍有增加。这说明有可能 S 企业为了促销，降低了应收账款信用政策，货款回笼困难，使得公司存货下降的同时，应收账款快速增长。长期资产的增加主要体现在长期股权投资上，长期股权投资从 2009 年至 2013 年逐年上升，特别是在 2011 年和 2013 年这两年增长迅速，这两年的增长原因可能是企业对外投资的增加。固定资产从 2009 年至 2012 年逐步增加，2013 年略有下降，这种下降可能是因为固定资产出售、报废、毁损、投出、盘亏等。

（2）环比分析

环比分析，一般指的是报告期水平与前一期水平之比，表明项目逐期的发展速度。计算货币资金、存货、长期股权投资、固定资产等资产项目相邻两期的变动百分比，可以查看这些项目变动的方向和幅度，从而分析企业资产的变动情况。S 公司 2009—2013 年部分资产项目的环比趋势分析见表 3-3。

表 3-3　　　　　　　　　　S 公司部分资产项目的环比趋势分析（%）

项　目	2010 年/2009 年	2011 年/2010 年	2012 年/2011 年	2013 年/2012 年
货币资金	420.93	131.38	136.62	105.39
应收票据	236.39	160.25	189.80	97.43
应收账款	43.14	168.47	143.85	196.16
存货	95.41	82.91	74.29	113.02
流动资产合计	243.09	122.91	132.17	95.71
长期股权投资	109.28	165.19	104.35	113.95
固定资产	106.73	98.69	104.80	94.47
无形资产	106.46	147.28	102.68	64.28
非流动资产合计	107.65	170.92	102.90	110.65
资产总计	141.93	150.11	113.29	104.46

由表 3-3 的环比数据可以看出，S 公司的总资产在过去几年里呈现增长的趋势，总资产规模扩大了 2.5 倍左右，2010 年和 2011 年增长迅速，2012 年和 2013 年增长放缓。相应地，流动资产在 2010 年、2011 年及 2012 年增加明显，尤其是 2010 年，达到 2009 年的 2.4 倍，其中货币资金增长趋势放缓，应收票据在 2013 年开始减少，应收账款在 2010 年减少，但是从 2011 年开始逐步增加，特别是 2013 年增长了近一倍。总体来说，由于货币资金和应收账款占流动资产的比重比较大，而货币资金和应收账款总体增加，因此流动资产总体呈现不断增长的势头。长期资产的变化趋势也是总体增长，但是每年的增长率变化比较大，在 2011 年和 2013 年快速增长，2010 年和 2012 年增长较少。其中，长期股权投资和无形资产的变化较大，固定资产变化不是很明显。总的来说，企业的流动资产呈现不断增加的趋势，长期资产也在不断波动，因此，企业总资产呈现增长的趋势但增长率逐渐减小。

（3）定基分析

定基分析就是选定一个固定的期间作为基期，计算各分析期的流动资产、长期资产等相关项目与基期相比的百分比。这种分析不仅能看出相邻两期的变动方向和幅度，还可以看出一个较长期间的总体变动趋势，便于进行较长期间的趋势分析。S公司2009—2013年部分资产项目的定基趋势分析见表3-4。

表3-4　　　　　　　　　　　S公司部分资产项目的定基趋势分析（%）

项　　目	2009年（基期）	2010年	2011年	2012年	2013年
货币资金	100	420.93	553.01	755.54	796.26
应收票据	100	236.39	378.82	719.00	700.54
应收账款	100	43.14	72.68	104.56	205.09
存货	100	95.41	79.10	58.77	66.42
流动资产合计	100	243.09	298.77	394.89	377.95
长期股权投资	100	109.28	180.52	188.38	214.66
固定资产	100	106.73	105.34	110.40	104.30
无形资产	100	106.46	156.80	161.00	103.49
非流动资产合计	100	107.65	184.00	189.33	209.49
资产总计	100	141.93	213.05	241.36	252.13

由表3-4可以看出，S公司总资产的增长是很快速的，尤其是2011年以后开始迅猛增长。具体来看，流动资产中，货币资金、应收票据的增长水平是很快速的，存货却在逐渐下降。长期资产中，长期股权投资的增长比较明显，尤其是从2011年开始增长迅速；固定资产从2010年开始增长，但增长缓慢；无形资产各年份与基期相比，呈现逐渐增长趋势。总体来说，总资产规模的扩大得益于流动资产中的货币资金、应收票据及长期资产中的长期股权投资等项目的增加。

2. 负债项目的趋势解读与分析

（1）绝对额分析

将企业的负债项目的绝对额进行对比，可以查看出这些项目的变化趋势，从而洞悉企业负债的变动方向。S公司2009—2013年的部分负债项目金额见表3-5。

表3-5　　　　　　　　　　　　S公司部分负债项目的绝对额分析　　　　　　　　　　单位：元

项　　目	2009年	2010年	2011年	2012年	2013年
短期借款	—	—	64 508 000.00	64 508 000.00	1 200 000.00
应付票据	—	—	—	—	—
应付账款	3 704 494 688.31	4 656 929 187.29	5 233 994 922.80	5 909 312 451.30	6 894 878 780.15
一年内到期的非流动负债	141 496 313.71	2 194 457 019.40	1 496 921 614.94	6 385 856 465.00	240 280 081.30
流动负债合计	5 310 693 237.01	8 151 102 494.68	8 195 894 256.64	14 462 194 914.04	10 469 634 890.78
长期借款	1 181 900 000.00	1 219 800 000.00	31 900 000.00	—	—
应付债券	7 278 842 617.23	5 516 575 696.11	5 767 289 001.11		
预计负债	20 968 137.67	219 796 144.01	292 913 100.26	313 290 318.98	547 355 040.27
递延所得税负债	144 921 732.42	109 260 645.58	71 653 649.82	135 787 194.02	—
其他非流动负债	884 610 455.79	982 901 813.57	4 679 594 504.03	4 484 003 669.48	4 550 618 668.57
非流动负债合计	9 511 242 943.11	8 048 334 299.27	11 831 180 255.22	5 905 736 182.48	6 037 857 827.84
负债合计	14 821 936 180.12	16 199 436 793.95	20 027 074 511.86	20 367 931 096.52	16 507 492 718.62

将表 3-5 中的部分数据反映在图形中，如图 3-2 所示。

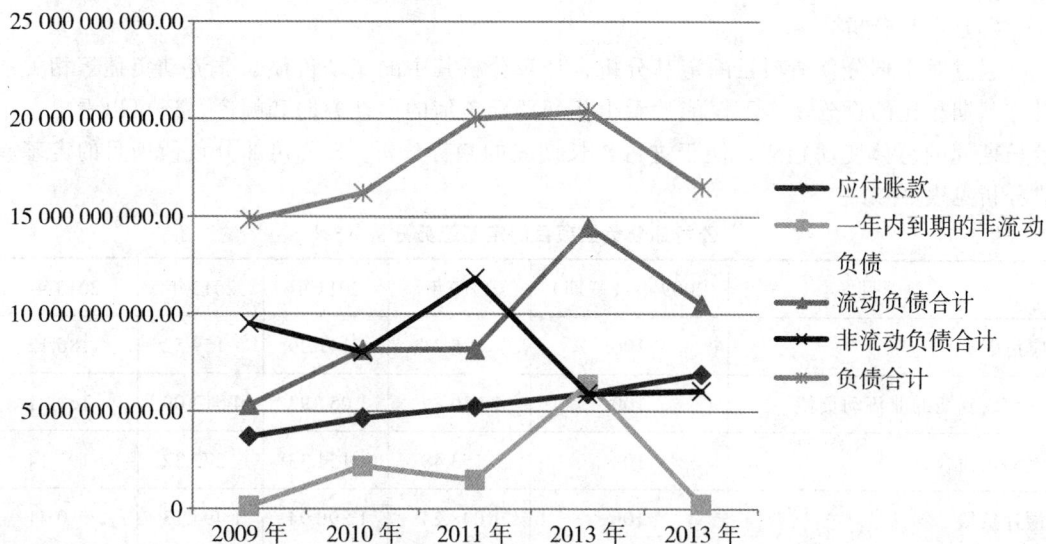

图 3-2 S 公司负债的绝对额分析（单位：元）

由表 3-5 和图 3-2 可以看出，S 公司的总负债从 2009 年开始增长，而 2011 年和 2012 年有短暂停顿后 2013 年又开始大幅下降。通过负债的各项分析可以看出，在总负债的变动中，流动负债的变动与之大体相似，而非流动负债总体却在减少。流动负债的变化更多地体现在应付账款和一年内到期的非流动负债的波动上；非流动负债的减少主要是因为长期借款、应付债券等的减少。

（2）环比分析

计算流动负债、非流动负债等相关项目相邻两期的变动百分比，以查看负债项目的变动方向和幅度，从而分析企业的偿债能力。S 公司部分负债项目的环比趋势分析见表 3-6。

表 3-6 　　　　　　　　　S 公司部分负债项目的环比趋势分析（%）

项　　目	2010 年/2009 年	2011 年/2010 年	2012 年/2011 年	2013 年/2012 年
应付账款	125.71	112.39	112.90	116.68
一年内到期的非流动负债	1550.89	68.21	426.60	3.76
流动负债合计	153.48	100.55	176.46	72.39
长期借款	103.21	2.62		
其他非流动负债	111.11	476.10	95.82	101.49
非流动负债合计	84.62	147.00	49.92	102.24
负债合计	109.29	123.63	101.70	81.05

通过表 3-6，可以看出负债在 2010 年和 2011 年增长迅速，但 2011 年和 2012 年负债基本没有变化，到 2013 年负债开始下降。非流动负债波动较大，增长和下降都比较明显，另外，非流动负债和应付债券都在减少。流动负债的波动也比较大，这主要是因为一

年内到期的非流动负债项目波动较大。因此，企业的总负债呈现较大的波动性。

（3）定基分析

通过对于部分负债项目的定基分析，计算分析其中的流动负债、非流动负债等相关项目与基期相比的百分比。不仅能够看出相邻两期负债的变动方向和幅度，还可以看出一个较长期间的总体变动趋势，便于进行较长期间的趋势分析。S公司部分负债项目的定基趋势分析见表3-7。

表3-7   S公司部分负债项目的定基趋势分析（%）

项　　目	2009年（基期）	2010年	2011年	2012年	2013年
应付账款	100	125.71	141.29	159.52	186.12
一年内到期的非流动负债	100	1 550.89	1 057.92	4 513.09	169.81
流动负债合计	100	153.48	154.33	272.32	197.14
预计负债	100	1 048.24	1 396.94	1 494.13	2 610.41
其他非流动负债	100	111.11	529.00	506.89	514.42
非流动负债合计	100	84.62	124.39	62.09	63.48
负债合计	100	109.29	135.12	137.42	111.37

对于负债的定基分析，以2009年为基期，通过分析可以看出，2009年以后负债呈现出了一定的增长幅度，很明显非流动负债在大幅减少，而流动负债在增加。除了2011年非流动负债上升，其他年份均减少，而2011年的上升主要是因为其他非流动负债的突然增加，其他年份非流动负债较大幅度的减少主要是因为长期借款和应付债券的减少，2012年和2013年两年长期借款和应付债券都为0。2010年与2009年相比，一年内到期的非流动负债和预计负债增加迅速，以及2011年其他非流动负债增长迅速，这是一个值得关注的信号。

3.所有者权益项目的趋势解读与分析

（1）绝对额分析

S公司2006—2010年所有者权益项目金额见表3-8。

表3-8   S公司所有者权益项目的绝对额分析   单位：元

项　　目	2009年	2010年	2011年	2012年	2013年
股本	6 551 029 090.00	9 242 421 691.00	11 025 566 629.00	11 025 566 629.00	11 025 566 629.00
资本公积	22 446 914 926.75	29 734 788 447.06	50 751 624 399.32	51 510 141 075.56	50 680 755 600.39
盈余公积	4 131 350 670.62	6 686 014 651.38	9 804 048 604.86	13 459 932 005.70	16 943 432 989.44
未分配利润	8 813 957 726.28	18 704 865 912.51	29 328 517 388.18	40 644 381 002.81	47 963 044 960.35
股东权益合计	41 943 252 413.65	64 368 090 701.95	100 909 757 021.36	116 640 020 713.07	126 612 800 179.18

将表 3-8 中的部分数据反映在图形中，如图 3-3 所示。

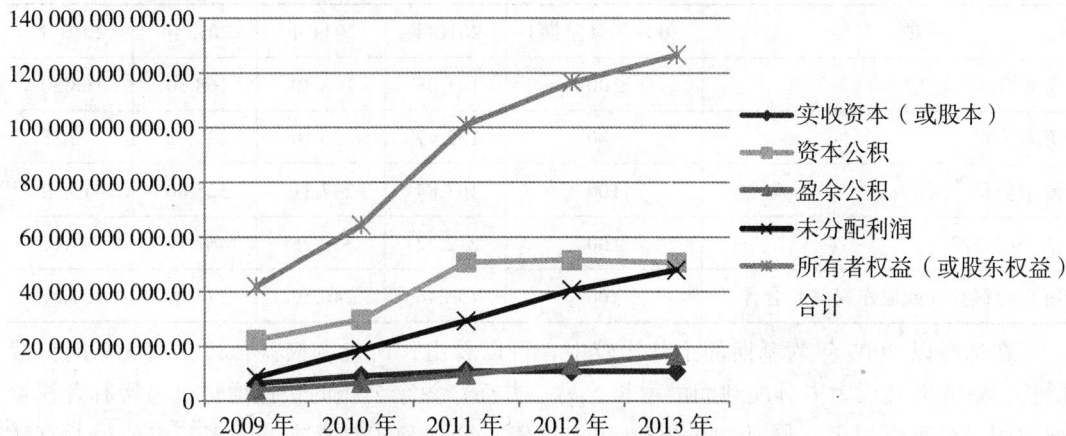

图 3-3　S 公司所有者权益的绝对额趋势分析（单位：元）

由表 3-8 和图 3-3 可以看出，S 公司在 2009—2013 年的 5 年时间里，股东权益总额迅速增长。其中，实收资本在 2010 年和 2011 年有所增长，这是由于企业分别于 2010 年和 2011 年增发股票导致，同时除了 2013 年略有下降，2009—2012 年期间，资本公积逐步增长，这可能是由于每年的派息或者配股分红；但是 2013 年却显示下降，下降的原因有必要结合企业的具体情况进行分析。另外，盈余公积增长快速，2013 年约为 2009 年的 4 倍，说明企业用于发展的资金充足。未分配利润一直保持增长趋势。总体来说，公司的所有者权益在 2009—2013 年间增长迅速。

（2）环比分析

S 公司所有者权益项目的环比趋势分析见表 3-9。

表 3-9　　　　　　　　　　S 公司所有者权益项目的环比趋势分析（%）

项　　目	2010 年/2009 年	2011 年/2010 年	2012 年/2011 年	2013 年/2012 年
实收资本（或股本）	141.08	119.29	100.00	100.00
资本公积	132.47	170.68	101.49	98.39
盈余公积	161.84	146.64	137.29	125.88
未分配利润	212.22	156.80	138.58	118.01
所有者权益（或股东权益）合计	153.46	156.77	115.59	108.55

在对 S 公司 5 年里所有者权益的环比分析结果可以看出，所有者权益的增长基本呈现较为稳定的趋势，2010 年和 2011 年由于资本公积、盈余公积和未分配利润的快速增长，使得所有者权益总额逐年增长，但是增长比率却呈下降趋势。

（3）定基分析

S 公司所有者权益项目的定基趋势分析见表 3-10。

表 3-10   S 公司所有者权益项目的定基趋势分析（%）

项　　目	2009 年（基期）	2010 年	2011 年	2012 年	2013 年
实收资本（或股本）	100	141.08	168.30	168.30	168.30
资本公积	100	132.47	226.10	229.48	225.78
盈余公积	100	161.84	237.31	325.80	410.12
未分配利润	100	212.22	332.75	461.14	544.17
所有者权益（或股东权益）合计	100	153.46	240.59	278.09	301.87

在选择以 2009 年为基期的定基比较中，可以看出，所有者权益合计在这 5 年间持续增长，一方面是因为未分配利润的增长，另一方面，盈余公积的快速增长也是所有者权益增加的一个重要原因。同时，在 2009 年之后资本公积和实收资本的增多，也使得所有者权益相应增长。

3.2.3　资产负债表变动原因分析

资产负债表是反映企业在一定日期（通常为各会计期末）的财务状况（即资产、负债和股东权益的状况）的主要财务报表。

如前所述，资产一般是按各种资产变化先后顺序逐一列在表的左方，反映单位所有的财产、物资、债权和权利；所有的负债和所有者权益则逐一列在表的右方，负债一般列于右上方，反映各种非流动负债和流动负债的项目，所有者权益列在右下方，反映所有者的资本和盈余。左右两方的数额相等。

阅读资产负债表，通过绝对数分析、环比分析和定基分析，可以寻找资产、负债项目变动的原因。

（1）从投资或资产角度进行分析。分析总资产规模的变动状况以及各类、各项资产的变动状况；发现变动幅度较大或对总资产影响较大的重点类别和重点项目；分析资产变动的合理性与效率性；考察资产规模变动与所有者权益总额变动的适应程度，进而评价企业财务结构的稳定性和安全性；分析会计政策变动的影响。

（2）从筹资或权益角度进行分析。分析权益总额的变动状况以及各类、各项筹资的变动状况；发现变动幅度较大或对权益影响较大的重点类别和重点项目；注意分析评价表外业务的影响。

（3）资产负债表变动原因的分析。资产负债表中项目的变动基本可以由四种情况引起：①负债变动型，当企业的负债发生变动时，资产负债表右上部分的负债项目发生变动，同时，因为负债的产生而使资产也发生相应的变动，从而引起表格的变动，例如当企业获得银行借款时，负债增加，同时银行存款也增加；②追加投资变动型，当所有者追加投资时，资产负债表右下部分的权益项目发生变动，同时资产项目相应变动，例如当投资者投入房产时，实收资本和固定资产同时发生变动；③经营变动型，企业的经营发生变动会引起资产项目的变动，例如当销售产品时，资产部分的存货和应收款项分别发生变动；④股利分配变动型，例如，当企业发放股利时，所有者权益部分的未分配利润发生变动，同时也引起资产部分相关资产的减少。

3.3 资产负债表结构分析

3.3.1 共同比资产负债表的编制

共同比，是指在一项财务报表中，某一部分在其总体中所占的百分比。共同比分析，即通过计算共同比来反映财务报表中各项目相互间垂直（或纵向）关系和内部整体构成情况的一种分析方法，又称为结构分析。广义而言，共同比分析涵盖纵向共同比分析与横向共同比分析，横向共同比分析通常称为趋势分析，这里的共同比分析是指纵向分析。下面以 S 公司为例进行分析（见表 3-11 和表 3-12）。

表 3-11　　　　　　　　共同比资产负债表（资产部分）　　　　　　金额单位：元

项 目	2012年	2013年	占合计数百分比（%）		占总计数百分比（%）	
			2012年	2013年	2012年	2013年
流动资产：						
货币资金	37 921 043 431.96	39 964 590 909.55	66.84	73.60	27.68	27.92
交易性金融资产	0	0				
应收票据	1 568 800 877.00	1 528 517 522.10	2.77	2.81	1.15	1.07
应收账款	371 924 320.37	729 557 891.22	0.66	1.34	0.27	0.51
预付款项	576 430 358.52	411 451 092.97	1.02	0.76	0.42	0.29
应收利息	0	448 230 974.72		0.83		0.31
应收股利	6 881 214 320.79	618 210 697.15	12.13	1.14	5.02	0.43
其他应收款	1 177 722 625.90	732 148 603.50	2.08	1.35	0.86	0.51
买入返售金融资产	0	0				
存货	1 124 284 469.32	1 270 657 653.67	1.98	2.34	0.82	0.89
一年内到期的非流动资产	2 391 915 135.00	1 150 882 798.16	4.22	2.12	1.75	0.80
其他流动资产	4 721 800 000.00	7 448 087 257.07	8.32	13.72	3.45	5.20
流动资产合计	56 735 135 538.86	54 302 335 400.11	100.00	100.00	41.41	37.94
非流动资产：						
发放贷款及垫款	0	0				
可供出售金融资产	5 076 436 663.25	4 719 654 253.35	6.32	5.31	3.71	3.30
持有至到期投资	0	0				
长期应收款	206 347 798.16	0	0.26		0.15	
长期股权投资	65 654 951 529.68	74 812 750 277.08	81.79	84.23	47.92	52.27
投资性房地产	359 196 410.69	347 342 603.70	0.45	0.39	0.26	0.24
固定资产	4 112 544 054.11	3 885 316 541.31	5.12	4.37	3.00	2.71
在建工程	712 388 433.31	1 199 119 820.34	0.89	1.35	0.52	0.84
工程物资						
无形资产	2 541 070 960.71	1 633 316 043.87	3.17	1.84	1.85	1.14
开发支出	601 856 307.40	0	0.75		0.44	
长期待摊费用	0	0				
递延所得税资产	0	0				
其他非流动资产	1 008 024 113.42	2 220 457 958.04	1.26	2.50	0.74	1.55
非流动资产合计	80 272 816 270.73	88 817 957 497.69	100.00	100.00	58.59	62.06
资产总计	137 007 951 809.59	143 120 292 897.80			100.00	100.00

表 3-12　　　　　　　　　共同比资产负债表（负债和所有者权益部分）　　　　　　金额单位：元

项　目	2012年	2013年	占合计数百分比（%）		占总计数百分比（%）	
			2012年	2013年	2012年	2013年
流动负债：						
短期借款	64 508 000.00	1 200 000.00	0.45	0.01	0.05	0.00
吸收存款及同业存款	0	0				
交易性金融负债	0	0				
应付票据	0	0				
应付账款	5 909 312 451.30	6 894 878 780.15	40.86	65.86	4.31	4.82
预收款项	410 594 478.56	691 916 996.68	2.84	6.61	0.30	0.48
应付职工薪酬	1 170 711 960.23	1 947 665 741.76	8.09	18.60	0.85	1.36
应交税费	114 147 508.95	-47 072 457.12	0.79	-0.45	0.08	-0.03
应付利息	0	0				
应付股利	0	0				
其他应付款	407 064 050.00	740 765 748.01	2.81	7.08	0.30	0.52
一年内到期的非流动负债	6 385 856 465.00	240 280 081.30	44.16	2.30	4.66	0.17
其他流动负债	0	0				
流动负债合计	14 462 194 914.04	10 469 634 890.78	100.00	100.00	10.56	7.32
非流动负债：						
长期借款	0	0				
应付债券	0	0				
长期应付款	0	0				
专项应付款	972 655 000.00	939 884 119.00	16.47	15.57	0.71	0.66
预计负债	313 290 318.98	547 355 040.27	5.30	9.07	0.23	0.38
递延所得税负债	135 787 194.02	0	2.30		0.10	
其他非流动负债	4 484 003 669.48	4 550 618 668.57	75.93	75.37	3.27	3.18
非流动负债合计	5 905 736 182.48	6 037 857 827.84			4.31	4.22
负债合计	20 367 931 096.52	16 507 492 718.62			14.87	11.53
股东权益：					0.00	0.00
股本	11 025 566 629.00	11 025 566 629.00	9.45	8.71	8.05	7.70
资本公积	51 510 141 075.56	50 680 755 600.39	44.16	40.03	37.60	35.41
减：库存股	0	0				
盈余公积	13 459 932 005.70	16 943 432 989.44	11.54	13.38	9.82	11.84
未分配利润	40 644 381 002.81	47 963 044 960.35	34.85	37.88	29.67	33.51
外币报表折算差额						
股东权益合计	116 640 020 713.07	126 612 800 179.18	100.00	100.00	85.13	88.47
负债和股东权益总计	137 007 951 809.59	143 120 292 897.80			100.00	100.00

3.3.2　资产负债表结构变动情况分析

就共同比资产负债表而言,通过分析可以清楚了解企业资金的来源和企业资源分配的情况。据上面两表所示的各项目共同比,可分析评价该企业的资源分配和资金结构情况如下:

(1) 货币资金变化不大,基本维持在 27%,而应收账款则由原来的 0.27% 上升到 0.51%,存货由原来的 0.82% 上升到 0.89%。货币资金占比较大,这对公司来说不一定是好事,公司没有充分利用现金进行投资。由表 3-11 可以看出,该公司的长期股权投资呈现小幅度的增加,由原来的 47.92% 上升到 52.27%。存货小幅度上升,显示存货周转率变小,可能是产品销量下降或者存货计价方法改变所致;应收账款占比大幅增加,可能是因为信用政策放松,收款政策不利于销售款的收回,或者收款工作执行力变弱等。

(2) 固定资产共同比有所减少,由原来的 3.00% 下降到 2.71%,说明固定资产的增长速度慢于总资产和非流动资产的速度;但原值绝对数有所增长,显示该企业固定资产的规模有所增加,净值绝对数下降,说明可能办理资产重估,减少了分配于固定资产财务资源的比率。

(3) 流动资产和流动负债占比有所下降,应结合企业实际评价其变动的合理性。例如流动负债共同比的下降可能在很大程度上是由于一年内到期的非流动负债百分比的下降,同时也可以考虑是否可能是企业偿还了借款,导致流动资产和流动负债都减少,或者可能是企业生产经营业务出现萎缩。

(4) 负债和所有者权益是提供企业资金的两大来源。综观该公司的负债共同比减少,而所有者权益共同比增加,显示该企业的资本结构中,负债总额的百分比减少,即运用外来资金减少,自有资金相对运用增加,从而减少财务杠杆作用而降低股东的投资报酬率,但是也应该注意到,随着负债份额的减少,债权人的安全边际也相应提高。但是总的来说,该公司的负债共同比远远低于所有者权益共同比,财务杠杆作用甚微。

3.3.3　资产结构和资本结构的具体分析

1. 资产结构分析

(1) 资产结构概述

资产结构是指企业在某一时点上资产的各个组成项目的排列和搭配关系。资产结构反映了资产的组成情况。资产负债表中资产各项目是按流动性的大小依次排列的。资产负债表的左方由流动资产、长期投资、固定资产、无形资产和递延资产等构成。同时,由于企业资金运用形成各具用途的各种资产,资产负债表又清楚地表明了资产的运用结构。

资产结构主要反映流动资产与非流动资产之间的比例关系。揭示资产结构的一个重要指标是流动资产率。其计算方式为:

$$流动资产率 = \frac{流动资产总额}{资产总额}$$

一般地,流动资产率越大,说明流动资产占资产总额的分量越大,也就意味着企业的日常经营活动越重要,所需要的流动资金越多。当企业处于蓬勃发展阶段时,企业的战略性经营管理就显得非常重要,非流动性资产占资产总额的比率就可能比较大。

流动资产、非流动资产所占总资产的比重能反映不同的信息。对股东而言,首先,企业流动性强的资产所占的比重大,企业资产的变现能力强,企业的财务安全性就高;其次，要保全股东的投入资本，除要求资产的净损失不得冲减资本金外，还要有高质量的资产作为其物质基础，否则无从谈及资本保全；最后，企业的资产结构影响着企业的收益。对债权人而言，通过分析研究资产结构的各个类别，尤其是流动资产与非流动资产的比例分析，企业的资产周转期限结构与债务的偿还期结构的匹配情况分析，有助于债权人判断其债权的物质保障程度和安全性，并可从资产结构角度对企业进行信用等级评价，为与企业开展长期融资合作奠定基础。

（2）资产结构的类型

不同的资产种类和搭配关系会形成不同的经营风险。企业在构建资产结构时应在生产经营风险之间加以平衡。不同企业对资产风险的偏好不同，在实践中存在三种资产风险结构类型，即保守型资产结构、适中型资产结构和激进型资产结构。

①保守型资产结构是指企业在一定产销量水平上维持大量的金融资产，持有较大量的保险性存货，从而使流动资产处于较高的水平。这种类型的资产结构既可降低财务风险，又拥有足够的存货以保证生产之需。然而由于低收益的流动资产占有大量资金，会降低资产的营运效率和盈利水平。

②适中型资产结构是指企业在一定产销量水平上维持中等水平的货币资金、存货资产和信用资产，从而使流动资产维持在某一个平均水平。这种资产结构由于注意了风险和收益之间的平衡，是一种风险中性和收益中性的结构，在实践中常被使用。

③激进型资产结构则是尽量少地持有金融资产、存货资产和信用资产，从而使流动资产维持在较低水平，而固定资产等非流动资产的比重较高。采用这种结构，企业资产的流动性差，变现能力弱，然而如果经营顺利，资金的盈利水平会提高。所以这是一种高风险高收益的资产结构。

（3）决定资产结构的因素

①行业特点和经营性质。企业所处的行业特点和经营性质，通常对企业的资产结构有着极其重要的影响。制造业企业固定资产的比重一般要大于商品流通企业，而机械行业的企业存货比重一般要高于食品行业的企业，航空运输企业的固定资产所占比重一般较大，母公司企业相对于子公司企业而言长期投资的比重通常较高。

②企业规模。企业的不同规模也是影响资产结构的重要因素。从硬件角度看，一般来讲，规模大的企业多半大范围地购置过固定资产，走规模经济和规模效益的路径，所以固定资产的比重比较大，流动资产的比重相对较低，抗风险能力较强；从软件角度看，大的全球公司、跨国企业、跨区域经营公司、母公司与子公司之间是通过投资联系起来的，所以投资的比重较大。

③产品生产周期。企业的产品一般经历成长、成熟、衰退、死亡等几个阶段。与产品所处的生命周期阶段相适应，企业的资产结构并非一成不变，而应随着各阶段的交替适应性地变化。比如，产品处于成长期的企业，会大量添置固定资产，为更多地占领市场而采取宽松的销售信用政策，应收账款所占的资金较多，而现金等货币性资产则相对短缺。一旦产品进入衰退期，企业则会缩短战线，大规模地回笼资金，这时，企业货币资金增多，存货等资产的比重减少。因而，应紧密结合产品生命周期评价企业的资产结构。

④宏观经济环境。宏观经济环境是从外部条件方面来影响企业的资产结构变化的。宏观经济环境决定着对外投资机会的大小、投资收益的高低和风险的大小，从而直接影响到

企业的长期投资数额。处于朝阳产业中的企业，前景广阔，非流动资产规模与日俱增；处于夕阳产业中的企业，经营日益萎缩，货币资金充裕，占总资产的比重上升。

2. 资本结构分析

（1）资本结构概述

资本结构是指企业的资金来自所有者投资与向外借入长期债务的相互比率关系，也指企业所拥有的资产与所有者权益及负债各组成因素间的比率关系。

企业的资本结构状况是企业各利益相关者十分关注的问题，对资本结构的分析能够帮助报表使用者正确评价企业的价值水平，从而为其科学决策提供良好的基础。对股东而言，资本结构分析有助于判断自己可能获得的财务杠杆利益以及承担的财务风险，并做到对企业的运营安全性和稳定性心中有数；对债权人而言，资本结构分析有利于其判明债权的保障程度，并采取有效措施保护债权人权益；对经营者而言，资本结构分析有助于其对资本结构的合理性做出判断，并根据情况的变化动态地优化资本结构。

资本结构分析最重要的功能是揭示资金的不同性质。所有者权益是企业对外清偿债务和承担风险的后盾。若企业经营情况不佳或因外部因素的冲击而发生财务危机，其所造成的损失必须由所有者承担。因此，对于所有者投资的资金，并无固定的偿还期限，而且对于其权益地位，也缺乏特定的保障。然而，从企业的立场上讲，所有者权益对企业偿债能力与承担风险能力起到很强的稳定作用；资本公积和留存收益转增资本的部分属于企业的永久性资金，可用于购买经营活动所需要的固定资产。至于对外负债，不论是流动负债还是非流动负债，其性质与所有者权益都完全不同，因为对外债务一般具有一定的偿还期限。债务期限越长，企业偿还债务的压力也越轻，为企业提供服务的期限也越长。另外，负债在资本结构中所占的比例越大，企业偿还本金及支付固定利息的负担也越重，则导致债务到期无法清偿的可能性也越大。

（2）资本结构的类型

不同的资本结构的收益和风险是不同的，最佳的资本结构应是收益与风险之间的平衡，企业应根据自身的特点选择恰当的资本结构。

①保守型资本结构。保守型资本结构是指在资本结构中主要采取权益性融资，且负债融资中又以非流动负债融资为主。这种结构下，企业对流动负债的依赖性较低，从而减轻了短期偿债的压力，风险较低；但同时，由于权益性融资和非流动负债融资的成本较高，又会增大企业资金成本。因此这是一种低风险高成本的资本结构。

②适中型资本结构。这种结构下，权益性融资和负债融资的比重主要根据资金使用的用途来确定：用于非流动资产的资金由权益性融资和非流动负债提供，用于流动资产的资金主要由流动负债提供。同时，使权益性融资和负债融资的比重保持在较为合理的水平之上。因此，这是一种中等风险和成本的资本结构。

③风险型资本结构。风险型资本结构是指在资本结构中全部采用或主要采用负债融资，并且流动负债被大量用于非流动资产。显然，这是一种高风险低成本的资本结构。

（3）决定资本结构的因素

①企业销售的增长情况。预计未来销售的增长率，决定财务杠杆在多大程度上扩大每股盈余，如果销售增长速度很快，使用具有固定财务费用的债务筹资，就会扩大普通股的每股盈余。除了销售的增长率外，销售是否稳定对资本结构也有重要影响。如果企业的销

售比较稳定，则可较多地负担固定的财务费用；如果销售和盈余有周期性，则负担固定的财务费用将冒较大的财务风险。

②企业所有者和管理人员的态度。企业所有者和管理人员的态度对资本结构也有重要影响，因为企业资本结构的决策最终是由他们做出的。

③贷款人和信用评级机构的影响。每位公司的财务经理对如何运用财务杠杆都有自己的分析，但贷款人和信用评级机构的态度实际上往往成为决定财务结构的关键因素。

④行业因素。不同行业的资本结构有很大差别。财务经理必须考虑本企业所处的行业，以便选择最佳的资本结构。

⑤企业规模。一般而言，企业规模越大，筹集资金的方式就越多。

⑥企业的财务状况。获利能力越强、财务状况越好、变现能力越强的公司，就越有能力负担财务上的风险。因而，随着企业变现能力、财务状况和盈利能力的增进，举债融资就越有吸引力。

⑦资产结构。资产结构会以多种方式影响企业的资本结构：拥有大量固定资产的企业主要通过非流动负债和发行股票筹集资金；拥有较多流动资产的企业，更多依赖流动负债来筹集资金；资产适用于抵押贷款的公司举债额较多，如房地产公司的抵押贷款就相当多，以技术研究开发为主的公司则负债很少。

⑧所得税税率的高低。企业利用负债可以获得减税利益，因此，所得税税率越高，负债的好处越多；反之，如果税率很低，则采用举债方式，减税利益就不十分明显。

⑨利率水平的变动趋势。

以上因素都可能会影响到企业的资本结构，财务管理人员应在认真分析上述因素的基础上，根据经验来确定企业的资本结构。

3.3.4 资产与资本的对称性分析

企业的资金来源和资金占用之间不仅存在着数量上的相等关系，而且存在着相互间结构上的平衡关系，主要表现为：①流动资产应主要由流动负债形成，这样可在一定的财务风险下降低资金成本；②固定资产等非流动资产主要由非流动负债与股东权益资金形成。

实务中，在进行资产负债表分析时，往往在资产与资本的各项目之间进行对称性分析。资产与资本的平衡结构有如下三种类型：

（1）稳健型结构

这种结构下，企业的固定资产等非流动资产、部分流动资产都由非流动负债与股东权益资本提供，流动负债只满足于部分临时性流动资产之需。企业的偿债压力较小，但是由于长期资金来源的资金成本一般高于短期资金来源的资金成本，筹资成本较高，这会降低企业的盈利水平。

（2）激进型结构

这种结构下，流动负债除满足全部流动资产之需，还用于部分固定资产等非流动资产。企业的偿债压力较大，但筹资成本相对较低，会在一定程度上提高企业的盈利水平。

（3）适中型结构

适中型结构是介于上述两种结构之间的一种形式。其十分注重在资本与资产间流动性的平衡，用于固定资产等非流动资产的资金由非流动负债与股东权益来提供。这种结构下，企业偿债压力和筹资水平都处于中等水平。

依据 S 公司 2012 年和 2013 年的资产负债表，可得出该公司资产与资本之间的平衡结构（见表 3-13 和表 3-14）。

表 3-13　　　　　　　　　　　　　　　资产负债表简表

编制单位：S 公司　　　　　　　　　2012 年 12 月 31 日　　　　　　　　　　　单位：元

流动资产	56 735 135 538.86	流动负债	14 462 194 914.04
非流动资产	80 272 816 270.73	非流动负债与股东权益	122 545 756 895.55

表 3-14　　　　　　　　　　　　　　　资产负债表简表

编制单位：S 公司　　　　　　　　　2013 年 12 月 31 日　　　　　　　　　　　单位：元

流动资产	54 302 335 400.11	流动负债	10 469 634 890.78
非流动资产	88 817 957 497.69	非流动负债与股东权益	132 650 658 007.02

从表 3-13 和表 3-14 可以看出，S 公司 2012 年和 2013 年两年年末的流动资产所需资金由全部流动负债和大部分长期资金提供，趋向是稳健型结构，稍稍降低了企业的盈利水平，而且资产与资本间的搭配关系没有发生变化，可见公司倾向于并维持着稳健型结构。当然，这样的结构是否有利于公司的进一步发展，还需要做进一步的分析。

3.4　资产负债表项目分析

资产负债表是反映企业财务状况的报表，资产负债表项目分析也叫质量分析，就是对企业财务状况质量进行分析。所谓财务状况质量，是指企业财务运转的质量情况，它受资产、负债和所有者权益三个要素质量的制约。资产负债表按照资产、负债和所有者权益三大类分别列报，资产负债表质量分析就是对这三个要素质量的分析。

3.4.1　资产项目分析

资产的质量是指资产的变现能力或被企业在未来进一步利用的质量。资产质量的好坏，主要表现在资产的账面价值量与其变现价值量或被进一步利用的潜在价值量（可以用资产的可变现净值或公允价值来计量）之间的差异上。资产按照其质量分类如下：①按照账面价值等金额实现的资产，如货币资金；②按照低于账面价值的金额贬值实现的资产，如应收票据、应收账款、其他应收款、部分存货、部分投资、部分固定资产等；③按照高于账面价值的金额增值实现的资产，如大部分存货、部分对外投资、部分固定资产、已经提足折旧继续使用的固定资产等。

1. 货币资金分析

资产负债表中反映的货币资金包括企业的库存现金、银行存款、外埠存款、银行汇票、银行本票、信用证、信用卡和在途资金等。其特点是：①流动性最强，是现实的支付能力和偿债能力；②是企业各种收支业务的集中点，也是资金循环控制的关键环节。

货币资金质量分析的要点如下：

第一，判断货币资金与企业的规模和行业特点是否适当。一般而言，企业的资产规模越大，相应的货币资金规模应当越大，业务收支越频繁，处于货币形态的资产也越多。在相同的总资产规模条件下，不同行业（如制造业、商业、金融业）的企业货币资金的规模也不同，同时，它还受企业对货币资金运用能力的影响。企业过高的货币资金规模，可能意味着企业正在丧失潜在的投资机会，也可能表明企业的管理人员生财无道。

第二，分析企业筹资能力。如果企业信誉好，在资本市场上就能够较容易地筹集资金，向金融机构借款也较方便，企业就能应付突发事件而降低风险，企业就没有必要持有大量的货币资金；反之，如果企业信誉不好，借款能力有限，就不得不储存较多的现金来应付各种可能发生的突发性现金需求。

第三，分析货币资金的构成内容。企业的银行存款和其他货币资金中有些不能随时用于支付的存款，例如不能随时支取的一年期以上的定期存款、有特定用途的信用证存款、商业汇票存款等，它们必将减弱货币资金的流动性，对此，应在报表附注中加以列示，以正确评价企业资产的流动性及其支付能力。

第四，分析货币资金内部控制制度的完善程度以及实际执行质量，包括企业货币资金收支的全过程，如客户的选择、销售折扣与购货折扣的谈判与决定、付款条件的决定、具体收款付款环节以及会计处理等。

【相关链接】

中国高速频道公司货币资金造假

中国高速频道公司（China MediaExpress Holdings, Inc., CCME）号称是中国最大的专业经营城际巴士车载电视媒体的传媒公司，总部设在中国香港和福州。2009年10月，公司通过反向收购美国特拉华州的 TM 娱乐传媒公司，成功变身为一家在美国纳斯达克证券交易所上市的中国概念股。2013年6月20日，美国证监会提起诉讼，认为公司自上市之日起就开始错误报告其经营业务、财务状况和利润增长，指控公司违反报告、账簿记录和内部控制条款，指控公司的董事长兼执行总裁违背证监会规则，并在要求罚款、追缴所得的同时下达永久禁令，禁止 CEO 担任任何上市公司高管或董事职务。这成为美国证监会下属的"跨境工作小组"发起的最新一起针对拥有重要海外业务的在美上市公司的诉讼案，对同类公司具有一定的警示和借鉴意义。

CCME 于2009年10月15日上市当日收盘价为7.59美元。在2009年12月31日的年报 10-K 表格中显示，公司报告的收入高达9 590万美元，净利润4 170万美元，分别较上市前一年增长52%和58%；而不久之后的2010年11月9日发布的2010年第三季度报告显示，公司收入达到1.55亿美元，比2009年同期的6 400万美元增长142%。伴随收入和利润上升的是公司股价的一飞冲天，季报公布当日达到创纪录的20.18美元/股，不到一年的时间股价就比上市首日上涨166%。

公司报告的收入增长以及大量的现金余额，引起投资者的广泛关注和热烈追捧。甚至早在2010年1月，CCME 就与一家对冲基金签署了一项股票购买协议，出售100万股CCME 优先股，对冲基金保证购买大约150万股 CCME 普通股，总价款高达3 000万美元；2010年10月，该基金再次支付约1 300万美元购买150万股公司股票，2010年12月，该基金支付大约1 000万美元的资金来履行1月份签署的协议。也就是说，伴随着公司公告的优异业绩表现，CCME 在2010年就从同一家基金处获得了大约5 300万美元的资金。

CCME 于2009年10月上市，当年年报中报告了5 700万美元的现金，而实际上的现金余额仅为14.1万美元；在2010年11月9日发布的报告中，则将原本仅1 000万美元的资金夸大为 1.7 亿美元。上市一年左右的公开报告中，公司多报的现金余额高达 452%~ 40 433%（其中 2009 年 11 月 16 日的 8-K 表显示报告的现金余额为 4 085.5 万美元，实际为 26.9 万美元，高报 15 088%；2010 年 3 月 31 日的 10-K 表显示高报 40 433%；2010 年 5 月 14 日的 10-Q 表显示高报 452%；2010 年 8 月 13 日的 10-Q 表显示高报 1 121%；2010 年 11 月 9 日的 10-Q 表显示高报 1 557%）。

公司资金虚报引起了外部审计师的关注。调查资料显示，因怀疑公司提供的银行对账单和函证回函存在舞弊，德勤曾要求公司采取特别财务措施，包括授权外部审计人员直接从公司的开户银行获得银行对账单的复印件，2011 年 3 月 8 日，当审计人员发现 CCME 并没有采纳这些措施后，要求其在下一工作日截止前采取措施；3 月 11 日，在 CCME 没有回应审计师要求的情况下，德勤正式辞任审计业务。

这一事项引起公司审计委员会的关注，并通过聘请一家全球性的律师事务所开展内部调查。该事务所雇佣一家中国香港的会计师事务所提供司法审计服务，以帮助获得银行对账单来证实公司公开报告中列报的现金余额。由于在德勤的辞任原因中特别提及公司公开报告的现金余额准确性存疑，因此律师事务所将直接从银行获得对账单副本作为最优先考虑的工作。2011 年 5 月 3 日，会计师事务所团队与 CCME 高管层碰面，讨论包括取得来自公司的授权函以直接从银行获得包括对账单副本在内的诸多事宜，但当天深夜，公司总裁打电话给团队的一位高级会计师，在承认现金报告余额与银行对账单不符的同时，提供 1 000 万元人民币（约合 150 万美元）的贿赂，以避免内部调查组检查公司过去 1~2 年的对账单。会计师在拒绝贿赂的同时，将该事项告知律师事务所及其所在的会计师事务所的上司；事务所要求该总裁立刻辞职，否则不再提供司法会计服务。大约 1 个月后，另一家会计师事务所直接从公司开户银行获得每个账户的银行对账单，从而全面揭开公司的现金造假行为。

资料来源　王芳 . 中国高速频道公司舞弊案的分析和启示[J]. 新会计，2014（1）.

2. 交易性金融资产分析

交易性金融资产是指企业持有的以公允价值计量且其变动计入当期损益的金融资产，包括为交易目的所持有的债券投资、股票投资、基金投资、权证投资等和直接指定为以公允价值计量且其变动计入当期损益的金融资产。其特点是：①企业持有的目的是短期性的，即在初次确认时即确定其持有目的是短期获利。一般此处的短期也应该是不超过一年（包括一年）；②该资产具有活跃市场，公允价值能够通过活跃市场获取。

（1）金融资产的分类

金融资产主要包括库存现金、应收账款、银行存款、应收票据、贷款、垫款、其他应收款、应收利息、债权投资、股权投资、基金投资、衍生金融资产等。

金融资产的分类与金融资产的计量密切相关。因此，企业应当在初始确认金融资产时，将其划分为下列四类：①交易性金融资产；②持有至到期投资；③贷款和应收款项；④可供出售金融资产。

（2）交易性金融资产分析

金融资产满足下列条件之一的，应当划分为交易性金融资产：

①取得该金融资产的目的主要是为了近期内出售、回购或赎回。

②属于进行集中管理的可辨认金融工具组合的一部分，且有客观证据表明企业近期采

用短期获利方式对该组合进行管理。

③属于衍生工具，比如国债期货、远期合同、股指期货等，其公允价值变动大于零时，应将其相关变动金额确认为交易性金融资产，同时计入当期损益。但是，如果衍生工具被企业指定为有效套期关系中的套期工具，那么该衍生工具初始确认后的公允价值变动应根据其对应的套期关系（即公允价值套期、现金流量套期或境外经营净投资套期）不同，采用相应的方法进行处理。

交易性金融资产质量的分析要点如下：

第一，关注交易性金融资产的目的性与报表金额的特点。由于交易性金融资产具有易变现、持有时间短、盈利与亏损难以把握等特点，因此，交易性金融资产在报表中的表现具有金额经常波动、公允价值变动损益易变等特点。如果报表中交易性金融资产金额跨年度长期不变且金额较为整齐，则有可能是企业故意将长期投资的一部分人为地划分为交易性金融资产，以改变流动比率，但不可能改变公司的现金支付能力和其他流动资产项目的变现能力，所以，如果一个公司的流动比率状况好但现金支付能力差，这本身就是一个信号。

第二，关注交易性金融资产的计量。交易性金融资产是以公允价值计量的。在公允价值计量下，资产和负债按照在公平交易中熟悉情况的交易双方自愿进行资产交换或者债务清偿的金额计量。分析该交易性金融资产必须注重其与金融市场的紧密结合性，反映该类金融资产相关市场变量变化对其价值的影响，进而分析企业财务状况和经营成果的影响。

第三，交易性金融资产对当期损益的影响。资产负债表日，企业应将交易性金融资产以公允价值计量且其变动计入公允价值变动损益，处置该交易性金融资产时，其公允价值与初始入账金额之间的差额应确认为投资收益，同时调整公允价值变动损益，可见公允价值变动损益是未实现的损益，易变且风险性较大。

第四，与交易性金融资产有关而取得的股利、利息。企业取得交易性金融资产所支付的价款中包含已宣告但尚未发放的现金股利或已到付息期但尚未领取的债券利息，应当单独确认为应收项目，在持有期间取得的利息或现金股利，应当确认为投资收益。

3.应收账款和应收票据分析

（1）应收账款分析

应收账款是指企业因销售商品、产品或提供劳务等原因，应向购货客户或接受劳务的客户收取的款项或代垫的运杂费等。应收账款的发生具有经常性的特点，并存在一定的风险。

一般来讲，企业的应收账款符合下列条件之一的，应确认为坏账：①债务人死亡，以其遗产清偿后仍然无法收回；②债务人破产，以其破产财产清偿后仍然无法收回；③债务人较长时间内未履行其偿债义务，并有足够的证据表明无法收回或收回的可能性极小。

在确定坏账准备的计提比例时，企业应当根据以往的经验、债务单位的实际财务状况和现金流量等相关信息予以合理估计。坏账损失的核算方法有直接转销法和备抵法两种。企业会计制度规定，企业只能采用备抵法核算坏账损失。企业采用备抵法进行坏账核算时，首先应按期估计坏账损失，计入管理费用，实际发生坏账时，冲减计提的坏账准备。

【相关链接】

苏宁电器应收账款分析

应收账款作为企业的流动资产，如果在偿还期内被人无偿占用，势必会造成企业的流动资金短缺，影响到企业正常的生产经营活动。根据有关部门的调查，我国企业应收账款已占流动资金的 50% 以上，远远高于发达国家 20% 的水平。对于一个企业来讲，应收账款是企业资产中一个很重要的部分，它的存在具有一定的风险，企业一方面想借助它来促进销售、提高销量、增加收入、增强竞争能力，同时又希望尽量避免由于应收账款的存在而给企业带来的资金周转困难、坏账损失等弊端。本文将通过对苏宁电器的应收账款现状中存在的问题及其原因的分析，对企业应收账款的现状提出建议，为企业更好的发展提供支持和帮助。

苏宁电器集团于 1990 年创立于江苏南京，在中国企业 500 强位列第 54 位，是中国 3C（家电、电脑、通讯）家电连锁零售行业的领先者之一，是全球家电连锁零售业市场价值最高的企业之一、中国民营企业前三强，品牌价值为 455.38 亿元。苏宁电器集团以电器连锁为主业，顺势介入商业地产，同步带动连锁百货、高档酒店、住宅开发等行业发展，形成了服务业、商业、地产三大领域协同发展的产业格局。经过 20 多年的发展，苏宁电器现已成为中国最大的商业企业集团。截至 2010 年，苏宁电器连锁网络覆盖中国大陆 30 个省、自治区、直辖市，近 300 个城市，并进入中国香港和日本，拥有近 1 500 家连锁店，员工 15 万人，2010 年销售收入近 1 500 亿元，2 000 多个售后网点、80 多个物流配送中心，经营面积达 500 万平方米。苏宁电器采取"租、建、购、并"四位一体，同步开发模式，保持平稳、快速的发展态势，每年新开 200 家连锁店，预计到 2020 年，网络规模将突破 3 000 家，销售规模突破 3 000 亿元。苏宁电器的快速发展，在给企业带来利润的同时，又给企业带来大量的应收账款。大量应收账款的存在，不仅减少了企业的流动资金，甚至影响企业的经营发展。因此，加强苏宁电器应收账款的管理对企业有着十分重要的意义。

1. 应收账款占流动资产比重情况

公司的应收账款在流动资产中占有举足轻重的地位。流动资产的配置和管理是企业管理的重要组成部分。如果应收账款过多，可能使企业的收账和经营状况面临困难。公司的应收账款如果能够及时收回，公司的资金使用效率便能大幅提高。应收账款/流动资产的比率是衡量企业资金占用的主要指标，该比率越大，说明应收账款占用企业资金余额越严重，企业资金周转越不灵。

我们可以看出，苏宁电器应收账款逐年递增，尤其是 2010 年的应收账款是 2009 年的 3 倍之多。但是从发展趋势我们可以明显地看出，虽然公司流动资产也是逐年递增，但是增长速度远远没有应收账款快，从而导致公司应收账款/流动资产的比率逐年递增，由 2007 年的 0.79%、2008 年的 0.64%、2009 年的 1.15% 到 2010 年的 3.20%，虽然 2008 年的比率有所下降，但公司的总体趋势还是上升，说明公司应收账款质量逐年下降，回收的难度越来越大，给公司造成的损失也将越来越大。

2. 应收账款周转情况分析

应收账款周转率就是反映公司应收账款周转速度的比率，是考核应收账款变现能力的重要指标，反映了一定期间内公司应收账款转化为货币资金的平均次数。用时间表示的应收账款周转速度为应收账款周转天数，也称平均应收账款回收期或平均收现期。它表示公司从获得应收账款的权利到收回款项、变成现金所需要的时间。一般来说，应收账款周转天数越短，收账速度越快，发生坏账损失的可能性越小。

苏宁电器应收账款周转天数逐年降低，说明企业收账速度加快，坏账损失的可能性将减少。通常，一个公司的应收账款周转天数越短越好，虽然苏宁电器应收账款周转天数越来越短，但是与同行业国美电器相比应收账款周转天数仍然过长，说明苏宁电器应收账款还是存在一定的问题，有可能是债务人拖欠时间长、资信度低，形成了呆账、悬账甚至坏账，不利于公司经营活动的正常进行。

3. 应收账款与主营业务收入增长速度的比较

主营业务收入是指企业经常性的、主要业务所产生的基本收入，而企业的应收账款往往在主营业务收入中占了很大的比例。因此，如果企业应收账款的增长超过主营业务的增长，那么企业的现金流量将大大降低，影响企业的资金周转。

2007 年到 2009 年苏宁电器应收账款的增长速度大大提高，而主营业务收入增长率则缓慢增长；2008 年应收账款增幅是主营业务收入增幅的 1/10，2009 年应收账款增幅是主营业务收入增幅的 12.7 倍，2010 年应收账款增幅是主营业务收入增幅的 7.4 倍，2009 年应收账款的剧增，有可能是公司放宽了信用政策促使销售快速增长，但是巨额应收账款只是账面利润而并非实际的现金流。从 2007 年到 2012 年主营业务收入增长了 1.45 倍，而应收账款从 2007 年到 2012 年增长了 10.78 倍。

4. 应收账款总量情况

坏账损失及其核算是应收账款核算的一个重要方面。因此，坏账损失的多少对于企业应收账款的收回起重要作用。坏账损失过多，影响企业的流动资产总量，从而影响企业的生产经营情况。

2010 年公司的应收账款为 11 0461.1 万元，这样大额的应收账款势必会影响企业的经营。根据谨慎性原则，企业拥有这么大额的应收账款，必将计提一定比例的坏账准备。2010 年公司的坏账损失为 5 844 万元，占当年应收账款的 5.29%，虽然公司的坏账损失占应收账款的比率逐年下降，但高额的坏账损失势必会削弱企业的利润。

5. 苏宁电器应收账款管理中存在的问题

（1）应收账款的大量存在降低了企业的资金使用效率。应收账款占用过多往往会造成企业流动资金不足，容易引发企业财务危机。企业通过赊销方式不断扩大销售，而赊销的背后就是不断上升的应收账款，很多企业包括一些经营状况良好的上市公司虽然拥有良好的盈利记录，但是经常会出现有利润、无资金、账面状况不错却资金匮乏的状况，这其中的很大一个原因就是企业的应收账款造成的。从前面的数据中可以看出，苏宁电器应收账款占流动资产的比重逐年增大，这样会导致企业由于应收账款不能及时收回变现而使企业的现金流入量明显不足，企业会因流动资金短缺而发生支付困难，影响企业正常的经营活动，无法实现企业既定的效益目标，严重时会使企业面临财务危机，有些甚至濒临破产、倒闭。

（2）占流动资产比重增大，降低了企业短期的偿债能力。短期偿债能力是指企业以流动资产偿还流动负债的能力，它反映企业偿付日常到期债务的能力。影响企业短期偿债能力的指标一共有四个，分别是流动比率、速动比率、营运资本、现金比率。流动比率是流动资产与流动负债的比率。通常流动比率越高，企业的短期偿还能力就越好。因为这个时候，企业有更多的营运资金可以用来抵偿到期债务，这样债权人到期收不回账的可能性就会大大缩小。可是，苏宁电器应收账款占流动资产的比重逐年增大，应收账款逐年成倍增长，而流动资产增长的幅度远远低于应收账款，造成坏账损失也逐年成倍增长。这样会使企业应收账款到期无法收回，而产生坏账损失数额过大，使得流动资产总额下降，从而影响企业的短期偿债能力，使企业没有足够的流动资金来偿还到期债务。

（3）周转天数过长，延长了企业的营业周期。营业周期即从取得存货到销售存货并收回现金为止的这段时间。营业周期的长短取决于存货周转天数和应收账款周转天数，营业周期为两者之和。由此看出，不合理的应收账款的存在，使营业周期延长，影响企业资本循环的速度，使大量的流动资金沉淀，致使企业现金短缺，影响工资的发放和产品的购买，严重影响企业正常的生产经营。苏宁电器应收账款周转天数越来越长，企业应收账款资金占用越来越多，使企业应收账款回收期变长、整个企业的营运周期延长、大量流动资金沉淀，影响企业资金循环，限制企业进一步投资和扩大再生产的能力，增加企业的机会成本。

（4）坏账损失未能及时计量，夸大了企业的经营成果。由于我国企业实行的记账基础是权责发生制，当期发生的赊销应当全部计入当期收入，因此，企业的账上利润的增加并不表示能如期实现现金流入。而应收账款往往存在很大的坏账风险，影响企业的盈利状况。企业按照会计制度要求，采用应收账款余额的百分比法来提取坏账准备，坏账准备率一般为 3%～5%。我国许多企业都存在实际坏账损失远远超过计提的坏账准备的情况，大量实际已成坏账的应收账款仍长期挂账，未作坏账处理，虚增企业账面上的销售收入，在一定程度上夸大企业的经营成果，增加企业的风险成本。通过前面的账龄分析不难看出，企业计提坏账准备的数额逐年增长且增长比重较大，每年账龄在一年以上的应收账款仍然较多，存在大量账龄较长的应收账款，当然坏账损失也比较大。在企业未进行坏账处理时，坏账损失的增加直接导致企业账面销售收入的增加，虚增企业的利润，严重制约企业的生存和发展，甚至把企业拖垮，最后只能进行破产清算。

资料来源　杨应杰，冯雪琴. 家电企业应收账款管理探析——以苏宁电器为例[J]. 中国农业会计，2014（4）.

（2）应收票据分析

在我国，应收票据是指企业因赊销产品、提供劳务等在采用商业汇票结算方式下收到的商业汇票而形成的债权，包括商业承兑汇票和银行承兑汇票。一般而言，应收票据是一种流动性相对较强的资产，应收票据分为不带息应收票据和带息应收票据。根据企业现金需求的变化，应收票据还可用于贴现。

报表分析者在了解应收票据特点和分类的基础上，应该重点加强对应收票据贴现和转让的管理，降低应收票据的风险。

应收账款和应收票据质量的分析要点如下：

第一，应收账款和应收票据的规模。应收账款和应收票据的规模受诸多因素影响，应结合企业的行业特点、经营方式、信用政策来分析。如广告业企业往往采用预收账款、制造业企业常常采用赊销方式，应收账款较多，而商品流通企业相当一部分业务是现金销售，因此应收账款较少。企业放松信用政策，刺激销售，就会增加应收账款；反之，就会减少应收账款。

第二，坏账损失风险。在市场经济条件下，企业生产经营存在着各种风险，采用商业信用赊销商品也难免发生坏账损失，即出现货款长期被拖欠甚至收不回来而给企业造成损失的情况。因此分析应收账款的质量可从以下几点来看：

①账龄分析。一般而言，未过信用期或已过信用期但拖欠期较短的债权出现坏账的可能性比已过信用期较长时间的债权发生坏账的可能性要小。涉及与其他企业比较时，应参考其他企业的计算口径、确定标准。

②对债务人的构成分析，包括债务人的区域构成、债务人的所有权性质、债权人与债务人的关联状况和债务人的稳定程度，应收账款的大部分是否集中于少数几个客户。

③对形成债权的内部经手人的构成分析。

④分期付款应收账款较其他应收款流动性要差，对其分析要区别于一般应收账款。

第三，考察应收账款和应收票据有无真实的贸易背景，分析企业是否利用虚无信用来创造销售，或利用无真实贸易背景的应收票据向银行贴现，加大企业信用风险。

第四，判断公司所处的市场状况。如应收账款和应收票据之和远远大于资产负债表右方的预收款项，说明公司的产品市场是一个典型的买方市场，产品销售难度很大。

第五，分析应收账款的坏账准备提取得是否充足。坏账准备提取的高低直接影响当期利润，上市公司常常会利用应收账款的坏账准备提取来操纵上市公司业绩。

【相关链接】

坏账准备的计提影响公司盈余质量

财政部于 2006 年颁布的《企业会计准则第 8 号———资产减值》对不同类别资产的减值准备转回做出了规定，长期资产的减值准备不允许转回，对于存货、应收账款等流动性资产的减值准备则允许转回。

坏账准备的计提对于公司财务报表的盈余质量有着重要的影响。如 *ST 通葡虽然在 2011 年实现微利，但是其账上的巨额应收款项及巨额在建工程均未按规定计提坏账准备，并且其他应收款明细显示存在公司高管高额借款，欠款时间都在两年或三年以上，这些借款也未计提坏账准备。若公司按规定对这些项目计提坏账准备，则该公司在 2011 年难以实现盈利。事实上，坏账准备比长期资产减值类项目更容易被操纵。一方面，坏账准备可以转回，而长期资产减值则不能转回；另一方面，尽管坏账准备按账龄计提，但是仍然有一部分需要进行单独测试，而往往单独测试那一部分占应收账款的比例比较大。

资料来源 林东杰，等.坏账准备计提与公司盈余质量的关系[J].南京审计学院学报，2013（5）.

4.存货分析

存货是指企业在正常生产经营过程中持有以备出售的产成品或商品，或者为了出售仍然处在生产过程中的在产品，或者将在生产过程或提供劳务过程中耗用的材料、物料等。存货在同时满足以下两个条件时，才能加以确认：①该存货包含的经济利益很可能流入企业；②该存货的成本能够可靠地计量。

存货质量的分析要点如下：

第一，存货物理质量的分析。如商品流通企业的商品是否完好无损，制造业企业的产成品质量是否符合相应的等级要求。

第二，存货的时效状况分析。如食品是否超过保质期，出版物的内容是否过时，工业产品的技术是否落伍。

第三，存货的品种构成结构分析，即盈利产品占企业品种构成的比例及市场发展前景和产品抗变能力。

第四，存货跌价准备计提是否充分。如存货披露是否遵循成本与市价孰低法，存货有无相应的所有权证。

第五，存货的计价问题。各种不同的存货计价方法会使存货数额产生极大的差异，尤其是在通货膨胀导致存货价格大幅度波动的时候。对于着重分析企业短期偿债能力的报表使用者来说，企业利润的虚实影响不大，关键是要了解存货的变现价值。

第六，存货的日常管理分析。企业存货的质量，不仅取决于存货的账面数字，还与存货的日常管理密切相关。只有恰当保持各项存货的比例和库存周期，材料存货才能为生产过程所消化，商品存货才能及时实现销售，从而使存货顺利变现。

【相关链接】

獐子岛的存货之谜

2014 年第三季度，獐子岛对外公布，因遇到百年不遇的冷水团，公司 105.64 万亩海洋牧场遭遇灭顶之灾，导致了虾夷扇贝大规模死亡，共核销 105.64 万亩海域底播虾夷扇贝，总成本为 7.35 亿元。这一黑天鹅事件的曝出引起了社会各方的高度关注，而且让投资者对水产养殖业乃至国内农林牧渔上市公司靠天吃饭的现状感到担忧，降低了投资者的投资信心，影响行业发展。目前，各方对于此次事件有着诸多的猜测，并且其矛头大多指向了存货的真实性以及大股东占款问题。

獐子岛集团股份有限公司成立于 1958 年，于 2006 年 9 月 28 日在深圳证券交易所上市（股票代码：002069），是农业产业化国家重点龙头企业，并创造中国农业第一个百元股。然而，2014 年 10 月 31 日，獐子岛发布三季度财务报告，将 2011 年度、2012 年度底播虾夷扇贝账面成本合计 7.35 亿元予以核销，并计提 2.83 亿元存货跌价准备，计入资产减值损失。

以水产增养殖为主的獐子岛是国内最大综合性海洋产品企业，也曾是国内上市的首个农业"百元股"。如今，獐子岛因 2011 年和 2012 年批次的"虾夷扇贝绝收"而陷入了巨亏的质疑漩涡之中。从报表中发现其 2011 年、2012 年、2013 年的净利润分别为 4.98 亿元、1.06 亿元和 9 694 万元，直至 2014 年前三季度巨亏 8.12 亿元。

獐子岛的存货主要是消耗性生物资产，也就是播撒在海底的虾夷扇贝、海参等海珍品，生长期为 3 年。从上市之后的 2007 年开始存货总额占獐子岛总资产的比率一直保持在 50%左右，而与獐子岛同属水产养殖行业且总资产状况最为接近的三家公司——好当家、东方海洋和国联水产，其存货占总资产的比例平均保持在 20%～35%。从金额来看，自 2011 年起，其存货金额更是超过了 20 亿元，截至 2014 年上半年其存货金额高达 28.9 亿元。

从以上信息可以得出，獐子岛的存货比重不仅占据了自己企业的半壁江山，相对于行业水平也是畸高，这为其存货的巨额减值作了铺垫。针对这种不合理的现象，结合獐子岛公司的情况推测，可能有以下两点原因：其一是不合理的费用资本化，自 2009 年起，獐子岛借款费用资本化的金额，仅 5 年就涨了 10 倍，2009—2013 年獐子岛计入消耗性生物资产中的借款费用资本化金额分别为 937.99 万元、1 710.59 万元、3 485.45 万元、9 178.37 万元、1.21 亿元；其二是资金被关联方或大股东占用，为了掩饰，将其放入存货中虚增了存货价值，并且其存货具有难以盘点与核算的特点，可以使占用的资金通过存货的跌价准备和资产减值合理抵消。

　　资料来源　梁珣，陈亚男，等."獐子岛"内部控制失效的原因及改进建议[J].经济师，2015（1）.

　　5.其他流动资产分析

　　（1）预付款项

　　预付款项是指企业按照购货合同规定预付给供货单位的款项。从资产的流动性来看，预付账款是一种特殊的流动资产，由于款项已经支付，除一些特殊情况外（如预收货款的企业未能按约提供产品、预付保险单被提前注销等），在未来会计期间不会导致现金流入，即在这种债权收回时，流入的不是货币资金，而是存货。因此，该项目的变现性极差。

　　（2）其他应收款

　　其他应收款号称企业财务报表的"垃圾桶"，包括企业除应收票据、应收账款、预付账款以外的各种应收、预付款项，如应收的各种赔款、各种罚款、存放的保证金、应收出租包装物的租金、预付给企业内个人或单位的备用金、应向职工个人收取的各种垫付款项等。

　　6.长期投资分析

　　长期投资是指不可能或不准备在一年内变现的投资，在资产负债表中包括可供出售金融资产、持有至到期投资、长期应收款、长期股权投资等。企业长期投资的作用在于：出于战略性考虑（如兼并竞争对手，控制原料供应商），形成企业的优势；通过多元化经营降低经营风险、稳定经营收益；将来某些特定目的积累资金。

　　长期投资质量的分析要点如下：

　　第一，资产负债表中长期投资项目的金额，在很大程度上代表企业长期不能直接控制的资产流出，其投资方案是否合理，关键看能否获得较高收益、是否可分散风险，企业的安全性如何。

　　第二，资产负债表中长期投资项目，代表的是企业高风险的资产区域，要看其是否与企业的总体发展目标和经营方针一致，也就是说，长期投资的增加应以不影响企业生产资金周转和提高企业资金效益为前提，长期投资的减少应以实现企业资产的保值增值为前提。

　　第三，长期投资收益的增加，有可能引起企业货币资金状况的恶化。这是因为对于债权投资来说，投资收益的确定先于利息的收取，企业须对此部分收益上交所得税；对于股权投资来说，在权益法确认投资收益时，企业确认的投资收益总会大于企业收回的股利，这样就会出现企业利润分配所需货币资金大于收回货币资金的情况。

　　第四，持有至到期投资的质量分析，可从以下几个方面进行：

　　①分析持有至到期投资的账龄。对持有至到期投资的账龄长短进行分析，超过合同约定偿还期越长的持有至到期投资，可收回性越差，质量也就越低。

　　②分析持有至到期投资的对象。尽管按照债权人、债务人之间的约定，企业按期收取利息，到期收回本金，但这取决于债务人在偿债时点是否有足够的现金支付。所以，须分别对各持有至到期投资债务人的偿债信誉和偿债能力逐一分析，才能提高对持有至到期投资质量判断的可靠性。

③分析持有至到期投资的收益。企业进行持有至到期投资的主要目的是获取固定收益。按我国现行制度规定，企业应按权责发生制原则确认债权投资的收益，不一定有相对应的现金流入，多数时候为投资收益的确认计量先于利息的实际收取。

第五，长期股权投资的质量分析，可从以下几个方面进行：

①分析长期股权投资的构成（投资方向、投资规模、持股比例等）。通过分析可以了解企业投资对象的经营状况以及它的盈利情况，评价企业长期股权投资的质量和风险。

②分析长期股权投资的核算方法。长期股权投资的核算方法有权益法和成本法。采用权益法，投资企业取得长期股权投资后，应当按照应享有或应分担的被投资单位实现的净损益的份额，确认投资损益，按照被投资单位宣告发放的现金股利或利润计算应分得的部分，相应减少长期股权投资的账面价值；采用成本法，被投资单位实现净利润时，不进行账务处理，但被投资单位宣告发放现金股利或利润时，投资企业确认投资收益。因此，应对利润表中股权投资收益与现金流量表中因股权投资收益而收到的现金之间的差异进行分析。

③判断长期股权投资减值准备计提是否充足。分析企业是否通过多提或少提长期股权投资减值准备，达到虚减或虚增投资账面价值和利润的目的。

【相关链接】

ST兴业"零值"股权蹊跷高价转：专家质疑存信批违规和隐蔽利益输送

日前，停滞良久的大洲集团重组ST兴业（600603）又有了新动作。9月11日，ST兴业发布《关于收回长期股权投资款的公告》，称公司已向亚泰投资有限公司（下称亚泰投资）转让了其所持有的海南南山旅游发展有限公司（下称南山旅游）2%的股权，转让价为580万元。

ST兴业称，公司于1997年出资500万元取得了南山旅游2%的股权。但在南山旅游的工商登记中，该项股权从未登记于ST兴业名下。而公司已对上述股权计提了全额减值准备。由于该项股权投资的相关法律手续不完善，无法明确ST兴业对南山旅游的股东地位，遂将这笔股权转让给亚泰投资，而亚泰投资系南山旅游的现任股东之一。

针对上述股权转让协议，市场的反应可谓毁誉参半，有投资者认为这是大洲集团在清理ST兴业的陈年旧账，为进一步注入资产打下基础。但也有投资者质疑，虽然ST兴业称因相关法律手续的不完善，致其在南山旅游的股东地位无法明确，但不完善的究竟是哪些手续？而南山旅游的现任股东亚泰投资为什么愿意出580万元购买一项已被计提全额减值准备的股权投资？大洲集团会不会是另外一个"挖兴业墙脚"的人？

带着投资者的疑问，记者两次致电公司董秘洪再春，但他都表示，关于股权投资的相关事宜，以公司信息披露为限，其他情况他并不知情。

无法实现的股权却获高价出售　公司难以自圆其说

武汉大学法学院教授孟勤国表示，ST兴业以无法实现股东地位为由将股权投资转让的说法，存在一个简单的逻辑悖论——如果ST兴业无法补办实现股东地位的法律手续，受让方也无法补办这些手续；现在既然有投资人愿意以580万元为这项股权买单，且该投资人（亚泰投资）同为南山旅游的股东，就说明亚泰投资是可以补齐法律手续以实现股东权利的，则ST兴业也可以完善这些法律手续，为什么却说自己无法实现该项权利？

　　根据上述公告，ST 兴业始终处于南山旅游"隐名股东"的位置。在现代商业运营中早已屡见不鲜的隐名股东地位是否会阻碍公司股东权利的实现？

　　对此，孟教授指出，股权是所有权的特殊形态，股东资格是通过投资行为获得的。这与普通的交易行为不同，因为交易可以因买卖合同无效而无法实现，但所有权不存在实现不了的情况。谁进行了投资，股权即归谁所有，与是否是隐名股东没有关系。

　　一位分析人士则称，既然亚泰投资愿意以 580 万元受让这项股权投资，就说明这项股权投资可以实现，且从 ST 兴业投资南山旅游的始点 1997 年至今，南山旅游已取得了长足的发展，曾经低价取得的土地、无形资产等都已身价倍增。ST 兴业所持有的南山旅游2%的股权，价值可能已远超 580 万元。

股权转让涉嫌信披违规　易引发内幕交易

　　南山旅游 2%的股权究竟价值几何？ST 兴业并未做出信息披露。

　　根据公开资料，首旅股份（600258）曾于 2002 年受让了南山旅游旗下子公司南山文化公司的部分股权，转让价为 3.3 亿元。仅此一项，即可为 ST 兴业的股权投资带来约600 万元增值。不知南山旅游如今的盈利状况如何，是否可以为 ST 兴业带来更多的股权投资增值？抑或这部分被隐藏的宝藏即将由亚泰投资享用？

　　孟勤国教授表示，ST 兴业转让南山旅游股权投资的行为本身无可厚非，但是公司有义务向中小股东详细披露南山旅游的资产及盈利状况、股权投资的价值，以及上文提及的股东地位为何难以实现、缺少哪些法律手续，让中小股东对公司的股权转让行为是否合理做出自己的判断。公司目前的信息披露如此不充分，已经构成了信息披露违规，而信息披露违规就可能引发暗箱操作等损害中小股东利益的行为。

公司宁愿违规却不披露诉讼行为　涉嫌隐蔽利益输送

　　一位投资者告诉记者，ST 兴业所持有的南山旅游股权已于 2006 年被法院冻结，但直至现在，公司已与亚泰投资达成该项股权转让协议，公司都未曾披露该项股权何时以何种方式解除了冻结。

　　记者查阅了 2005 年至今的公开资料，发现 ST 兴业因为宁波森邦国际经贸有限公司银行借款提供担保而承担了偿债义务。为此，宁波市中级人民法院于 2006 年冻结了公司在上海国际丽都置业有限公司账面价值 200 万元的股权投资及在南山旅游账面价值 500 万元的股权投资。

　　此后直至 2008 年，ST 兴业年报的"其他重要事项"中都会记入上述两笔被宁波市中级人民法院冻结的股权。但公司披露的 2009 年半年报、年报中，宁波市中级人民法院冻结的资产仅存公司持有的上海国际丽都置业有限公司 10%的股权。言下之意，在 2009 年的上半年，南山旅游的股权被解除了冻结，但公司并未对此做出任何公告。孟勤国教授表示，查封、冻结和解除冻结都属于诉讼行为，上市公司都有义务进行公告，ST 兴业在此处再一次违反了信息披露原则。

　　有分析人士指出，既然 ST 兴业的年报中并未反映出上市公司偿还债务以解除冻结的股权投资，上述资产可以被解除冻结无非两种可能——或者销声匿迹的债务人忽然出现偿还了部分债务，或者公司的大股东发现了这部分股权投资的潜在价值，自费为公司承担了部分债务。但大股东出资为 ST 兴业解除冻结的股权投资，极有可能是为后续的股权转让甚至是进一步的利益输送铺平道路。

南山旅游股权解除冻结的 2009 年，正是 ST 兴业发生巨大变革的一年，陈铁铭及其麾下的厦门大洲房地产集团有限公司入主 ST 兴业，公司的大股东和实际控制人皆发生了变化。是否真如上述分析人士所预测，是新入股东发现了南山旅游的潜在价值，为其秘密买单？旁观者尚无从得知。

但采访的最后，该分析人士称："公司将一项股权投资解除冻结处理得如此隐蔽非常可疑，值得监管部门关注。"

资料来源　郑洋.ST 兴业"零值"股权蹊跷高价转[N].证券日报，2010-09-17.

7.固定资产分析

固定资产是指使用期限较长、单位价值较高，并在使用过程中保持其实物形态基本不变的资产项目。在资产负债表中，固定资产反映企业各种固定资产原价减去累计折旧和累计减值准备后的净额。其特点是：长期拥有并在生产经营中发挥作用；投资数额大，风险也大；反映企业生产的技术水平、工艺水平；对企业的经济效益和财务状况影响巨大；变现能力差。

固定资产质量的分析要点如下：

第一，分析固定资产规模的合理性。固定资产的规模须和企业经营的总体规模、产品的市场前景以及企业所处的发展阶段等相适应，也应和流动资产的规模保持合理的比例关系。如果企业盲目添置固定资产，不但占用资金金额巨大，而且极易导致资产闲置和快速贬值，对企业的财务状况与经营业绩均会产生较大的负面影响。

第二，关注固定资产原值在年内的变化。各个期间固定资产原值的变化，应朝着优化企业内部固定资产结构、改善固定资产质量、提高固定资产利用效果的方向努力。因此，从年度固定资产结构的变化与生产经营特点之间的吻合程度，就可以对固定资产质量的变化情况做出判断。

第三，固定资产的构成。在各类固定资产中，生产用固定资产（尤其是生产设备）在全部固定资产中应占据较大比重，而非生产用固定资产、未使用和不需用固定资产占全部固定资产的比重应该较低。因此，可分析企业固定资产的利用率或闲置率，评价企业固定资产的使用效率。此外，固定资产更新改造程度越高，通常意味着企业固定资产的质量和性能越好，企业的发展潜力越强。

第四，固定资产质量好坏的关键在于它是否能给企业带来未来的经济利益，是否具有增值潜力。这种增值，或是由于特定资产的稀缺性（如土地）而引起的，或是由于特定资产的市场特征表现出较强的增值特性（如房屋、建筑物等）而引起的，或是由于会计处理的原因导致账面上虽无净值但对企业仍有可进一步利用价值而引起的（如已经提足折旧但企业仍可在一定时间内使用的固定资产）。

第五，关注固定资产的会计核算政策。主要关注三个方面：①固定资产的确认标准。不同的确认标准对企业业绩会有不同程度的影响。②计提折旧的方法。采用合理的方法计提固定资产折旧，对于加强企业经济核算，正确核算成本利润和应纳企业所得税额，确保固定资产再生产顺利进行均有重要意义。③固定资产减值准备。在分析时应关注固定资产实质上已经减值但却不提或少提减值准备的情况，这会虚增资产和利润，造成会计信息失真，企业潜亏严重。

8.在建工程分析

资产负债表上的在建工程项目，反映企业期末各项未完工程的实际支出，包括交付安装的设备价值，未完建筑安装工程已经耗用的材料、工资和费用支出，预付出包工程的价款，已经建筑安装完毕但尚未交付使用的建筑安装工程成本等的可收回金额。

在建工程是企业正在建设与固定资产有关的工程项目，包括固定资产新建工程、改扩建工程和大修理工程。

在建工程质量的分析要点如下：

第一，在建工程项目不包括尚未使用的工程物资的实际成本。尚未使用的工程物资的成本，应在"工程物资"科目进行核算。

第二，用借款进行的工程所发生的借款利息，在固定资产达到预定可使用状态之前，计入在建固定资产的成本；在固定资产达到预定可使用状态之后发生的，计入当期损益。

第三，在建工程减值准备的计提。企业应当定期或者至少于每年年度终了时，对在建工程进行全面检查，如果有证据表明在建工程已经发生了减值，应当计提减值准备。存在下列一项或若干项情况的，应当计提在建工程减值准备：

①长期停建并且预计在未来三年内不会重新开工的在建工程；

②所建项目无论性能还是技术都已经落后，并且给企业带来的经济利益具有很大的不确定性；

③其他足以证明在建工程已经发生减值的情形。

9.无形资产分析

无形资产是指企业拥有或者控制的没有实物形态的可辨认非货币性资产，主要包括专利权、非专利技术、商标权、著作权、特许权等。

无形资产质量的分析要点如下：

第一，无形资产的质量主要体现在特定企业内部的利用价值和对外投资或转让的价值能全面反映其真正的价值和潜力。

第二，商誉的存在无法与企业自身分离，不具有可辨认性。资产负债表中无形资产项目不包括商誉。

第三，土地使用权属于无形资产，但企业如果改变其用途，将土地使用权用于出租、增值等目的，要将其转为投资性房地产核算。

第四，企业内部产生的品牌、人力资源、报刊名等，由于其不能可靠计量，不应确认为无形资产。

第五，石油、天然气等开采权归国家所有，且开采具有特殊性，不包括在无形资产中。

10.开发支出分析

开发支出反映企业开发无形资产过程中能够资本化形成无形资产成本的支出部分。

在开发阶段，可将有关支出资本化计入开发支出，但必须同时满足下列条件：

①完成该无形资产以使其能够使用或出售在技术上具有可行性。判断无形资产的开发在技术上是否具有可行性，应当以目前阶段的成果为基础，并提供相关证据和材料，证明企业进行开发所需的技术条件等已经具备，不存在技术上的障碍或其他不确定性。

②具有完成该无形资产并使用或出售的意图。企业能够说明其开发无形资产的目的。

③无形资产产生经济利益的方式，包括能够证明运用该无形资产生产的产品存在市场

或无形资产自身存在市场。无形资产将在内部使用的，应当证明其有用性。

④有足够的技术、财务和其他资源支持，以完成该无形资产的开发，并有能力使用或出售该无形资产。企业能够证明可以取得无形资产开发所需的技术、财务和其他资源，以及获得这些资源的相关计划。企业自有资金不足以提供支持的，应能够证明存在外部其他方面的资金支持，如银行等金融机构声明愿意为该无形资产的开发提供所需资金等。

⑤归属于该无形资产开发阶段的支出能够可靠地计量。企业对研究开发的支出应当单独核算，比如直接发生的研发人员工资、材料费，以及相关设备折旧费等。同时从事多项研究开发活动的，所发生的支出应当按照合理的标准在各项研究开发活动之间进行分配；无法合理分配的，应当计入当期损益。

无法区分研究阶段和开发阶段的支出，应当在发生时作为管理费用，全部计入当期损益。

11. 投资性房地产分析

投资性房地产，是指为赚取租金或资本增值，或两者兼有而持有的房地产。投资性房地产应当能够单独计量和出售。

投资性房地产质量的分析要点如下：

第一，关注投资性房地产的计量模式。成本计量模式下，按照固定资产或无形资产的有关规定计提折旧或摊销，存在减值迹象的，还应当按照资产减值的有关规定进行处理。公允价值计量模式下，不对投资性房地产计提折旧或进行摊销，以资产负债表日投资性房地产的公允价值为基础调整其账面价值，公允价值与原账面价值之间的差额计入当期损益（公允价值变动损益），投资性房地产取得的租金收入，确认为其他业务收入。因此，两种计量模式对净利润往往产生不同的影响。

第二，关注投资性房地产的范围。

【相关链接】

公允价值计量在投资性房地产中的运用

2012 年 5 月 17 日，财政部发布《企业会计准则第×号——公允价值计量（征求意见稿）》向社会广泛征求意见，并同时开展课题调研，目的之一是了解企业运用公允价值的现状，并为准则制定提供第一手资料。自 2007 年实施新企业会计准则至今已 6 年有余，但公允价值在实务中一直是运用范围有限、使用程度不深，其中投资性房地产项目尤为明显。2007—2010 年以公允价值模式计量投资性房地产的公司分别为 18、22、26、28 家，占持有投资性房地产的公司总数的比例分别是 3%、3%、4%、3%。天津市是全国第二个综合配套改革实验区、第三个拉动区域经济发展的龙头城市，但其拥有的 6 家房地产上市公司中，仅津滨发展（000897）一家选用公允价值模式计量投资性房地产，其他 5 家公司均采用成本模式。为何在存在活跃的房地产市场条件下，仅一家公司选用公允价值计量模式？

津滨发展于 1998 年发起设立，1999 年在深圳证券交易所发行 A 股并上市，注册资本为 161 727.22 万元。公司主业为商品销售、房地产销售和房屋租赁。其他 5 家公司分别为广宇发展（000537）、天保基建（000965）、海泰发展（600082）、天津松江（600225）和天房发展（600322），其中天保基建于 2007 年、天津松江于 2009 年分别转为房地产开发与经营业，均为国有控股公司。5 家公司中注册资本最少的为天保基建 46 155.81 万元，最大的为天房发展 110 570.00 万元。

首先，公允价值计量模式的运用可能增加了当期的公司净资产。津滨发展在 2007 年年报中指出为应对国家宏观经济政策，要加强资本运作，坚持筹资方式多样化，力争实现股本融资。根据《上市公司证券发行管理办法》第 13 条的规定，只要市场欢迎，合法经营的上市公司都可以通过定向发行制度融资。但是，实际上，证监会为保护投资者，在审批时还有一条硬性指标，就是增发募集资金总额不超过公司上年度末经审计净资产的 50%，这就使得那些有融资需求的上市公司可能产生增加净资产的动机，而使用公允价值进行计量与否也是其考虑的因素之一。

2007 年，经济资产增值迅速，1 月 1 日，津滨发展的投资性房地产在公允价值计量模式下，账面值为 126 710 万元，而在成本模式下为 117 740 万元。变更计量模式使净资产增加了 8 970 万元，占当期净资产的 3.88%。同时，公允价值计量模式的运用较为显著地提升了公司当期的净利润。投资性房地产采用公允价值模式计量后，津滨发展无须再对投资性房地产计提折旧、摊销，这样每年将减少约 2 400 万元的营业成本，租赁业务的毛利率也从 73.72% 上升至 90.03%。此外，使用公允价值模式计量后，投资性房地产的价值迅速上升，由此产生在 2006 年的公允价值变动损益为 4 480 万元，占 2006 年净利润的 53.11%，2007 年公允价值变动损益 1 700 万元，占 2007 年净利润的 19.62%。可见，津滨发展在一定程度上通过选用公允价值模式计量投资性房地产，使其主要财务指标得以美化，公司的对外融资能力在一定程度上得到提高。

2006 年年末，广宇发展、海泰发展、天房发展等 3 家公司持有的投资性房地产均在 0.2 亿 ~ 4.2 亿元之间，但津滨发展持有的投资性房地产为 11.78 亿元，占总资产的 22.28%，比重处于较高水平。相比津滨发展，广宇发展的资产负债率是 4 家公司中最高的，3 年均在 75% 左右；平均净资产收益率是 4 家公司中最低的，仅为 0.18%。广宇发展在 2006 年、2007 年年报中指出，为改善资本结构，应对国家宏观经济政策，公司将积极采取应对措施，强调要拓宽融资渠道，适时推进再融资方案的实施。但其仅持有 0.2 亿元的投资性房地产，占总资产的 0.84%、占净资产的 3.35%，是 4 家公司中持有量最低的，倘若变更投资性房地产的计量模式，对公司财务数据的影响也不会很明显。

可见，资产规模的大小可能影响公司对其计量模式的选择，采用公允价值计量投资性房地产，当期的资产规模一般会大于使用成本法计量的结果。当公司融资压力大时，若其持有较大规模的投资性房地产，则为通过变更投资性房地产计量模式来缓解融资压力提供了可能；若公司持有的投资性房地产规模较小，即使公司有迫切的资金需求，也不会采用公允价值计量模式，因为这种情况下，变更其计量模式带来的收益并不明显，不足以补偿后续运用公允价值模式的成本。

资料来源　邹艳，王雪，等. 公允价值计量在投资性房地产中的运用研究[J]. 会计研究，2013（9）.

12. 长期待摊费用和其他非流动资产分析

长期待摊费用是指不能全部计入当期损益，应当在以后年度内分期摊销的各项费用，包括开办费、租入固定资产改良支出、固定资产大修理支出、筹建期汇兑净损失等。

其他非流动资产是指企业正常使用的固定资产、流动资产等以外的，由于某种特殊原因，企业不得随意支配的资产。这种资产一经确定，未经许可，企业无权支配和使用，但仍应加强管理，单独核算。其主要包括：特准储备物资、银行冻结存款和冻结物资以及涉及诉讼中的财产。

13. 表外资产和或有资产分析

资产负债表的表外资产是指那些因会计处理原因或计量手段的限制而未能在资产负债表中体现净值，但可以为企业在未来做出贡献的资产项目。其主要包括：已经提足折旧，但企业仍然继续使用的固定资产；企业正在使用，但已经作为低值易耗品一次摊销到费用中去、资产负债表尚未体现价值的资产；人力资源等。

或有资产是指过去的交易或事项形成的潜在资产，其存在需通过未来不确定事项的发生或不发生予以证实。或有资产具有以下特征：①或有资产由过去的交易或事项产生；②或有资产的结果具有不确定性。

3.4.2　负债项目分析

负债（债权人权益）是指过去的交易、事项形成的现时义务，履行该义务预期会导致经济利益流出企业。负债包括流动负债和非流动负债。

1. 流动负债分析

流动负债是指将在一年内或超过一年的一个营业周期内偿还的债务。它包括短期借款、应付票据、应付账款、预收账款、应付职工薪酬、应交税费、应付利息、应付股利、其他应付款、一年内到期的非流动负债等。其特点是：偿还期限短；偿还数量和金额确定；有明确的债权人。

（1）流动负债项目分析

①短期借款

短期借款反映企业借入尚未归还的一年期以下（含一年）的借款，包括短期流动资金借款、结算借款、票据贴现借款等。

因短期借款期限较短，企业在举借时，应测算短期借款到期时的现金流量状况，确保届时企业有足够的现金偿还本息。我国企业短期借款在流动负债总额中所占份额较大。因此，在对短期借款进行分析时，应关注短期借款的数量是否与流动资产的相关项目相适应，有无不正常之处；还应关注借款的偿还时间，预测企业未来的现金流量，评判企业的短期借款偿还能力。

②应付票据

应付票据反映企业为了抵付货款等而开出、承兑的尚未到期付款的应付票据，包括银行承兑汇票和商业承兑汇票。应付票据是一种信用，与短期借款相比，其付款时间更具约束力，如到期不能支付，不仅会影响企业的信誉，影响企业以后筹集资金，而且会受到银行的处罚。

③应付账款

应付账款反映企业购买原材料、商品和接受劳务供应等而应付给供应单位的款项。作为一种商业信用行为，应付账款是指企业因购买材料、商品或接受劳务供应等而应付给供应单位的款项。与应付票据相比，它要求以企业的商业信用作保证。

分析应付账款时，应联系存货分析应付账款，在供货商赊销政策一定的条件下，企业应付账款的规模会和企业采购规模有一定的对应关系。如企业产销较平稳，应付账款规模还应与营业收入保持一定的对应关系。通常企业应付账款平均付款期会较为稳定，如果企业购销状况没有很大变化，同时供货商没有放宽赊销的信用政策，而企业应付账款规模的不正常增加、平均付款期的不正常延长，就表明企业的支付能力恶化。

④预收款项

预收款项反映企业预收购买单位的账款。预收款项是企业按购销合同规定向购买商品或劳务的单位预先收取的款项。对于企业来说，预收款项越多越好，因为预收款项作为企业的短期资金来源，在企业发送商品或提供劳务之前，可以无息使用。同时，如果企业预收款项较多，也表明企业的产品或劳务销售情况良好，市场供不应求。一般情况下，因为预收款项是按销售收入的一定比例预先收取，所以通过预收款项的变化可以预测企业未来营业收入的变动。

⑤应付职工薪酬

应付职工薪酬是企业对职工个人的一项流动负债。职工薪酬是指企业为获得职工提供的服务而给予各种形式的报酬以及其他相关支出，包括职工在职期间和离职后提供给职工的全部货币性薪酬和非货币性福利。企业提供给职工配偶、子女或其他被赡养人的福利等，也属于职工薪酬。

在分析应付职工薪酬时，应当清楚应付职工薪酬是否为企业真正的负债，注意企业是否有通过应付职工薪酬调节利润的情况。

⑥应交税费

应交税费反映企业按照税法规定计算应交纳的各种税费，包括增值税、消费税、所得税、资源税、土地增值税、城市维护建设税、房产税、城镇土地使用税、车船税、教育费附加、矿产资源补偿费等。企业代扣代交的个人所得税，也通过本项目列示。企业所交纳的税金不需要预计应交数的，如印花税、耕地占用税等，不在本项目列示。

在分析应交税费的质量时，由于应交税费涉及较多税种，报表使用者应当了解应交税费的具体内容，有针对性地分析该项负债的形成原因。如果该项目为负数，则表明企业多交而财税机关应当退回给企业或由以后期间抵交的税金。

⑦应付利息

应付利息反映企业按照规定应当支付的利息，包括分期付息到期还本的长期借款、企业债券等应支付的利息。分析该项目时，注意到期还本付息的长期借款应支付的利息不包括在该项目中，该项目必须结合长期借款和应付债券分析。

⑧应付股利（或应付利润）

应付股利（或应付利润）是指企业经董事会或股东大会确定，应分配的期末应付给股权投资者的股利（利润）。企业进行利润分配后应给予股权投资者的投资回报，在投资者领取之前，形成企业的一项流动负债。

在分析应付股利（或应付利润）时应注意：资产负债表上所反映的应付股利（或应付利润）是企业应付未付的现金股利，不包括股票股利。股份有限公司可采用的股利分配形式有现金股利和股票股利等方式，分派股票股利实质上是股东权益结构调整的重大财务决策行为，并不涉及现实负债问题。

⑨其他应付款

其他应付款反映企业除应付票据、应付账款、预收款项、应付职工薪酬、应付股利、应付利息、应交税费等经营活动以外的其他各项应付、暂收的款项。如应付租入固定资产的租金、包装物的租金、应付保险费、存入保证金、应付统筹退休金等。这个项目常常被称为企业财务报表的"聚宝盆"，因此分析时注意企业是否利用该项目隐藏利润。

⑩预计负债

预计负债反映企业对外担保、商业票据背书转让或贴现、未决诉讼、未决仲裁、产品质量保证等很可能产生的负债。

企业的或有负债有可能同时满足以下三个条件：该义务是企业承担的现时义务，这是指与或有事项有关的义务为企业承担的现时义务而非潜在义务；该义务的履行很可能导致经济利益流出企业（很可能指发生的可能性"大于50%但小于或等于95%"）；该义务的金额能够可靠地计量。在此情况下，或有负债可以按预计负债项目在资产负债表中确认。

【相关链接】

预计负债与主观判断

在海信科龙电器股份有限公司（简称海信科龙）2013年年报中，预计负债包含了"保修准备"等两项内容。其中，对保修准备的说明是："保修准备为预计的产品质量保证金。在质保期内，公司将向有关客户免费提供保修服务。根据行业经验和以往的数据，保修费用是根据所提供的质量保证剩余年限，及单位平均返修费用进行估算并计提。"截至2013年12月31日，公司应提取的保修准备为361 158 229.87元，相比2013年年初的307 198 172.98元有所增长，2011年和2012年的保修准备也呈增长趋势，而且增长的绝对额也越来越大（见表3-15）。这说明企业产品质量有所下降，企业不太重视产品质量，导致返修费用增加，产品管理水平下降。

表 3-15　　　　　　　　　　　　　　　**保修准备等指标**　　　　　　　　　　　金额单位：元

年份	保修准备	保修准备增加幅度（%）	合并报表营业收入	合并报表营业收入增加幅度（%）	母公司的营业收入	母公司营业收入增加幅度（%）
2013年	361 158 229.87	0.18	24 360 021 308.47	0.28	15 423 216 361.55	0.15
2012年	307 198 172.98	0.16	18 958 915 310.09	0.03	13 406 348 502.57	0.13
2011年	265 503 156.71	0.10	18 488 663 163.12	0.05	11 847 731 695.62	0.22
2010年	242 342 098.87		17 690 323 631.83		9 740 882 133.86	

资料来源　海信科龙2011年、2012年和2013年年报。

⑪一年内到期的非流动负债

一年内到期的非流动负债反映企业非流动负债中将于资产负债表日后一年内到期部分的金额，这部分负债从时间长短上来看已属于流动负债的范围。

（2）流动负债质量分析

①分析流动负债的构成结构，判断企业流动负债主要来自何方，分析其性质和数额、偿还紧迫程度如何，衡量企业的财务风险。

②分析中要同企业的性质、经营形势相联系，分析企业采购政策、付款政策、利润分配政策及其他经营特点。就商品流通企业而言，正常情况下是流动负债和销售收入或实现利润都有所增长；就工业企业而言，常常是非流动负债和实现利润都在增长，而流动负债却并无明显变化。

③分析中要同企业的流动资产相联系，以判断企业短期偿债能力是好转还是恶化。

2.非流动负债分析

非流动负债是指偿还期在一年或超过一年的一个营业周期以上的长期债务。它包括长期借款、应付债券、长期应付款等。其特点是：金额大、偿还期长、企业使用成本高。

由于非流动负债的偿还期较长，受货币时间价值影响较大，非流动负债的价值一般应根据合同或契约规定的在未来必须支付的本金和所付利息之和按适当贴现率折现后的折现值来确定。

（1）非流动负债项目分析

①长期借款

长期借款反映企业向银行或其他金融机构借入的期限在一年以上（不含一年）的借款本息。一般用于固定资产的购建、固定资产改扩建工程、固定资产大修理工程等。长期借款是银行信用，具有很强的偿还约束性，企业须严格按借款协议规定用途、进度等使用借款。在进行报表分析时，应对企业长期借款的数额、增减变动及其对企业财务状况的影响给予足够的重视。

在分析长期借款的质量状况时，应注意长期借款是否与企业固定资产、无形资产的规模相适应，是否与企业的当期收益相适应。此外，还应关注长期借款费用处理的合规性与合理性。

②应付债券

应付债券反映企业发行的尚未偿还的各种长期债券的本息。应付债券因债券的法律凭据性而使偿还具有较强的法律约束，当债券的偿付遇到困难或者预期存在困难，债券的价格必然下降，企业的信誉和财务形象将受损，企业将遇到再融资的困难，这就迫使企业按期偿付。这说明债券的偿付具有较强的社会约束或市场约束，它比长期应付款的流动性要强。

在进行报表分析时，应对应付债券的金额、增减变动及其对财务状况的影响给予足够的关注。

③长期应付款

长期应付款反映企业除长期借款和应付债券以外的其他各种长期应付款，如应付引进设备款、融资租入固定资产应付款等。与长期借款和应付债券相比，融资租赁方式相当于企业在取得该项资产的同时借到一笔资金，然后分期偿还资金及其利息，有利于减轻一次性还本付息的负担；应付引进设备款，其特点是用企业的产品偿还债务，既销售了产品又偿还了债务。

在进行报表分析时，应对长期应付款的数额、增减变动及其对企业财务状况的影响给予足够的关注。

（2）非流动负债质量分析

举借非流动负债是企业很重要的一项资金来源，企业能够长期占用的资金主要有投资者投入的资本和举借的非流动负债。举借非流动负债主要是为了购置机器设备、厂房、购入土地的使用权等进行扩大再生产所必要的投资。举借非流动负债，对于投资者来说，一方面，可以保持其投资比例，即不因筹措长期资本而影响投资者的投资比例。另一方面，举借非流动负债，在企业的总资产报酬率高于非流动负债的固定利率时，负债具有杠杆的作用，使投资者可以享受其剩余的盈余。因为债务的本金和利息一般是固定的，债务人只需按期偿还举借的本金和固定的利息，不再有任何其他的义务，即不需要支付股利或利润。另外，举借非流动负债，可以减少税负，因为债务的利息可以作为一项费用支出在缴纳所得税时扣除。

分析非流动负债可以从以下几方面考虑：

第一，考察企业非流动负债的关键是适度负债，使企业既能利用长期借款弥补资金缺口，获得杠杆收益，又不至于因此陷入财务困境。如果企业在非流动负债增长的同时，经济效益、实现利润明显提高，说明企业负债经营正确，企业财务状况发展良好。

第二，将非流动负债与流动负债的变化结合起来分析。企业非流动负债增加，流动负债减少，说明企业生产经营资金有长期保证，是扩大业务的好机会。在这种情况下，如果销售收入确实增长，则表明企业抓住了机会，经营有方；如果销售收入并未增长，那么，企业不是通过增加在建工程进行结构性调整（这时要分析项目的预期效益），就是通过恶化资金结构、降低结构稳定性来暂时回避短期资金紧张。

第三，由于融资租赁对企业用作保证的自有资金的数量要求比长期借款低得多，租赁企业承担的风险需要从企业支付较高的费用中补偿，因而特别关注企业运用融资租赁资金来源的风险性。

第四，关注非流动负债费用的归属问题，即非流动负债产生的利息、折价或溢价摊销、辅助费用以及因外币借款而发生的汇兑差额，是应归属于发生当期的费用，还是予以资本化计入资产。我国企业会计准则对借款费用的处理有如下规定：

①为购建固定资产、投资性房地产等而发生的非流动负债费用在固定资产、投资性房地产等未达到预定可使用状态前所发生的利息费用，予以资本化，即计入在建工程价值；在固定资产、投资性房地产达到预定可使用状态后所发生的，直接计入当期损益（财务费用）。

②为存货生产而借入的借款费用在符合资本化条件的情况下应当予以资本化。

3. 表外负债和或有负债分析

（1）表外负债分析

表外负债是企业在资产负债表中未予以反映的负债，即资产负债表的右方无该项目，左方也无相应的资产，而表外负债所形成的费用以及取得的经营成果却在利润表中反映出来，其具体形式有以下三种：

①直接表外负债。它是指企业以不转移资产所有权的特殊借款形式直接负债，如经营租赁、代销商品等。

②间接表外负债。它是指由另一个企业的负债代替本企业负债，使本企业表内负债保持在合理限度内。最常见的方法是：母公司投资于子公司或附属公司，把应由自己经营的产品拨给一个子公司或附属公司，子公司或附属公司将生产出的产品销售给母公司，子公司或附属公司负债经营。这里，子公司或附属公司的负债实际上是母公司的负债。本应由母公司负债经营的部分，鉴于母公司负债的限度，转由子公司或附属公司作为与母公司同样独立的法人负债，使得各方的负债都能保持在合理范围内。

③转移表外负债。它是将表内的项目转移到表外进行负债，有应收票据贴现、出售有追索权的应收账款和资产的回租等形式。

（2）或有负债分析

或有负债是指过去的交易或事项形成的潜在义务，其存在需通过未来不确定事项的发生或不发生予以证实；或者过去的交易或事项形成的现时义务，履行该义务不是很可能导致经济利益流出企业或该义务的金额不能可靠地计量。具体形式有：商业票据背书转让或贴现、未决诉讼、未决仲裁、产品质量保证、担保、应收账款抵押等。

【相关链接】

上海汽车投诉增长 11.2%

截至 2008 年年底，上海市拥有私人汽车 72.04 万辆，较上年增长了 17.5%；而伴随着汽车保有量的迅速增长，汽车类投诉也在增长，有数据显示，2008 年上海市汽车类消费投诉总量达 996 起，同比增长 11.2%。投诉问题车主要在 10 万元至 20 万元之间，较上一年有 9% 的增长，达到了 35%。

2008 年上海市汽车类消费维权呈现出三个特点：

首先是投诉量逐年递增，维权满意率较高。据了解，2006 年，上海市汽车类消费投诉为 756 件，2007 年达 896 件，2008 年为 996 件。投诉量的逐年增长，与上海市汽车保有量快速增长密切相关，随着新车型不断上市，其中一些先天技术不足或者制造工艺、装配方面不成熟的车型极易产生质量隐患。据上海市消费者权益保护委员会汽车专业办公室统计资料显示，2008 年，上海地区的汽车消费投诉状况总体呈现波动，3 月份投诉量创全年最高，达到 109 件，另两个投诉高峰分别出现在 1 月和 8 月，投诉案件均超过百件。同时，上海地区汽车消费类投诉大多为一次性投诉，占到 96%，重复投诉比例很低。维权满意度方面，有八成以上的消费者对于投诉的处理结果表示了满意。

其次是质量投诉逐年降低，售后服务投诉不断增多。2008 年汽车质量投诉较上一年降低 2%，而售后服务类投诉中经销商服务态度投诉占四成以上，合同履约投诉达到 26%。值得注意的是，对经销商服务乱收费的投诉增长了 16%，同比增长 6%。

最后是退换车要求首次低于 10%，消费者投诉趋于理性。在对汽车质量问题给用户所造成的影响调查中，92% 的车主认为车辆出现的质量问题需要维修才能使用，而有 3% 的车主认为汽车质量问题存在安全隐患，认为厂家自身生产有缺陷的车主占到 4%，剩下的 1% 是在使用过程中因质量问题引发交通事故。退车、换车、召回这三类投诉，仅占到全部质量投诉的 7%。而 2007 年，这一比例高达 19%，2006 年达到 16.1%。这主要是因为车主在提出投诉解决方案时越来越理智。

资料来源　王辉.上海汽车投诉增长 11.2%[N].中国质量报，2009-03-24.

3.4.3　所有者权益项目分析

所有者权益是指企业资产扣除负债后由所有者享有的剩余权益。公司的所有者权益又称为股东权益。所有者权益的来源包括所有者投入的资本、直接计入所有者权益的利得和损失、留存收益等。所有者权益可分为实收资本（或股本）、资本公积、盈余公积和未分配利润等部分。其中，盈余公积和未分配利润统称为留存收益。

所有者权益项目质量的分析要点如下：

第一，所有者权益是长期偿债能力的安全保证。在资产的要求权需要偿还时，负债具有优先偿还权，因而所有者权益对于企业偿债能力及风险承担具有重大的稳定作用，是反映其经济实力的基础，是确保企业存在、稳定和发展的基石。对债权人而言，所有者权益在资本结构中所占的比例越高，则其债权越有保障，对债权人也就越有利。总之，企业所有者权益增加，说明企业可动用的资金增多，经济实力增强。企业通过内部发展筹集的资金越多，企业的经济效益和经营管理水平越高，反之，企业通过外部筹集的资金越多，企业的经营风险也越大。

第二，分析所有者权益内部的股东持股构成状况与企业未来发展的适应性。在企业的股东构成中，控股股东将有权决定一个企业的财务和经营政策；重大影响性股东则对一个企业的财务和经营政策有参与决策的权利。因此，控股股东、重大影响性股东将决定企业未来的发展方向。在对企业所有者权益进行分析时，必须关注企业的控股股东、重大影响性股东的背景状况、是否具有战略眼光、有没有能力将企业引向光明的未来。

第三，分析企业实收资本与注册资本的一致性。如果不一致，是否存在注册资本根本不到位的现象，对此做出进一步的了解，搞清资本金未到位的原因，查清企业注册资本是否可靠。

第四，关注资本公积的合理性。注意企业是否存在通过资本公积项目来改善财务状况的情况。因为有的企业在不具备法定资产评估的情况下，通过虚假资产评估来虚增企业的所有者权益——资本公积，虚增固定资产、在建工程、存货、无形资产等资产项目，借此降低企业的资产负债率，蒙骗债权人。

第五，了解留存收益的总量变动及其原因和趋势，分析留存收益的构成及变化。留存收益的增加有利于增强企业的实力，有利于财务资本的保全，降低财务风险，缓解财务压力。留存收益的变化取决于企业的盈亏状况和利润分配政策。

【相关链接】

保利地产经营现金流为负情况下的持续高派现分析

2012 年 6 月 12 日，保利地产实施了 2011 年利润分配方案，每股派发现金股利 0.215 元，而公司 2011 年每股经营活动现金净流量为 -1.33 元，这是保利地产自 2006 年上市以来，持续在经营活动现金净流量为负情况下的高派现股利政策的又一体现。异常高派现通常有两个判断标准：一是每股派现金额大于每股经营现金流量，另一个是每股派现金额大于每股收益。尽管历年来保利地产每股派现金额均低于每股收益，但是公司持续在经营活动现金净流量为负的情况下进行高派现同样引起关注。这种背景下的持续高派现是否合理？其目的何在？

保利地产自 2006 年 7 月 31 日上市以来，一直实施经营现金流为负情况下的高派现股利政策，并具有如下特点：①每股现金股利较高且呈持续稳定增长趋势。保利地产每年均分配现金股利，每股现金股利从上市初期的 0.07 元，增长到 2008 年金融危机时期的 0.132 元，2011 年和 2012 年稳定在 0.2 元左右，增长态势明显。②保利地产上市以来每股经营现金净流量均为负，这种背景下的持续高派现正是保利地产股利政策最引人注目的地方。③保利地产股利支付率呈小幅波动增长趋势，每股收益比较稳定。

盈利状况是影响股利政策的关键因素之一。保利地产现金股利支付率均未超过 20%，应属于与盈利相关并在盈利范围内的正常派现。更重要的是，保利地产的盈利具有较好的优势性、连续性和增长性，为其高股利政策提供了强有力的支撑。首先，盈利的优势性主要表现在保利地产 2007—2011 年营业利润率、销售毛利率、总资产净利润率、净资产收益率均值分别为 23.46%、37.21%、5.41%、15.94%，均高于行业平均水平。其次，盈利的连续性主要体现在：一是保利地产实施以中小户型普通住宅开发为主的经营策略，锁定了我国房地产市场的主流刚性需求，势必带来较好的盈利前景；二是保利地产一直注重较高的土地储备，2008 年储备速度略有放慢，但新增土地储备仍保持 80% 以上用于住宅项目，较高的土地储备是其盈利连续性的另一保障。再次，盈利的增长性体现在保利地产利润总额从 2007 年的 24 亿元增长为 2011 年的 101 亿元，净利润由 2007 年的 14.9 亿元增长为 2011 年的 65.3 亿元，2007—2011 年净利润的增长率分别为 126.10%、50.34%、57.14%、39.77%、32.72%，均处于行业较高的增长水平。

股利分配决定着股东分配和企业留存利润的比例，两者是此消彼长的关系。房地产是资金密集型行业，房地产企业的竞争在很大程度上取决于资金实力的竞争。保利地产作为快速扩张的房地产企业，对资金的需求不言而喻。目前，房地产企业的资金来源有银行贷款、利用外资、自有资金、其他资金，其中银行贷款综合起来可占 80%。保利地产 2007—2011 年资产负债率平均为 73.36%，2010 年高达 78.98%，其中直接银行贷款和预收账款中的间接银行贷款占负债的比重较大。随着国家对房地产行业的多轮宏观调控，银行贷款越来越难。在此背景下，保利地产连续多年高派现股利政策体现的积极回馈股东的理念吸引了投资者，为其股权再融资提供了强有力的支持。2007 年保利地产以公开发行普通股进行再融资，成功募集净资金 68.15 亿元，按照承诺投资于广州金沙州住宅项目、广州科学城 P2P3 项目等 9 个项目。2009 年保利地产以非公开发行的形式募集资金 78.15 亿元，以其中 23.45 亿元置换公司已预先投入募集资金投资项目的建设成本及费用的自筹资金，提高了资金的利用效率，减少了财务费用支出。就 2009 年的非公开发行而言，无论发行规模还是发行价格均创造了地产企业资本市场非公开发行的新纪录，这充分体现了投资者对保利地产的信心。

现金流是企业生产经营的命脉，关系到企业的持续发展，高派现的股利政策也必须有现金流的支持。然而，近年来，保利地产则是在经营现金净流量持续为负的情况下进行高派现，经营现金存在较大缺口。究其原因，主要是保利地产近年来快速扩张，资金需求很大。2009 年保利地产投入 410 亿元圈地 1 338 万平方米，2010 年保利地产全年新增土地权益面积高达 1 441 万平方米，投资近 500 亿元。快速的扩张给企业带来较大的资金压力，高派现的资金来源更多地依赖于银行借款，这无疑会加大企业的财务风险，而且使银行贷款更难获得。

投资者的最终目的是从公司获利，所以股东偏好对股利政策的制定有重要影响。然而在我国，由于股权集中度高，大股东控股情况普遍存在，一些上市公司的高派现仅为迎合大股东的恶性派现。保利地产作为国有公司，股权结构也存在着一些问题。首先，在大股东控股方面，保利地产自上市以来的第一大股东一直是保利南方集团有限公司，也是实际控制人。其次，保利地产的股权集中度较高，国家股和法人股比例较大。保利地产的前十大股东多为国家股和法人股，自然股相对较少。这种背景下的股权结构，客观上可能造成恶性高派现，但也并不是必然。

资料来源　王军会，岳春海. 保利地产经营现金流为负下持续高派现的合理性探析[J]. 财务与会计，2013（1）.

本章小结

资产负债表是反映企业在某一特定日期财务状况的财务报表，它反映企业在某一特定日期所拥有或控制的经济资源、所承担的现时义务和所有者对净资产的要求权，是一张静态反映企业财务状况的财务报表。

资产负债表的格式有账户式资产负债表、报告式资产负债表和管理型资产负债表三种。

资产负债表列报，最根本的目标就是如实反映企业在资产负债表日所拥有的资源、所承担的负债及所有者所拥有的权益。因此，资产负债表应当按照资产、负债和所有者权益三大类分别列报。

资产负债表的水平分析方法包括绝对额分析、环比分析和定基分析。内容包括资产的趋势分析、负债的趋势分析及所有者权益的趋势分析。

对资产负债表结构分析常常采用共同比资产负债表分析。资产负债表结构分析通常包括资产结构分析、资本结构分析及资产资本结构分析。资产负债表质量分析就是对资产、负债和所有者权益三个要素质量的分析。

资产的质量是指资产的变现能力或被企业在未来进一步利用的质量。资产质量的好坏，主要表现在资产的账面价值量与其变现价值量或被进一步利用的潜在价值量（可以用资产的可变现净值或公允价值来计量）之间的差异上。

负债是指过去的交易、事项形成的现时义务，履行该义务预期会导致经济利益流出企业。负债质量分析包括流动负债和非流动负债分析。

所有者权益是指企业资产扣除负债后由所有者享有的剩余权益。所有者权益可分为实收资本（或股本）、资本公积、盈余公积和未分配利润等部分。其中，盈余公积和未分配利润统称为留存收益。

讨论题

1. 什么是资产负债表？资产负债表的作用如何？其存在什么局限性？
2. 如何对资产负债表进行水平分析？
3. 如何对资产负债表进行结构分析？
4. 如何理解资产质量的概念？资产按照质量可以分成哪几类？
5. 货币资金的构成如何？如何对货币资金进行质量分析？
6. 如何理解金融资产的分类？如何对交易性金融资产进行质量分析？
7. 如何进行应收账款的确认？如何对应收账款和应收票据进行质量分析？
8. 如何理解存货的概念、构成？如何对存货进行质量分析？
9. 长期投资包括哪些内容？如何对长期投资进行质量分析？
10. 如何对固定资产、在建工程、无形资产进行质量分析？
11. 如何分析流动负债和非流动负债？
12. 简述所有者权益项目质量的分析要点。

业务题

请上网（http://finance.sina.com.cn）下载上市公司一汽轿车（000800）2013年资产负债表，与S公司2013年年报进行水平和结构的对比分析，比较S公司发展的优势和劣势。

案例分析

资产质量的相对性——白送企业要不要①

A外国投资者在B市找到了C企业。双方商定，由A和C共同出资500万美元，引进全套生产线，兴建一个合资企业（中方出资150万美元，外方出资350万美元），产品将以某外国品牌全部用于出口。同时，中方投资者为了表示对此项合作的诚意，决定将自己现有的已经拥有十余年历史的生产类似产品（全部用于国内销售）的D企业，无偿赠送给未来的合资企业。

A方的财务顾问在得知有关情况后认为，必须对D企业的财务状况进行审查。D企业的财务报表显示：资产总额1亿元，其中，应收账款0.4亿元，估计回收率为50%；负债为1.3亿元，所有者权益为-0.3亿元。对此，A方的财务顾问认为，D企业已经处于资不抵债状态，如果再考虑到应收账款50%的回收率所带来的坏账损失0.2亿元，D企业的净资产实际只有-0.5亿元。这就是说，如果接受D企业，即使C企业对合资企业再入资0.5亿元，其对合资企业的贡献也只是零。因此，A方不应接受这种"赠送"。

在得知A方财务顾问的意见后，C企业的负责人认为，D企业有多种增值因素：（1）企业的品牌在当地有一定声望，具有无形资产性质；（2）企业有自己的销售网络；（3）企业有自己的管理模式；（4）企业有与现有生产线相关的技术；（5）企业有房屋、建筑物和土地等资产，其价值将高于现有账面价值。

A方财务顾问认为，在上述所谓因素中，只有房屋、建筑物和土地等资产可以为未来的合资企业做出贡献，其他因素不可能为未来的合资企业做出贡献，因而不可能在未来的合资企业中"享受资产的待遇"。

问题探讨：

（1）是否可以根据资产公允价值与账面价值的差异来判断资产质量的好坏？

（2）根据你的独立判断，你认为A方财务顾问的观点是否正确？为什么？

（3）D企业现有的品牌、销售网络、管理模式、技术等因素是否依然具有一定的价值？

---

① 张新民，王秀丽.解读财务报表——案例分析方法[M].北京：对外经济贸易大学出版社，2003.

第4章

利润表分析

你必须能够读懂财务报表。但是，在美国，有95%的人看不懂财务报表，也分不清什么是资产，什么是负债。如果你想致富的话，必须要读懂金钱的语言，就像你如果从事计算机工作，必须要懂得计算机语言一样。

——罗伯特·T.清崎

学习目标

1. 了解利润表的作用、格式和编制方法；
2. 熟悉利润表列报的内容；
3. 掌握利润表的水平分析与结构分析；
4. 掌握利润表中营业收入的确认；
5. 掌握利润表中各项目的质量分析方法。

重点与难点

1. 收入、成本费用项目的分析；
2. 利润质量分析以及各指标的计算与分析。

引 言

1937年，麦当劳兄弟（Dick and Mac）在美国加州巴赛迪那（Pasadena）销售汉堡、热狗、奶昔等25种产品。1940年左右，他们做了简单的财务报表分析，意外地发现80%的生意竟然来自汉堡。虽然三明治或猪排等产品味道很好，但销售平平。麦当劳兄弟于是决定简化产品线，专攻低价且销售量大的产品。他们将产品由25种减少为9种，并将汉堡价格由30美分降低到15美分。从此之后，麦当劳的销售额及获利激增，为后来发展成世界级企业奠定了基础。

4.1　利润表分析的目的和内容

4.1.1　利润表分析的目的

利润表是反映企业在一定会计期间的经营成果的财务报表，是把一定期间的收入与其同一会计期间相关的成本费用进行配比，以计算出企业一定时期的净利润（或净亏损）。

利润表的列报必须充分反映企业经营业绩的主要来源和构成，有助于使用者判断净利润的质量及其风险，有助于使用者预测净利润的持续性，从而做出正确的决策。通过利润表，可以反映企业一定会计期间的收入实现情况，如实现的营业收入有多少，实现的投资收益有多少，实现的营业外收入有多少等；可以反映一定会计期间的费用耗费情况，如耗费的营业成本有多少，税金及附加有多少，销售费用、管理费用、财务费用各有多少，营业外支出有多少等；可以反映企业生产经营活动的成果，即净利润的实现情况，据以判断资本保值、增值情况。

利润额的高低及其发展趋势，是企业生存与发展的关键，也是企业投资者及其利益相关者关注的焦点，因此，利润表的编制与披露对信息使用者是至关重要的。具体地说，利润表分析的目的主要表现在以下几个方面：

（1）分析、评价、预测企业经营成果和获利能力。经营成果和获利能力都与"利润"紧密相关。经营成果（或经营业绩）指企业在其所控制的资源上取得的报酬（扣除理财成本、筹资成本等减项），它可直接体现为一定期间的利润总额；而获利能力则指企业运用一定的经济资源（如人力、物力）获取经营成果的能力，它可通过各种相对指标予以体现，如资产收益率、净资产收益率、成本收益率以及人均收益率等。通过当期利润表数据，可反映一个企业当期的经营成果和获利能力；通过比较和分析同一企业不同时期、不同企业同一时期的收益情况，可据以评价企业经营成果的好坏和获利能力的高低，预测未来的发展趋势。

（2）分析、评价、预测企业未来的现金流动状况。我们知道，报表使用者主要关注各种预期的现金来源、金额、时间及其不确定性。这些预期的现金流动与企业的获利能力具有密切的联系。美国财务会计准则委员会在《第1号财务会计概念公告——企业财务报告目标》（SFAC No.1）中指出："投资人、债权人、雇员、顾客和经理们对企业创造有利的现金流动能力具有共同的利益。"利润表揭示了企业过去的经营业绩及利润的来源、获利水平，同时，通过表格部分（收入、费用、利得和损失等）充分反映了它们之间的关系，可据以评价一个企业的产品收入、成本、费用变化对企业利润的影响。尽管过去的业绩不一定意味着未来的成功，但对一些重要的趋势可从中进行分析把握。如果过去的经营成果与未来的活动之间存在着相互联系，那么，由此即能可靠地预测未来现金流量及其不确定程度，评估未来的投资价值。

（3）分析、评价、预测企业的偿债能力。偿债能力是指企业以资产清偿债务的能力。利润表本身并不能直接提供关于偿债能力的信息，但企业的偿债能力不仅取决于资产的流动性和权益结构，也取决于企业的获利能力。获利能力不强，企业资产的流动性和权益结构必将逐步恶化，最终危及企业的偿债能力，陷入资不抵债的困境。因此，从长远看，债权人和管理人员通过比较、分析利润表的有关信息，可以间接地评价、预测企业的偿债能力，尤其是长期偿债能力，并揭示偿债能力的变化趋势，进而做出各种信贷决策和改进企业管理工作的决策。例如，债权人可据以决定维持、扩大或收缩现有信贷规模，并提出相应的信贷条件；管理者可据以找出偿债能力不强的原因，努力提高企业的偿债能力，改善企业的形象。

（4）评价、考核管理人员的绩效。企业实现利润的多少，是体现管理人员绩效的一个重要方面，是管理成功与否的重要体现。通过比较前后期利润表上各种收入、费用、成本及收益的增减变动情况，并分析发生差异的原因，可据以评价各职能部门和人员的业绩，以及他们的业绩与整个企业经营成果的关系，以便评判各管理部门的功过得失，及时做出生产、人事、销售等方面的调整，提出奖惩任免的建议。

（5）作为企业经营成果分配的重要依据。现代企业也可以看成是市场经济条件下，以法律、章程为规范而由若干合同（契约）结合的经济实体。究其实质，现代企业可理解为由不同利益集团组成的"结合体"。各项利益集团之所以贡献资源（资金、技术、劳动力等）或参与企业的活动，目的在于分享企业的经营成果。利润表直接反映企业的经营成果，在一定的经济政策、法律规定和企业分配制度的前提下，利润额的多少决定了各利益相关者的分享额，如国家税收收入、股东的股利、员工和管理人员的奖金等。

4.1.2 利润表分析的内容

1. 利润表主表分析

通过利润表主表分析主要是对利润额增减变动、利润结构增减变动及影响利润的收入与成本进行分析。

（1）利润额增减变动分析。通过对利润表的水平分析，从利润的形成角度，反映利润额的变动情况，揭示企业在利润形成过程中的管理业绩及存在的问题。

（2）利润结构变动分析。利润结构变动分析，主要是在对利润表进行垂直分析的基础上，揭示各项利润及成本费用与收入的关系，以反映企业各环节的利润构成及成本费用水平。

（3）企业收入分析。收入是影响利润的重要因素。企业收入分析的内容包括：收入的确认与计量分析；影响收入的价格因素与销量因素分析；企业收入的构成分析等。

（4）成本费用分析。成本费用分析包括产品销售成本分析和期间费用分析两部分。产品销售成本分析包括销售总成本分析和单位销售成本分析；期间费用分析包括销售费用分析和管理费用分析。

2. 利润表附表分析

利润表附表分析主要是对利润分配表及分部报表进行分析。

（1）利润分配表分析。通过利润分配表分析，反映企业利润分配的数量与结构变动，揭示企业在利润分配政策、会计政策以及国家有关法规变动方面对利润分配的影响。

（2）分部报表分析。通过对分部报表的分析，反映企业在不同行业、不同地区的经营状况和经营成果，为企业优化产业结构、进行战略调整指明方向。

3. 利润表附注分析

利润表附注分析主要是根据利润表附注及财务情况说明书等相关详细信息，分析说明企业利润表及附表中的重要项目的变动情况，深入揭示利润形成及分配变动的主观原因与客观原因。

4.2 利润表水平分析

4.2.1 比较利润表的编制

利润表通过一定的表格来反映企业的经营成果。由于不同的国家和地区对财务报表的信息要求不完全相同，因此利润表的结构也不完全相同。但目前比较普遍的利润表的结构有单步式利润表和多步式利润表两种格式。

1. 单步式利润表的结构和内容

单步式利润表是将本期所有的收入加总在一起，然后将所有的费用加总在一起，通过一次计算求出本期收益。单步式利润表分为收入、费用、净利润三部分。收入包括营业收入、投资收益、营业外收入等；费用包括生产商品支出、工资支出、利息支出、折旧支出、所得税支出等；净利润是两者之差。

单步式利润表对于收入和一切费用支出一视同仁，不分彼此先后。由于单步式利润表所表示的都是未经加工的原始资料，所以便于财务报表使用者理解。单步式利润表的格式见表 4-1。

表 4-1　　　　　　　　　　　　　单步式利润表

编制单位：　　　　　　　　　年　月　　　　　　　　　　　　　　单位：元

项　目	本月数	本年累计数
一、收入		
二、费用		
三、净利润		

2. 多步式利润表的结构和内容

多步式利润表通过对当期的收入、费用、支出项目按性质加以归纳，按利润形成的主要环节列示一些中间性利润指标，分步计算当期经营损益。多步式利润表的格式见表 4-2。

表 4-2　　　　　　　　　　　　　多步式利润表

编制单位：　　　　　　　　　年　月　　　　　　　　　　　　　　单位：元

项　目	本月数	本年累计数
一、营业收入		
二、营业利润		
三、利润总额		
四、净利润		
五、其他综合收益的税后净额		
六、综合收益总额		
七、每股收益		

多步式利润表的优点在于：便于对企业的生产经营状况进行分析，有利于不同企业之间的比较分析，更重要的是利用多步式利润表有利于预测企业今后的盈利能力。目前，我国企业会计准则规定采用多步式利润表（见表 4-3）。

表 4-3 　　　　　　　　　　　　　　**利润表** 　　　　　　　　　　　　会企 02 表

编制单位：S 公司 　　　　　　　　　　　2013 年度 　　　　　　　　　　　　单位：元

项　目	本期金额	上期金额
一、营业收入	18 585 566 506.07	17 811 015 046.41
减：营业成本	16 913 553 598.94	16 037 008 567.98
营业税金及附加	324 307 311.75	462 301 881.40
销售费用	2 455 261 031.10	2 030 113 918.46
管理费用	5 476 307 929.36	3 253 592 900.69
财务费用（收益以 "－" 号填列）	−867 846 131.13	−47 011 059.65
资产减值损失	1 000 054 396.16	143 473 592.06
加：公允价值变动收益（损失以 "－" 号填列）	—	—
投资收益（损失以 "－" 号填列）	23 938 728 772.77	20 714 177 723.04
二、营业利润（亏损以 "－" 号填列）	17 222 657 142.66	16 645 712 968.51
加：营业外收入	243 868 752.52	210 953 825.71
减：营业外支出	81 009 616.44	−130 543 494.67
三、利润总额（亏损总额以 "－" 号填列）	17 385 516 278.74	16 987 210 288.89
减：所得税费用	−31 988 639.94	−39 665 009.88
四、净利润（净亏损以 "－" 号填列）	17 417 504 918.68	17 026 875 298.77
五、其他综合收益的税后净额		
六、综合收益总额		
七、每股收益		

4.2.2 利润增减变动情况分析

1. 绝对额分析

将企业连续 5 年的利润表相关项目的绝对额进行对比，以查看这些项目的变化趋势。S 公司 2009—2013 年的相关项目金额见表 4-4。

表 4-4　　　　　　　　　　　　　　S 公司利润表绝对额趋势分析　　　　　　　　　　　　　　单位：元

项　目	2009 年	2010 年	2011 年	2012 年	2013 年
一、营业收入	11 794 683 808.42	18 833 430 245.49	15 852 597 646.60	17 811 015 046.41	18 585 566 506.07
减：营业成本	9 506 912 803.84	15 350 394 953.25	13 858 782 344.52	16 037 008 567.98	16 913 553 598.94
营业税金及附加	508 879 951.18	637 268 619.68	483 553 125.94	462 301 881.40	324 307 311.75
销售费用	970 495 842.63	1 782 969 038.25	892 881 242.58	2 030 113 918.46	2 455 261 031.10
管理费用	1 492 840 900.64	2 688 215 183.98	3 639 702 653.36	3 253 592 900.69	5 476 307 929.36
财务费用（收益以"-"号填列）	360 858 475.09	341 480 774.42	263 529 500.70	-47 011 059.65	-867 846 131.13
资产减值损失	539 313 105.97	552 155 000.00	226 312 200.00	143 473 592.06	1 000 054 396.16
加：公允价值变动收益（损失以"-"号填列）					
投资收益（损失以"-"号填列）	8 638 301 956.52	15394 546 001.48	19 011 292 440.74	20 714 177 723.04	23 938 728 772.77
二、营业利润（亏损以"-"号填列）	7 053 684 685.59	12 875 492 677.39	15 499 129 020.24	16 645 712 968.51	17 222 657 142.66
加：营业外收入	22 291 241.65	1 881 964.37	53 844 038.99	210 953 825.71	243 868 752.52
减：营业外支出	1 284 445.69	139 714 699.76	410 287.64	-130 543 494.67	81 009 616.44
三、利润总额（亏损总额以"-"号填列）	7 074 691 481.55	12 737 659 942.00	15 552 562 771.59	16 987 210 288.89	17 385 516 278.74
减：所得税费用	-33 813 732.06	-35 659 961.84	-37 606 995.76	-39 665 009.88	-31 988 639.94
四、净利润（净亏损以"-"号填列）	7 108 505 213.61	12 773 319 903.84	15 590 169 767.35	17 026 875 298.77	17 417 504 918.68
五、其他综合收益的税后净额					
六、综合收益总额					
七、每股收益					

将表 4-4 中相关数据反映在图形中，如图 4-1 和图 4-2 所示。

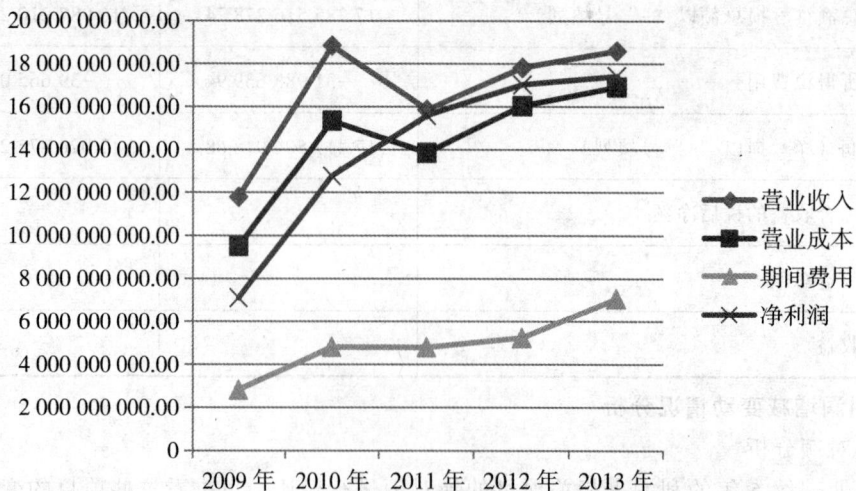

图 4-1　S 公司利润表绝对额趋势分析（单位：元）

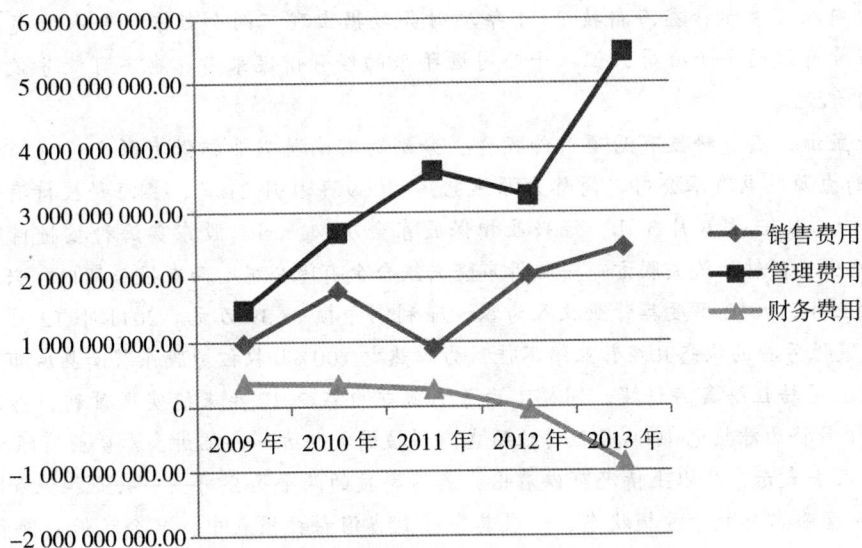

图 4-2　S 公司期间费用绝对额趋势分析（单位：元）

　　从表 4-4、图 4-1 和图 4-2 可见，5 年间 S 公司的营业规模总的来说呈现上升趋势，净利润一直保持上升趋势。但是 2011 年的营业收入、营业成本出现了下滑，之后又开始呈现上升趋势。管理费用和销售费用有较大波动，总的来说呈上升趋势，管理费用在 2013 年上升幅度最大。财务费用一直呈下降趋势。营业外收入、营业外支出这些非营业项目波动很大，且没有明显的上升或者下降的趋势。

【相关链接】

万好万家资产重组疑造假　净利润数据相差 50%

　　7 月 5 日，浙江万好万家实业股份有限公司（简称万好万家，股票代码 600576）公布了《重大资产置换及发行股份购买资产暨关联交易预案》（简称《交易预案》）。《交易预案》显示，公司置出截至评估基准日合法拥有的全部资产和负债，置入浩德投资、王文龙合计持有山东鑫海科技股份有限公司（简称鑫海科技）的全部股权。本次交易完成后，万好万家将持有鑫海科技全部股权，公司控股股东将变更为浩德投资，实际控制人将变更为自然人谢荣斌。

　　然而本网发现，鑫海科技在《交易预案》中公布的 2011 年的总资产、净资产、净利润与其此前公布的 2011 年审计后相应数据有较大出入，其中净利润更是相差 1.51 亿元。

　　本网查询鑫海科技信息发现，上海清算所于 2012 年 12 月发布的《山东省临沂市 2012 年度第一期区域集优中小企业集合票据募集说明书》显示，鑫海科技与山东绿润食品有限公司共同发行 2.8 亿元集合票据，其中鑫海科技发行 2 亿元。同时，上海清算所发布的《鑫海科技 2009 年至 2011 年审计报告》（简称《审计报告》）显示，鑫海科技 2011 年度财务数据如下：总资产为 22.80 亿元；股东权益合计为 7.9 亿元；营业收入为 45.36 亿元；净利润为 2.67 亿元。《交易预案》第 82 页中置入资产的财务概况显示，鑫海科技 2011 年度财务数据（合并数据）如下：总资产为 23.96 亿元，比《审计报告》中数据增加了 1.16 亿元；股东权益合计为 9.36 亿元，比《审计报告》中数据增加了 1.46 亿元；营业收入为 46.76 亿元，比《审计报告》中数据增加了 1.4 亿元；净利润为 4.18 亿元，比《审计报告》中数据增加了 1.51 亿元，增幅高达 56.55%。

　　有业内人士表示，鑫海科技 2011 年度财务数据出现"两个版本"令人匪夷所思，就算其旗下曾有过两个子公司，但从子公司近年来的经营情况来看，也不可能导致其净利润相差 1.51 亿元。

　　资料显示，鑫海科技有两项对外投资，分别为莒南县兴业担保有限公司（简称兴业担保）、莒南力源热电有限公司（简称力源热电）。2009 年 9 月 21 日，鑫海科技持有兴业担保 30%的股份，2013 年 6 月 3 日，经兴业担保股东会决议，同意股东鑫海科技将持有的公司 3 000 万元出资额转让给关联方——临沂市隆兴铁合金有限公司。而在报告期内，兴业担保无实际经营业务，2012 年度其营业收入为零，净利润亏损 -8.39 万元。2011 年 12 月，由于长期处于政策性亏损的状态且经营业绩不佳，力源热电 100%股权被原股东莒南县城市国有资产经营有限公司转让给鑫海科技。同样，由于力源热电在 2012 年未能实现盈利，鑫海科技于 2012 年 11 月将力源热电 100%股权转让给鑫海科技的关联方——临沂鑫泰矿业有限公司。

　　上述人士表示，从以上情况可以看出，鑫海科技的两个子公司——兴业担保和力源热电在 2011 年度基本都处于亏损状态，如果其合并到鑫海科技报表中，只会拉低鑫海科技 2011 年度净利润，更不可能会将鑫海科技 2011 年度净利润从《审计报告》中的 2.67 亿元猛然增加到《交易预案》中的 4.18 亿元，因此《交易预案》中鑫海科技 4.18 亿元净利润"水分"太大，有造假嫌疑，这样做的目的无非是"扮靓"拟注入资产数据以抬高收购价格。

　　资料来源　赵昀伟.万好万家资产重组疑造假　净利润数据相差 50%[EB/OL].[2013-07-05]. http: // stock.hexun.com/2013-07-05/155838732.html.

　　2. 环比分析

　　计算收入、费用、利润等相关项目相邻两期的变动百分比，以查看这些项目变动的方向和幅度，从而分析企业投资报酬和盈利能力的变动情况。S 公司各年间利润表相关项目的环比趋势见表 4-5。

表 4-5　　　　　　　　　　　　　S 公司利润表项目的环比趋势分析（%）

项　　目	2010年/2009年	2011年/2010年	2012年/2011年	2013年/2012年
一、营业收入	59.68	-15.83	12.35	4.35
减：营业成本	61.47	-9.72	15.72	5.47
营业税金及附加	25.23	-24.12	-4.39	-29.85
销售费用	83.72	-49.92	127.37	20.94
管理费用	80.07	35.39	-10.61	68.32
财务费用（收益以"-"号填列）	-5.37	-22.83	-117.84	1746.05
资产减值损失	2.38	-59.01	-36.60	597.03
加：公允价值变动收益（损失以"-"号填列）				
投资收益（损失以"-"号填列）	78.21	23.49	8.96	15.57
二、营业利润（亏损以"-"号填列）	82.54	20.38	7.40	3.47
加：营业外收入	-91.56	2761.06	291.79	15.60
减：营业外支出	10 777.43	-99.71	-31 917.55	-162.06
三、利润总额（亏损总额以"-"号填列）	80.05	22.10	9.22	2.34
减：所得税费用	5.46	5.46	5.47	-19.35
四、净利润（净亏损以"-"号填列）	79.69	22.05	9.22	2.29
五、其他综合收益的税后净额				
六、综合收益总额				
七、每股收益				

由表 4-5 可见，2010 年与 2009 年相比，经营情况出现了小幅增长。营业收入增长了 59.68%，投资收益增长了 78.21%，使得营业利润增长了 82.54%。在收入增长的同时，费用也大幅增长了，其中销售费用、管理费用的上升幅度都超过了营业收入的增长幅度。2010 年的营业外收入有所下降，但营业外支出却增长 10 777.43%。这样大幅度的增长需要进一步查明原因。利润总额增长 80.05%，净利润增长 79.69%，增长态势明显。

2011 年与 2010 年相比，经营情况出现了较大变化。营业收入下降了 15.83%，除了管理费用以外，各项费用也随之下降，营业成本下降了 9.72%，下降幅度小于营业收入的下降幅度，说明需要加强成本的控制。营业税金及附加、销售费用、财务费用、资产减值损失的下降幅度都超过营业收入的下降幅度，同时投资收益上升了 23.49%，使得营业利润维持增长，但是增长幅度明显降低。营业外收入出现了巨大增长，增长了 2 761.06%，且营业外支出减少 99.71%，使得利润总额增长 22.10%，净利润增长 22.05%。究竟是什么原因造成营业外收入的巨幅上升，需进一步查明原因。

2012 年与 2011 年相比，收入情况有所好转。营业收入增长了 12.35%，相应的营业成本增长了 15.72%，营业税金及附加、管理费用、财务费用都出现了下降，其中财务费用下降明显，下降了 117.84%，由表 4-4 可以看出财务费用为负，但是，销售费用增长了 127.37%，增长幅度明显超过营业收入的增长幅度，使得营业利润仅增长了 7.40%。营业外收入增长了 291.79%，营业外支出减少了 31 917.55%，由表 4-4 可知，营业外支出为负数，使得 2012 年 S 公司的利润总额和净利润都增长了 9.22%。营业外支出的巨幅变化需进一步查明原因。

2013 年与 2012 年相比，经营情况变化较小。营业收入仅增长了 4.35%，投资收益增长了 15.57%，营业利润增长了 3.47%。在收入增长的同时，销售费用、管理费用分别增长了 20.94%、68.32%，上升幅度都明显超过了营业收入的增长幅度。由表 4-4 可知，财务费用仍为负，且减少了 1 746.05%。资产减值损失增长了 597.03%，增幅明显。这样大幅度的增长需要进一步查明原因。2013 年的营业外收入略有增长，但营业外支出变化显著，由负变为正，使得利润总额仅增长了 2.34%，净利润增长 2.29%，增长幅度很小。

从总的趋势来看，S 公司的经营规模是呈上升趋势的，除了 2011 年外，各年的收入、利润项目都在增长，但是增长的幅度却在逐年减少。

3. 定基分析

定基分析就是选定一个固定的期间作为基期，计算各分析期的收入、费用、利润等相关项目与基期相比的百分比。这种分析不仅能看出相邻两期的变化方向和幅度，还可以看出一个较长期间的总体变化趋势，便于进行较长期间的趋势分析。

S 公司 2009—2013 年利润表相关项目的定基趋势见表 4-6。

从表 4-6 中可以清楚地看出 2009—2013 年 S 公司利润表相关项目的变化趋势。2010—2013 年营业收入、投资收益、营业利润、利润总额、净利润较基期都呈上升趋势。从 2011 年起，营业收入较基期虽保持增长，但是增长幅度却低于 2010 年的增长幅度。除了 2011 年，销售费用、管理费用较基期都呈增长趋势且增长幅度均超过营业收入的增长幅度，说明需加强费用的管理。财务费用与基期相比，出现连续下降的趋势。营业外收入、营业外支出波动很大，较基期相比也变化显著，营业外收入除 2010 年外，与基期相比，增长巨大且保持增长趋势，分别达到 2009 年的 2.42、9.46、10.94 倍，营业外支出与基期比较，变化也十分明显，2010 年、2013 年分别为基期的 108.77 倍、63.07 倍，这样的大幅增长需进一步查明原因。

表 4-6　　　　　　　　　　　利润表项目的定基趋势分析（%）

项 目	2009年（基	2010年	2011年	2012年	2013年
一、营业收入	100.00	159.68	134.40	151.01	157.58
减：营业成本	100.00	161.47	145.78	168.69	177.91
营业税金及附加	100.00	125.23	95.02	90.85	63.73
销售费用	100.00	183.72	92.00	209.18	252.99
管理费用	100.00	180.07	243.81	217.95	366.84
财务费用（收益以"-"号填列）	100.00	94.63	73.03	-13.03	-240.49
资产减值损失	100.00	102.38	41.96	26.60	185.43
加：公允价值变动收益（损失以"-"号填列）					
投资收益（损失以"-"号填列）	100.00	178.21	220.08	239.79	277.12
二、营业利润（亏损以"-"号填列）	100.00	182.54	219.73	235.99	244.17
加：营业外收入	100.00	8.44	241.55	946.35	1 094.01
减：营业外支出	100.00	10 877.43	31.94	-10 163.41	6 306.97
三、利润总额（亏损总额以"-"号填列）	100.00	180.05	219.83	240.11	245.74
减：所得税费用	100.00	105.46	111.22	117.30	94.60
四、净利润（净亏损以"-"号填列）	100.00	179.69	219.32	239.53	245.02
五、其他综合收益的税后净额					
六、综合收益总额					
七、每股收益					

【相关链接】

华菱星马突现巨亏　管理层持股公司高位套现

三季报尚盈利 1.05 亿元，全年业绩却预亏 2.8 亿元至 3.8 亿元，华菱星马（600375）上周末发布的预亏公告，犹如在中小投资者中引爆了一颗地雷。与中小股东惶恐相对的是，公司重要股东第四季度频频减持，其中管理层持股企业、第三大股东星马创投更是于 12 月中上旬高位清空 3 400 万股无限售股，持股比例由 6.93% 下降到不足 1%，并退出公司前十大股东。

值得注意的是，华菱星马第二大股东、学者富豪史正富已于去年三季报发布同日递交了辞职报告。在业绩承压、股权分散的情况下，加之国资国企改革持续落地，华菱星马后续如何进行经营管理和资本运作，值得市场关注。

2014 年四季度业绩突变

1 月 17 日，主营重卡及专用汽车的华菱星马公告预计 2014 年度经营业绩将出现亏损，实现归属于上市公司股东的净利润为亏损 2.8 亿元到 3.8 亿元。

消息一出，雪球、股吧等论坛上的众多投资者大呼突然。此前，2014 年 10 月底发布的三季报显示，华菱星马 1—9 月实现营业收入 40.81 亿元，净利润为 1.05 亿元，同比下降 47.69%；三季度扣除非经常性损益后的净利润仍有 9 336.64 万元。

华菱星马表示，国内经济结构调整，房地产、固定资产、基础设施建设等投资放缓，"国Ⅲ"转"国Ⅳ"和信贷收缩政策等因素的影响，造成公司产品需求下滑。资料显示，华菱星马 2012 年度、2013 年度营业收入分别为 44.75 亿元和 65.61 亿元；归属于上市公司股东的净利润分别为 1.68 亿元和 2.47 亿元。

对于四季度业绩骤降的原因，华菱星马在公告中解释称：公司产品 2014 年度销售量较上年下滑约 30%，尤其在第四季度出于维护销售渠道和促进销售的需要，公司增加了产品促销力度，合计影响利润总额约 2 亿元；计提坏账准备对公司利润的影响约 2 亿元，其中四季度针对矿用自卸车产品的客户个别计提坏账准备约 1.5 亿元，对其他客户新增计提坏账准备 5 000 万元。此外，募投项目投产新增折旧费用约 6 000 万元，新增广告费用支出 4 000 万元，政府补助同比 2013 年减少 4 251.12 万元，这些都是影响 2014 年度利润的重要原因。

"重卡和专用车行业大趋势的确不好，但华菱星马的业绩仍低于预期。"一位上海的分析师向证券时报记者表示，2014 年国内重型卡车累计产销 74.75 万辆和 74.40 万辆，同比分别下降 1.73% 和 3.89%，其中东风、重汽等第一梯队的企业包揽了八成的销量，让身在第二梯队的华菱星马"压力山大"。

同花顺 iFind 数据显示，近 6 个月里，共有 8 家机构对华菱星马做出评级，其中 6 家给予"增持"，2 家维持"买入"评级，平均预测公司 2014 年的每股收益为 0.41 元。

在中小投资者层面上，突如其来的亏损则引发了华菱星马"业绩洗澡"、"甩包袱轻装上阵"的猜测。此前 2011 年，星马汽车通过向星马创投、安徽省投资集团等股东定向增发购买华菱汽车股权。根据当时的业绩承诺，华菱汽车在 2011 年度、2012 年度和 2013 年度的预测净利润分别为 2.22 亿元、2.38 亿元和 2.49 亿元，不足部分将由星马创投交易方等以现金方式补齐。

有私募人士向证券时报记者表示，坏账计提是上市公司调控业绩的常用手段，从以往经验看，确有上市公司为弥补此前几年的虚增业绩或后期公司混合所有制改造、管理层收购等铺路的情况存在。

对此，华菱星马相关负责人接受记者采访时称，公司对工程车辆产品依赖度较高，影响较其他重卡上市公司更为明显，其中矿山自卸车等产品因下游煤矿停工等因素已出现了较多的贷款逾期情况，计提较高的坏账准备金出于谨慎性考虑。他同时称，公司自产发动机配套情况低于原定产销 8 000～10 000 台的目标，也是拖累业绩的主要因素。

星马创投几乎清仓

随着增发和前次资产重组时有限售条件股陆续解禁上市，华菱星马近半年来屡遭重要股东减持。华菱星马 2014 年 12 月 4 日、16 日分别公告，公司第三大股东星马创投、第四大股东安徽省投资集团分别通过大宗交易减持 1 500 万股和 520 万股股票，均成为持股 5% 以下股东，其中星马创投的成交价格为 12.67 元/股。

证券时报记者查询上海证券交易所大宗交易系统后发现，星马创投于去年 12 月 11 日再度大幅减持华菱星马：长江证券合肥长江西路证券营业部于当日分 4 次卖出 1 900 万股华菱星马股份，成交价格均为 12.67 元/股；卖出营业部及卖出价格均与 12 月 3 日大宗交易信息完全相同。

值得注意的是，星马创投是华菱星马董事长刘汉如等 142 位星马集团及下属企业员工（包括董事和高级管理人员）联合出资成立的员工持股公司。去年三季报时，星马创投共持有 3 852.69 万股华菱星马股份，为公司第三大股东；此外，星马创投还持有华菱星马控股股东星马集团 19%股权和华神建材 1%股权（星马集团持有华神建材 99%的股份），是华菱星马的关联方。

也就是说，去年 12 月接连两次减持后，星马创投所持上市公司股权仅剩不到 452 万股，持股比例由原来的 6.93%下降到不足 1%。考虑到星马创投仍有 432.46 万股有条件限售股在 2015 年 7 月才能解禁，也就是说，星马创投目前持有的无条件限售股几乎出清。

另一个微妙的变化则是，在星马创投抛售上市公司股权附近几天，星马创投也退出了华神建材和星马集团。通过安徽省工商行政管理局网站查询可知，华神建材和星马集团分别在去年的 12 月 11 日和 12 月 16 日办理了股东、发起人（出资情况）变更，变更后华神建材由星马集团全资持有，而星马创投也不再持有星马集团的股东权益。

证券时报记者向华菱星马相关负责人求证获悉，星马创投确在 12 月集中出售了 3 400 万股上市公司股份。上述负责人表示，星马创投成立已有多年，发起设立的自然人股东不少也面临着退休，将上市公司股权折现是对星马创投各自然人股东的正常回报。

股权格局变化引猜想

证券时报记者发现，去年第四季度多家重要股东减持股份后，华菱星马现有的股东格局已发生重要变化。10 月，控股股东星马集团减持 550 万股，合计持有的上市公司股权降至 14.71%；第四大股东安徽省投资集团于 12 月减持 520 万股，持股比例降至 4.93%；第三大股东星马创投已几近退出，第二大股东史正富也于 2014 年 10 月 31 日递交了辞职报告，退出董事会。

此前 2010 年，史正富、安徽省投资集团曾做出一致行动声明，在作为公司股东期间将一直保持与星马集团的一致行动，但三方并未缔结一致行动关系，无减持和转让限制。目前史正富仍持有华菱星马 8.74%的股权，持股数量为 5229.71 万股，其中剩余的 587 万股将于 2015 年 7 月解除限售。

华菱星马相关负责人称，二股东史正富辞去公司董事职务是因为"近年来专注于学术研究"，史正富仍是星马集团参股股东之一。上述负责人承认，股权相对松散将会为公司治理带来一定的难度，并表示国有企业混改风潮下，公司也有可能顺势推出相应的改革举措。

但更迫在眉睫的是华菱星马的债市融资计划。华菱星马去年 10 月底公告，公司拟发行 15 亿元的公司债，用于补充公司营运资金、偿还公司债务，改善公司财务结构。

根据我国公司债发行"最近 3 个会计年度实现的年均可分配利润不少于公司债券 1 年的利息"的要求，2014 年度的亏损除了将为华菱星马的信用评级带来负面影响外，债市发行利率的逐步攀升也可能制约公司的融资。回顾近期发行公司债的福星股份、贵人鸟等，债券票面利率分别为 7.5%和 6.80%，融资成本仍相对较高。

资料来源　林淼.华菱星马突现巨亏　管理层持股公司高位套现[N].证券时报，2015-01-19.

4.3　利润表结构分析

利润表结构分析就是将相关收入、费用和利润项目金额与相应的合计金额或特定的项目金额进行对比，以查看这些项目的结构，从而洞悉企业盈利能力的一种分析方法。

企业的利润表结构是指构成企业利润的各种不同性质的项目有机搭配比例。从质的方面来理解，表现为企业的利润是由什么样的利润项目组成的，不同的利润项目对企业盈利能力的评价有极不相同的作用和影响。从量的方面来理解，表现为不同的利润占总利润的比重，不同的利润比重对企业盈利能力的作用和影响程度也不相同。所以，在利润表结构分析中，不仅要认识不同的收入、费用项目对企业利润影响的性质，而且要掌握它各自的影响程度。企业利润表中的利润一般都是通过收入与支出的配比计算出来的。所以，分析利润表结构，既要分析利润表收支结构，也要分析其利润结构。利润表结构分析常常采用共同比利润表分析。

4.3.1　共同比利润表的编制

共同比报表分析又称垂直分析。共同比利润表分析的具体方法为：利润表中的所有项目用营业收入的百分比来表示。

由于营业收入相对于投资收益、营业外收入来说更具有稳定性和可持续性，因此通过其他各项收入占营业收入的百分比可以看出企业盈利能力的稳定性和可持续性。

营业收入只有弥补了各项费用之后才能为企业带来利润，因此通过各项费用占营业收入的百分比可以看出企业各项费用的相对高低，从而洞悉影响企业盈利能力的症结或找到提高企业盈利能力的关键。

营业利润是企业利润的主要源泉，因此通过各项利润占营业收入的百分比可以看出企业营业收入的盈利能力，即主营业务为企业带来的盈利空间。

综上所述，利润表结构分析中所关注的结构主要指各项收入、费用和利润占营业收入的百分比。

利润表的结构分析还可以结合趋势分析，查看各种结构在连续几个期间的变化。

S 公司的共同比利润表见表 4-7。

从表 4-7 可以很容易看出 S 公司收支结构中的两个特点：一是营业成本和管理费用比重太高；二是投资收益在利润构成中占了很大的比例。S 公司 2009—2013 年的营业成本和管理费用比例之和分别为 93.26%、95.78%、110.38%、108.31% 和 120.47%，从这些合计数可以看出，S 公司的主营业务盈利质量并不高，盈利空间很小，营业收入甚至不能弥补成本和各项费用之和，只能靠别的利润收入弥补主营业务的亏损，这使得其他项目的变动极易导致利润的剧烈波动，这说明公司的主营业务盈利能力和成长性都不高。值得强调的是，S 公司 2009—2013 年营业成本的比例分别为 80.60%、81.51%、87.42%、90.04% 和 91.00%，呈逐年增加的趋势，而且从 2012 年起达到 90% 以上，可以看出，S 公司的营业成本比重过高，因此需要加强对成本的控制。S 公司之所以连续赢利，投资收益起了很大的作用，每一年份的投资收益都超过了营业收入的一半，尤其是从 2011 年起，投资收益超过了营业收入，分别为营业收入的 119.93%、116.30% 和 128.80%。这样的盈利结构不禁让人怀疑 S 公司是否荒废了主业的经营或者是准备转行，针对存在的问题需要进一步加以分析。

表 4-7 　　　　　　　　　　　　S 公司共同比利润表（%）

项　目	2009 年	2010 年	2011 年	2012 年	2013 年
一、营业收入	100	100	100	100	100
减：营业成本	80.60	81.51	87.42	90.04	91.00
营业税金及附加	4.31	3.38	3.05	2.60	1.74
销售费用	8.23	9.47	5.63	11.40	13.21
管理费用	12.66	14.27	22.96	18.27	29.47
财务费用（收益以"-"号填列）	3.06	1.81	1.66	-0.26	-4.67
资产减值损失	4.57	2.93	1.43	0.81	5.38
加：公允价值变动收益（损失以"-"号填列）					
投资收益（损失以"-"号填列）	73.24	81.74	119.93	116.3	128.80
二、营业利润（亏损以"-"号填列）	59.8	68.37	97.77	93.46	92.67
加：营业外收入	0.19	0.01	0.34	1.18	1.31
减：营业外支出	0.01	0.74	0.00	-0.73	0.44
三、利润总额（亏损总额以"-"号填列）	59.98	67.63	98.11	95.37	93.54
减：所得税费用	-0.29	-0.19	-0.24	-0.22	-0.17
四、净利润（净亏损以"-"号填列）	60.27	67.82	98.34	95.60	93.72
五、其他综合收益的税后净额					
六、综合收益总额					
七、每股收益					

4.3.2　利润构成及其变动情况分析

利润是企业一定时期生产经营活动的最终成果。根据新准则的利润表构成，企业利润由营业利润和营业外收支净额两大部分组成，将投资收益归入了营业利润。不同的利润来源及各自在利润总额中所占比重，往往能反映出企业不同的经营业绩和经营风险。

对利润构成进行分析，不仅有利于管理者看到自身取得的成绩，更重要的是让管理者发现企业存在的问题，并找到问题的根源，在此基础上加强企业筹资、投资、营运资金、营销活动的管理，真正做到从各个环节降低成本，化解风险，提高利润，实现企业价值最大化。

1. 利润构成对盈利内在品质影响的分析

利润构成分析的内容之一就是分析企业总利润中各种利润所占的比重。分析利润构成是为了对企业的盈利水平、盈利的稳定性和持续性等做出评价。一般来说，企业的利润总额可以揭示企业当期盈利的总规模，但是它不能表明这一总盈利是怎样形成的，或者说它不能揭示企业盈利的内在品质。企业盈利的内在品质就是指盈利的趋高性、可靠性、稳定性和持久性。只有通过利润构成分析，才能得出这方面的信息。

（1）利润构成对盈利水平的影响

盈利水平可用利润总额来反映，有时也可用利润率来反映，它与利润构成存在着内在联系。企业不同的业务有不同的盈利水平，一般情况下营业活动是形成企业利润的主要因素，它对企业盈利水平的高低起决定性的作用。企业一定时期的营业活动越扩展，营业利润占总利润比重越高，企业盈利水平也会越高。

（2）利润构成对盈利稳定性的影响

盈利稳定性是指企业盈利水平变动的基本态势。盈利水平可以说是企业的收益率，盈利稳定性则表明企业盈利的风险。如果企业盈利水平很高，但缺乏稳定性，这也是一种不好的经营状况。盈利的稳定性可以有两种理解：一种理解是企业盈利水平上下波动的幅度较小，企业盈利稳定；另一种理解是企业盈利水平向下波动的幅度小，向上波动的幅度很大，也说明企业盈利稳定。在现实中，一般是按第二种理解来解释盈利的稳定性。一个企业在一定盈利水平的基础上，盈利水平不断上扬，应是企业盈利稳定性的现实表现。盈利的稳定性首先取决于收支结构的稳定性。当收入和支出同方向变动时，只有收入增速不低于支出增速，或者收入降幅不超过支出降幅，盈利才具备稳定性；当收入和支出反方向变动时，收入增长而支出下降，盈利稳定，反之则不稳定。

由于企业一般会力求保持营业利润稳定，企业营业利润的变动性相对于非营业利润来说较小。企业营业利润所占的比重，可以反映出企业盈利稳定性的强弱。

（3）利润构成对盈利持续性的影响

盈利持续性是指从长期来看，盈利水平能保持目前的变动趋势。

盈利的稳定性与持续性的区别是，盈利的持续性是指目前的盈利水平能较长时间地保持下去，而盈利的稳定性是指盈利在持续时不发生较大的向下波动。可见，盈利的持续性是指总发展趋势，而盈利的稳定性是总发展趋势中的波动性。

企业利润构成对盈利的持续性有很大的影响。企业的业务一般可分为长久性部分和临时性部分。长久性的业务是企业设立、存在和发展的基础，企业正是靠它们才能保持盈利水平持久；临时性的业务是由市场或企业经营的突然变动或突发事件所引起的，由此产生的利润也不会持久。长久性的业务主要包括企业的主营业务，所以企业营业利润比重越大，企业盈利水平持续下去的可能性越强。

2.S 公司的利润构成分析

表 4-8 为 S 公司的利润总额构成分析表。

表 4-8　　　　　　　　　　S 公司利润总额构成分析表（%）

项　　目	2009 年	2010 年	2011 年	2012 年	2013 年
营业利润	99.70	101.08	99.66	97.99	99.06
其中：投资收益	122.10	120.86	122.24	121.94	137.69
营业外收支净额	0.30	-1.08	0.34	2.01	0.94
利润总额	100	100	100	100	100

　　从表 4-8 可见，S 公司的利润总额基本上是由营业利润构成的，营业外收支净额对利润总额的影响除了 2012 年达到 2.01%外，其他年份的影响都非常微小，在±1%左右。在这里我们要进一步分析 2010 年营业外收支净额为负数的原因，如果主要是由固定资产盘亏、企业经营中因违约支付赔偿金和违约金造成的，那么，管理者应采取相应措施，加强管理，杜绝不必要的损失发生。

　　从表 4-8 还可以看出一个问题，投资收益对利润总额的影响太大，在 2009—2013 年的 5 个年份中，投资收益都超过了利润总额，这说明这 5 年内主营业务都是亏损的。

　　投资收益是一种间接获得的收益。投资是通过让渡企业部分资产而换取的另一项资产，即通过其他单位使用投资人投入的资产所创造的效益后分配所得的，或通过投资改善贸易关系等手段达到获取利益的目的。正是由于对外投资这种间接获取收益的特点，其投资收益的高低及其真实性不易控制。

　　当一个企业的投资收益成为利润主要来源时，则意味着企业潜伏着较大风险，因为企业花费主要人力、财力、物力去精心经营的主业，其取得的利润还不高于对外投资取得的收益，甚至是亏损的，这是值得企业深思的问题。S 公司的投资收益占利润总额的比重如此之大，意味着该公司在自己行业中的处境不妙，值得重视。

【相关链接】

金龙汽车"不务正业"沉迷理财产品 上半年委托理财交易 28 亿元

　　A 股整车制造上市公司中，不乏把大量货币资金用于购买银行理财产品的车企。只是一边收缩技术研发的费用，一边投入大量资金用于理财，这样的企业着实不多，金龙汽车便是这样的个别企业中的一家。

　　记者从金龙汽车刚刚发布的 2014 年半年报中了解到，委托理财一项中，目前，公司涉及的委托理财发生额共计 36 亿元。其中，2014 年上半年公司购买理财产品的累计发生额为 28 亿元，而公司的货币资金期末余额仅为 24.38 亿元。

　　追溯过往，2012 年，公司便投入 20.9 亿元用于购买理财产品，2013 年，公司的委托理财发生额达到了 66.5 亿元。"这是典型的上市公司不务正业，大量货币资金投入银行理财产品，也反映了公司主业乏力。"有不愿具名的保荐代表人在接受《证券日报》记者采访时表示。

　　的确，一头扎进副业理财产品的同时，公司的主业客车生产及销售近几年表现并不理想，2014 年上半年公司的营业收入同比减少 6.81%。再看 2013 年，如果没有非经常性损益，金龙汽车净利润同比仅增加 0.39%，政府 1.5 亿元的输血起到了举足轻重的作用。

　　与委托理财金额水涨船高形成鲜明对比的是公司研发支出的萎缩。公司 2013 年的研发支出同比下滑 4.46%，2014 年上半年更是下滑了 29.19%，接近三成。公司经营活动产生的现金流量净额也在 2014 年上半年直接下滑至-26 亿元。

　　"很明显，公司主业造血能力不足。在客车市场增速下滑的大背景下，研发的收缩会延缓新产品的开发进度，进而影响主业的盈利能力。"上述人士表示，上市公司可以购买一些收益较好的理财产品，然而，对于公司的长远发展来说，副业是用来"锦上添花"的，大量资金投入理财不可取。

大量资金投入委托理财

　　如此大额的资金用于银行理财产品，这让金龙汽车格外引人注目。翻阅公司多年年报，在 2011 年年报中，金龙汽车表示，当年公司无委托理财情况。从 2012 年开始，"委托理财"便频繁地出现在公司的财报中。

金杯汽车 2012 年年报显示，在"委托理财情况"一项中，公司多与交通银行、光大银行、广发银行等合作，委托理财日期多为一个月或半年时间，委托理财金额合计 20.9 亿元。截至 2012 年 12 月 31 日，公司的委托理财实际获得收益为 513 万元。而公司的货币资金期末数为 44.5 亿元。可见，用于购买理财产品的资金占货币资金的比例不小。

不过，与 2013 年的累计发生额 66.5 亿元相比，2012 年的累计发生额 20.9 亿元显然就没那么抢眼了！在委托理财一项中，2013 年，公司的委托理财发生额为 66.5 亿元，实际产生收益 3 934 万元。委托理财日期多为半年或三个月时间，部分甚至仅有一周时间，涉及松柏农行、交通银行、厦门银行等多家银行。

公司在 2013 年年报中足足用了四页纸来描述委托理财的具体明细。报告期内，公司委托理财产品收益影响归属于母公司股东的净利润为 1 280 万元。

金龙汽车提到，截至 2013 年年底，公司货币资金的余额为 75.31 亿元。且不说公司到底拿出了多少货币资金用于理财，单单 66.5 亿元的委托理财发生额也足以让人惊诧了！

金杯汽车在 2012 年、2013 年年报中提到，委托理财合作方与公司均非关联交易，资金来源亦非募集资金，无须计提减值准备金，未涉及诉讼事项，无逾期未收回的本金和收益。

"也有上市公司利用募集资金购买银行理财产品，对于用于财务性投资的资金究竟是上市公司的自有资金还是募集资金，这个很难去鉴定，即使是监管机构也很难去辨别。"上述保荐代表人表示。

主业盈利不稳定

"上市公司热衷理财不务正业，可以反映出公司主业不给力，或者公司缺少好的投资项目，否则公司也不会把大量的资金投入到理财产品中。"上述人士表示。

不巧，就在公司一头扎进理财产品中的 2012 年，公司同年的净利润同比下滑。虽然营业收入在 2012 年仍然实现了同比 1.27% 的增长，但是，公司实现归属于上市公司股东的净利润同比下滑 18.6%，扣除非经常性损益之后的净利润同比下滑幅度达到了 35.81%。2012 年的金龙汽车很明显，增收不增利。

进入 2013 年，公司全年共销售各型客车 78677 辆，同比增长 6.9%；实现营业收入 208.12 亿元，同比增加 8.57%，净利润 2.3 亿元，同比增加 9.48%。单看这几组数据，这份成绩单还是不错的。

不过，扣除非经常性损益之后，公司的净利润为 1.3 亿元，同比仅增加 0.39%。可见，没有主营业务之外的收入，公司的净利润增幅明显收窄了许多。其中，非经常性损益项目中，计入当期的政府补助高达 1.5 亿元。可见，政府输血对金龙汽车 2013 年的业绩起到了举足轻重的作用。

公司 2014 年半年报显示，报告期内公司共销售各型客车 40 143 辆，同比增长 9.1%；实现营业收入 92.24 亿元，同比减少 6.81%；实现归属于母公司股东的净利润 7 958 万元，同比增长 25.54%。

其中，计入当期损益的政府补助金额为 3600 万元。因银行理财产品收益增加，公司本期的投资收益为 3 005 万元，较上年同期增加 68.58%。

在主营业务——大、中、轻型客车的生产和销售盈利极其不稳定之时，银行的理财产品收益确实让公司业绩靓丽不少，不过，银行理财毕竟不是公司的主业，大量资金投入理财产品，公司自然就降低了在主业上的投入。

上半年研发支出下滑近三成

金龙汽车 2014 年半年报显示，公司上半年投入的研发支出为 1.57 亿元，同比下滑 29.19%。其实，从 2013 年开始，公司已经缩减了研发支出。2013 年公司的研发支出为 3.9 亿元，同比下滑 4.46%，占公司营业收入的比重为 1.87%。

而在 2012 年，公司投入了 4.08 亿元，与 2011 年的 3.3 亿元相比，增加了 23.87%，研发支出总额占营业收入的比例为 2.13%。

研发支出下滑的同时，主业的不给力也导致金杯汽车经营活动产生的现金流量净额逐年下滑。2012 年，公司经营活动产生的现金流量净额高达 9.3 亿元。2013 年，该金额为 7 亿元，同比下滑 24%。

2014 年上半年，受收入减少及票据的集中到期支付影响，经营活动现金流入少于经营活动现金流出，公司经营活动产生的现金流量净额直接下滑至 -26 亿元，直接进入 "负"时代，同比下滑 137%。

"公司主业明显造血能力不足，如果在此基础上，把更多精力用于副业理财，不利于公司的长远发展。"上述保荐代表人告诉记者。

资料来源　胡仁芳.金龙汽车"不务正业"沉迷理财产品　上半年委托理财交易 28 亿元[N].证券日报，2014-08-26.

4.4　利润表项目分析

4.4.1　营业收入分析

收入是指企业在日常活动中形成的、会导致所有者权益增加的、与所有者投入资本无关的经济利益的总流入。其中，日常活动是指企业为完成其经营目标所从事的经常性活动以及与之相关的其他活动。因此，这里的收入通常就是指营业收入。

营业收入可以有不同的分类。按照企业从事日常活动的重要性，可将营业收入分为主营业务收入和其他业务收入；按照企业从事日常活动的性质，可将营业收入分为销售商品收入、提供劳务收入、让渡资产使用权收入、建造合同收入等。

1. 主营业务收入分析

主营业务收入是指企业为完成其经营目标从事的经常性活动实现的收入，通常包括销售商品收入、提供劳务收入、让渡资产使用权收入、建造合同收入等。

（1）销售商品收入

销售商品收入只有同时满足以下条件时，才能加以确认：

①企业已将商品所有权上的主要风险和报酬转移给购货方。商品所有权上的主要风险和报酬转移给购货方，是指与商品所有权有关的主要风险和报酬同时转移。如果一项商品发生的任何损失均不需要销货方承担，带来的经济利益也不归销货方所有，则意味着该商品所有权上的风险和报酬已从该销货方转出。

②企业既没有保留通常与所有权相联系的继续管理权，也没有对售出的商品实施有效

控制。对售出的商品实施继续管理，既可能缘于仍拥有商品的所有权，也可能与商品的所有权没有关系。如果商品售出后企业仍保留与该商品的所有权相联系的继续管理权，则说明此项销售商品交易没有完成，销售不能成立，不能确认收入。同样，如果商品售出后企业仍可以对售出的商品实施有效控制，也说明此项销售没有完成，不能确认收入。

③收入的金额能够可靠地计量。收入的金额能否可靠地计量，是确认收入的基本前提。企业在销售商品时，售价通常已经确定，但销售过程中由于某种不确定因素，也有可能出现售价变动的情况，则新的售价未确定前不应确认收入。

④相关的经济利益很可能流入企业。在销售商品的交易中，相关的经济利益主要表现为销售商品的价款。销售商品的价款能否有把握收回，是收入确认的一个重要条件。

⑤相关的已发生或将发生的成本能够可靠地计量。根据收入和费用配比原则，与同一项销售有关的收入和成本应在同一会计期间予以确认。成本不能可靠地计量，相关的收入也不能确认。如已收到价款，收到的价款应确认为一项负债。

（2）提供劳务收入

企业在资产负债表日提供劳务交易的结果能够可靠估计的，应当采用完工百分比法确认提供劳务收入。完工百分比法是指按照提供劳务交易的完工进度确认收入与费用的方法。

如同时满足下列条件，则表明提供劳务交易的结果能够可靠地估计：①收入的金额能够可靠地计量；②相关的经济利益很可能流入企业；③交易的完工进度能够可靠地确定；④交易中已发生和将要发生的成本能够可靠地计量。

企业在资产负债表日提供劳务交易结果不能够可靠估计的，应当分别下列情况处理：①已经发生的劳务成本预计能够得到补偿的，应当按照已经发生的劳务成本金额确认提供劳务收入，并按相同金额结转劳务成本；②已经发生的劳务成本预计只能部分得到补偿的，应当按照能够得到补偿的劳务成本金额确认收入，并按已经发生的劳务成本结转成本；③已经发生的劳务成本预计全部不能得到补偿的，应当将已经发生的劳务成本计入当期损益，不确认提供劳务收入。

（3）让渡资产使用权收入

让渡资产使用权收入包括利息收入和使用费收入。应当在同时满足以下条件时，确认收入：①与交易相关的经济利益很可能流入企业；②收入金额能够可靠地计量。

企业应当分别下列情况确定让渡资产使用权收入金额：①利息收入金额，按照他人使用本企业货币资金的时间和实际利率计算确定；②使用费收入金额，按照有关合同或协议约定的收费时间和方法计算确定。

（4）建造合同收入

建造合同收入包括合同中规定的初始收入和因合同变更、索赔、奖励等形成的收入。在确认和计量建造合同的收入和费用时，首先应当判断建造合同的结果能否可靠地估计。

在资产负债表日，建造合同的结果能够可靠地估计，应当根据完工百分比法确认合同收入和合同费用。

在资产负债表日，建造合同的结果不能可靠地估计的，应当分别下列情况处理：①合同成本能够收回的，合同收入根据能够收回的实际合同成本予以确认，合同成本在其发生的当期确认为合同费用；②合同成本不可能收回的，在发生时立即确认为合同费用，不确认合同收入。

2.其他业务收入分析

其他业务收入是指企业除主营业务收入以外的其他销售或其他业务的收入，也是与企业为完成其经营目标所从事的经常性活动相关的活动实现的收入。如工业企业对外出售不需用的原材料、出租固定资产、出租无形资产、出租包装物和商品、用材料进行非货币性交易（非货币性交易具有商业实质且公允价值能够可靠计量）或债务重组等实现的收入。

3.营业收入项目的分析要点

①关注营业收入的增长幅度，以判断其收入增长的稳定性。只有收入较为稳定或稳步增长的企业，其生产和再生产才能正常进行，但也必须注意收入的增长是否在合理的范围内。像银广夏事件，利润表上收入增加几百个百分点，这往往就是不可信的，问题非常明显。对于那些增长幅度在100%以上的企业，都要特别关注。

②分析企业营业收入的品种构成。在从事多品种经营的条件下，企业不同产品的营业收入构成对信息使用者有十分重要的意义，占营业收入比重大的产品是企业过去业绩的主要增长点。报表分析者可以通过对体现企业过去主要业绩的商品的未来发展趋势进行分析来判断企业的未来发展。

③分析企业营业收入的地区构成。企业在不同地区商品或劳务的营业收入构成对信息使用者也具有重要价值，占营业收入比重大的地区是企业过去业绩的主要地区增长点。从消费者的心理与行为表现来看，不同地区消费者对不同商品具有不同的偏好和忠诚度，不同地区的市场潜力在很大程度上制约着企业的未来发展。

④分析与关联方交易的收入在营业收入中的比重。关联方交易是在企业形成集团化经营的条件下，集团内各个企业之间发生的交易。关联方之间的交易有企业间正常交易的成分，但也有关联方之间为了"包装"某个企业的业绩而人为制造的一些业务，以进行财务报表的粉饰。因此，报表使用者必须关注关联方交易的营业收入在交易价格、交易实现时间等方面的非市场化因素。

⑤分析营业收入的现金流入。将利润表中的"营业收入"与现金流量表中的"销售商品、提供劳务收到的现金"进行配比，由此可以观察营业收入的质量问题，如果营业收入远远低于销售商品、提供劳务收到的现金，则营业收入的质量不高，说明企业收入的增长是通过宽松的信用政策带来的，也意味着企业未来存在发生坏账的风险。反之，如果营业收入高于或等于销售商品、提供劳务收到的现金，则表明营业收入的质量高。

⑥分析其他业务收入与主营业务收入的配比。若其他业务收入占主营业务收入的比重过高，则应分析企业是否存在关联方交易行为，分析关联方交易的真实性和合理性。一般情况下，其他业务收入占主营业务收入的比重不应过大。

【相关链接】

雷军新年晒业绩：2014年小米收入743亿元

新年伊始，小米CEO雷军发表一封致全体员工信，晒出小米去年业绩：2014年，小米公司共销售6 112万台手机，增长227%；含税收入743亿元，增长135%。

6 112万台的销售量超过了雷军此前许下的6 000万台的目标。2013年小米共卖出1 870万台手机，增长了160%；含税销售额达到316亿元，增长150%。雷军称，目前在智能手机行业，小米已经成为国内市场份额领先的公司。

在回顾 2014 年时，雷军表示，对于小米来说这是很重要的一年。此前小米刚刚完成 11 亿美元的融资，估值达 450 亿美元。

但同时也有业内人士认为，国内其他智能手机品牌优势依旧明显，把公司估值与价值概念混同，使得雷军的这一论断营销意味过于浓厚。就在 2014 年的最后一天，华为轮值 CEO 亦胡厚发表的新年贺词透露，华为销售收入预计将达到 460 亿美元，其中智能手机发货将超 7 500 万台，同比增幅大于 40%。

此外，雷军还提到了去年小米遭遇国际巨头的专利诉讼，"迎来了小米的成人礼"。目前小米已进入境外 6 个国家和地区，在遇到专利纠纷的印度市场销售超过 100 万台手机。

据悉，小米自从去年 7 月在印度市场发布首款手机，到 10 月份已达到 50 万部的销售业绩。2014 年 12 月份，小米因侵犯了爱立信的标准核心专利组合（SEP），被印度德里高等法院裁定停止在印度销售和进口手机。尽管雷军表示今年小米将继续开拓国际化道路，但专利问题却让众多业内人士并不看好。

据专家估计，未来小米可能会与拥有专利权的公司进行和解，以便进一步开拓海外市场，但价格不菲的专利费用可能会挤压公司的获利能力。事实上，小米在行业内专利权布局方面还仅算新手，国家知识产权局网站显示，OPPO、小米、vivo（步步高）、魅族的发明授权分别仅为 103 件、10 件、7 件、4 件，而华为、中兴的专利授权则分别为 22 169 件、14 493 件。

此外，雷军预言国内智能手机行业角逐进入比拼整体生态系统能力的大淘汰阶段，他透露小米未来将继续完善生态链布局，投资发展智能硬件公司，并将在年初发布全新的智能手机产品。

资料来源　田楠.雷军新年晒业绩：2014 年小米收入 743 亿[N].证券时报，2015-01-05.

4.4.2　成本费用分析

费用是指企业在日常活动中发生的，会导致所有者权益减少的、与向所有者分配利润无关的经济利益的总流出。费用具有以下几个方面的特征：①费用应当是企业在日常活动中发生的；②费用应当会导致经济利益的流出，该流出不包括向所有者分配的利润；③费用应当最终会导致所有者权益的减少。

费用包括两方面内容，即产品（或劳务）成本和计入当期损益的费用。产品（或劳务）成本是指企业为生产产品、提供劳务而发生的各种耗费，包括为生产产品、提供劳务而发生的直接材料费用、直接人工费用和各种间接费用。企业应当在确认收入时，将已销售产品或已提供劳务的成本等从当期收入中扣除，即计入当期损益。在利润表中，成本主要是指营业成本；计入当期损益的费用一般是指企业在日常活动中发生的税金及附加、销售费用、管理费用、财务费用和资产减值损失等。

1. 营业成本分析

营业成本是指与营业收入相关的，已经确定了归属期和归属对象的成本，反映企业经营主要业务和其他业务所发生的成本总额。本项目包括企业的主营业务成本和其他业务成本。

（1）主营业务成本

在不同类型的企业里，主营业务成本有不同的表现形式。在制造业企业或工业企业，主营业务成本表现为售出产品的生产成本；在商品流通企业里，主营业务成本表现为售出商品的成本。工业企业产品销售成本是指售出产品的实际生产成本，它是根据已销产品的数量和实际单位成本计算出来的。在实务中，往往是每月末汇总销售成本后一并结转，而不是在每次发出库存商品时立即结转产品销售成本。商品流通企业售出商品的成本，即商品采购成本，是商品流通企业为销售商品而在采购时支付的成本。

（2）其他业务成本

其他业务成本是指企业确认的除主营业务活动以外的其他经营活动所发生的支出，包括销售材料的成本、出租固定资产的折旧额、出租无形资产的摊销额、出租包装物的成本或摊销额等。采用成本模式计量投资性房地产的，其投资性房地产计提的折旧额或摊销额，也反映在本项目中。

（3）营业成本项目的分析要点

①分析影响营业成本水平高低的因素。营业成本水平既有企业不可控的因素，如受市场因素的影响而引起的价格波动，也有企业可以控制的因素，如在一定的市场价格水平条件下，企业可以通过选择供货渠道、采购批量等来控制成本水平，还有企业通过成本会计系统的会计核算（如通过对发出存货采用不同的计价方法）来控制企业制造成本。因此，对营业成本降低和提高的质量评价，应结合多种因素来进行。

②分析营业收入与营业成本的配比。从企业利润的形成过程来看，企业的营业收入减去营业成本后的余额为毛利。企业必须有毛利，才有可能形成营业利润。因此，关注企业一定规模的毛利和较高的毛利率是报表分析者的普遍心态。毛利率主要取决于行业，竞争度不同，企业所处行业的毛利率就不同；此外，毛利率还与企业内部的运作效率和经营方式相关。

【相关链接】

毛利率远超同行　思嘉集团涉嫌造假

最近思嘉集团（HK.1863）被审计机构安永提出了5项质疑，包括其客户、供应商及银行账户资料未能核实。其实，早在公司2010年IPO之初，笔者就对该公司非常规好奇——公司毛利润率远远高于同行业水平，而实际上公司主营产品却仅仅是特种塑料膜，并非是垄断性小化工产品。

强化材料非垄断行业

思嘉集团自称为强化材料行业龙头，通过查阅公司官网及招股说明书得知，该公司在2006年以前主要从事生产雨衣、劳保防护衣的材料，可以说毫无技术含量。2006年思嘉集团图谋转型，开始生产"强化材料"。这种取名颇为新潮的"强化材料"被用于生产涉水防护服、气密性用品（比如以充气船为代表的户外用品）、充气用品（以大型充气式玩具为代表的娱乐设备）和沼气存储利用设备。

从2008年开始公司生产一部分由强化材料制成的终端用品，2009年开始大量生产，据公司介绍，其终端产品销售额一举占据总销售额的逾20%。而且公司在招股说明书中口口声声说自己是高科技公司，强化材料行业具有很高的技术壁垒，其产品在市场上定价是中高层次的，未来前景无限广阔。而且无论是从公司的股东回报率还是从持续经营业务销售收入复合增长率（接近100%）来看，思嘉集团财报看似无比光鲜，这些无不令正四处寻找投资机会的投资者心动。事实果真如此吗？据化工行业人士介绍，这种所谓的强化材料并非高科技产品，仅是在塑料里添加了强化剂，行业最高毛利润率为10%。

毛利率畸高恐存猫腻

但 WIND 数据显示，2012 年中报思嘉集团的毛利率为 34.3%，而且上市后公司一直保持着高达约 45% 的毛利率。笔者注意到，在思嘉集团招股说明书里提到了两个竞争对手，这里笔者着重分析了申达科宝这家公司。申达科宝从未将自己的产品取名为强化材料，而是说自己生产的是以 PVC、TPO、TPU 等为原料的涂覆产品。笔者搜索了一番，也只看到思嘉集团将强化材料一词与自己联系在一起。思嘉集团财务报表显示，公司 2007—2009 年的综合毛利率为 31%、40%、45%。这种毛利率水平只有具有超高技术壁垒的化工材料公司才有可能达到，思嘉集团何以能够达到？

笔者翻阅了起家靠生产合成革而今与思嘉集团同属化工新材料行业的烟台万华的财报，发现烟台万华这种以前具有高度技术进入壁垒的公司都未曾达到过 40% 的毛利率。而烟台万华的拳头产品 MDI 即便如今全球也只有不到 10 家公司能够规模化生产，这种技术壁垒是相当高的，而思嘉的所谓"强化材料"并不具备强大的技术壁垒。据招股说明书显示，强化材料行业的市场极其分散，作为行业龙头，思嘉也只占有 4.5% 的份额，前 5 大龙头公司总体市场占有率也不过 15%。相比之下，MDI 当年在国内只有烟台万华一家能够生产，即便是现在国内也只有烟台万华一家能够稳定量产。作为一个其他厂家都能生产其产品的化工企业，思嘉集团的毛利率水平令人生疑。

招商证券分析师却力挺思嘉集团，认为国外有几个与思嘉集团同类型的公司，其毛利率长期保持在 50% 以上，因此思嘉集团目前 40% 以上的毛利率是合理的，并且仍有较大幅度的提高空间。但笔者在该分析师提出此理由之前就已经分析了地处欧洲比利时的与思嘉集团同类型的希运公司（Sioen），希运公司 2005—2009 年年报显示其毛利率（gross profit margin）长期徘徊于 50% 上下。粗看起来，似乎该分析师的论据可靠。

然而，希运公司年报中所阐述的毛利率的计算方法与中国内地及香港地区的现行毛利率计算方法明显不同。希运公司采用了两种方式披露利润表现：一种是按费用发生的功能计算利润（by function）；另外一种是按费用发生的性质计算利润（by nature）。

笔者对比了 2009 和 2008 年希运公司按照功能和按照性质计算形成的两张利润表。第一张利润表的披露方式和中国内地及香港地区的公司的披露方式基本一致，比如属于生产成本的计入营业成本（cost of sales），属于后勤管理的计入管理费用（administrative expenses），属于营销的计入销售费用（sales and marketing expenses）等。

第二张利润表属于国际会计准则下的披露方式，香港地区的上市公司也会在报表附注中采取这种方法辅助披露三项成本的详细构成。而笔者分析了思嘉集团的财报发现，其披露方式更接近于按费用发生的功能计算利润的方式，而如果按照该披露方式，则希运公司的毛利率在 2005—2009 年大约是 20%~25%，明显低于思嘉集团约 45% 的水平。

也许有人说，比利时生产人员的工资成本要高于中国内地，所以 20%~25% 的毛利率是正常的。笔者在此只想证明，上述分析师强力推荐思嘉集团的重要论据之一是错误的，思嘉集团的毛利率是否存在大幅上升的空间值得质疑。

更可疑的还有研发水平，思嘉集团招股说明书里所说产品技术壁垒很高，那么可以推测其研发人员应该具有非常高的学历。烟台万华的研发部门就是博士、硕士云集，最起码是本科生。而思嘉集团的研发人员则大多数都是大专生，最高学历是本科，其招聘对象大多是福州大学、三明学院的毕业生。公司所获得的最高荣誉也不过是"福建省高新技术"

称号。对于新材料这个行业来说，思嘉研发人员的学历明显偏低。

销售环节疑点重重

销售费用率和产品价格也非常可疑，无怪乎安永质疑其客户、供货商的账户问题。笔者发现，截至 2009 年年底，思嘉集团有员工 555 名，销售人员有 69 名，占员工总数的 13%。然而，占员工总数 13% 的销售人员，其使用经费尚未占到销售收入的 1%。再反观烟台万华等其他化工类公司，烟台万华的销售人员占总人数的比例大约为 10%，而历史上其最低的营销费用率将近 2%，之后日渐升高。按照常理，只有技术壁垒相当高、供求状况极度失衡的行业，才可能出现像思嘉集团这种情况，只用了销售费用率的不足 1%，却使持续经营业务的销售额 3 年复合增长率接近 100%。

产品价格同样非常可疑。招股说明书中披露，公司充气船的平均售价达到 5483 元。根据笔者对市场的观察，目前全球最大的充气产品制造商是美国宇德集团，旗下 Intex 品牌充气产品享誉全球，品牌创立将近 20 年，产品主要有充气船、充气床、充气沙发、充气水池等。产品气密技术醇熟、质量稳定，其充气床可经受大货车的重压而完好无损。在 Intex 充气船产品系列中，能承载 5 人左右用于水上冲锋的马达充气船已属中高端产品，其零售价不过 2 000～3 000 元，在改装钢或铝合金底板后零售价不会超过 4 000 元。只有载 6 人以上的高端马达充气船价格才会达到 5 000 元以上。思嘉于 2008 年年底开始摸索、2009 年创立龙仕腾（LONGST）品牌并开始大规模投入生产充气船，从产品的知名度、销售渠道、质量稳定性等方面来看都不如 Intex，其充气船平均批发价格能达到 5 483 元的真实性有待商榷。

如若要达到像 Intex 这样的售价，思嘉集团就必须加大营销力度，否则别人凭什么买知名度不高的产品而不买 Intex 的产品呢？然而，思嘉集团只花了占销售额不足 1% 的营销费用，就以如此之高的市场定价换来了销售额的快速增长，这真的可能吗？

资料来源　天水碧．毛利率远超同行 思嘉集团涉嫌造假[J]．证券市场红周刊，2013（8）．

2. 税金及附加分析

税金及附加是企业进行日常经营活动应负担的各种税金及附加，包括消费税、城市维护建设税、资源税、教育费附加及房产税、城镇土地使用税、车船税、印花税等相关税费。

需要说明的是，企业的房产税、车船税、土地使用税、印花税不在本项目核算，而是反映在管理费用项目中。

分析该项目时，应注意与营业收入进行配比，如果两者之间不配比，则可能存在"漏税"之嫌。

3. 期间费用分析

期间费用是指企业发生的直接计入当期损益的费用，是企业主要经营活动中必定要发生的费用，但与营业收入的取得并不存在明显的直接因果关系。期间费用包括销售费用、管理费用和财务费用。

（1）销售费用

销售费用是企业销售商品或提供劳务过程中发生的费用，包括运输费、装卸费、包装费、保险费、展览费和广告费、商品维修费、预计产品质量保证损失以及由销售本企业商品而专设的销售机构（含销售网点、售后服务网点等）的职工薪酬、业务费、折旧费等经营费用。

销售费用跟行业形态有关。销售费用对于生产企业来说，只是可控成本中的一部分。贸易型公司的可控成本是销售费用，因此需要强化管理销售费用，甚至要强化到业务单位和个人身上。销售费用跟整个行业经营的形态有关，如来料加工企业的销售费用很少，而营销型企业的销售费用则很高。

（2）管理费用

管理费用是企业为组织和管理生产经营所发生的费用，包括企业在筹建期间内发生的开办费、企业的董事会和行政管理部门在经营管理中发生的或者应由企业统一负担的公司经费（包括行政管理部门职工薪酬、修理费、物料消耗、低值易耗品摊销、办公费和差旅费等）、工会经费、待业保险费、劳动保险费、董事会费（包括董事会成员津贴、会议费和差旅费等）、聘请中介机构费、咨询费（含顾问费）、诉讼费、业务招待费、房产税、车船税、土地使用税、印花税、技术转让费、矿产资源补偿费、研究费用、排污费。

管理费用与企业发展阶段有关。比如，有些外资企业刚进入中国时，因为外籍高层管理人员比较多，支付的费用较高，所以企业的管理费用很高。再如，企业进入快速发展阶段以后，管理费用随着管理的跨度和难度的增加，直接表现为管理费用成倍上升。

（3）财务费用

财务费用是企业为筹集生产经营所需资金而发生的费用，包括利息支出（减利息收入）、汇兑损失（减汇兑收益）以及相关的手续费等。为购建固定资产的专门借款所发生的借款费用，在固定资产达到预定可使用状态前按规定应予资本化的部分，不包括在财务费用内。

财务费用跟企业在每个阶段的融资风险是联系在一起的。产生融资行为，就会发生财务费用，这里就产生了财务风险。

（4）期间费用的分析要点

①分析销售费用、管理费用、财务费用与营业收入的配比。了解企业销售部门、管理部门的工作效率以及企业融资业务的合理性。具体又分两种形式：一是营业收入以高于期间费用的速度增长，使得营业利润大量增加，表明公司经营业务呈上升趋势，产品市场需求大；二是营业收入与期间费用成比例增长，导致利润增长，说明公司主营业务处于一种稳定成熟的状态，利润有一定保障。

②从销售费用的构成上看，有的与企业业务活动规模有关（如运输费、销售佣金、展览费等），有的与企业从事销售活动人员的待遇有关，也有的与企业未来发展、开拓市场、扩大品牌知名度有关。销售费用中的广告费用一般是作为期间费用处理的，有公司基于业绩反映的考虑，往往把广告费用列为长期待摊费用核算，这实际上是把期间费用予以资本化。

③片面追求在一定时期的管理费用降低，有可能对企业的长期发展不利。一方面，管理层可以对管理费用中诸如业务招待费、技术开发费、董事会会费、职工教育经费、涉外费、租赁费、咨询费、审计费、诉讼费、修理费、管理人员工资及福利费等采取控制或降低其规模等措施，但是，这种控制或降低或者对企业的长期发展不利，或者影响有关人员的积极性。另一方面，折旧费、摊销费等是企业以前各个会计期间已经支出的费用，不存在控制其支出规模的问题，对这类费用的处理更多的是受企业会计政策的影响。因此，在企业业务发展的条件下，企业的管理费用不应当降低。

④财务费用的主体是经营期间发生的利息支出，其大小主要取决于三个因素：贷款规模、贷款利息率和贷款期限。从总体上说，如果因贷款规模导致利润表财务费用的下降，企业会因此而改善盈利能力，但我们对此也要警惕，企业可能因贷款规模的降低而使发展受到限制；由于企业利率水平主要受外在环境的影响，因此我们不应对企业因贷款利率的宏观下调而导致的财务费用降低给予过高的评价；由于贷款期限的改变使得利率降低，从而降低财务费用，这往往又会导致企业财务风险加大。

财务费用包括汇兑损失。对持有大量外汇业务的企业，特别注意外汇市场汇率变动风险对企业理财的影响。

⑤关注新会计准则对期间费用的影响。原计入"管理费用"的坏账准备和存货跌价准备现计入"资产减值损失"，从而使部分上市公司管理费用降低；依据《企业会计准则第11号——股份支付》相关规定，期权公允价值必须在等待期内计入管理费用，从而使部分上市公司管理费用大幅上升，公司的账面业绩出现大幅下降，但激励期权费用的摊销是会计政策的规定，并不对公司的基本面产生不利影响，不影响公司现金流，不影响公司未来发展。

【相关链接】

19 家上市公司资产减值计提　"吃掉" 20 亿元利润

上市公司发布 2014 年年报的时间将至，有些上市公司采取包装手段扮靓业绩报表。然而，一些上市公司却采用资产减值计提的方式让业绩报表"难看"。据本报记者统计，2014 年第四季度以来，总计有 19 家公司发布了计提资产减值准备的公告，计提资产减值金额约超 20 亿元。值得注意的是，2014 年前三季度，这 19 家公司中，有 10 家上市公司的归属于母公司股东的净利润为亏损。按照这样的情况，如果再进行资产减值计提，那么上市公司 2014 年的业绩报表可能更是"雪上加霜"。

对于上市公司这样的做法，香颂资本董事沈萌在接受《证券日报》采访时表示，计提资产减值是上市公司调节利润的重要手段。"一些上市公司业绩不佳，就会选择集中在一年计提资产减值，甚至包括往年没有计提的资产减值，即所谓的卸包袱。"

据本报记者统计，5 家上市公司进行资产减值计提对上市公司的利润影响或超亿元。

昨日，*ST 大荒公告称，公司本次计提资产减值准备 31 320.84 万元，其中农业分公司计提资产减值准备 732.55 万元，北大荒龙垦麦芽有限公司计提资产减值准备 5 122.66 万元，北大荒鑫亚经贸有限责任公司计提资产减值准备 15 291.52 万元，黑龙江北大荒投资担保股份有限公司计提资产减值准备 10 174.11 万元。公司此次对应收款项、存货和固定资产等资产计提的减值准备，将减少 2014 年度利润总额 31 320.84 万元。

2014 年 10 月 31 日，浙江东方发布公告称，截至 2014 年 9 月 30 日，浙江东方及下属子公司累计应收索日集团款项 41 864.24 万元（未包含逾期利息），其中逾期 38 453.76 万元，合计计提坏账准备 13 001.59 万元，此次应收款项坏账计提减少公司 2014 年 1 月至 9 月净利润 13 001.59 万元，相应减少归属于母公司净利润 9 123.92 万元。

另外，包括獐子岛、重庆啤酒、创兴资源等也发布了计提资产减值准备的公告，金额均超过亿元；广济药业、三元达、兴化股份、金山开发、春晖股份、安妮股份、福建南纸等公司也发布了计提资产减值超千万元的公告。

沈萌表示，资产减值和资产评估有关，而后者是一个相对动态的过程。一些上市公司存在先计提资产减值而后出现资产增值的情况。

贵糖股份 2014 年 10 月份发布了《关于计提存货跌价准备的公告》。贵糖股份在公告中介绍，去年 1 月至 9 月，对材料应计提的跌价准备余额为 1 604.92 万元，以前年度已计提 2 655.93 万元。冲减材料存货跌价准备影响利润增加 1 051 万元。此外，公司报告期冲减库存商品存货跌价准备 66.79 万元。贵糖股份介绍，公司对部分积压的库存商品已做了销售处理，同时浆及文化用纸销售价格在报告期略有回升。2014 年前三季度对库存商品应计提的跌价准备余额为 2 292 万元，以前年度已计提 2 358.83 万元。冲减库存商品存货跌价准备影响利润增加 66.79 万元。

此外，会计政策、计提比例的变更也使一些上市公司以前计提的资产减值变为"收入"。

2014 年 10 月份，*ST 三维发布了关于调整坏账计提比例的公告。*ST 三维表示，根据公司应收账款实际情况，同时参考部分化工行业上市公司的应收款项坏账准备计提比例，为更加客观真实地反映公司的财务状况以及经营成果，对采用账龄分析法计提坏账的应收款项的计提比例进行调整。此项会计估计变更预计可影响公司 2014 年度净利润增加 850 万元。

资料来源：张敏.19 家上市公司资产减值计提　"吃掉"20 亿元利润[N].证券日报，2015-01-09.

4.4.3　营业利润分析

营业利润是企业的营业收入与营业成本、税金及附加、期间费用、资产减值损失、公允价值变动损益及投资收益配比的结果。营业利润是公司利润的主要来源，将营业利润与利润总额配比，所占比例的稳定表现了公司盈利的稳定性和连续性。营业利润越高，主营业务在行业中的地位越高，企业的可持续发展能力越强，投资价值也越大。

1. 资产减值损失项目分析

资产减值损失反映企业根据资产减值等准则计提各项资产减值准备所形成的损失，包括坏账准备、存货跌价准备、长期股权投资减值准备、持有至到期投资减值准备、固定资产减值准备、在建工程减值准备、工程物资减值准备、生产性生物资产减值准备、无形资产减值准备、商誉减值准备、贷款损失准备、抵债资产跌价准备、损余物资跌价准备等。

资产减值损失一经确认，在以后会计期间一般不得转回。但是，遇到资产处置、出售、对外投资、以非货币性资产交换方式换出、在债务重组中抵偿债务等情况，同时符合资产终止确认条件的，企业应当将相关资产减值准备予以转销。另企业计提坏账准备、存货跌价准备、持有至到期投资减值准备、贷款损失准备等后，相关资产的价值又得以恢复的，应在原已计提的减值准备金额内，按恢复增加的金额冲减资产减值损失。

资产减值损失项目的分析要点：

分析时注意当前使用的会计准则在资产减值计提方面有了很大的调整。在从前，盈利上升，企业就会多计提跌价准备；盈利下滑，企业再将跌价准备冲回。这曾是上市公司调节盈利的手段之一，如科龙电器在 2001 年度和 2002 年度年报中就使用了该伎俩。但是，现行的会计准则规定，对于资产计提的减值准备一经确认不得恢复，而且不得随意变更计提方法和计提比例。除了存货、应收账款、可供出售的权益性工具等有确凿证据证明能够收回的资产减值允许转回外，固定资产、摊销期限明确的无形资产等非流动性资产减值不允许转回。

2. 公允价值变动损益

公允价值变动损益是指企业在初始确认时划分为交易性金融资产或金融负债（包括交易性金融资产或金融负债和直接指定为交易性金融资产或金融负债），以及采用公允价值模式计量的投资性房地产、衍生工具、套期业务中公允价值变动形成的应计入当期损益的利得或损失。

资产负债表日，企业应按交易性金融资产或采用公允价值模式计量的投资性房地产的公允价值与其账面余额的差额，计入公允价值变动损益。出售交易性金融资产或采用公允价值模式计量的投资性房地产时，再将公允价值变动损益转入投资收益。

资产负债表日，企业应按交易性金融负债的公允价值与其账面余额的差额，计入公允价值变动损益。出售交易性金融负债时，再将公允价值变动损益转入投资收益。

注意公允价值变动损益主要是指未实现的投资收益。

3. 投资收益

投资收益是指企业对外投资确认的投资收益或投资损失。投资收益包括：长期股权投资采用成本法核算的，按被投资单位宣告发放的现金股利或利润中属于本企业的部分；长期股权投资采用权益法核算的，资产负债表日，按被投资单位实现的净利润或经调整的净利润计算应享有的份额；出售长期股权投资时，实际收到的金额与其账面余额的差额；出售采用权益法核算的长期股权投资时，按处置长期股权投资的投资成本比例结转原记入"资本公积——其他资本公积"项目的金额；企业持有交易性金融资产、持有至到期投资、可供出售金融资产期间取得的投资收益以及处置交易性金融资产、交易性金融负债、指定为公允价值计量且其变动计入当期损益的金融资产或金融负债、持有至到期投资、可供出售金融资产实现的损益。

投资收益与公允价值变动损益项目的分析要点：

①在我国企业会计准则中，投资收益包括长期股权投资收益和金融资产投资收益。一般而言，长期股权投资所取得的投资收益是企业在正常的生产经营中所取得的可持续投资收益。如下属公司生产经营状况好转，有了比较大的收益，开始回报母公司，这部分的投资收益越高，那么企业的可持续发展能力越强，对于投资者来说，这种企业越具有投资价值。

②并不是所有的长期股权投资都是可持续的，如企业处置长期股权投资所获得的投资收益就是一次性的。但是，这些收益是为企业带来真实现金流入的收益，实际上也是资本市场发展的产物。作为投资者，没有理由否认它的存在。

③至于大家所关心的由于股价的上升使得企业所持有的金融资产随之变动而获得的虚拟收益在企业会计准则中并没有计入投资收益，而是计入了公允价值变动损益和资本公积。这种确认方法一方面反映了企业所持有的金融资产的现时市场价值，另一方面由于这部分收益并未实现，从而没有将其计入投资收益。

④要分析投资收益在总利润中的比例和上市公司的资本运作情况。资本运作具体包括证券投资和项目投资在总投资中所占的比例，以及证券投资中投资其他上市公司证券和持有非上市公司股权的比例。如果上市公司的证券投资在总投资中的比例很高，且投资其他上市公司证券在证券投资中所占的比例很高的话，该上市公司的投资收益会随着证券市场的波动而变动，其可持续获利能力会比较差。最后，不能把上市公司报表中的公允价值变

动收益作为上市公司的投资收益，它是随着市场价格的变动而发生的账面价值变化，是没有产生现金流的未实现利润。

【相关链接】

巨额计提致亏　星河生物断臂求生

星河生物（300143）近日披露 2014 年业绩预告称，由于处理数个亏损基地资产需计提相应资产减值准备等原因，预计去年公司实现净利润为亏损 2.87 亿～2.92 亿元。其中，计提资产减值准备总计 2.23 亿元。

此前，星河生物曾公告，因旗下清溪分公司、清溪第二分公司及塘厦基地生产规模小，人力成本高等原因将停止投瓶生产，并表示将进行相应的资产处理及计提减值准备。

公司董秘黄清华表示，此次资产处理主要是为一次性彻底解决历史遗留问题，实现公司从重资产化到轻资产化的转变，财务费用、管理费用等成本将大大降低，提高现金流和整体盈利水平，为今后发展扫清一切障碍。

分析人士表示，星河生物此举很有可能是为顺利实现 2015 年保壳目标而使出的撒手锏，在符合企业会计准则的前提下，尽可能地在会计层面处理资产，断臂求生。

资料来源　马宇飞.巨额计提致亏 星河生物断臂求生[N].证券时报，2015-02-02.

4.4.4　利润总额分析

利润总额是企业的营业利润加上营业外收入减去营业外支出后的余额。利润总额代表企业当期综合盈利能力，也直接关系到各利益相关者的利益分配问题。

1. 营业外收入分析

营业外收入是指企业发生的与其经营活动无直接关系的各项净收入，主要包括处置非流动资产利得、非货币性资产交换利得、债务重组利得、罚没利得、政府补助利得、确实无法支付而按规定程序经批准后转作营业外收入的应付款项等。营业外收入相当于意外的利得或非常收益。

营业外收入项目的分析要点：

（1）注意分析营业外收入与营业收入的区别：

①营业收入是持续的、由主要或中心营业活动产生的，如销售商品收入；营业外收入是一种利得，是非常的、由非营业活动产生的，且多半为管理层所不能控制或左右的，如罚没收入，数额一般较小，如果数额较大，则需要具体分析。

②营业收入是总额概念，必须与费用相配比；营业外收入是净额概念，它或者已经将对立因素抵销（如出售资产净收益是售价与账面价值抵销后的净额）；或本来就只有一个金额，如诉讼获胜后的赔偿收入。营业外收入与营业外支出一般不存在直接的对应关系和配比关系。

（2）注意分析营业外收入形成的原因，尤其注意以下两点：

①出售、转让和置换资产（固定资产、无形资产、长期股权投资和存货等）是企业优化资产结构、实施战略重组的重要手段。但在会计上，由于技术的原因，如果这种出售、转让和置换作价不符合市场运作规则，它就可能作为营业外收入成为改变企业利润的最简单、最直接和最有效的方法。

②债务重组会给债务企业带来营业外收入，但这种收益是一次性和临时性的，如果企业不以此为契机改善经营管理、盘活资金、提高资金使用效果，即使能一次性获得债务重

组收益，也仍将陷于财务困难的泥潭之中。

　　2.营业外支出分析

　　营业外支出是企业发生的与其经营活动无直接关系的各项净支出，包括处置非流动资产损失、非货币性资产交换损失、债务重组损失、罚款支出、捐赠支出、非常损失等。营业外支出相当于意外的损失或非常损失。

　　分析营业外支出应注意其与费用的区别：费用是日常经营活动产生的，是总额概念；营业外支出由非日常经营活动产生的，是净额概念。

【相关链接】

非经常性损益助力 131 家公司"扭亏为盈"

　　上市公司中报披露已近尾声。截至 8 月 26 日记者发稿时，有 2 077 家上市公司发布中期业绩报告。2 077 家公司共计实现净利润 6 678.1 亿元，同比增长 12%。除主业的贡献之外，非经常性损益也提升了部分公司的业绩，甚至有 131 家企业在扣除非经常性损益后呈现亏损状态。

部分公司业绩水分大

　　Wind 数据显示，在 6 678.1 亿元净利润中，报告期内非经常性损益达 321.5 亿元，占比为 4.8%。而去年同期，非经常性损益总额为 287.6 亿元，同比增长 12%，在整体净利润中占比 4.8%。业内人士认为，今年上半年，非经常性损益增速略微高于净利润增速，同时其对整体业绩的影响在增加。在一些公司，非经常性损益更是成为业绩增长乃至扭亏的利器。

　　Wind 数据显示，2 077 家企业中，浙能电力等 197 家公司非经常性损益为零。有 226 家企业非经常性损益为负，剩下 1 654 家企业的非经常性损益对公司业绩的影响较为正面。其中，1 820 家实现盈利的上市公司中，非经常性损益在净利润中的占比超过 30% 的企业有 365 家。其中，有 131 家企业在扣除非经常性损益后呈现亏损状态。这显示出在经济增速乏力的背景下，一些上市公司希望通过非经常性损益来补贴业绩。

　　不过，也有部分企业在报告期内由于非经常性损益项目拖累了业绩。兰花科创半年报显示，2014 年上半年，公司实现营业收入 25.72 亿元，完成年初计划 68 亿元的 37.82%，同比下降 16.79%。公司实现净利润总额为 -793.5 万元，同比下降 101.5%；扣除非经常性损益后公司实现净利润 1.85 亿元，同比下降 73.5%。随着二季度后期尿素行业价格回升出现回暖迹象，预计下半年公司业绩将转好。

"增光添彩"方式多

　　一般来说，上市公司可以通过政府补贴、投资收益等多种方式为业绩"增光添彩"。

　　首先是政府补贴。在非经常性收益中，最常见的是政府补贴，近年来政府补贴已经超过流动资产处置日益成为非经常性损益的主要来源之一。数据显示，已公布中报的上市公司共计收到 179.5 亿元政府补贴，在非经常性损益中占比超过 50%，政府补贴规模较去年同期增长了 20%。

　　TCL 报告期内收到政府补贴共计 5.6 亿元，非经常性损益对该公司净利润的贡献超过 62%。此外，获得政府补贴金额较多、该项资金对公司利润贡献较大的公司多集中在汽车行业。比亚迪上半年收到政府补贴共计 3.28 亿元，同期公司净利润为 3.6 亿元；福田汽车上半年收到政府补贴 2.45 亿元，非经常性损益达 2.8 亿元，而公司同期净利润为 2.88 亿元，政府补贴可谓对公司业绩起到了关键作用。

其次是投资收益。王府井半年报显示，公司上半年实现净利润 3.78 亿元，同比增长 2.1%；扣除非经常性损益后的净利润为 3.16 亿元。公司的非经常性损益主要为委托理财收益 5 800 万元。通过理财收益，公司成功实现业绩增长。

还有一些 ST 公司则经常通过出售资产扭亏。★ST 中富今年通过出售全资子公司珠海嘉衡商贸有限公司 100%股权及公司部分土地房屋资产移交共获得利润 7 700 万元。通过处置资产的收入，★ST 中富中期实现净利润 1 亿元，同比增长 247%。

资料来源　张玉洁. 非经常性损益助力 131 家公司"扭亏为盈"[N]. 中国证券报，2014-08-27.

4.4.5　净利润分析

净利润是企业最终的财务成果，是企业利润总额减去所得税费用的结果。净利润属于所有者权益，构成利润分配的对象。净利润是公司的净利，在其他条件不变的情况下，净利润越多，企业盈利能力就越强，经营成果也就越显著。从表面上看，它受收入和成本的影响，但实际上，它还反映公司产品产量及质量、品种结构、市场营销等方面的工作质量，因而，在一定程度上反映了公司的经营管理水平。

1. 所得税费用项目分析

所得税费用是指按税法规定从企业的生产经营所得和其他所得中交纳的税金，是企业当期的一项费用。

所得税会计是从资产负债表出发，比较资产负债表上列示的资产、负债按照企业会计准则规定确定的账面价值与按照税法规定确定的计税基础，对于两者之间的差额分别应纳税暂时性差异与可抵扣暂时性差异，确认相关的递延所得税负债与递延所得税资产，并在此基础上确定每一期间利润表中的所得税费用。

所得税费用项目的分析要点：

（1）将所得税费用与利润总额进行比较，分析所得税费用的合理性。利润表中的所得税费用，在不考虑时间性差异和永久性差异的条件下，应当与企业的利润总额成正比例关系。在考虑时间性差异和永久性差异的条件下，利润表中的所得税费用与企业的利润总额呈现出比较复杂的关系。企业在所得税费用方面的节约，属于企业税务筹划的范畴，与企业常规的费用控制具有明显的不同。因此，企业对所得税费用不存在常规意义上的降低或控制问题。

（2）关注纳税调整项目。纳税调整项目包括纳税调整增加项目和纳税调整减少项目。纳税调整增加项目主要包括税法规定不允许扣除项目，企业已计入当期费用但超过税法规定扣除标准的金额，如超过税法规定扣除标准的工资支出、业务招待费支出、税收罚款滞纳金、非公益性捐赠支出等；纳税调整减少项目主要包括按税法规定允许弥补的亏损和准予免税的项目，如 5 年内未弥补完的亏损、国债利息收入等。

2. 净利润项目分析

净利润作为评价指标，注意其局限性：

（1）它是一个总量绝对指标，不能反映公司的经营效率，缺乏公司之间的可比性。

（2）它作为评价指标，容易使公司追求眼前利益，产生短期行为，不利于公司的长远发展。比如，可能导致公司不进行技术改造及设备更新，不开发新产品，不处理积压商品，不进行正常的设备维修与保养，只注意价格竞争，不注意公司综合实力的提高等。

（3）就目前我国相当数量企业的现状来看，企业往往过分强调盈利能力，而忽视偿债能力，普遍对盈利能力与偿债能力的协调统一缺乏足够的认识。这些企业在短期内可能由于拖欠债务的偿还而增加生产经营的投入，表面上增加了企业的盈利能力，但实际的结果是，在生产经营过程中大量占用资金，削弱了资金的流动性，最后导致企业出现严重的债务危机，甚至会出现破产的危险。针对这种盈利能力的提高，分析者应提高警惕。

4.4.6 盈利质量分析

1. 盈利质量的内涵

什么是盈利质量？盈利质量应该包括什么内容？对于这些问题，目前尚无完全一致的看法。盈利质量高低的衡量也尚无绝对准确的计量尺度，但可以从概念上对高质量盈利、低质量盈利和中间质量盈利做出相对区分。

高质量盈利或低质量盈利强调的是财务报表盈利所反映企业经济价值有关信息的可靠性。高质量盈利是对公司过去、现在和将来经济价值创造能力的可信性评价，而低质量盈利则表明对公司过去、现在的经营成果和将来经济前景的描述具有误导性。

【相关链接】

中国圣牧利润虚高疑数据造假 赴港上市有机概念遭疑

《中国经营报》记者从中国圣牧官方网站展示的"圣牧全程有机产业链"来看，其有机生产过程可分为：有机环境、有机种植、有机养殖、有机加工和有机产品。有机环境精选限定区域，实现了环境无工业、无污染；有机种植采用自种"紫花苜蓿"的方式，种植过程中实现无农药、无化肥；自建有机牧场完成了"有机养殖"环节，有机奶牛充分享受沙漠健康环境，养殖中不添加抗生素及激素；圣牧还打造了专用有机工厂进行"有机加工"，承诺无色素、无防腐剂；最终生产出全程可追溯、安全健康的全程有机牛奶。

内蒙古圣牧高科奶业有限公司（简称圣牧高科）是内蒙古圣牧高科牧业有限公司旗下的独立子公司，大力推介自家生产的全程有机奶，然而根据 2013 年 10 月份《中国商报》的调查显示，圣牧高科所宣传的全程有机奶亮点竟有名无实，不仅不是全程有机，反倒是全程充满污染隐患。

事实上，圣牧高科公开宣称"有机环境，无污染无工业"，记者了解到，现圣牧高科第六牧场附近建有化工厂，而且紧临该牧场正在新建一家化工厂；圣牧高科公开宣称"有机种植，无化肥无农药"，记者了解到，其玉米种植涉嫌使用化肥和化学除草剂；圣牧高科公开宣称"有机养殖，无激素无抗生素"，记者了解到，其饲料加工厂涉嫌大量使用添加剂，牧场附近有散落大量使用过的抗生素注射针剂和药物包装。

由此可见，对圣牧高科的质疑并非空穴来风。乳业专家王丁棉表示，真正做到有机难度很大，最大的就是整个过程的控制，特别是规模如此大的养殖场很难保证全程有机。要想达到有机的标准，所有饲料不是单纯地不用农药、化肥、除草剂这么简单，还包括水、土质、空气有没有受到污染。

王丁棉进一步认为，牧场种植的饲料不仅仅涉及苜蓿草，还包括羊草、玉米、玉米秸秆、高粱秸秆、豆粕、棉籽、苹果渣等，这些精料、粗料全部由一个牧场承担则较难做到，涉及特别大的投资，可以说目前中国没有任何一个牧场能够做到。

此外，由于养殖规模巨大，这么多牛不可能达到零排放。牛吃的有很多东西都含重金属，粪便经过发酵然后填回沙漠，如此一来重金属终究还是要填回沙漠，进而转移到草或水中，转到种植的饲料中，这个循环很难控制并达到有机作物的标准。"除了原料种植外，整个渠道都要进行有机控制。从运输到包装甚至到生产过程会不会接触到塑料而产生塑化剂？还有牛奶所用的容器、管道、包装，再到车间加工、储存运输、加工运输都要达到有机的要求，这对圣牧来说太难了，因此企业打出'有机'概念，是出于广告的性质和营销手段的目的。"王丁棉说。

有机认证市场混乱

根据公开资料显示，圣牧高科产品通过农业部中绿华夏权威有机认证，而且，圣牧奶源是国内首家通过欧盟有机认证的。

然而，根据相关报道，距离圣牧高科第六牧场以及其在乌拉特后旗广林村的"有机草场"仅仅 10 公里左右的区域，集中了诸多化工企业和冶炼企业。现实情况是这样，即便是紧临化工等污染企业，圣牧高科在乌拉特后旗种植的玉米和苜蓿等还是获得了有机认证，证书编号为 1000GA1200214，认证机构为北京中绿华夏有机食品认证中心，认证依据为 GB/T 19630《有机产品》。

但是，根据 GB/T 19630《有机产品》，"有机生产需要在适宜的环境条件下进行，有机生产基地应远离城区、工矿区、交通主干线、工业污染源、生活垃圾场等"。显然圣牧高科公司乌拉特后旗的有机生产基地并不符合 GB/T 19630《有机产品》标准，其"有机环境"并不有机。

然而本报记者在北京中绿华夏有机食品认证中心（简称中绿华夏）官网的获证企业查询里面却查不到圣牧相关信息，那么中绿华夏是个什么机构呢？根据其网站介绍，中绿华夏是中国农业部推动有机农业运动发展和从事有机食品认证、管理的专门机构，也是中国国家认证认可监督管理委员会批准设立的有机产品认证机构、认证培训机构。

据此，业内有关人士向记者表示，中绿华夏和其他认证机构一样，都是具有企业性质的机构，只不过中绿华夏依附于农业部。本报记者调查显示，中绿华夏的企业类型属全民所有制，经营范围为有机食品认证、认证培训和销售文化用品。所谓全民所有制企业是指生产资料归全体人民所有，依法自主经营、自负盈亏、独立核算，是一家以盈利为目的的企业。

7 月 24 日，记者致电中绿华夏求证，电话一直无人接听。王丁棉表示，尽管有机奶认证有个规范，但是认证是不是真的按国家标准去认证值得怀疑。2013 年有机食品中有 70% 都达不到认证的标准，真正达到的也就 20% 左右。中国有机认证很随便，有些企业花点钱就能拿到有机认证。虽然近两三年有机概念开始流行，但起步开局不好，造假多、冒充的多，拿有机概念做广告的多，真正做到有机难。在新西兰有两三万户牧场，而真正做到有机的只有一两个牧场。

有数据显示，虽然中国圣牧对外称自己为有机奶有限公司，但是其生产的奶源并非全部都为有机奶。根据其披露的公告显示，2013 年有机奶的销售额为 3.52 亿元，非有机奶的销售额为 4.87 亿元，而液态奶产品的销售额为 3.02 亿元。

利润虚高疑数据造假

除了是否为全程有机受到业界质疑外，中国圣牧招股说明书中公布的数据依然让业界疑惑不解。按照其 2013 年的销售额和所拥有的成母牛存栏数计算，每公斤牛奶的售价约合 3.75 元人民币左右，而有机奶的成本价约为 6.5 元人民币/公斤，即便如此低的价格，中国圣牧仍有 31.9% 的净利润。

中国圣牧公布的数据显示，2013 年有机牧场 13 个，位于乌兰布和沙漠，有机奶牛为 30 621 头，其中成母牛为 16 825 头；非有机牧场有 12 个，位于内蒙古呼和浩特，奶牛总数为 29 836 头，成母牛为 19 025 头，共有奶牛 60 457 头。平均每头产奶量为 8.5 吨。2013 年销售收入为 11.4 亿元。

另一组数据显示，有机原料奶业务的毛利率由 31.8% 增至 44.0% 或由 31.1% 增至 43.0%，优质非有机原料奶业务的毛利率由 33.5% 增至 35.9%。中国圣牧 2011 年、2012 年及 2013 年的净利润率分别为 57.3%、28.4% 及 32.7%；倘不计算相关期间的生物资产公平值调整的影响，则净利润率将分别为 27.2%、27.8% 及 31.9%。

业内人士做出如下分析，按照成母牛来计算，有机奶牛的成母牛加上非有机奶牛的成母牛总数为 35 850 头，按其公布的每头产奶量 8.5 吨计算，成母牛的总产奶量为 30.472 5 万吨。年销售收入 11.4 亿元除以成母牛年总产奶量，最后结果是每公斤约合 3.75 元。而这个价格远远低于有机奶的平均价格，甚至低于普通奶的价格，刨去一些经营成本和奶牛成本，还能达到如此高的利润，数据有造假嫌疑，利润明显虚高。

中国圣牧称，由于有机原料奶产品供求缺口不断扩大，圣牧能以较高的平均售价出售其产品。2013 年，圣牧有机原料奶的平均售价为每吨 5 247 元，远高于同期原料奶行业平均价格每吨 3 570 元。非有机原料奶的售价为每吨 4 377 元，液态奶的售价为每吨 14 625 元。

业内人士表示，即便按照每吨 5 247 元的售价来算，和普通牛奶的售价没有太大区别，目前广东普通牛奶的价格基本在 6 000 元人民币/吨左右，圣牧有机奶从价格上体现不出其优势，更谈不上有很高的利润可言。值得注意的是，有机奶的收入仅为 3.5 亿元，只占到总收入的 30%。圣牧认为有机奶是利润最高的一块，其他普通奶更难赚钱。液态奶的售价算是行业比较高的利润，但所占份额不大，只有 3.02 亿元的销售额。

上述人士认为，从圣牧三块主要销售收入来看，有机奶的售价很难赚到钱，除非所产的奶不是全程有机奶，非有机奶的售价只是行业平均水平，而利润稍高的液态奶市场份额不足 30%。那么要想达到 31.9% 的净利润真的很难，并且相去甚远。

此外，业内人士还指出，圣牧称平均每头牛年产奶量为 8.5 吨的水平是很难达到的，尤其是对于有机奶牛来说，新西兰的有机奶牛喂牧草的最好产奶量在 4～5 吨，如果喂精饲料最多产奶量也就是 7～8 吨，几乎没有能达到 8.5 吨的有机奶牛。而喂的精饲料包括玉米、豆粕等，这些饲料全部做到有机非常难，几百头还可以做到，几万头喂精饲料达到有机几乎没有可能。

王丁棉认为，中国圣牧养牛只有三四年的时间，而光明、三元养牛都有几十年的历史，三四年的时间就能达到光明、三元奶牛的产量非常难，那么只能说明 8.5 吨的产量数据水分很大。

资料来源　高素英. 中国圣牧利润虚高疑数据造假 赴港上市有机概念遭疑[N]. 中国经营报，2014-07-26.

2. 与盈利质量分析相关的因素

（1）会计政策的选择与运用

企业管理层对会计政策的选择与运用是决定盈利质量的重要因素。在会计政策的选择上有稳健（或保守）和不稳健（或乐观）之分。稳健的选择所产生的盈利与乐观的选择所产生的盈利相比，前者通常不会高估现实和未来的业绩，因此通常被认为是高质量的，相对于乐观的选择而言，对其盈利的质量通常给予较高的评价。在分析会计政策的选用对盈利质量的影响时，还应关注以下几点：

①会计政策的持续性如何，是否随意变更会计政策。会计政策的变更必须符合法律或会计准则等行政法规、规章的要求，或者这种变更能够提供有关企业财务状况、经营成果和现金流量等更可靠、更相关的会计信息。有的上市公司出于业绩支撑的压力，将原来采用的较稳健的会计政策调整为较乐观的会计政策，如随意延长固定资产的折旧年限，降低坏账准备的计提比例等，而这种调整变更并不符合上述会计政策变更的要求，从而降低了盈利的质量。

②企业管理层可能通过会计运用来影响收入和费用的确认，从而决定盈利的数额。例如通过调整类似于维护与修理费、广告费、营销费、研发费等酌量性费用的发生时间或通过安排收入、资产销售的确认时间来达到操纵盈利水平的目的。以广告费为例，由于广告费支出中的大部分对未来会计期间的业绩产生影响，而与短期业绩之间的相关性较小，因此，管理层可以在不影响当期收入的前提下削减该项支出，从而提高当期的盈利水平，然而长期的销售将很可能受到影响。

③会计政策的过度稳健。过度稳健的会计政策虽然可以暂时提高盈利的质量，但从长远的角度来看却降低了盈利的可信性和相关性。报表分析者应关注在计提各项减值准备事项上采用过度稳健的做法是否出于"秘密准备"的考虑。

（2）盈利的持续稳定性

盈利的持续稳定性表现在收益水平是稳定的或收益增长趋势是稳定的，没有剧烈的上下波动。持续稳定的收益流所产生的盈利质量较高，反之，盈利质量则较低。在分析盈利的持续稳定性对盈利质量的影响时，应关注以下几点：

①持续稳定的收益应主要来源于主营业务。如果公司主营业务的收益稳定，公司所从事的业务和生产的产品或提供的劳务具有良好的市场发展前景，则具有相对较高的盈利质量。

②持续稳定的收益应主要来源于经常性项目。一般认为，非经常性项目所产生的收益质量比经常性项目所产生的收益要低。长期投资因控制力度较弱属风险性资产，其产生的收益尽管为经常性收益，但相对营业收入而言，其盈利质量较低。

③持续稳定的收益应主要来源于非关联交易。关联交易因属内部交易，透明度和可信性较低，相对非关联交易而言，其产生的收益质量较低。

④持续稳定的收益是否为管理层刻意安排的结果。有时，为了将收益在当期和未来之间转移以缓和各期之间的收益大幅波动，管理层可能通过安排销售收入、资产销售、广告支出、研究支出、维护与修理支出等收入和费用的确认时间，或者选用更加宽松的会计方法等合法、"可接受的"会计政策及灵活的会计运用手段来达到收益调节的目的。

（3）现金流量的变化

现金流量是决定盈利质量的重要因素。高质量的盈利必须有与之相匹配的现金流。这就要求：

①会计上反映的销售应能迅速转化为现金。在权责发生制下采用赊销方式所确认的收

入，如果不能很快转化为现金或最终无法转化为现金，且没有计提较充分的坏账准备，势必降低盈利的质量，从而影响企业的流动性和正常的商业运作。如果应收账款的增长远远大于销售收入的增长，且出现账龄延长的情况，很有可能是盈利质量下降的信号。此外，如果应收账款的增加仅仅是由于公司大力促销而使得存货从公司转移到分销商手中而引起的，这种向未来透支销售的情形也会降低盈利的质量。

②公司在业务稳定发展阶段，其经营活动产生的现金流量净额应当与公司的经营活动相对应。

（4）资产的质量

盈利的创造或确认没有透支其对应资产的质量，盈利质量较高，反之，盈利质量较低。没有透支资产质量是指：①资产减值准备的计提与其对应的资产质量相符；②在收益创造过程中所使用的固定资产维修状况良好，不存在恶性使用且不进行正常维修保养的短期化行为；③落后的生产设备能够得以正常淘汰和更新。

（5）税收政策的影响

目前，税收政策对上市公司盈利的影响较大。上市公司因享受各种税收优惠政策或各种财政补贴而导致的盈利水平的提高，并不代表公司实际的盈利能力，并且这种优惠和补贴很可能发生变化。因此，依赖税收优惠政策和财政补贴而产生的盈利质量相对较低。

（6）财务风险

在评价盈利质量时，不能不考虑财务风险的因素。行业及规模相近的两个企业，即便具有相同盈利额或收益率水平，只要财务风险不同，其盈利质量就是不同的。分析财务风险对盈利质量的影响时应注意：

①有无过分使用财务杠杆效应提高盈利。财务风险较高，收益波动倾向增强，盈利的质量也随之降低。

②流动性是评价公司短期偿债能力的关键因素，尽管流动性对当期收益不产生直接影响，但如果不能偿还负债，公司可能会采取一些不当行为，而这些行为可能会使未来的收益产生较大的不确定性，加大收益波动的风险，从而降低盈利的质量。

③通过提高资产使用效率（资产周转率）而产生的盈利质量比通过获取较高的销售毛利率而产生的盈利质量要高，因为前者的财务风险相对较低。

④存在各类或有负债或表外负债（如对外担保、未决诉讼、产品保证等）的企业，因财务风险增加，其盈利质量相对较低。

（7）经营风险

经营风险较大的企业容易导致收益水平的较大波动，从而使盈利质量降低。经营风险与行业密切相关，高风险、竞争激烈以及周期特征明显的行业经营风险相对较大，其盈利质量相对较低。经营风险还与所处的经营环境相关，如设立在经济和政治因素不稳定国家的企业，其生产经营可能随时受到冲击，还可能受到限制资金和收益返还、币值变动以及其他政府管制因素的影响。由于复杂经营环境中的不确定性使得某些跨国集团的盈利质量通常被认为是较低的。经营杠杆系数（即总成本中固定费用所占份额）较高的公司，经营活动水平变化引起的潜在收益的变化较大，公司收益波动的幅度也较大，盈利质量较低。

【相关链接】

财务造假横跨 5 年 南纺股份虚增利润终获罚

因连续多年虚增利润被行政处罚的南京纺织品进出口股份有限公司（简称南纺股份）信息披露违法案今年一度引发市场密切关注。南纺股份财务造假横跨 5 年，通过在自营进口业务中调低进口成本、在转口业务中虚增收入、在以外汇融资为目的的虚假转口业务中虚增收入及成本隐瞒财务费用、调节应收外汇账款账龄以少提坏账准备等多种手段虚增利润。

该案查明后，证监会依法对南纺股份予以警告，并处 50 万元罚款；公司 12 名相关责任人被给予警告并处 3 万元到 30 万元不等的罚款，其中 3 名责任人被施以市场禁入。

证监会调查显示，南纺股份于 2006—2010 年的 5 年间持续虚构利润，掩盖公司连续亏损的财务状况。

其中，南纺股份 2006 年虚构利润 3 109.15 万元，扣除虚构利润后公司当年利润为 -668.65 万元，虚构利润为其披露利润的 127.39%；2007 年虚构利润 4 223.33 万元，扣除虚构利润后公司当年利润为 -1 430.59 万元，虚构利润为其披露利润的 151.22%；2008 年虚构利润 15 199.83 万元，扣除虚构利润后当年利润为 -13620.47 万元，虚构利润为其披露利润的 962.40%；2009 年虚构利润 6 053.18 万元，扣除虚构利润后当年利润为 -4 470.40 万元，虚构利润占其披露利润的 382.43%；2010 年虚构利润 5 864.12 万元，扣除虚构利润后当年利润为 -5 969.01 万元，虚构利润占其披露利润的 5 590.73%。

南纺股份 2011 年年度报告披露，调减利润 39 688.71 万元，其中包括调减 2010 年以前年度的利润 31 769.70 万元，调减 2010 年利润 7 919.01 万元。

证监会认定，南纺股份虚构利润的行为违反了《证券法》第六十三条关于"上市公司依法披露的信息，必须真实、准确和完整，不得有虚假记载、误导性陈述或者重大遗漏"的规定，构成了《证券法》第一百九十三条所述的"上市公司报送的报告有虚假记载、误导性陈述或者重大遗漏的违法行为"。

据此，证监会依法给予南纺股份警告，并处以 50 万元罚款；给予单晓钟等 12 名相关责任人警告，并处以 30 万元至 3 万元不等的罚款。时任南纺股份董事长、总经理单晓钟，时任南纺股份董事、副总经理、财务总监丁杰，时任南纺股份副总经理刘盛宁被认定为证券市场禁入者。单晓钟终身市场禁入，丁杰、刘盛宁自宣布决定之日起 10 年内不得从事证券业务或者担任上市公司董事、监事、高级管理人员职务。

南纺股份财务造假横跨 5 年，相关办案人员介绍，由于公司主要客户在中国香港和英国，南纺股份主要通过在自营进口业务中调低进口成本、在转口业务中虚增收入、在以外汇融资为目的的虚假转口业务中虚增收入及成本隐瞒财务费用、调节应收外汇账款账龄以少提坏账准备等多种手段虚增利润。

由于调查过程中主要决策、参与人员均已被司法羁押，给行政调查取证工作带来很大困难。据了解，2011 年 7 月 7 日，南京市纪委、市公安局经侦支队、市审计局等组成专案组对南纺股份部分时任高管人员进行调查。证监会调查组创新调查手段，在南京市纪委的支持和协助下，分别约见了丁杰、单晓钟、刘盛宁并谈话。2012 年 9 月 7 日，调查组收到南京市纪委出具的相关说明，介绍了 2011 年南京市纪委等有关部门成立联合调查组对南纺股份相关人员进行调查的情况。

调查组以反映公司历年财务造假过程的工作底稿为突破口，结合境内外调查获取的相关证据资料，充分利用南京市联合调查组的调查结果，在较短时间内完成了复杂案件的调查工作。

此案爆出后，市场普遍对案件的处罚提出两点质疑：一是认为处罚过轻，公司连续 5 年财务造假，但处罚额度仅为 50 万元；二是质疑如此重大案件为何没有移交司法处理。

对此，法律专家认为，监管部门依法对南纺股份信息披露违法案进行了处罚，按照《证券法》第一百九十三条，发行人、上市公司或其他信息披露义务人未按照规定披露信息，或信息披露存在虚假记载、误导性陈述或重大遗漏的，责令改正，给予警告，并处以 30 万元以上 60 万元以下的罚款，相关责任人员给予警告，并处 3 万元以上 30 万元以下的罚款。

另外，据了解，鉴于南纺股份连年虚增利润的行为涉嫌违反《刑法》相关规定，2013 年 3 月 29 日证监会稽查局就本案移送事项与侦查局进行了沟通。侦查局认为，由于本案主要涉案人因经济犯罪已被司法羁押，而上市公司涉嫌不披露重大信息犯罪为轻罪，按重罪吸收轻罪的原则，公安机关不可能再刑事立案。因此依据现有情况，本案无法移送公安机关侦查。

资料来源　马婧妤. 财务造假横跨 5 年　南纺股份虚增利润终获罚[N]. 上海证券报，2014-11-04.

本章小结

利润表是反映企业在一定会计期间的经营成果的财务报表，是把一定期间的收入与其同一会计期间相关的成本费用进行配比，以计算出企业一定时期的净利润（或净亏损）。利润额的高低及其发展趋势，是企业生存与发展的关键，也是企业投资者及其利益相关者关注的焦点。因此，利润表的编制与披露对信息使用者是至关重要的。

利润表通过一定的表格来反映企业的经营成果，目前比较普遍的结构有单步式利润表和多步式利润表两种。我国企业会计准则规定的利润表就是多步式利润表。

利润表项目主要有：营业收入、营业成本、税金及附加、销售费用、管理费用、财务费用、资产减值损失、公允价值变动收益、投资收益、营业外收入、营业外支出及净利润。

利润表结构分析常常采用共同比利润表分析。利润表结构分析就是将相关收入、费用和利润项目金额与相应的合计金额或特定的项目金额进行对比，以查看这些项目的结构，从而洞悉企业盈利能力的一种分析方法。在利润表结构分析中，不仅要认识不同的收入、费用项目对企业利润影响的性质，而且要掌握它们各自的影响程度。

利润表水平分析包括绝对额分析、环比分析和定基分析。

对利润表进行质量分析，实质上是对企业利润形成过程进行质量分析。通过对利润表收益结构的分析，还可以了解企业的市场营销战略、发展战略和技术创新战略等是否合理、有无创新。

利润形成过程质量分析可以按利润表上收益构成的营业利润、营业外收支、利润总额以及净利润等进行项目搭配、排列，从而形成多种层次的收益结构，反映了从"核心业务"到"非核心业务"的扩展。这种利润层次体系有助于报表使用者形象地理解不同范围经营成果的形成原因，因为每一利润层次都可分解为相应收入与费用项目的比较。

讨论题

1. 什么是利润表？企业利润表的基本内容和具体结构如何？利润表的作用如何？

2. 如何对利润表进行水平分析和结构分析？

3. 如何对利润表质量进行分析？

4. 收入的确认符合哪些条件？收益与收入有什么区别？

5. 如何对营业收入项目进行分析？

6. 成本与费用有什么区别？如何对成本费用项目进行分析？

7. 如何正确认识公允价值变动损益和投资收益？

8. 什么是盈利质量？与盈利质量分析相关的因素有哪些？

业务题

1. A 股份有限公司（以下简称 A 公司）为境内上市公司，属于增值税一般纳税企业，适用的增值税税率为 17%。A 公司 2014 年度发生的有关事项及其会计处理如下：

（1）2014 年 7 月 1 日，A 公司因融资需要，将其生产的一批商品销售给同是增值税一般纳税企业的 B 公司，销售价格为 600 万元（不含增值税），商品销售成本为 480 万元，商品已经发出，货款尚未收到。按照双方协议，A 公司在将该批商品销售给 B 公司后一年内以 650 万元的价格回购所售商品。2014 年 12 月 31 日，A 公司尚未回购该批商品。2014 年 7 月 1 日，A 公司就该批商品销售确认了销售收入，并结转相应成本。

（2）2014 年 11 月 30 日，A 公司接受一项产品安装任务，安装期为 4 个月，合同总收入为 40 万元，至 2014 年年底已经预收款项 24 万元，实际发生成本 20 万元，估计还会发生成本 12 万元。2014 年度，A 公司在财务报表中将 24 万元全部确认为劳务收入，并结转 20 万元的成本。

（3）2014 年 12 月 1 日，A 公司向 C 公司销售商品一批，价值 100 万元，成本为 60 万元，商品已经发出，对方已预付货款。C 公司当天收到商品后，发现商品质量未达到合同规定的要求，立即根据合同的有关价格减让和退货的条款与 A 公司协商，要求 A 公司在价格上给予一定的减让，否则予以退货。至年底，双方尚未就此达成一致意见，A 公司也未采取任何补救措施。A 公司 2014 年确认了收入并结转了已售商品的成本。

（4）2014 年 6 月 1 日，A 公司与 D 公司签订销售合同。合同规定，A 公司向 D 公司销售生产线一条，总价款为 250 万元；A 公司负责该生产线的安装调试工作，且安装调试工作是销售合同的重要组成部分。12 月 5 日，A 公司向 D 公司发出生产线；12 月 8 日，D 公司收到生产线并向 A 公司支付 250 万元货款；12 月 20 日，A 公司向 D 公司派出生产线安装工程技术人员，进行生产线的安装调试；至 12 月 31 日，该生产线尚未安装完工。A 公司 2014 年确认了销售收入。

（5）2014 年 12 月 1 日，A 公司与 E 公司签订协议，向 E 公司销售一台大型设备，总价款为 1 500 万元。但是，A 公司需要委托 F 企业来完成设备的一个主要部件的制造任务。根据 A 公司与 F 企业之间的协议，F 企业生产该部件发生成本的 110% 即为 A 公司应支付给 F 企业的劳务款。12 月 25 日，A 公司本身负责的部件制造任务以及 F 企业负责的部件制造任务均已完成，并由 A 公司组装后将设备运往 E 公司；E 公司根据协议已向 A

公司支付有关货款。但是，F 企业相关的制造成本详细资料尚未交给 A 公司。A 公司本身在该大型设备的制造过程中发生的成本为 1 300 万元。A 公司于 2014 年确认了收入。

要求：分析判断 A 公司有关收入的确认是否正确，并说明理由。

2. 公司 2013 年和 2014 年营业利润的数额见表 4-9。

表 4-9   营业利润数额   单位：元

项　目	2013 年	2014 年
一、营业收入	567 972	612 860
减：营业成本	482 022	508 168
营业税金及附加	1 256	2 004
销售费用	134	204
管理费用	6 684	5 621
财务费用	3 056	2 849
资产减值损失	0	988
二、营业利润	74 820	93 026

要求：试对该公司营业利润的变动状况进行具体分析。

案例分析

洲明科技资金链紧绷 是否虚构利润

2013 年 5 月 20 日，洲明科技盘中报 15.50 元/股，创 2013 年以来股价新高。

网易财经调查发现，洲明科技财报数据异常，且其经营资金极度紧张，数次靠改变募资用途及通过银行获取短期借款度日。

经营现金流远低于净利润

深圳市洲明科技股份有限公司（简称洲明科技）主营业务为 LED 高清节能全彩显示屏和 LED 节能照明产品的研发、生产和销售，洲明科技的前身——深圳市洲磊电子有限公司成立于 2004 年 10 月 26 日，已持续经营多年。2008 年至今，主营业务结构也没有发生重大变化。

财报显示，洲明科技在 2008—2012 共 5 年中，取得净利润总额为 1.77 亿元，经营活动产生的现金流量净额总计为 4 673.91 万元，后者占净利润的比例为 26.35%，即 1/4 强。

上海一家会计师事务所的注册会计师杨沫对网易财经表示："对一个主营业务结构没有发生重大变化、持续经营的公司来说，所需要的长期营运资金在经营前期已完成投入，故其实现的净利润应该相当于现金利润。也就是说，不是纸上数字，当是真金白银，经营活动产生的现金流量净额应该与净利润相当，一般略大于净利润。"

根据会计原理，抵减营业收入的营业成本、税金及附加、管理费用、销售费用中有一部分是一次性投资多期受益的长期性资产逐年分摊计入的，与经营活动产生的现金流量无关。故上述诸项费用，在逐年分摊计入当期损益时，会导致净利润降低，但并不会导致经营活动产生的现金流减少。

因此，洲明科技经营活动产生的现金流量净额估测为资产减值、折旧与摊销、处置长期资产与财务费用等项目总额 5 111.09 万元，加上净利润之和，即 2.28 亿元。

蹊跷的是，2008—2012 年，洲明科技经营活动产生的现金流量净额仅为 4 673.91 万元，与 2.28 亿元相差了 1.8 亿元之多。

杨沫分析，上述 5 111.09 万元的资金，并不会发生现金流出，但抵减了营业收入，计入了当年损益。

"对一个持续经营多年，主营业务结构没有发生重大变化的公司而言，在收入正常、货款回收正常的情况下，这笔 5 111.09 万元的资金自然回流到洲明科技。如洲明科技确实赚了 1.77 亿元，其经营现金流应当为 2.28 亿元，但财报显示其实际现金流只有 4 673.91 万元，悬殊太大。"杨沫表示。

因此，洲明科技声称赚取的 1.77 亿元，并不是实际现金利润，而仅仅是纸面数值，有利润虚构的重大嫌疑。

2 000 万元在建工程去向不明

2012 年财报显示，洲明科技在建工程余额为 1.16 亿元，固定资产余额为 6 819.46 万元；2013 年一季度，在建工程余额为 9 468.00 万元，固定资产余额为 6 782.74 万元。与 2012 年年末相比，洲明科技固定资产余额变化不大，但在建工程余额莫名其妙减少了 2 091.41 万元。

一季报对此解释称："在建工程期末较年初减少 18.09%，原因系审计师进行 2012 年度财务审计时，对上年度末的在建工程有调整。"

但事实上，网易财经在查阅了《深圳市洲明科技股份有限公司 2012 年度报告》全文及摘要、《深圳市洲明科技股份有限公司 2013 年第一季度报告》全文后发现，洲明科技并没有对在建工程有过调整。

2013 年一季度减少的金额为 2 091.41 万元的在建工程。对 2012 财政年度的损益有何影响，洲明科技语焉不详。

除了在建工程，财报显示，2008—2012 年，洲明科技应收账款占营业收入的比例由 2008 年年末的 11.31% 上升到 2012 年年末的 17.66%，存货占营业成本的比例由 2008 年年末的 16.85% 上升到 2012 年年末的 68.20%。

值得一提的是，其 2012 年财报显示，洲明科技存货金额高达 3.08 亿元，同比增加 1.30 亿元，营业收入为 6.08 亿元，同比增加 7 600 万元；营业成本却为 4.52 亿元，同比增加 5 300 万元。也就是说，2012 年度，洲明科技存货规模的扩张速度远远超过营业收入扩张的幅度。

洲明科技持续经营多年，2008 年至今，其主营业务结构也没有发生重大变化，因此应收账款和存货占营业收入的比例不应出现如此幅度增长。

杨沫认为，正常情况下，随着上市公司治理结构的完善，运营能力以及成本控制能力的增强，应收账款和存货占营业收入的比例应逐年降低。"虽然不排除有些行业存在高库存特征，但不会出现如此大幅异常增长的现象，特别是在主营业务结构和经营状况没有发生重大改变的情况下。"

此外，有投资者宣称，洲明科技大量虚增销售业绩与营业利润，其先后于 2009—

2012 年将大量库存虚增成对外销售业绩。

"截至 2012 年年底，洲明科技虚增外销销售额达 11.75 亿元，其 99% 皆未收到协议销售方的任何款项，另有 56.78% 的虚增销售额甚至未有任何协议及销售合约，纯属虚增，存在巨大的资产减值和追溯亏损风险。"

靠借债和挪用缓解资金链

网易财经发现，洲明科技资金不足。为解决资金不足问题，通过短期或永久改变募集资金用途，以及通过短期借款的方式，洲明科技补充流动资金合计达 1.12 亿元；洲明科技 2013 年一季报显示财务费用异常增加。

2012 年，洲明科技曾三次改变募资用途，用于补充日常流动资金，总金额为 8 244.35 万元，其中 3 200 万元募资被短期改变两次用途，以补充流动资金，至 2012 年年底未归还至募集资金专户；另有 5 044.35 万元被其称为"募集资金项目投资总额低于募集资金净额部分"，永久变更了资金用途。

2012 年，洲明科技还增加了短期借款 3 000 万元。洲明科技运用募集资金及短期借款补充流动资金合计高达 1.12 亿元。

截至 2012 年年底，洲明科技货币资金余额为 1.96 亿元，其中募集资金余额为 1.31 亿元。去除募集资金余额后，其可自由支配的货币资金仅为 6 464.99 万元。

中国人民银行自 2012 年 7 月 6 日起下调金融机构人民币存贷款基准利率，一年期贷款基准利率降至 6%。

3 000 万元短期借款，如利率上浮 30%，则该笔短贷年利率为 7.8%，洲明科技年借款利息费用经测算为 234 万元，平均每季度为 58.5 万元。财报显示，2013 年期初货币资金余额高达 19 550.73 万元，2013 年一季度期末货币资金余额为 19 360.50 万元，货币资金平均余额为 19 455.62 万元，同期活期存款年利率为 0.35%，利息收入约为 17.02 万元，抵减后的利息费用经测算约为 41.48 万元。

但是，洲明科技 2013 年度一季报列示，财务费用高达 102.42 万元，高出估算的比率约 146.91%，出现重大异常。

在 2012 年，洲明科技两次改变募资用途，暂时补充流动资金，一次永久变更募资用途补充流动资金，但资金仍告不足，又向金融机构借款 3 000 万元。

如果洲明科技未能于 2011 年 6 月 22 日实现上市并成功募资 3.33 亿元，就无法通过募资补充流动资金，其 3 000 万元短期借款也将无法顺利取得，如此则会陷入经营资金极度短缺的局面。

资料来源　周洲. 洲明科技资金链紧绷　涉嫌虚构利润[EB/OL].[2013-05-24]. http://money.163.com/13/0524/09/8VKNIKT100253T96.html.

问题探讨：

根据上述资料，对于洲明科技是否虚构利润，你将做出怎样的判断？如果洲明科技虚构利润，具体手段有哪些？

第 5 章

现金流量表分析

我们和许多公司一样，一直把注意力放在利润表的数字上，却很少讨论现金周转的问题。这就好像开着一辆车，只晓得盯着仪表板上的时速表，却没注意到油箱已经没油了……戴尔新的营运顺序不再是"增长、增长、再增长"，取而代之的是"现金流量、获利性、增长"，依次发展。

——迈克尔·戴尔

如果你有三种可以依赖的度量方法，应该就是员工满意度、顾客满意度和现金进账。

——杰克·韦尔奇

学习目标

1. 掌握现金流量表的内容和编制方法；
2. 理解现金流量表、资产负债表和利润表的关系；
3. 理解并掌握现金流量表的水平分析和结构分析；
4. 掌握现金流量表附注资料的分析方法；
5. 理解并掌握现金流量的质量分析。

重点与难点

1. 现金流量表的水平分析；
2. 现金流量的质量分析。

引　言

1974 年 10 月 1 日的《华尔街日报》上登载了一篇评论，该评论指出："很多经理人员显然相信，如果他们能够找到妙法来夸大报告的会计盈利，他们的股票价格就会上升，即使这些夸大的会计盈利并不代表实质性的经济变化。换言之，经理人员认为自己是精明能干的，而市场则是愚笨无能的。显然，真正愚笨的是那些陷入每股收益谜团的管理者。"此后很长一段时间里，仍然有很多公司的管理者崇拜企业的每股收益，并花费大量的时间和精力一分一厘地估计下一会计期间的每股收益。

殊不知，仅仅关注公司会计利润的做法，往往会导致管理者做出毁损价值的决策。

管理者应该把重点放在提高公司长期的自由现金流量上，最终使股票价格得以提升。本章将从公司现金流量表的构成入手，着重探讨现金流量表分析对于管理层和投资者的重要性。

5.1 现金流量表分析的目的和内容

5.1.1 现金与现金流量表

现金流量表是反映企业在一定会计期间现金和现金等价物流入与流出的报表，是以收付实现制为基础编制的。现金流量表不但反映了企业一定时期的现金净流量，更重要的是揭示了企业一定时期净现金形成的原因，以配合资产负债表和利润表的分析，充分反映企业当前的财务状况和经营业绩的情况。

在现金流量表中，现金是一个广义的概念，它与现金等价物被视为一个整体。现金是指企业库存现金以及可以随时用于支付的存款。不能随时用于支付的存款不属于现金。现金等价物，是指企业持有的期限短、流动性强、容易转换为已知金额现金、价值变动风险很小的投资。典型的现金等价物包括自购买之日起 3 个月到期的短期债券，它们必须是能够轻易地转化为已知数额的现金。企业作为短期投资而购入的可流通的股票，尽管期限短，变现的能力也很强，但由于其变现的金额并不确定，其价值变动的风险较大，因而不属于现金等价物。企业可以根据具体情况确定现金等价物的范围，一经确定不得随意变更。

现金流量是某一段时期内企业现金流入和流出的数量。企业现金形式的转换，例如企业从银行提取现金，不会产生现金的流入和流出，不构成现金流量；同样，现金与现金等价物之间的转换也不属于现金流量，例如企业用现金购买 3 个月到期的国库券。

根据企业业务活动的性质和现金流量的来源，可以将企业一定期间产生的现金流量分为三类：经营活动产生的现金流量、投资活动产生的现金流量和筹资活动产生的现金流量。每类活动又分为各具体项目，这些项目从不同角度反映企业业务活动的现金流入与流出，表明企业经营状况是否良好、资金是否紧缺、企业偿付能力的大小，从而为投资者、债权人、企业管理者提供非常有用的信息。

【相关链接】

读懂"现金流"

近期，有个卖海产品的上市公司宣称遭遇冷水团导致海产品存货损失数亿元，有分析人士通过分析该公司的现金流量表后对其提出质疑。不管这家公司存货突然贬值的具体原因是什么，但分析现金流量表的作用却已可见一斑。那么，如何去分析现金流量表呢？让我们先来了解一下什么是现金流量表。

现金流是企业的生命线，三大财务报表之一的现金流量表与另外两大报表的不同之处在于，其是按照收付实现制编制，资产负债表和利润表是根据权责发生制进行编制。也正是因为现金流量表是按照当期的实收实付情况进行编制，会计师们难以通过一些账务处理的手段对现金流量表进行操控。

在我国，公司若想上市，必须满足一定要求，比如最近 3 个会计年度累计净经营性现金流超过 5 000 万元或累计营业收入超过 3 亿元。可见，在规则的制定者眼中，经营性现金流 5 000 万元和营业收入 3 亿元是画等号的。公司虽然按照权责发生制做账有了营业收入，但是收不到钱没有现金流是不行的。

应该说，现金流量表反映的是一个公司三个方面的现金流：

一是经营活动产生的现金流。经营活动产生的现金流与公司的经营活动有关，反映这家公司在经营活动中有哪些现金流入与流出。一般而言，公司在赚钱的时候，其经营活动产生的现金流是正值，在亏损的时候其现金流是负值。

二是投资活动产生的现金流。投资活动产生的现金流与购买或者处置固定资产、长期投资等有关。公司处在扩张时期，一般会加大投资，其投资活动产生的现金流是负值；而在收缩时期，公司会变卖资产，其投资活动产生的现金流就是正值了。

三是筹资活动产生的现金流。筹资活动产生的现金流是指公司举债或者追加股本而产生的现金流动。公司进行筹资活动，其现金流是正值，而偿还借款时，其现金流是负值。

在分析现金流量表时，需要将经营活动、投资活动以及筹资活动产生的现金流作为一个有机整体进行分析。举例来说，当经营活动产生的现金流为正值，投资活动产生的现金流为负值，筹资活动产生的现金流为正值时，说明这家公司正处在上升期，经营状况很好，有钱赚，于是四处筹资，用于固定资产等项目投资。但是，如果公司经营活动产生的现金流由正值转为负值，筹资活动产生的现金流为正值时，投资者就要提高警惕了，因为该公司有可能是经营恶化，靠借债勉强维持。

当掌握了现金流量表的基本原理和方法后再来看报表时，你就会有一双"火眼金睛"，从而能识破一些假象。

资料来源　彭江. 读懂"现金流"[N]. 经济日报，2014-11-21.

5.1.2　现金流量表与主要财务报表之间的关系

根据我国企业会计准则的相关规定，企业对外提供的财务报表主要包括资产负债表、利润表、现金流量表和所有者权益变动表。现金流量表和其他报表之间不是相互脱离、彼此独立的，而是有着内在的勾稽关系，共同支撑了投资决策有用的信息体系。例如，对于企业管理者而言，现金流量可以说明经营过程是否产生足够现金流入来满足各项现金流出的需要，企业是否可以购置固定资产满足未来经营活动的扩展，企业应做何投资及采用何种方式进行融资，以及如何清偿到期债务等。对于债权人而言，企业能否产生现金流入并按期支付利息和清偿到期债务，直接关系到债权人权益的保护。对于投资者而言，则更关注企业的获利能力（即未来产生现金净流入的能力）和股利支付能力，确保自身得到合理的投资回报。然而，利润表提供的盈利相对抽象，现金流量表中的现金流量则十分具体。足够的现金流入是股利、利息和到期本金能够及时支付的保证。无法想象，没有盈利的企业会有正当和可靠来源的现金净流入。因此，有关现金流量表的分析应该结合利润表的分析，侧重从"现金偿付"的角度分析现金流量的质量。同时，现金流量的分析同样需要结合资产负债表的分析内容，现金流入和流出情况的判断需要结合资产负债表的信息加以确认，这样才能对企业现金流量数字背后隐藏的经济实质给出相对准确的解答。财务报表间的相互关系如图 5-1 所示。

现金流量表

```
┌─────────────────────────────┐
│  经营活动现金净流量            │
│  投资活动现金净流量            │
│  筹资活动现金净流量            │
│  现金净增加额                 │
│  现金期初余额                 │
│  现金期末余额                 │
│  补充资料：净利润             │
└─────────────────────────────┘
```

资产负债表（期初）　　　　利润表　　　　　　　资产负债表（期末）

```
┌────────────────────┐      ┌──────────┐      ┌────────────────────┐
│ 现金                │      │ 收入      │      │          现金       │
│ 其他资产            │      │ 费用      │      │        其他资产     │
│ 资产总计            │      │ 净利润    │      │        资产总计     │
│                    │      └──────────┘      │                    │
│ 负债合计            │                        │        负债合计     │
│ 实收资本            │   所有者权益            │        实收资本     │
│ 未分配利润          │   变动表               │      未分配利润      │
│ 所有者权益合计      │  ┌──────────┐          │    所有者权益合计    │
│ 负债和所有者权益总计│  │ 净利润    │          │ 负债和所有者权益总计 │
└────────────────────┘  │ 未分配利润│          └────────────────────┘
                        │ 所有者权益合计│
                        └──────────┘
```

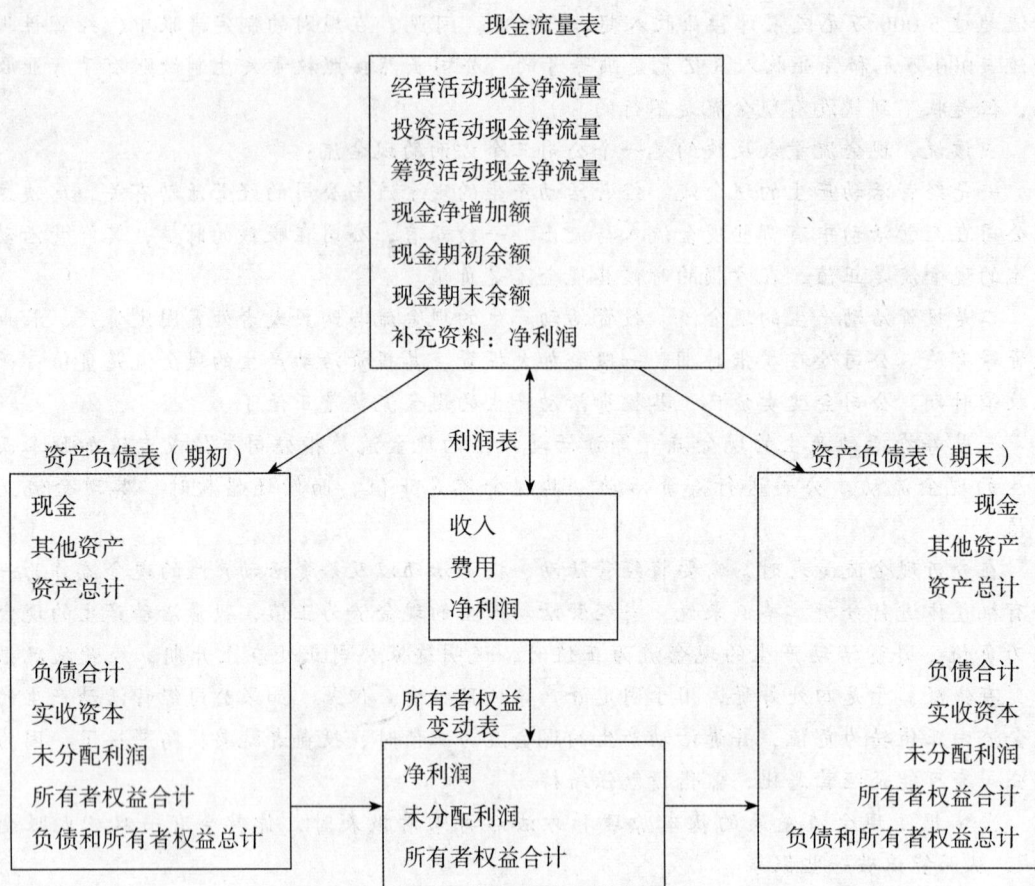

图 5-1　财务报表间的相互关系

根据会计恒等式分析影响现金净流量的因素：

资产＝负债＋所有者权益

现金＋非现金流动资产＋非流动资产＝流动负债＋非流动负债＋所有者权益

现金＝流动负债＋非流动负债＋所有者权益－非现金流动资产－非流动资产

其中：

所有者权益＝实收资本（或股本）＋资本公积＋盈余公积＋未分配利润

未分配利润＝净利润＋年初未分配利润－提取的公积金－应付利润（股利）

以上分析表明，资产负债表和利润表与影响公司现金净流量的因素有关，非现金流动资产类项目的变化与现金净流量的变化方向相反；负债与所有者权益类项目的变化与现金净流量的变化方向相同。在其他因素不变的条件下，所有者权益的变化主要与未分配利润有关，而后者主要取决于公司经营活动创造的净利润以及公司的股利政策。

公司在一定时期创造的现金净流量是经营活动、投资活动和筹资活动现金净流量的总和。通过比较资产负债表期末货币资金（包括现金等价物）与期初货币资金的差额，可以分析公司一定时期现金净流量变动的动因；通过分析从净利润到经营活动现金净流量的调整过程，可以更好地理解现金流量表与利润表的关系。

【相关链接】

建立全局观

根据现金流分析制订的方案，除了能帮助公司把握全局，观察运营如何影响资产负债表之外，还能让管理者看到，部门经理、工厂经理和其他经理所采取的举措如何直接影响现金流和资产负债。这些方案帮助确立和实施有关现金清算、库存目标、应收账款周转天数以及其他营运资本项目的政策措施。这样做的目的是让一切都确定下来，而不是让经理们自己定夺。

现金流和流动性分析帮助企业把握效率和利润最高的业务环节，自然引发对每项业务的资本回报的分析，从而将资产负债表和利润表联系在一起。它能帮助管理者决定资本流向，让总回报最大化。同时，避免盲目地将资本平均投入到公司的各个业务环节，而这种做法是企业的通病。

从长远的角度来看，现金流管理帮助管理者在了解每周业务运营的全局观之上完善公司的战略。这样就能在经济下滑期充分了解信息，做出选择，节约资本，把握机遇，投资于盈利性最好的业务。

现在，即使是最可靠的预言家都没有信心预测此轮经济动荡将在何时结束。也许动荡还将持续很长一段时间，但是只要管理者能够敏锐地发现企业运作中存在的各种细微问题，并采取适当的措施加以改善，就能让企业在动荡中安然自如。现金流和流动性分析能助高管们一臂之力。

资料来源　丁丁.现金流管理需完成从技巧到战略的转换[N].财会信报，2010-08-23.

5.1.3　现金流量表分析的目的

现金流量表是反映企业一定会计期间内现金和现金等价物流入和流出信息的动态报表，通过现金流量表的分析，报表使用者可以了解和评价企业获取现金和现金等价物的能力，并据以预测企业未来现金流量。具体来看，主要体现在以下几个方面：

第一，有助于评价企业的支付能力、偿债能力和周转能力。

第二，有助于预测企业的未来现金流量。

第三，有助于分析企业的收益质量及影响现金净流量的因素，掌握企业经营活动、投资活动和筹资活动的现金流量，可以从现金流量的角度了解净利润的质量，为分析和判断企业的财务前景提供信息。

5.1.4　现金流量表分析的内容

现金流量反映了一个企业真实的盈利能力、偿债能力，现金流量表提供了资产负债表、利润表无法提供的更加真实有用的财务信息，更为清晰地揭示了企业资产的流动性和财务状况。现金流量表分析主要包含以下几个方面：

（1）现金流量表一般分析，包括现金流量表水平分析、结构分析、附表分析，以及现金流量表主要项目的分析。

（2）现金流量的质量分析，包括现金流量与净利润关系分析以及现金流量与企业生命周期分析。经营活动产生的现金流量净额直接关系到收入的质量及公司的核心竞争力，因此分析时首先应结合企业的行业特点和经营模式，将经营活动产生的现金流量与主营业务收入、净利润进行比较。经营活动产生的现金流量净额为负数的要有合理解释；其次应关注投资、筹资活动产生的现金流量与公司经营战略的关系。例如，公司投资和筹资活动产生的现金流量净额增加，表明企业实行的是扩张的战略，处于发展阶段。此时需要关注其偿债风险。

【相关链接】

中兴通讯经营性现金流十年首次转正

2014年上半年，由于持续加强合同盈利管理，国际合同毛利率较大改善以及受益于国内4G建设全面展开，4G系统项目营业收入占比上升，中兴通讯总体毛利率和毛利总额均得到较大提升，上半年实现整体营业收入同比增长0.51%，达到376.97亿元人民币，净利润达到11.28亿元人民币，同比增长263.92%，基本每股收益为0.33元人民币。公司经营活动产生的现金流净额实现正收益，创近十年之最。

2014年1—9月，受益于国内4G建设持续展开以及公司在路由器、芯片等战略产品投入，中兴通讯的合同收益表现良好，预计2014年第三季度的收入将同比增长，报告期内汇兑损失将继续得到很好的控制。2014年1—9月，归属于上市公司股东的净利润为17亿～19亿元人民币，同比增长208.19%～244.45%。

4G催热国内运营商市场　国际呈优质增长

2014年上半年，受益于全球4G网络全面展开，以及移动互联等新热点、新盈利模式频出，中兴通讯国内、国际市场均得到优质发展。其中，国内市场实现营业收入192.59亿元人民币，占中兴通讯整体营业收入的51.09%；国际市场实现营收184.38亿元人民币，占中兴通讯整体营业收入的48.91%。

国内市场方面，由于国内三大运营商从2013年的4G元年过渡到2014年的大力建设，极大促进中兴通讯国内运营商网络产品营业收入实现较快增长。同时，中兴通讯把握4G网络规模部署契机，确立M-ICT战略，不断开拓移动互联网、云计算等行业热点，提升自主创新能力，推出具有创新性的解决方案，夯实与运营商的战略合作，保持市场优势地位，提升市场份额，实现长期良性发展。

运营商网络持续增长　收入占比近6成

报告期内，全球4G网络规模部署及相关配套设施建设，带动中兴通讯运营商网络产品实现营业收入218.36亿元人民币，占总营收的57.9%。

其中，无线产品方面，中兴通讯继续巩固2013年全球增速第一的优势地位。特别在国内市场，中兴通讯在4G产品招标中连续取得领先地位，2014年上半年中移动4G二期招标在一期的基础上提升，获得最大市场份额，在电信和联通4G招标中继续巩固取得的领先市场份额。在传统2G/3G市场，中兴通讯持续优化市场格局，实现稳定增长。在面向未来的无线通信方面，中兴通讯发布了5G技术白皮书，并将5G技术作为战略项目。2014年6月，中兴通讯率先发布基于动态Mesh的全新5G接入网架构，提出对5G网络架构的创新性改进，并预计将在明年发布5G原型机。

报告指出，持续创新、提升产品竞争力是实现无线产品增长的基础。中兴通讯在业界首家推出的Cloud Radio解决方案，高效抑制LTE网络小区间干扰，显著提升LTE网络性能；中兴通讯在政企领域应用LTE技术，开发出的ATG航线覆盖方案能支持1 200公里/小时超高速，中国国航此前发布4G地空宽带中兴通讯提供全程技术保障，成为世界上唯一一个提供并商用地对空LTE航线的设备商；中兴通讯首条GSM-R高铁线路也已经正式运营，并将伴随中国高铁技术的输出走向全世界。在 4G/5G 时代，中兴通讯具备了领先行业的若干基础，目前中兴通讯在 ETSI（欧洲电信标准研究所）的 IPR 数据库发表了 815 项 SAE/LTE 基本专利声明，占该领域全球专利的 13%，居领先地位。

随着国内 LTE-FDD 混合组网实验牌照的发放，国内三大运营商将继续加大 4G 投入。中兴通讯国内 4G 大规模建网经验将对国外市场拓展起到示范效应，2014 年在日本、欧洲、拉丁美洲、印度、泰国、马来西亚的 LTE 建设将会实现 100% 增长，无线整体大约增长 20%。

有线及光通信产品方面，全球宽带提速、100G OTN 建设、中国和亚太区域逐步加大 FTTH 建设力度，独联体、中东的全光网建设，国家宽带网建设以及无线 LTE 建设都在带动有线产品的发展。在传统设备市场领域方面，OTN 产品表现不俗，一跃从业界第三到业界第二，PTN、EPON 产品继续保持业界第一的领先地位，接入终端、GPON 上也稳步保持了业界第二的领先地位。而在新型市场领域，中兴通讯 100G OTN 作为新的增长点，在中国移动、印度尼西亚 PT Telkom 等全球主流客户网络中实现了广泛的部署。中兴通讯预计今年有线产品继续增长 20%，目标是达到全球新增市场占有率第一。

资料来源　邓圩 . 中兴通讯上半年盈利 11.28 亿元　经营性现金流十年首次转正[EB/OL].[2014-08-21].http://sz.people.com.cn/n/2014/0821/c202846-22065691.html.

5.2　现金流量表的一般分析

5.2.1　现金流量表水平分析

1. 现金流量表水平分析概述

现金流量表水平分析也叫趋势分析，是指将一定时期内（两期或连续数期）的现金流量表数据在同一张报表上予以并列列示，直接观察比较各期有关项目的增减变动的方向、数额和幅度，以判断企业的现金流量变动情况及发展趋势的一种财务报表分析方法。

水平分析法并不是静态的描述，而是一种动态分析的方法。它以企业财务报表的历史数据为主要分析依据，对企业整个经营过程或最近几年的财务状况、经营成果和现金流量进行全方位地考察，它能有效地克服静态分析法在分析范围上的不足。

从分析比较的具体对象来看，现金流量表水平分析法可以按绝对数进行比较，也可以按相对数进行比较；从分析比较的具体期间来看，现金流量表水平分析法可以分为环比分析法和定基分析法。下面着重从这几个方面进行论述。

2. 绝对数水平分析

现金流量表绝对数水平分析，是指将连续数期现金流量表数据并列起来，从中发现各项目的增减变动状况，来说明企业的现金流量发展变化。表 5-1 列示了 S 公司 2009—2013 年现金流量表的数据。通常，为了更直观地反映各个项目增减变动的数额和增减变动幅度，往往在并列连续几年财务报表的绝对数后面设置增减栏，反映增减的数额和增减百分比。本节采用趋势图来表现几个重要项目的增减变动状况。

表 5-1　　　　　　　　　　　　　　S 公司比较现金流量表　　　　　　　　　　　　单位：元

项目	2009年	2010年	2011年	2012年	2013年
一、经营活动产生的现金流量					
销售商品、提供劳务收到的现金	14 054 543 295.58	21 573 006 578.00	18 125 764 842.82	20 019 494 993.08	21 571 772 191.03
收到其他与经营活动有关的现金	151 705 791.06	166 492 063.08	293 281 231.81	546 196 841.15	1 101 855 164.12
经营活动现金流入小计	14 206 249 086.64	21 739 498 641.08	18 419 046 074.63	20 565 691 834.23	22 673 627 355.15
购买商品、接受劳务支付的现金	10 369 697 211.77	16 719 861 806.15	15 939 315 938.53	16 173 448 794.43	18 314 057 989.48
支付给职工以及为职工支付的现金	853 723 255.11	892 867 866.84	861 248 323.11	1 724 170 429.73	2 012 475 117.00
支付的各项税费	881 863 385.05	1 088 873 345.38	931 779 172.94	618 518 193.55	445 047 336.12
支付其他与经营活动有关的现金	1 675 979 639.14	2 705 033 728.82	2 981 126 654.42	3 138 070 472.30	3 315 311 802.75
经营活动现金流出小计	13 781 263 491.07	21 406 636 747.19	20 713 470 089.00	21 654 207 890.01	24 086 892 245.35
经营活动产生的现金流量净额	424 985 595.57	332 861 893.89	-2 294 424 014.37	-1 088 516 055.78	-1 413 264 890.2
二、投资活动产生的现金流量：					
收回投资收到的现金	305 723 759.00	960 786 760.28	6 216 891 120.80	4 628 306 917.14	6 714 092 487.00
取得投资收益收到的现金	4 462 671 915.40	8 070 729 092.79	14 230 731 530.25	19 991 442 831.23	22 552 822 835.01
处置固定资产、无形资产和其他长期资产收回的现金净额	7 343 976.78	1 486 890.49	29 665 250.42	71 328 146.80	157 065 034.22
收到其他与投资活动有关的现金	—	121 250 000.00	—	—	—
投资活动现金流入小计	4 775 739 651.18	9 154 252 743.56	20 477 287 901.47	24 691 077 895.17	29 423 980 356.23
购建固定资产、无形资产和其他长期资产支付的现金	1 422 525 668.03	1 253 769 837.77	904 081 461.38	1 737 071 203.82	1 402 024 061.77
投资支付的现金	3 607 027 965.00	1 601 032 890.25	9 956 241 613.17	6 985 165 154.46	11 503 398 433.04
投资活动现金流出小计	5 029 553 633.03	2 854 802 728.02	10860 323 074.55	8 722 236 358.28	12 905 422 494.81
投资活动产生的现金流量净额	-253 813 981.85	6 299 450 015.54	9 616 964 826.92	15 968 841 536.89	16 518 557 861.42
三、筹资活动产生的现金流量：					
吸收投资收到的现金	—	9 984 172 159.98	3 148 266 295.15	—	—
取得借款收到的现金	1 181 900 000.00	1 037 900 000.00	184 508 000.00	—	3 132 000.00
收到其他与筹资活动有关的现金	—	—	—	—	11 155 140.69
筹资活动现金流入小计	1 181 900 000.00	11 022 072 159.98	3 332 774 295.15	—	14 287 140.69
偿还债务支付的现金	—	1 000 000 000.00	2 000 000 000.00	1 210 000 000.00	6 300 000 000.00
分配股利、利润或偿付利息支付的现金	336 185 779.65	534 093 390.77	2 006 792 966.91	3 505 623 137.21	6 775 110 032.11
支付其他与筹资活动有关的现金				188 679.25	
筹资活动现金流出小计	336 185 779.65	1 534 093 390.77	4 006 792 966.91	4 715 811 816.46	13 075 110 032.11
筹资活动产生的现金流量净额	845 714 220.35	9 487 978 769.21	-674 018 671.76	-4 715 811 816.46	-13 060 822 891.42
四、汇率变动对现金及现金等价物的影响	-423 109.92	-12 451 132.84	-19 492 838.51	596 402.68	-922 602.21
五、现金及现金等价物净增加额	1 016 462 724.15	16 107 839 545.80	6 629 029 302.28	10 165 110 067.33	2 043 547 477.59
加：年初现金及现金等价物余额	4 002 601 792.40	5 019 064 516.55	21 126 904 062.35	27 755 933 364.63	37 921 043 431.96
六、年末现金及现金等价物余额	5 019 064 516.55	21 126 904 062.35	27 755 933 364.63	37 921 043 431.96	39 964 590 909.55

　　根据图 5-2 提供的数据资料，S 公司 2009—2013 年现金净额呈现波动态势，2010 年和 2012 年有所增长，2011 年和 2013 年持续下降，在 2010 年呈现出剧烈增长趋势。是什么原因导致现金净额的波动呢？这需要结合公司不同活动产生的现金流量进行具体分析。图中数据显示，2009—2013 年经营活动产生的现金流量净额虽然有所波动，但远不如投资活动产生的现金流量净额和筹资活动产生的现金流量净额的变化幅度，在 2009 年和 2010 年都为正的情况下，2011 年、2012 年和 2013 年为负，说明这三年经营状况不甚理想。2010—2013 年 4 年投资活动产生的现金流量净额为正，说明企业的投资活动进行得较为顺利。2010—2013 年这段时间筹资净额持续走低，说明企业的筹资活动进行得不太顺利。

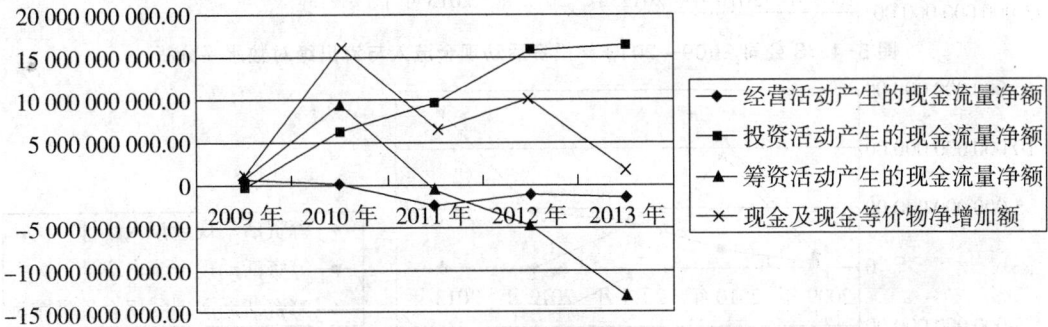

图 5-2　S 公司 2009—2013 年各类活动现金净流量绝对数趋势分析（单位：元）

　　为了更详细地分析 S 公司 2009—2013 年现金流量的变动情况和原因，我们分别绘制了该公司经营活动、投资活动和筹资活动现金流入与流出绝对数趋势分析图（如图 5-3、图 5-4 和图 5-5 所示）。根据图中的数据资料，S 公司经营活动现金流入与流出保持了同增同减的趋势，在 2009—2010 年经营活动现金流入增加更快一些，而且在此期间经营活动的现金流入与流出均大幅提高，说明 S 公司的经营规模正在扩张，但是在后几年经营活动的资金流入小于资金流出，说明 S 公司在经营规模扩张的同时仍需要改善经营政策，提高经营效果；投资活动现金流入与流出在 2009—2013 年也表现出一定的同比变化趋势，但在 2011 年以后投资活动现金流出持续降低，而现金流入显著增加，该增长主要是由成本法核算的被投资单位宣告分派的利润的增长引起的，说明 S 公司之前的对外投资取得了良好的资金回报；在 2011—2013 年筹资活动现金流入与流出呈同方向变化趋势，且 2012—2013 年的现金流入显著减少。由此可以看出，S 公司在最近几年筹资政策并没有得到预期的效果，对筹资政策还要进一步调整。整体而言，S 公司处于经营规模扩张期，经营状况正在改善，应该积极寻找提高经营效果的措施。

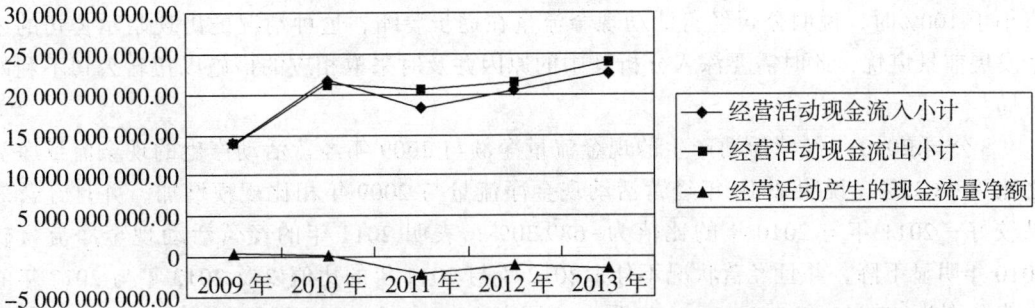

图 5-3　S 公司 2009—2013 年经营活动现金流入与流出绝对数水平分析（单位：元）

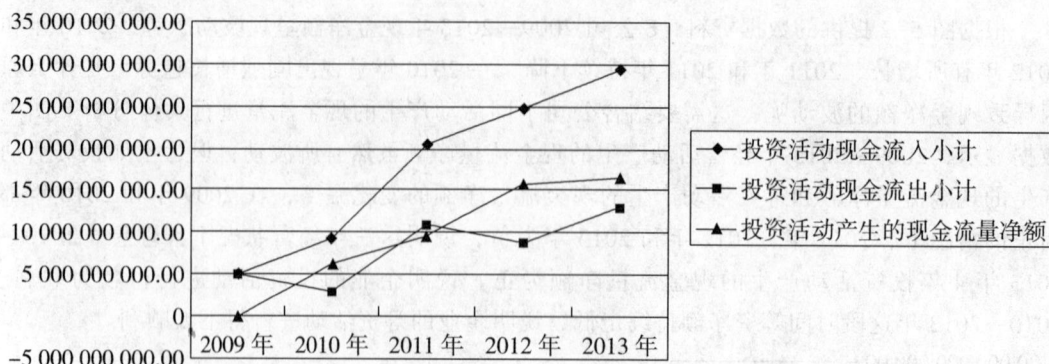

图 5-4　S 公司 2009—2013 年投资活动现金流入与流出绝对数水平分析

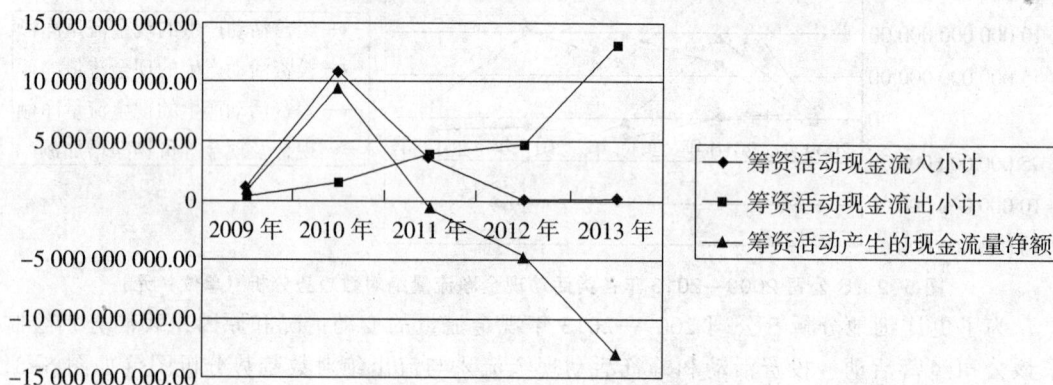

图 5-5　S 公司 2009—2013 年筹资活动现金流入与流出绝对数水平分析（单位：元）

3. 环比分析

现金流量表环比分析法是将相邻两年的现金流量表数据相比较，计算出趋势百分比。由于以前一期作为基数，因而更能明确地说明项目的发展变化速度。表 5-2 反映了 S 公司现金流量环比趋势分析的资料。当表中的数据大于 100% 时，表明该项目较前期处于增长状况；当表中的数据小于 100% 时，表明该项目较前期处于下降状况。

以本期经营活动产生的现金流量净额与前一期经营活动产生的现金流量净额之比为例，当该比值大于 100% 时，表明公司经营现金流量呈上升趋势。这显然有利于公司经营规模的进一步扩大和成长；当该比值等于或接近 100% 时，说明公司经营活动产生的现金流量较前一期没有增长，经营活动现金流量的成长能力不强，此时需要具体考察经营活动现金流量未能实现增长的具体原因，从而为今后改善现金流量动态管理指明方向；当该比值小于 100% 时，说明公司经营活动现金流量在逐步萎缩，这种情况的出现暗示公司的未来发展前景堪忧，此时需要深入分析其中的原因并及时采取相应的措施以扭转公司不利的格局。

S 公司 2010 年经营活动产生的现金流量净额与 2009 年经营活动产生的现金流量净额之比为 78.32%，说明 2010 年经营活动现金净流量与 2009 年相比规模增加，并且经营效果较好；2011 年与 2010 年的比值为 −689.30%，表明 2011 年的经营活动现金净流量较 2010 年明显下降，并且经营状况不佳；2012 年与 2011 年的比值以及 2013 年与 2012 年的比值分别为 47.44% 和 129.83%，表明 S 公司在 2012 年和 2013 年经营活动现金净流量规

表 5-2　　　　　　　　　　S 公司经营活动现金流量环比趋势分析（%）

项目	2010年/2009年	2011年/2010年	2012年/2011年	2013年/2012年
一、经营活动产生的现金流量				
销售商品、提供劳务收到的现金	153.49	84.02	110.45	107.75
收到其他与经营活动有关的现金	109.75	176.15	186.24	201.73
经营活动现金流入小计	153.03	84.73	111.65	110.25
购买商品、接受劳务支付的现金	161.24	95.33	101.47	113.24
支付给职工以及为职工支付的现金	104.59	96.46	200.19	116.72
支付的各项税费	123.47	85.57	66.38	71.95
支付其他与经营活动有关的现金	161.40	110.21	105.26	105.65
经营活动现金流出小计	155.33	96.76	104.54	111.23
经营活动产生的现金流量净额	78.32	-689.30	47.44	129.83
二、投资活动产生的现金流量：				
收回投资收到的现金	314.27	647.06	74.45	145.07
取得投资收益收到的现金	180.85	176.33	140.48	112.81
处置固定资产、无形资产和其他长期资产收回的现金净额	20.25	1995.12	240.44	220.20
收到其他与投资活动有关的现金	无意义	无意义	无意义	无意义
投资活动现金流入小计	191.68	223.69	120.58	119.17
购建固定资产、无形资产和其他长期资产支付的现金	88.14	72.11	192.14	80.71
投资支付的现金	44.39	621.86	70.16	164.68
投资活动现金流出小计	56.76	380.42	80.31	147.96
投资活动产生的现金流量净额	-2481.92	152.66	166.05	103.44
三、筹资活动产生的现金流量：				
吸收投资收到的现金	无意义	31.53	无意义	无意义
取得借款收到的现金	87.82	17.78	无意义	无意义
收到其他与筹资活动有关的现金	无意义	无意义	无意义	无意义
筹资活动现金流入小计	932.57	30.24	无意义	无意义
偿还债务支付的现金	无意义	200.00	60.50	520.66
分配股利、利润或偿付利息支付的现金	158.87	375.74	174.69	193.26
支付其他与筹资活动有关的现金	无意义	无意义	无意义	无意义
筹资活动现金流出小计	456.32	261.18	117.70	277.26
筹资活动产生的现金流量净额	1 121.89	-7.10	699.66	276.96
四、汇率变动对现金及现金等价物的影响	2 942.77	156.55	-3.06	-154.69
五、现金及现金等价物净增加额	1 584.70	41.15	153.34	20.10
加：年初现金及现金等价物余额	125.40	420.93	131.38	136.62
六、年末现金及现金等价物余额	420.93	131.38	136.62	105.39

模有所增加，并且经营效果明显好转，而且呈现出逐步好转的趋势，其具体原因需要结合企业的经营策略和整体战略安排加以分析。

同时需要注意，当比值出现负值时，增减幅度不能依据最后的比值进行解释，需要考虑正负值的影响。特别要注意：第一，当前后两期的项目金额均为负数时，前后期比值大于100%时，应该在最后的比值前面增加负号，否则会错误地解释数据的增减变动。例如，2011—2013年经营活动产生的现金流量净额均为负数，2013年与2012年的比值为129.83%，大于100%，应该在129.83%前面增加负号，表明该前后期现金流量的金额处于下降趋势。第二，当后一期项目符号为正，而前一期项目符号为负时，应该在最后的比值前面去掉负号，否则也会错误解释数据的增减变动。例如投资活动产生的现金流量净额，2010年的金额为正值，2009年的金额为负值，所得的比值为-2481.92%，但是实际上是增长趋势，因此应该去掉-2 481.92%前面的负号。

【相关链接】

苏宁云商年报现金流看上去很美

看完278页的苏宁2013年年报，我完全没看出这是一份发布于业绩崩溃时的年报。长达57页的"董事会报告"中，没有对股东的歉意、没有对自身的反思，更没有面对危机时的紧迫感，通篇都是"我们过去做得很好"、"我们未来会做得更好"之类。要不是角落里藏着一句"利润总额较上年同比下降95.55%"，我差点就以为现在是2007年。

尽管苏宁云商对过去一年的全面失败轻描淡写，但事实只能掩饰而无法掩盖，年报中还是有很多有价值的信息，让我们对这家公司目前的糟糕处境有更清醒的认识。

财务方面，随着经营模式的彻底转变，利润表的重要性下降，资产负债表和现金流量表的重要性上升，因为互联网零售企业的核心发展路径是不断提升市场占有率，不断提升资产周转率和使用率，通过降低毛利来推升规模。

苏宁云商的经营性现金流净额22.38亿元看上去很美，但数字背后有玄机，现金流增长并非来自销售回款增加，而是"较多地采用银行承兑汇票支付供应商货款"，即利用金融工具延长付款周期导致。

2013年苏宁云商应付票据与账款合计同比增加10.8亿元，而2012年和2011年此项数字分别是55.44亿元和80.27亿元，应付增量急剧减少说明供应商不想再玩金融游戏了，可以预判今年苏宁的现金流必然很难看。

另外，我们可以看到苏宁云商的投资现金流超过100亿元，资本性支出是经营性现金流净额的数倍，奇怪的是它居然还能花43亿元买银行理财产品（体现在交易性金融资产、可供出售金融资产以及其他应收款上，参见年报第275页），这就叫"瘦死的骆驼比马大"？

资本性支出是利润杀手，重资产企业的日子有多难过大家都看得到。不过亚马逊、京东的资产也不轻，苏宁走这条路不能说错，那么它走得怎么样呢？

翻了翻张近东和孙为民前两年的讲话，两人都多次提到在2015年完成物流建设。不过这个目标在年报中已经悄无声息地改成"力争在2015年前完成全国物流基地的第一轮布局"。个中差别，大家自行玩味。

亚马逊和京东敢玩重资产，是因为它们的送货速度赶不上用户下单速度，资本性支出增速小于营收增速，这是良性循环。可到了苏宁这里，超前投资对应的是销售规模提升滞后，钱花出去看不到效益，成了恶性循环。

截至去年底，苏宁云商有 19 个城市物流基地投入使用，17 个在建，22 个落实选址完成土地签约，在建工程预算还有 100 亿元。苏宁说这些物流基地能提升运营效率和降低成本，但我看到的是 2013 年运输费 11.22 亿元，同比增长 61%（参见年报第 225 页），基地越多运输费越贵是怎么回事？

线上业务可以说一无是处，营收增速不仅低于预期，还刷新了电商经营不善的下限。同价策略实施后去年综合毛利率同比下降 2.6 个百分点为 15.41%，三项费用率由前几年的 10% 左右提升到 14.62%，这意味着 15% 就是毛利率底线，一旦跌破，亏损就是必然。

现有店面总数 1626 家，传统地盘华东大区的店面净减少 55 家，10 个大区中只有西南、西北和日本的店面净增加。重庆分公司以 38.41 亿元收入获得 1.84 亿元净利润，相比之下北京分公司 80.86 亿元收入获得 1.54 亿元净利润，上海分公司 56.96 亿元收入获得 0.73 亿元净利润，广东与深圳分公司的净利率更是低至 1% 左右（参见年报第 45 页），可以预判未来苏宁在经济发达地区关店仍将继续。

资料来源　刘尧.苏宁云商年报现金流看上去很美[N].理财周报，2014-04-09.

4.定基分析

现金流量表定基分析法是固定某选定期间作为基期，然后用其余各期间与基期比较，计算出趋势百分数。这样计算出的各会计期间的趋势百分比都是以基期为计算基准的，所以能够明确地反映出有关项目和基期相比发生了多大变化。表 5-3 反映了 S 公司现金流量定基趋势分析的资料。

当表 5-3 中的数据大于 100% 时，表明该项目较基期处于增长状态；当表 5-3 中的数据小于 100% 时，表明该项目较基期处于下降状态。同时需要注意，当比值出现负值时，增减幅度不能依据最后的比值进行解释，需要考虑正负值的影响。从表 5-3 中可以出，2009—2013 年 S 公司经营活动现金流入在 2012 年虽然有所下降，但是总体是与流出一样呈现不断增长的态势，表明在此期间公司的经营规模迅速扩大。经营活动现金净流量 2010—2013 年与 2009 年的比值分别为 78.32%、-539.88%、-256.13% 和 -332.54%，绝对值均大于 100%，因此这几期的现金流量相比于 2009 年上升或下降的趋势非常明显，尤其以 2011 年、2012 年和 2013 年下降最为严重，均为负增长。2011 年、2012 年和 2013 年的经营活动现金净流量为负，下降趋势急剧增加，其具体原因仍需结合企业的经营策略和整体战略安排加以分析。S 公司投资活动现金净流量 2010—2013 年与 2009 年的比值分别为 -2 481.92%、-3 788.98%、-6 291.55% 和 -6 508.14%，可以看出这几期的现金流量相比于 2006 年上升的趋势非常明显，除了 2009 年基期为负以外，2010—2013 年均为正增长，说明企业的投资活动获得良好的回报。S 公司筹资活动现金净流量 2010—2013 年与 2009 年的比值分别为 1 121.89%、-79.70%、-557.61% 和 -1 544.35%，可以看出这几期的现金流量相比于 2009 年上升或下降的趋势非常明显，尤其是 2010 年增长幅度较大，说明企业处于扩张期，需要筹集大量的资金。

表 5-3　　　　　　　　　　S 公司经营活动现金流量定基趋势分析（%）

项目	2009年（基期）	2010年	2011年	2012年	2013年
一、经营活动产生的现金流量					
销售商品、提供劳务收到的现金	100	153.49	128.97	142.44	153.49
收到其他与经营活动有关的现金	100	109.75	193.32	360.04	726.31
经营活动现金流入小计	100	153.03	129.65	144.77	159.60
购买商品、接受劳务支付的现金	100	161.24	153.71	155.97	176.61
支付给职工以及为职工支付的现金	100	104.59	100.88	201.96	235.73
支付的各项税费	100	123.47	105.66	70.14	50.47
支付其他与经营活动有关的现金	100	161.40	177.87	187.24	197.81
经营活动现金流出小计	100	155.33	150.30	157.13	174.78
经营活动产生的现金流量净额	100	78.32	−539.88	−256.13	−332.54
二、投资活动产生的现金流量：					
收回投资收到的现金	100	314.27	2 033.50	1 513.89	2 196.13
取得投资收益收到的现金	100	180.85	318.88	447.97	505.37
处置固定资产、无形资产和其他长期资产收回的现金净额	100	20.25	403.94	971.25	2 138.69
收到其他与投资活动有关的现金	100	无意义	无意义	无意义	无意义
投资活动现金流入小计	100	191.68	428.78	517.01	616.11
购建固定资产、无形资产和其他长期资产支付的现金	100	88.14	63.55	122.11	98.56
投资支付的现金	100	44.39	276.02	193.65	318.92
投资活动现金流出小计	100	56.76	215.93	173.42	256.59
投资活动产生的现金流量净额	100	−2 481.92	−3 788.98	−6 291.55	−6 508.14
三、筹资活动产生的现金流量：					
吸收投资收到的现金	100	无意义	无意义	无意义	无意义
取得借款收到的现金	100	87.82	15.61	无意义	0.26
收到其他与筹资活动有关的现金	100	无意义	无意义	无意义	无意义
筹资活动现金流入小计	100	932.57	281.98	无意义	1.21
偿还债务支付的现金	100	无意义	无意义	无意义	无意义
分配股利、利润或偿付利息支付的现金	100	158.87	596.93	1042.76	2015.29
支付其他与筹资活动有关的现金	100	无意义	无意义	无意义	无意义
筹资活动现金流出小计	100	456.32	1191.84	1402.74	3889.25
筹资活动产生的现金流量净额	100	1 121.89	−79.70	−557.61	−1 544.35
四、汇率变动对现金及现金等价物的影响	100	2 942.77	4 607.04	−140.96	218.05
五、现金及现金等价物净增加额	100	1 584.70	652.17	1000.05	201.04
加：年初现金及现金等价物余额	100	125.40	527.83	693.45	947.41
六、年末现金及现金等价物余额	100	420.93	553.01	755.54	796.26

总的说来，对现金流量表进行水平分析，主要是从动态的视角考察企业的现金流量状况，较为深刻地解释各项数据消长变化及其发展趋势，发现财务报表内含的深层次的财务关系，并有利于对未来做出合乎逻辑的预测。现金流量表的水平分析可以按绝对数进行比较，也可以按相对数进行比较；可以从环比数据分析，也可以从定基数据分析。但是，在相对数的分析过程中，需要考虑负值对分析结果的影响。

【相关链接】

安纳达现金流量表存异常

专注于钛白粉生产，并一向宣称高度重视研发的上市公司安纳达，其研发支出和财务报告真实性正受到投资者质疑。

有投资者指出，安纳达近两年的财报提到的研发费用投入金额，与实际支出并不匹配，其被评为高新企业可能只是徒有虚名。

净利下降六成

2012 年安纳达实现主营业务收入 683 997 836.44 元，较上年度下降 4.68%，主要系第四季度钛白粉市场需求不足，销售量下降影响所致，实现净利润 21 914 727.34 元，较上年度下降 61.31%，系受主要原材料价格上涨及产品销售价格持续下跌、期间费用上升和资产减值损失增加共同影响所致。

安纳达原本的 2012 年经营计划和主要目标是锐钛型钛白粉产量完成 10 000 吨，金红石型钛白粉产量完成 40 000 吨，全年钛白粉总产量 50 000 吨，销售总量 50 000 吨。然而实际完成情况是锐钛型钛白粉产量 7 570.18 吨，完成计划 75.70%；金红石型钛白粉产量 38 274 吨，完成计划 95.69%；全年钛白粉总产量 45 844.18 吨，完成计划 91.69%；销售总量 44 336.32 吨，完成计划 88.67%。

根据安纳达 2012 年年报所述，受全球经济复苏缓慢的影响，2012 年国内经济增速继续下滑，而钛白粉行业仍保持增长的态势，但钛白粉市场呈现前高后低走势，上半年市场需求较旺盛，下半年起市场需求萎缩，出口贸易下滑，市场竞争加剧，而主要原材料价格仍在高位运行，产品毛利率大幅下降，因此未能顺利完成计划，并且业绩也出现了下滑。

现金流量表数据异常

按照"净利润＋不影响经营活动现金流量但减少净利润的项目－不影响经营活动现金流量但增加净利润的项目＋与净利润无关但增加经营活动现金流量的项目－与净利润无关但减少经营活动现金流量的项目"的数值等同于合并现金流量表中"经营活动产生的现金流量净额"的原则列示各组数据。只有当各组数据严谨真实时，最终数值与合并现金流量表中"经营活动产生的现金流量净额"数据才会一致。

然而这些似乎并不能适用于安纳达。

安纳达 2012 年年报现金流量表补充资料数据显示，安纳达 2012 年存货的减少为"－5 325 万元"，财务费用是 271 万元，递延所得税资产减少为 19.3 万元。

然而，中国资本证券网用与以上科目存在勾稽关系的会计科目进行重新核算，发现运算结果与上述数据均不一致。

安纳达 2011 年年报中存货为 10 991 万元，而 2012 年年报数据为 15 849 万元，存货的减少应该是－4 853 万元，并非上述现金流量表补充资料中"存货减少"的数据－5 325

万元。

安纳达 2012 年的财务费用是 367.2 万元，明细显示，其中的利息支出是 904 万元，而现金流量表补充资料中提及的财务费用正应该是利息支出额，然而实际列示的财务费用却是 271 万元。

资料来源 田运昌. 安纳达现金流量表存异常 研发支出与实际不符[EB/OL].[2013-03-28].http：//www.ccstock.cn/stock/gongsi/2013-03-27/A1124127.html.

5.2.2 现金流量表结构分析

现金流量的结构分析就是在现金流量有关数据的基础上对不同项目间的比较与分析，以揭示各数据在公司现金流量中的相对意义，进一步明确现金流入的构成、现金流出的构成及现金余额的形成情况。通过结构分析，可以帮助企业了解现金流入的主要来源和现金流出的主要去向，帮助企业对各类现金流量在一定时期内的余额增减做出判断，发现企业现金流量是否存在异常情况及其产生的原因，以便抓住重点，采取有效措施，实现现金的最佳配置和使用。

现金流量表的结构分析一般包括三个部分：流入结构分析、流出结构分析和流入流出比分析。通过流入结构分析，可以看出企业现金流入量的主要来源。通过流出结构分析，可以看出企业当期现金流量的主要去向，有多少现金用于偿还债务，以及在三项活动中现金最多被用于哪些方面。在流入流出比分析中，经营活动流入流出比越大越好，表明企业 1 元的流出可换回更多的现金；投资活动流入流出比小，表明企业处于发展时期，而衰退或缺少投资机会时此比值大；筹资活动流入流出比小，表明还款大于借款。下面以 S 公司 2013 年的现金流量表为例进行论述，详细数据资料见表 5-4。

1. 现金流量流入结构解读与分析

现金流量表的流入结构分析主要反映经营活动、投资活动和筹资活动的现金流入在全部现金流入中的比重，以及各项业务活动现金流入的内部结构，反映了不同经济活动所占的比例以及每一项活动所带来的现金流入在总流入中所占的比率，也反映了不同渠道资金的来源及其在公司现金流入中所处的位置，进而为评价公司现金流入的合理性提供决策依据。

一般而言，企业在生产经营正常、投资和筹资规模不变的情况下，现金流入越多，则企业生产经营能力越强。如果经营活动现金流入占现金总流入的比重较大，则可以反映出企业经营状况较好，收现能力强且坏账风险小，现金流入结构较为合理，反之，则表明企业经营状况欠佳；如果企业的现金流入主要是由收回投资产生的，甚至是处置固定资产、无形资产和其他资产引起的，则反映出企业生产经营能力衰退，维持和发展出现问题；如果筹资活动现金流入所占比重较大，则可能意味着企业拥有广阔的筹资渠道，拥有获得足够的资金扩大生产经营规模的潜力。

根据表 5-4 提供的数据资料，S 公司该期各项现金流入所占的比重情况为：经营活动现金流入占现金总流入的 43.51%，投资活动现金流入占现金总流入的 56.46%，筹资活动现金流入占现金总流入的 0.03%。也就是说，该期筹资活动所带来的现金流入较少，而投资活动所带来的现金流入较多，其原因何在，这需要对该公司的筹资和投资策略进行详细分析，以找到问题的根源所在。

表 5-4　　　　　　　　　　　　S 公司 2013 年现金流量结构分析　　　　　　　　　　金额单位：元

项目	现金流入	现金流出	现金净流量	内部结构（%）	流入结构（%）	流出结构（%）	流入流出比
一、经营活动产生的现金流量							
销售商品、提供劳务收到的现金	21 571 772 191.03			95.14			
收到其他与经营活动有关的现金	1 101 855 164.12			4.86			
经营活动现金流入小计	22 673 627 355.15			100.00	43.51		
购买商品、接受劳务支付的现金		18 314 057 989.48		76.03			
支付给职工以及为职工支付的现金		2 012 475 117.00		8.36			
支付的各项税费		445 047 336.12		1.85			
支付其他与经营活动有关的现金		3 315 311 802.75		13.76			
经营活动现金流出小计		24 086 892 245.35		100.00		48.11	
经营活动产生的现金流量净额			-1 413 264 890.20				0.94
二、投资活动产生的现金流量：							
收回投资收到的现金	6 714 092 487.00			22.82			
取得投资收益收到的现金	22 552 822 835.01			76.65			
处置固定资产、无形资产和其他长期资产收回的现金净额	157 065 034.22			0.53			
收到其他与投资活动有关的现金	—			—			
投资活动现金流入小计	29 423 980 356.23			100.00	56.46		
购建固定资产、无形资产和其他长期资产支付的现金		1 402 024 061.77		10.86			
投资支付的现金		11 503 398 433.04		89.14			
投资活动现金流出小计		12 905 422 494.81		100.00		25.78	
投资活动产生的现金流量净额			16 518 557 861.42				2.28
三、筹资活动产生的现金流量：							
吸收投资收到的现金	—			—			
取得借款收到的现金	3 132 000.00			21.92			
收到其他与筹资活动有关的现金	11 155 140.69			78.08			
筹资活动现金流入小计	14 287 140.69			100.00	0.03		
偿还债务支付的现金		6 300 000 000.00		48.18			
分配股利、利润或偿付利息支付的现金		6 775 110 032.11		51.82			
支付其他与筹资活动有关的现金		—		—			
筹资活动现金流出小计		13 075 110 032.11		100.00		26.11	
筹资活动产生的现金流量净额			-13 060 822 891.42				0.001
四、汇率变动对现金及现金等价物的影响		922 602.21	-922 602.21			0.00	
五、现金及现金等价物净增加额	52 111 894 852.07	50 068 347 374.48	2 043 547 477.59		100.00	100.00	

在经营活动现金流入中，"销售商品、提供劳务收到的现金"是最重要的现金来源，S公司该项目占经营活动现金流入的比例为95.14%，占绝对比重，表明该公司经营活动现金流入的结构比较正常；在投资活动现金流入中，"取得投资收益收到的现金"体现了公司对外投资的收益状况，S公司该项目占投资活动现金流入的比例为76.65%，表明该公司的投资相对较好，能够产生正的投资收益；在筹资活动现金流入中，取得借款收到的现金和收到其他与筹资活动有关的现金分别占筹资活动现金流入的21.92%和78.08%，要了解S公司主要的融资方式还需要对其融资策略进一步分析。

2. 现金流量流出结构解读与分析

现金流量流出结构分析主要涉及经营活动、投资活动和筹资活动现金流出的内部结构，反映不同经济活动所占的比例，以及每一项活动所导致的现金流出在总流出中所占的比率，也反映了公司现金流出的比重大小和方向，对于信息使用者了解公司的现金流向具有重要作用。

一般而言，经营活动现金流出占现金总流出比重较大的企业，其生产经营状况正常，现金支出结构较为合理。在企业正常的经济活动中，其经营活动的现金流出应当具有一定的稳定性，各期变化不会太大，若出现较大的变动，则需进一步寻找原因，将经营活动现金流出中占绝大部分的购买商品、接受劳务支付的现金与利润表主营业务成本进行比较，可发现企业财务状况中存在的一些问题。

投资活动和筹资活动现金流出稳定性则较差。就投资活动来说，可能发生大规模一次性现金流出，一般由购建固定资产、无形资产或长期资产引起，也可能由对外投资引起。这时的现金流出意味着企业未来可能有更大的现金流入，要视企业经营者决策正确与否而定。筹资活动现金流出主要为偿还到期债务和支付股利、利润或偿付利息。债务的偿还意味着企业财务风险会变小，但在一个较短的时期内，筹资活动现金流出占总现金流出比重过大，也可能引起资金周转的困难；股利或利润的支付可能增强投资者的信心，吸引潜在的投资者，增强筹资能力，但必须要基于企业的支付能力，确保在股利或利润支付与经营活动产生的现金流量净额之间保留足够的现金来维持未来的正常运营，以实现未来的现金流量。

根据表5-4提供的数据资料，S公司该期各项现金流出所占的比重情况为：经营活动现金流出占现金总流出的48.11%，投资活动现金流出占现金总流出的25.78%，筹资活动现金流出占现金总流出的26.11%。也就是说，该期S公司主要把现金用于经营活动。

在经营活动现金流出中，"购买商品、接受劳务支付的现金"和"支付其他与经营活动有关的现金"分别占经营活动现金流出的76.03%和13.76%；在投资活动现金流出中，S公司主要将现金用于投资和购建长期资产，比例分别为89.14%和10.86%，结合投资活动现金流出占现金总流出的比例，可以发现S公司该期投资活动较为活跃，对公司现金流量的影响较大；在筹资活动现金流出中，"分配股利、利润或偿付利息"及"偿还债务支付的现金"比例分别占筹资活动现金流出的51.82%和48.18%。

3. 现金流量流入流出比解读与分析

现金流量流入流出比分析主要是对现金净流量的分析，涉及经营活动、投资活动和筹资活动的现金净流量占公司全部现金净流量的比例，以此判断企业的各项活动是否正常，有无异常情况。现金流入流出比并不存在绝对的判断标准，这需要结合企业所处的成长周期和企业的经营战略进行针对性分析。一般而言，对于一个健康的、正在成长的公司来说，经营活动现金流量应是正数，投资活动现金流量应是负数，筹资活动现金流量应是正负相间的。

（1）经营活动现金净流量的分析

①应直接查看经营活动现金流量的正负。如果企业经营活动产生的现金净流量是正数，这表明企业的经营活动较为正常。现金流入越多，资金越充足，企业有更多的资金用于扩大规模或偿还债务等。但现金流量净增加额并非越大越好，若现金流量净增加额太大，则可能是企业现有的生产能力不能充分吸收现有的资产，使资产过多地停留在盈利能力较低的现金上，从而降低了企业的获利能力。如果企业经营活动现金流量为零甚至出现负数，则必须严肃对待。若经营活动现金净流量某一期间出现负值，则可能是因为企业处于生产经营活动的磨合阶段，材料消耗量过大，机器设备的利用率相对较低，或因开拓市场所需，导致经营活动现金流量"入不敷出"，该种状况将在企业后期的运作调整中得到改善，对企业的持续经营不会产生严重影响；但是，当经营活动现金净流量长期为负时，表明企业经营活动存在重大问题，企业难以维持正常的经营活动，持续经营能力遭受严重考验。S 公司该期经营活动现金净流量为 -1 413 264 890.2 元，表明其经营活动正常，但仍需结合其他方面加以分析。

②应分析经营活动现金流入和流出之比，比值越大说明企业经营活动的效率越高，经营状况越好。S 公司该期经营活动现金流入流出比为 0.94，表明经营活动现金流入小于现金流出，并且当期经营活动效率不高。

③应分析经营活动现金净流量与总现金净流量的关系。"经营活动现金净流量/总现金净流量"是评价企业自身运作内部经济资源创造现金能力的重要指标，该比率越高，说明企业经营活动产生的现金流速越快，财务基础越稳固，企业持续经营及获利能力的稳定程度越高，效益越好，从而偿债能力与对外筹资能力越强，抗风险能力越高；反之，则表明企业的现金获得在很大程度上要依靠投资和筹资活动，财务基础及获利能力的持续稳定性差，收益质量低。该期 S 公司经营活动现金流量比率为 -0.69 （-1 413 264 890.2÷2 043 547 477.59），表明该期经营活动效果不佳。

（2）投资活动现金净流量的分析

分析企业投资活动现金流量，应结合企业现阶段的投资项目进行针对性分析，不能简单地以现金净流量的正负来评价企业投资活动的优劣。例如，当企业扩大规模或开发新的利润增长点时，需要大量的现金投资，投资活动现金流入补偿不了流出，投资活动现金净流量为负数。但如果企业投资决策正确，将会在未来产生现金净流入用于偿还债务，创造收益，企业不会有偿债困难。S 公司该期投资活动现金流入流出比为 2.28，表明投资收入大于投资支出，更深入的分析需要结合公司其他资料进行综合判断。

（3）筹资活动现金净流量分析

一般而言，筹资活动产生的现金净流量越大，企业面临的偿债压力也越大。但如果现金净流入主要来自于企业吸收的权益性资本，则往往不仅不会面临偿债压力，资金实力反而增强，但是必须密切关注资金的使用效果。因此，对于筹资活动现金流量分析，主要是分析企业的融资能力和融资政策，以及融资组合与融资方式是否合理。S 公司该期筹资活动现金流入流出比为 0.001，表明公司筹资能力较强，筹资所得基本与筹资支出持平，意味着公司的发展较为稳妥。

总的说来，对现金流量表进行结构分析，主要是考察现金流量表中各个项目占总体的相对比重，例如，现金流量表中各项目分别与现金流入、现金流出和现金净额的关系，其优点在于简洁明了，有助于信息使用者对于企业的现金流量情况有更为直接和深入的了解。若是连续计算各期现金流量表的结构百分比并加以比较，更易于发现企业现金流量表各项目的重要性及其变动趋势，并对数据背后隐藏的经济实质给予更为准确的解读。

【相关链接】

新海宜现金流量谜团

近日，新海宜（002089）系统工程收入在2012年年报中数据比2012年半年报中少了300多万元受到质疑。虽然新海宜董秘徐磊做出了解释，但有财务专家表示，半年报如果不抵销内部交易可能造成半年报营业收入和净利润的不准确。

除了销售收入，新海宜2012年年报现金流量表中还有4个科目的数额存在比2012年半年报和三季报减少的现象。而这些数额减少的科目都属于发生额，按正常会计逻辑是不应该在年报中减少的。

问题一：支付其他与经营活动有关的现金越来越少。新海宜2012年年报合并现金流量表显示，支付其他与经营活动有关的现金6 043.9万元，母公司现金流量表这一科目显示为2 124.5万元。

该科目在新海宜2012年半年报合并现金流量表中显示为21 854.3万元，母公司现金流量表显示为29 414.3万元。在2012年三季报合并现金流量表中显示为30 323.9万元，母公司现金流量表中显示为52 383.8万元。

由此可见，该科目在新海宜2012年年报合并现金流量表中比2012年三季报缩水了24 280万元，缩水比例为80%；2012年年报母公司现金流量表相比三季度数据也缩水了50 259.3万元，缩水比例为96%。

问题二：收回投资收到的现金越来越少。该科目在新海宜2012年年报合并现金流量表中显示为268.1万元，在2012年半年报合并现金流量表中显示为768.5万元，在2012年三季报合并现金流量表中也显示为768.5万元。该科目在新海宜2012年年报合并现金流量表中比2012年三季报缩水了5 00.4万元，缩水比例为65%。

问题三：收到其他与经营活动有关的现金越来越少。该科目在新海宜2012年年报母公司现金流量表中显示为1 020万元，在2012年半年报母公司现金流量表中显示为20 957.6万元，2012年三季报母公司现金流量表中显示为35 384.4万元。该科目在新海宜2012年年报母公司现金流量表中比2012年三季报缩水了34 364.4万元，缩水比例为97%。

问题四：收到其他与筹资有关的现金越来越少。该科目在新海宜2012年年报母公司现金流量表中显示为0，在2012年半年报母公司现金流量表中显示为5 000万元，在2012年三季报母公司现金流量表中显示为0。该科目在新海宜2012年年报母公司现金流量表中比2012年半年报缩水了5 000万元，缩水比例为100%。

按照正常的财务逻辑，上述4项科目属于发生额，是流量概念，也就是说都应该是累计发生的，半年报到三季报再到年报，上述4项科目数额应该呈递增趋势，即使下半年都没发生也至少应该等于而不会小于半年报中的数额。

对于上述质疑，新海宜董秘徐磊仅解释为：现金流量表的差异主要是因为编制现金流量表的方法不同。

对此，有财务专家表示，自 2006 年后会计准则就没有发生特别大的变化，相应的会计报表编制方法也就没有太大变化。况且现金流量表可选择的余地也小，归类时人为判定的标准比较明确。因此，不应该出现编制现金流量表方法不同导致的累计发生额减少的现象。

资料来源　许洁，吕江涛 . 新海宜现金流量谜团：四会计科目数额大缩水 [N]. 证券日报，2013-04-13.

5.2.3　现金流量表附表分析

现金流量表附表是现金流量表非常重要的部分，主要由三方面的内容构成：第一部分是将净利润调节为经营活动现金流量，实际就是以本期净利润为起点，用间接法调整不涉及现金的收支及有关项目的增减变动，据此计算得到经营活动现金流量。利润表以权责发生制原则确认和计量当期净利润，而净利润包括经营活动与非经营活动的损益；现金流量表以收付实现制原则确认和计量现金流量。因此，需要调整非现金收支及非经营活动的现金收支，从而将净利润调节为经营活动现金流量。第二部分是不涉及现金收支的重大投资和筹资活动，我国目前主要有债务转为资本、一年内到期的可转换公司债券和融资租入固定资产。第三部分是现金及现金等价物净变动情况，为货币资金账户及现金等价物期末与期初余额的差额，应该与现金流量表中"五、现金及现金等价物净增加额"的金额相等。下面以公式来表示经营活动产生的现金流量净额与现金流量表的关系：

$$\begin{array}{l}\text{经营活动产生的} \\ \text{现金流量净额}\end{array} = \text{净利润} + \begin{array}{l}\text{不减少现金的} \\ \text{经营性支出}\end{array} + \begin{array}{l}\text{减少现金的} \\ \text{非经营性支出}\end{array} + \begin{array}{l}\text{非现金流动} \\ \text{资产的减少}\end{array} + \begin{array}{l}\text{非现金流动} \\ \text{负债的增加}\end{array}$$

主表的各项目金额实际上就是每笔现金流入、流出的归属，而附表的各项目金额则是相应会计账户的当期发生额或期末与期初余额的差额。下面以 S 公司 2013 年的现金流量表附表为例进行论述，详细数据资料见表 5-5。

从表 5-5 可以看出，S 公司净利润 2013 年比 2012 年增加了 390 629 619.91 元，增长率为 2.29%；经营活动产生的现金流量净额 2013 年比 2012 年减少了 324 748 834.42 元，下降幅度为 29.83%。通过以下分析可以更为具体地体现 S 公司 2013 年经营活动产生的现金流量净额相对于 2012 年变化的具体原因：

第一，S 公司 2013 年度投资收益大幅增加，增加额为 3 224 551 049.73 元，增长率为 15.57%，而投资收益属于非经营活动现金流量，因此，这是经营活动产生的现金流量净额变化的最主要原因。

第二，S 公司经营性应付项目金额 2013 年比 2012 年大幅增加，增加额为 1 036 005 616.51 元，增长率为 75.92%，说明 2013 年度经营性应付项目大量增加，但偿付经营性应付项目却不多，导致 2013 年度经营活动产生的现金流量净额提高，这是经营活动产生的现金流量净额变化的又一主要原因。

第三，从两年对比来看，对 S 公司 2013 年经营活动产生的现金流量净额产生积极影响的因素主要有："投资性房地产折旧及摊销"项目 2013 年为 11 853 806.99 元，2012 年为 11 076 305.28 元，使得 2013 年经营活动产生的现金流量净额增加 777 501.71 元；"处置固定资产、无形资产和其他长期资产的损失"项目，2013 年为 1 431 977.31 元，2012 年

表 5-5　　　　　　　　　　　　S 公司 2013 年现金流量表附表分析　　　　　　　　　金额单位：元

补充资料	本期金额	上期金额	增加额	增长率（%）
将净利润调节为经营活动现金流量：				
净利润	17 417 504 918.68	17 026 875 298.77	390 629 619.91	2.29
加：资产减值损失	1 000 054 396.16	143 473 592.06	856 580 804.10	597.03
固定资产折旧	514 801 825.61	460 521 291.72	54 280 533.89	11.79
无形资产摊销	446 136 059.67	521 110 477.70	-74 974 418.03	-14.39
投资性房地产折旧及摊销	11 853 806.99	11 076 305.28	777 501.71	7.02
长期待摊费用摊销	20 617 303.08	2 914 970.43	17 702 332.65	607.29
处置固定资产、无形资产和其他长期资产的损失（减收益）	1 431 977.31	-116 705 277.43	118 137 254.74	-101.23
递延所得税负债摊销	-31 988 639.94	-39 665 009.88	7 676 369.94	-19.35
财务费用	532 754 456.61	461 790 145.03	70 964 311.58	15.37
投资损失（减收益）	-23 938 728 772.77	-20 714 177 723.04	-3 224 551 049.73	15.57
存货的减少（减增加）	-166 963 570.35	379 115 344.92	-546 078 915.27	-144.04
经营性应收项目的减少（减增加）	378 612 400.00	-589 488 803.58	968 101 203.58	-164.23
经营性应付项目的增加（减减少）	2 400 648 948.75	1 364 643 332.24	1 036 005 616.51	75.92
经营活动产生的现金流量净额	-1 413 264 890.20	-1 088 516 055.78	-324 748 834.42	29.83
现金及现金等价物净变动情况：				
现金的年末余额	39 964 590 909.55	37 921 043 431.96	2 043 547 477.59	5.39
减：现金的年初余额	37 921 043 431.96	27 755 933 364.63	10165 110 067.33	36.62
现金及现金等价物净增加额	2 043 547 477.59	10 165 110 067.33	-8 121 562 589.74	-79.90

为 -116 705 277.43 元，使得 2013 年经营活动产生的现金流量净额增加 118 137 254.74 元；"递延所得税负债摊销"项目 2013 年为 -31 988 639.94 元，2012 年为 -39 665 009.88 元，使得 2013 年经营活动产生的现金流量净额增加 7 676 369.94 元。

【相关链接】

上市公司财务报表"粉饰"的隐蔽性

上市公司财务报表的部分"粉饰"行为可以通过现金流量表以及和利润表的结合信息得到佐证，其他部分"粉饰"行为却不能从现金流量表中得到明确的答案，但是其中的一部分行为可以根据其经营利润和经营活动现金流、投资活动现金流中的分项指标得到侧面反映：

第一，利用不恰当的会计核算"粉饰"财务报表。从固定资产投资、固定资产折旧到存货计价方法，都是利用企业会计准则的可选择性有意识地根据财务目标调整企业利润。

以固定资产投资为例，上市公司为了推迟计提折旧或者为了令更多的费用资本化，会推迟完工期以更少的费用化，或者计入在建工程以减少折旧，这从注册会计师审计的角度是可以发现审计证据的，但是从投资者的角度，仅凭财务报表不能发现明显的证据，只能通过重大在建工程项目变动情况来佐证其会计核算的正确性，特别是结合以前年度财务报表，分析其建设期和建设完工程度，以印证其是否具有推迟计提折旧或者推迟费用化的意图，而现金流量表中的购建固定资产、无形资产和其他长期资产支付的现金项目可以侧面反映其支出的现金流，但对于企业推迟入账以及资本化、费用化问题，现金流量表确实不具有直接的佐证作用。

第二，利用会计政策的变更"粉饰"财务报表。改变固定资产计提折旧年限、改变存货计价方法、应收账款减值准备计提方法等都是利用会计政策的变更"粉饰"财务报表的方法。以固定资产折旧为例，上市公司为了增加企业经营利润，可以把加速折旧法改变为直线折旧法或者提高折旧年限，以增加经营利润，但是企业的当期现金流并未发生改变（剔除所得税因素），这种因为会计政策的变更而引起的利润变化均应当从企业真实的利润水平中剔除。由于这些会计政策的变更不影响其现金流变化，所以这种模式中的现金流指标不具有检验的作用。

第三，利用其他业务利润和其他与经营活动有关的现金"粉饰"财务报表。在利润表项目中，主营业务涉及的信息和披露比其他业务的记录要严格，而其他与经营活动有关的现金也是在列报了能够明确划分的现金流项目后汇总的其他活动数额，所以从其他业务利润和其他与经营活动有关的现金科目中也可以发现一些"粉饰"的端倪，并找到公司是否具有可持续经营能力、是否偏离主营业务的证据。以其他业务利润为例，部分上市公司进行多元化经营，在其主营业务范围外又经营了其他业务，则需要从"收到其他与经营活动有关的现金"的项目中侧面反映其他业务利润的真实性，财务报表附注中会披露具体收到与支出其他与经营活动有关的现金，信息使用者要学会区分这些明细科目中的较大金额以及其中与利润的匹配关系，特别是一些不可持续的科目如补贴收入等，只有这样才能找出上市公司通过其他业务利润和其他与经营活动有关的现金进行财务报表"粉饰"的证据。

资料来源　邢伊湄. 浅析上市公司财务报表"粉饰"的现金流证据[J]. 商，2013（17）.

5.3　现金流量质量分析

5.3.1　现金流量质量分析的主要内容

现金流量质量，是指现金流量对公司真实状况的客观反映程度，以及对公司财务状况与经营成果的改善及持续经营能力的增强所具有的推动作用。根据现金流量的来源划分，现金流量质量分析包括经营活动现金流量质量分析、投资活动现金流量质量分析和筹资活动现金流量质量分析。该种划分方法下的具体分析，可以参照 5.2 节有关现金流量结构分析的思想，以及本书下一篇关于财务能力分析的内容进行展开。

（1）与资产负债表信息的联系

资产负债表是反映企业期末资产和负债状况的报表，运用现金流量表的有关指标与资产负债表有关指标比较，可以更为客观地评价企业的偿债能力、盈利能力及支付能力。

①偿债能力分析

在下一篇我们会重点分析财务指标，例如常常被用来反映企业偿债能力的流动比率。该比率是流动资产与流动负债之比，而流动资产体现的是能在一年内或一个营业周期内变现的资产，包括许多流动性不强的项目，如呆滞的存货，有可能收不回来的应收账款和预付账款等。它们虽然具有资产的性质，但事实上却不能再转变为现金，不再具有偿付债务的能力。而且，不同企业的流动资产结构差异较大，资产质量各不相同，因此，仅用流动比率等指标来分析企业的偿债能力，往往有失偏颇。

在正常经营情况下，企业当期经营活动所获得的现金收入，首先要满足生产经营活动中的一些支出，如购买原材料与商品、支付职工工资、缴纳税费，然后才用于偿还债务，所以真正能用于偿还债务的是现金流量。分析企业的偿债能力，首先应看企业当期取得的现金在满足了生产经营活动的基本现金支出后，是否还足够用于偿还到期债务的本息，如果不能偿还债务，必须向外举债，说明企业经营陷入财务困境。因此，可运用经营活动产生的现金流量净额与资产负债表相关指标进行联合分析，作为常用财务指标的补充。

现金流量和债务的比较可以更好地反映企业偿还债务的能力，一般可以通过现金流量比率和现金流量债务比来反映。现金流量比率是指经营活动产生的现金流量与短期债务总额的比率，该比率表明每1元流动负债的经营现金流量保障程度；现金流量与债务比是指经营活动所产生的现金流量净额与债务总额的比率，该比率表明企业用经营活动现金流量偿付全部债务的能力。这些比率越高，说明企业承担债务的能力越强。

②获现能力分析

获取现金的能力是指经营活动现金净流入与投入资源的比值。企业自身获取现金的能力主要通过经营活动产生的现金流量来体现。投入资源可以是销售收入、总资产、净营运资金、净资产或普通股股数等。若企业资源能不断地获取现金，则说明企业的财务状况比较稳定和乐观。

将资产负债表和现金流量表结合分析企业获现能力的主要指标包括总资产现金流量率和每股经营现金净流量。总资产现金流量率是指经营活动产生的现金流量净额与资产总额的比率。该比率反映每1元资产得到的净现金，其数值越大，表明资产变现能力越好。若低于同业水平，说明该公司资产产生现金的能力较弱。每股经营现金净流量是指经营活动产生的现金流量净额与普通股股数的比率。该比率反映企业每股流通在外的普通股产生的现金流量。它通常高于每股收益，因为现金流量中没有减去折旧等非付现成本。在短期经营中，每股经营现金净流量在反映企业进行资本支出和支付股利的能力方面要优于每股收益。同时，该指标可用来预测企业未来获取现金流量的能力。

③财务弹性分析

财务弹性是指企业适应经济环境变化和利用投资机会的能力。这种能力来源于经营现金流量与支付要求的比较，现金流量超过投资需求或承诺支付等支付要求，有剩余的现金，适应性就强。例如现金再投资比率便是财务弹性分析指标之一。该比率是指经营活动产生的现金流量净额与资本性支出的比率。其中，资本性支出包括购置固定资产、无形资产和其他长期资产的支出。该指标反映企业本期经营活动产生的现金流量净额是否足以支付资本性支出所需要的现金，衡量企业再投资于各项资产的程度，反映企业维护资本性资产投资的能力，间接说明企业经营成长需要对外部筹资的依赖程度。该比率越高，企业扩大生产规模、创造未来现金流量或利润的能力就越强。

（2）与利润表信息的联系

利润表是反映企业一定期间经营成果的重要报表，它揭示了企业利润的计算过程和利润的形成过程。利润被看成是评价企业经营业绩及盈利能力的重要指标，但却存在一定的缺陷。有的企业账面利润很大，看似业绩可观，而现金却入不敷出，举步维艰，直至破产；还有的企业虽然巨额亏损，却现金充足，周转自如。所以，仅以利润来评价企业的经营业绩和获利能力有失偏颇。如能结合现金流量表所提供的现金流量信息，特别是经营活动现金流量信息进行分析，则较为客观全面。

事实上，利润和现金流量是两个从不同角度反映企业业绩的指标，前者可称为应计制利润，后者可称为现金制利润，二者的关系可以通过现金流量表的补充资料揭示出来。具体分析时，可将现金流量表的有关指标与利润表的相关指标进行对比，以评价企业利润和现金流量的质量。

例如，可以采用销售现金比率、净利润经营现金比率、营运指数等指标反映企业现金流量对利润表数据的补充解释力。销售现金比率是指经营活动产生的现金流量净额与销售总额的比率。该比率反映每1元销售得到的净现金，其数值越大表明销售收现能力越好。若是这一比率过低，说明营业收入中所形成的应收账款较多。如果应收账款期限较长，占用资金较多，资金周转会放慢，造成资金紧张，而且一部分应收账款还可能形成坏账。净利润经营现金比率是指经营活动产生的现金流量净额与净利润的比率。该指标反映每元净利润所对应的现金数，其数值越大表明每1元净利润所对应的现金数越大，可供企业自由支配的现金量越大，净利润的质量越高，这是因为只有真正收到的现金利润才是"实在"的利润，而非"观念"上的利润。该指标挤掉了收益中的水分，真实体现出企业当期收益的质量状况，对于防范企业人为操纵利润从而给信息使用者带来决策失误有重要作用。营运指数是指经营活动产生的现金流量净额与经营所得现金的比率。经营所得现金是指经营净收益与非付现费用之和。该指标反映企业经营活动创造或产生现金的能力，该比率大于或等于1，说明会计收益的收现能力较强，收益品质较好；若小于1，则说明会计利润可能受到人为操纵或存在大量应收账款，收益品质较差。

除了与利润数字的结合分析，还可以利用现金流量基础的利息保障倍数反映企业的偿债能力。利息保障倍数是指经营活动现金流量与利息费用的比率。该指标表明，每1元利息费用有多少倍的经营现金流量作保障。它比收益基础的利息保障倍数更可靠，因为实际用以支付利息的是现金，而不是收益。

（3）质量分析中应注意的问题

现金流量质量分析可以从多个角度进行，不同视角下的分析结果可能各有利弊，因此应从多方面把握现金流量的质量。同时，影响公司现金流量质量的因素是多种多样的，单期财务比率往往无法满足动态分析的需要。因此，应该结合纵向的多期间对比分析的方法。特别地，可以将相关财务比率与公司最优水平、同行业的平均水平（特别是主要竞争对手的相关数据）或相似公司的相同比率加以比较，从而了解现金流量质量的变动趋势，掌握现金流量质量变动的主要原因。还应考虑公司所属行业的特点、公司所处的发展阶段以及公司主要产品所在的生命周期进行分析，才能更恰当地评价经营活动现金流量的质量。总之，对比较基础本身要准确理解，并且要在限定意义上使用分析结论，避免简单化和绝对化。

　　不同的财务报表所侧重反映的信息各不相同，但是财务报表之间具有一定的内在联系，当突破对单张报表的分析时，往往能对报表中的数字给出更深刻的解读。因此，要全面了解现金流量的质量，不仅要对现金流量表中的数据进行分析，还需要结合其他报表的数据，利用各种财务比率分析企业的财务状况、经营成果和现金流量，以全面了解企业在一定期间的现金流动状况及其信息。同时，还可以将本企业的财务比率与同行业平均水平或标准比率、本企业历史水平进行比较分析，以便为投资决策提供更可靠、更相关的财务信息。

5.3.2　现金流量影响因素分析

　　目前对现金流量表的分析主要集中于表内数据的分析，而对影响现金流量的深层次因素关注甚少，如果将现金流量表的数据分析与影响现金流量的相关因素分析相结合，会得到更科学、更合理的结论。影响企业现金流量的主要因素包括企业所处的经营周期、经营特点、企业财务与会计政策以及市场环境。

　　1. 经营发展周期对现金流量的影响

　　企业经营状况的好坏与企业经营发展所处的不同时期密切相关，从而影响企业在不同的经营发展时期从经营活动获取现金的能力的大小。企业的经营发展时期有发展期、成长期、成熟期和衰退期，在不同的经营发展时期，其获取现金的能力不同，所表现出的现金流量特征也不一样。

　　当企业处于发展期时，企业发展速度较快，资金需求量大，而企业的生产经营活动还未走上正轨，企业从经营活动中获取现金的能力较差。为了扩大产品的生产能力和市场占有率，企业必然增加投资支出和营销支出。这一阶段，现金流量特征具体表现为经营活动产生的现金流量净额较小，投资活动现金流出大于现金流入，企业现金流量的净增加额主要依靠筹资活动产生的现金流量。此时，应利用现金流量表着重对企业的现金流出方向及结构进行分析，从而判断企业的发展潜力。

　　当企业处于成长期时，同行业产品尚未形成明显差别，客户还未对某些企业的产品产生偏好，企业产品销售势头良好，这一阶段的企业必然扩大其生产能力。这时的现金流量特征具体表现为经营活动产生现金的能力不断增强，但还不能满足企业对现金流量的需求，对外筹资仍然是解决资金需求的主要方式。这一阶段，现金流量特征具体表现为经营活动现金流入大于现金流出，投资活动现金流出大于现金流入，筹资活动产生的现金流量净额应该是正负相间的。此时，应利用现金流量表着重分析企业经营活动现金流量，经营活动产生的现金流量净额占现金流量净增加额的比率越高，说明企业经营活动产生现金的能力越强，从而偿债及筹资能力也越强。

　　当企业处于成熟期时，企业往往采取成本控制和低价策略扩大销售额，销售支出不断增加，产品销售和市场需求基本趋于稳定。这一阶段，现金流量特征具体表现为经营活动产生现金流量的能力达到最大，成为企业现金流量的主流，且处于稳定状态。企业能够向股东支付较多的股利，对外筹资需求相对减少，筹资活动产生的现金流量常为巨额的现金流出。企业投资机会减少，企业对资本需求较小，投资活动现金流出也趋于减少。此时，应利用现金流量表着重分析企业的现金获取能力、收益质量，通过对经营活动现金流量与利润表中相关项目比较，就能判断企业的现金获取能力及当期收益质量。

当企业处于衰退期时，企业的产品老化并逐步退出市场，负担沉重。这一阶段，现金流量特征具体表现为现金流量不顺畅，企业会面临破产灭亡与转型重生的选择。此时，应利用现金流量表着重分析企业的投资活动产生的现金流量，结合利润表和资产负债表分析。如果企业的现金流量净增加额主要是投资活动产生的，而且是由于处置固定资产、无形资产和其他长期资产引起的，表明企业可能为避免走向破产在调整资产结构；如果企业的现金流量净增加额的减少主要是投资活动产生的，而且是由于购建固定资产、无形资产和其他长期资产引起的，表明企业可能正在寻求转型。

2. 经营发展战略对现金流量的影响

不同企业以及同一企业不同时期，其经营发展战略不同，对企业现金流量的影响也不同。如实行对外扩张战略的企业，常采用多元化经营方式，因此企业会根据其投资项目的好坏决定投资活动现金流量的比重。投资活动在此类企业中有一定地位，但经营活动现金流量的比重不一定占主要地位，企业现金流量的大小主要取决于投资项目效益的好坏和投资资金的需求状况。再如实行内部发展战略的企业，以一业为主，通过内部挖潜，提高产品的技术含量，从而提高抵抗风险的能力。在此类企业中，现金流量主要取决于经营活动产生现金的能力，而投资活动和筹资活动产生现金的能力居次要地位。

【相关链接】

近六成上市公司现金流稳健

据同花顺数据统计显示，A 股 2 563 家公司中，有 1 532 家公司三季报经营活动现金流量净值为正值，占比 59.77%；有 1 300 家公司的现金流净值同比实现增长，占比 50.72%。

从三季报情况看，近六成上市公司现金流稳健，显示我国经济体微观层面的活力较为旺盛。财富证券分析师李朝宇认为，尽管面临全球大宗商品熊市以及上游行业不景气等因素影响，但以互联网技术升级为代表的新经济效应逐渐显现，反映在企业内部表现为流程优化、需求再造、产品迭代创新，这是企业经营活动现金流表现较好的主要原因。

具体来看，银行股在所有上市公司中表现最佳，在经营活动现金流量净值排名前 10 位的公司中，有 7 家是银行，分列第一名、第二名的建设银行和中国银行现金流净值分别为 4 639.27 亿元和 4 146.77 亿元。"企业的经营效率提升、流转加快均会体现在银行端，目前，我国绝大部分企业仍然将现金流通过银行来加以存储和管控。"李朝宇说。

而在非金融行业中，按照 28 个申万一级行业板块分类，交通运输、公用事业以及钢铁板块表现不俗。具体来看，钢铁板块 34 家企业中，有 28 家现金流量净值为正值，占比 82.35%；交通运输板块 95 家企业中，有 82 家现金流量净值为正值，占比 86.32%；而公用事业板块 108 家企业中，有 93 家现金流量净值为正值，占比 86.11%。信达证券公用事业分析师韦玮认为，煤炭价格的下降使得电力企业的净利润表现抢眼，现金流状况得以恢复，而水务企业盈利一直较为平稳。"6 月份以来尤其是第三季度后，铁矿石、焦煤等上游原料的价格跌幅明显大于现货钢铁，让出了一部分利润空间，钢铁企业现金流有所好转。"信达证券钢铁、有色金属行业分析师王伟说。

资料来源　温济聪. 近六成上市公司现金流稳健[N]. 经济日报，2014-11-05.

3. 企业财务与会计政策对现金流量的影响

企业采取不同的财务与会计政策会加速或推迟企业的现金流入与流出，使现金流入与流出超前或滞后以达到理想的现金流量，这被称为现金流量择期。企业可以采用不同的营运资金政策、投资政策、股利分配政策等财务政策进行现金流量择期，也可以采用不同的折旧政策、摊销政策、资产减值准备政策等会计政策进行现金流量择期。如果我们只依据现金流量表分析现金流量的变化，而忽视现金流量择期对现金流量的影响，将会掉进现金流量表的"陷阱"。

4.市场环境对现金流量的影响

当市场环境处于经济循环的收缩阶段，市场衰落，产品销售收入下降，经营活动支出减少，但随着清理应收账款收回现金和廉价处理存货，会提高经营活动现金流量，同时企业新增或重置固定资产的现金流出相应减少，折旧收回的现金会不断增加，所以，这种市场环境下企业获取现金的主要来源仍然是经营活动。当市场环境处于复苏状态并进入扩张阶段，产品销售收入增长，经营活动支出增加，同时对新固定资产的投资支出也大大增加，企业对外筹资的需求不断扩大，所以，这种市场环境下经营活动和筹资活动是企业获取现金的主要来源，而投资活动现金流量会减少，甚至出现负数。

【相关链接】

现金流量表的主要粉饰手段

虚构经济业务，粉饰经营性现金流量并不是通常理解的"财务包装"，而是所谓的"财务诈骗"。他是实施者运用非法手段对企业的现金存量、现金流动情况进行凭空捏造，虚构经济业务，主要包括以下几个手段：

1.虚增"销售商品、提供劳务收到的现金"

销售商品、提供劳务收到的现金反映企业销售商品、提供劳务实际收到的现金，本期销售商品与提供劳务收到的现金、收回前期销售与提供劳务的款项、本期预收的账款、本期收回前期已核销的坏账，扣除本期发生的销售退回所支付的现金。该项目是反映销售收入回收状况以及真实性的最重要的数据，因此，企业费尽心思增加该科目金额，一方面可以掩饰虚增的销售收入，另一方面可以美化多项现金流量指标。

如综艺股份（600770），2008年的主营业务收入为58 807.28万元，而销售商品、提供劳务所收到的现金为76 446.78万元。通过分析资产负债表发现，变化比例比较大的分别为应收账款和其他应收款，其中应收账款从2007年的10 602.50万元下降到2008年7 796.69万元，其他应收款从2007年的10 820.68万元下降到2008年的7 265.77万元，总共减少6 360.72万元，与主营业务收入和销售商品、提供劳务收到的现金之间的差额17 639.50万元相差甚大，这多出来的约1亿元资金究竟是从何而来的呢？

2.虚减"购买商品、接受劳务支付的现金"

购买商品、接受劳务支付的现金包括购买商品接受劳务实际支付的现金。一些公司蓄意调减经营活动的现金支出，使经营活动产生的现金流量更好看，从而欺骗和误导报表使用者，产生公司经营良好、经营活动创造现金能力很强的假象。

如ST东盛（600771），2008年主营业务收入30 772.95万元，主营业务成本13 466.25万元，但购买商品、接受劳务支付的现金却为11 706.4万元。结合2008年资产负债表分析得出，其中影响最大的是应付账款、应付票据与预付账款。应付账款从2007年的12 780.91万元减少到2008年的10 232.26万元，应付票据从2007年的20 986.89万元减少到2008年的0，预付账款从2007年9 479.41万元减少到2008年8 853.21万元，合计应在主营业务成本基础上加上约 2.4 亿元才是购买商品、接受劳务支付的现金，与 ST 东盛在现金流量表中列报的数据明显不符。

3. 虚减"支付其他与经营活动有关的现金"

支付其他与经营活动有关的现金反映企业支付的除主营业务以外的与经营活动有关的其他现金流出，如捐赠现金支出、罚款支出、支付的差旅费、业务招待费、支付的保险费等，其他现金流出如价值较大的，应单列项目反映。某些公司在销售业绩上增长不了，便想通过缩减费用来实现利润，或者增加现金流量，于是这也成了一些公司粉饰的手法。

如 *ST 春兰 2008 年营业收入比上年同期减少 103 484.51 万元。营业成本比上年同期减少 73 084.56 万元，销售量明显下降。而经营活动产生的现金流量净额从 2007 年 −87.70 万元涨到 2008 年 15 938.9 万元，增长幅度为 182.74%，公司对此的解释是由于应收账款收回所致，但通过比较两期的现金流量表发现，影响最大的应是"支付其他与经营活动有关的现金"，从 2007 年的 40 604.06 万元减少到 2008 年的 14 262.75 万元，减少了 26 341.3 万元。减少作用最大的是销售费用，减少了 34 154.4 万元，而公司对此项减少解释为仓储成本的减少。笔者通过进一步分析资产负债表发现，存货量与历史同期相比变动幅度很小，依此推断 *ST 春兰虚减了销售费用，进而虚构"支付其他与经营活动有关的现金"。

4. 同时虚增经营性现金流入与经营性现金流出

为了粉饰经营性活动产生的现金流量，有的公司甚至采取同时虚增经营性现金流入与经营性现金流出，一方面提高了经营活动现金流量，另一方面又不影响报表的平衡关系。

如维维股份（600300）在 2008 年销售商品、提供劳务收到的现金为 365 673.3 万元，销售收入为 283 381.28 万元，而同期应收账款却从 2007 年的 21 228.71 万元减少到 2008 年的 17 217.63 万元，应收票据从 2007 年的 5 510.41 万元减少到 2008 年的 3 894.02 万元，预收账款从 2007 年的 4 426.21 万元增加到 2008 年的 6 430.49 万元，变动合计仅几千万元，无法补平销售商品收到的现金与销售收入之间的差距；2008 年度的主营业务成本为 234 445.53 万元，购买商品、接受劳务支付的现金为 306 701.47 万元，同期应付账款从 2007 年的 23 814.6 万元增加到 2008 年的 28 634.27 万元，存货从 2007 年的 31 130.1 万元增加到 2008 年的 44 440.58 万元，变动合计也同样无法填平 7 亿多元的差距。因此，有理由怀疑是否同时虚增了经营性现金流入与经营性现金流出。

资料来源　王慧敏.浅谈现金流量表粉饰的识别与改进[J].财会与学习，2011（2）.

本章小结

现金流量的质量分析强调突破单纯现金流量表的数据信息，具体可以从偿债能力、获现能力、财务弹性和盈利质量等角度进行分析。该方法是在现金流量的水平分析、结构分析和现金流量表附表分析基础上的拓展，它们共同服务于信息使用者的投资决策需要。

现金流量的水平分析通过对比不同时期的各项现金流量变动情况，揭示企业当期现金流量水平及其变动情况与前期或预期现金流量的差异及其变化原因，反映企业现金流量管理的水平和特点。结合现金流量表的补充资料，详细分析经营活动现金流量的变动额及影响因素。

现金流量的结构分析主要是考察现金流量表中各个项目占总体的相对比重，具体包括现金流入结构分析、现金流出结构分析和现金流入流出比分析。该方法主要是从现金流量表自身的结构去分析现金流量的分布状况和质量。

讨论题

1. 什么是现金流量表？现金流量表的作用是什么？结构是怎样的？

2. 什么是现金流量的结构分析？如何对现金流量进行结构分析？

3. 如何正确评价经营活动产生的现金流量？

4. 现金流量表和资产负债表、利润表存在怎样的联系？现金流量表上的什么信息不能直接从资产负债表和利润表中找到？

5. 什么是现金流量的质量分析？应该从哪些方面具体展开分析？

6. 在对财务报表进行相对数分析时，当报表数据出现负值时该如何处理才能得到相对准确的分析结果？

业务题

请上网（http://finance.sina.com.cn）下载上市公司一汽轿车（000800）2009—2013年度现金流量表，与 S 公司进行现金流量表水平、结构和质量的对比分析，比较 S 公司发展的优势和劣势。

案例分析

讨论"长平之役"的启示①

麻省理工学院董事会主席达纳·米德（曾担任天纳克汽车公司的首席执行官一职达8 年）喜欢谈他如何成功地把"古战场巡礼"纳入企业领袖的训练课程。米德曾带着28位天纳克汽车的资深主管，花了两个整天，跟着历史学家与军事学家前往美国南北战争的战场遗迹进行实地巡礼，让他们站在山头上往下看，试着想象当年参加内战的重要人物如何在这里运筹帷幄，体会昔日指挥官为何做出这些攸关士兵们生死存亡的重大决定。

下面我们和大家一起造访战国时代"长平之役"的遗迹，那是一场血腥残酷但发人深省的战役……

公元前264年，秦国攻打韩国北方领土上党郡。韩国上党郡郡守冯亭向赵国投降，赵国不费一兵一卒便获得17座城池。秦王大怒，下令攻击上党郡。年轻的赵孝成王任命名将廉颇统帅赵军西上，和秦军对峙于长平（山西省高平县）。

老谋深算的廉颇，采取筑垒固守的战略，静待秦军力量削弱。不久，秦军士气果然因粮草补给艰难而受到影响，于是秦王派人在赵国首都邯郸散布流言，讥笑廉颇年迈畏战，而秦国最害怕的是年轻将领赵括（赵国抗秦名将赵奢之子）。赵孝成王求胜心切，中了反间计，罢黜了廉颇，改用赵括为统帅。

秦国见计谋得逞，暗中改派当时最优秀的指挥官白起为大将。白起故意打了几个败仗，引诱赵军主力出战后，在长平痛击赵国大军，并将几十万大军团团围住。为了冲出包围网，赵括发动数次猛烈的攻击，但全部失败。支撑了46天后，弹尽粮绝，赵括被迫做

---

① 刘顺仁 . 财报就像一本故事书[M]. 太原：山西人民出版社，2007.

最后的困兽之斗，兵分四队，轮流突围，却终究还是失败了，自己也死在乱箭之下。赵军还剩 40 万人，全数投降。白起命令这 40 万投降的士兵，进入长平关附近的一个山谷，并把山谷两端堵塞。预先埋伏在山顶上的秦军抛下土石，40 万赵军全部被活埋。长平之役后，赵国从此没落。

问题探讨：

假设你是某公司的经理人，你会通过本案例得到哪些有关企业运作的启示呢？

第 6 章
所有者权益变动表
分析

在网络经济时代，每一位 CEO 几乎都为如何创造股东权益而迷惑。

——帕特里夏·西博尔德（帕特里夏集团 CEO）

对这些高管而言，关于股东权益管理的问题，他们不再寻求它的原因，而是要探索它的方法。

——杰弗里·摩尔（Geoffrey A. Moore）

学习目标

1. 了解所有者权益变动表的内涵及其与其他对外报表的勾稽关系；
2. 熟悉所有者权益变动表的编制意义；
3. 掌握所有者权益变动表的水平分析；
4. 掌握所有者权益变动表的结构分析；
5. 掌握所有者权益变动表的项目分析；
6. 理解所有者权益变动对财务状况质量的影响。

重点与难点

1. 所有者权益变动表的一般分析；
2. 所有者权益变动对财务状况质量的影响。

引　言

2012 年 8 月 28 日宝钢股份发布公告，为维护广大股东利益，增强投资者信心，维护公司股价，考虑投资者建议和公司的财务状况，公司拟以不超过每股 5 元的价格回购公司股票，回购总金额最高不超过人民币 50 亿元。9 月 17 日宝钢股份召开的 2012 年第 2 次临时股东大会决议通过了本次回购方案。回购股票的方式为上海证券交易所集中竞价交易方式，回购的股票将注销以减少注册资本，资金来源为自有资金，回购股票的种类为本公司发行的 A 股股票，自股东大会审议通过本次股票回购方案之日起 12 个月内实施。预计回购股票约 10 亿股，占公司总股本的比例约为 5.7%，占社会公众股的比例约为 22.8%。

宝钢股份于 2012 年 9 月 21 日首次实施了回购，截至 2013 年 5 月 21 日，公司回购方案已实施完毕。公司回购总金额为 50 亿元（含佣金），回购股票数量为 1 040 323 164 股，占公司原总股本的比例约为 5.9%，占原流通股股本的比例约为 23.7%。截至 2013 年 5 月 23 日，宝钢股份将回购股票全部注销。

2012 年上半年钢铁企业利润大幅下滑，亏损面在继续扩大，上市钢铁企业股价陷于低迷。不少上市钢铁企业希望通过发行债券来渡过难关。而宝钢股份在 2012 年 8 月却拟斥资 50 亿元进行股票回购，受到社会广泛关注。

资料来源　王峰娟，张文海.宝钢股份股票回购的动机和影响[J].财务与会计，2014（1）.

6.1　所有者权益变动表分析的目的和内容

6.1.1　所有者权益变动表分析的目的

1.所有者权益变动表的内涵

所有者权益变动表是反映公司本期（年度或中期）内截至期末所有者权益变动情况的报表。2006 年以前，所有者权益变动情况是以资产负债表附表形式予以体现的。根据《企业会计准则第 30 号——财务报表列报》规定，企业财务报表至少应包括资产负债表、利润表、现金流量表、所有者权益（或股东权益）变动表和附注。这说明企业会计准则要求上市公司自 2007 年起正式对外呈报所有者权益变动表。所有者权益变动表成为与资产负债表、利润表和现金流量表并列披露的第四张财务报表。

所有者权益是指企业资产扣除负债后由股东享有的"剩余权益"，也称为净资产，是股东投资资本于经营过程中形成的留存收益的集合，是股东投资和公司发展实力的资本体现。所有者权益变动表，根据所有者权益变动的性质，分别按照综合收益总额、所有者投入和减少资本、利润分配和所有者权益内部结转等情况分析填列。

从所有者权益变动表可以了解以下几方面的信息：综合收益总额，包括当期实现的净利润情况及直接计入所有者权益的利得和损失情况，如可供出售的金融资产公允价值变动净额、权益法下被投资单位其他所有者权益变动的影响、与计入所有者权益项目相关的所得税影响等；所有者投入和减少资本情况；利润分配情况；所有者权益内部结转情况；所有者权益的期初与期末情况。

2.所有者权益变动表分析的目的

所有者权益变动表分析，是通过所有者权益的来源及其变动情况，了解会计期间内影响所有者权益增减变动的具体原因，判断构成所有者权益各个项目变动的合法性与合理性，为报表使用者提供较为真实的所有者权益总额及其变动信息。

所有者权益变动表分析的具体目的如下：

（1）有利于正确分析企业一定期间的全面收益状况。在所有者权益变动表中单独列示"净利润"和"直接计入所有者权益的利得和损失"项目及金额。其中，净利润是企业已实现并已确认的收益；直接计入所有者权益的利得和损失是企业未实现但根据企业会计准则的规定已确认的收益。企业的综合收益包括净利润与直接计入所有者权益的利得和损失两部分，反映企业在某一期间与所有者之外的其他方面进行交易或发生其他事项所引起的净资产的变动，即所有者权益财富的变动。因此，分析所有者权益变动表能够使分析主体更加详细地了解企业的全面业绩信息，以识别管理层利用"一次性收益"进行利润粉饰的现象，有利于决策者做出合理的判断。

（2）有利于对企业的保值增值情况做出分析。过去利润表在企业财务报表体系中一直居于显要位置，利润也成为考核管理层业绩、衡量企业盈利能力的重要指标。但是，利润反映的毕竟只是企业某一期间的经营成果，容易使企业追逐短期利益且容易操作利润，不利于实现财务报告反映管理层受托责任履行情况的目标。而所有者权益变动表体现的是"资产负债观"，企业只有在资产减去负债后的余额即所有者权益（净资产）增加的情况下，才表明企业价值增加了，所有者财富增长了。对所有者权益变动表进行分析，可使财务分析主体利用所有者权益变动表提供的全面收益信息与投入资本比较，对管理层受托责任的履行情况即投入资本的保值增值情况作更全面的考核判断，使企业着眼于长期战略，避免眼前利益和收益超前分配。

（3）有利于揭示所有者权益增减变动的原因。所有者权益变动表不仅包括所有者权益总量的增减变动，还包括所有者权益增减变动的重要结构性信息，特别要反映直接计入所有者权益的利得和损失，让报表使用者准确理解所有者权益增减变动的根源。分析主体根据所有者权益变动表的资料以及其他财务资料，分析企业所有者权益总额及各具体项目增减变动情况和变动趋势，以揭示增减变动的原因、存在的问题及差距，实现各自的利益价值最大化。

（4）有利于对企业的利润分配情况进行分析。企业利润分配政策影响企业的价值，因此利润分配情况是财务分析的重要内容。所有者权益变动表在"利润分配"项目下反映当年对所有者分配的利润金额和按规定提取的盈余公积金额，财务分析主体可据此分析企业的利润分配项目、利润分配政策以及利润分配趋势等内容。

（5）有利于明确会计政策变更和前期差错更正的影响。会计政策变更和前期差错更正对所有者权益本年年初余额的影响，原先主要在财务报表附注中体现，很容易被投资者忽略。所有者权益变动表上直接列示会计政策变更、前期差错更正的有关信息，可以清晰反映会计政策变更的合理性以及会计差错更正的幅度，具体报告会计政策变更和前期差错更正对所有者权益的影响数额。

【相关链接】

全面收益理论对我国会计准则改革的影响

出于对会计信息使用者要求对其他全面收益（other comprehensive income，OCI）项目更加清晰地披露的回应，美国联邦会计准则委员会 FASB 于 1997 年 6 月正式发布第 130 号财务会计准则公告（SFAS 130）《报告全面收益》，要求企业在利润表之外报告全面收益。SFAS 130 将全面收益定义为净收益与其他全面收益项目之和，其他全面收益项目包括除净收益以外的收入、费用、利得和损失，并划分为以下四类：①外币折算调整项目；②可销售证券的调整项目；③最低退休金负债调整项目；④金融衍生品调整项目和外币对冲会计处理（本项目由 SFAS 133《金融衍生工具和对冲交易会计》加入 OCI）。

由此可见，FASB 对全面收益的报告要求反映了在企业交易内容越来越复杂、交易范围越来越国际化的背景下，对企业财务报告信息质量要求更加关注其决策相关性的变化导向。与利润表报告的净收益相比，全面收益不但包括了企业以往交易过程中已实现的收益，而且还包括了在当前的资产配置和外部市场环境下可实现但未实现的利得和损失，因此能够更加全面地反映企业实际的经济收益。从投资者决策相关性的角度考虑，全面收益报告能够使投资者对企业已实现的收益和可实现但未实现的利得和损失的相关信息有更加全面的了解，从而能够对企业的投资价值进行更为准确的判断。

自 20 世纪 90 年代以来，越来越多的国家的会计准则制定机构开始借鉴 FASB 的全面收益报告的思想，对本国的财务报告形式进行改革。1992 年 10 月，英国会计准则委员会（ASB）发布了第 3 号财务报告准则（FRS 3）《报告财务业绩》，要求企业将"全部已确认利得与损失表"作为对外编报的主要财务报表和利润表一起共同表述报告主体的全部财务业绩。1997 年 8 月，国际会计准则委员会（IASC）对国际会计准则第 1 号《财务报表的表述》进行了重大修订，要求补充编制"已确认利得和损失表"或在业主权益变动表中详细披露已确认的未实现利得（损失），并提供了相应表式。我国自 2007 年 1 月 1 日开始实行的新企业会计准则当中明确了企业对外报送的财务报告中增加所有者权益变动表的要求，这体现了我国会计准则改革中由关注会计收益的可靠性向关注经济收益的相关性的转变，这一转变体现了全面收益理论对会计准则与会计实务的影响。

《企业会计准则第 30 号——财务报表列报》中规定，在利润表中对公允价值变动损益、资产减值损失和非流动资产处置损益项目要单独列示。企业会计准则对所有者权益变动表列示项目的要求至少包括：综合收益总额，在合并所有者权益变动表中还应单独列示归属于母公司所有者的综合收益总额和归属于少数股东的综合收益总额；会计政策变更和前期差错更正的累积影响金额；所有者投入资本和向所有者分配利润等；按照规定提取的盈余公积；所有者权益各组成部分（实收资本（或股本）、资本公积、盈余公积、未分配利润）的期初和期末余额及其调节情况。

可见，企业会计准则当中利润表中净利润项目的调整和所有者权益变动表的变化，使得净利润项目中包含了部分其他全面收益项目的内容，相应地，收益的概念和内涵也由原来的会计收益观向全面收益理论的经济收益观转化，与这种变化相伴随的是在企业会计准则中公允价值计量属性的广泛应用。企业会计准则在企业合并、金融工具确认和计量、金融资产转移、套期保值等准则中全面引入公允价值，并在修订后的债务重组、非货币性交易等准则中恢复了公允价值的计量。这些修订都是结合全面收益理论对会计信息的决策相关性的要求所做出的。

资料来源　赵琳 . 全面收益理论对我国会计准则改革的影响[J]. 会计之友，2012（7）.

6.1.2　所有者权益变动表分析的内容

所有者权益变动表以矩阵的形式列示，纵栏列示导致所有者权益变动的交易和事项，从所有者权益变动的来源对一定时期所有者权益变动情况进行全面反映；横栏按所有者权益各组成部分（实收资本、资本公积、库存股、盈余公积、未分配利润）及其总额列示交易或事项对所有者权益的影响。所有者权益变动表还就各项目再分为"本年金额"和"上年金额"两栏分别填列。

所有者权益变动表分析的内容包括所有者权益变动表水平分析、所有者权益变动表结构分析和所有者权益变动表项目分析。对前后期所有者权益总额、所有者权益各具体项目进行差额比较分析，以了解指标完成情况及变动趋势；也可分析所有者权益总额内部结构、所有者权益各具体项目增减内部结构，揭示进一步分析的方向。在下面的章节中我们将对这几种分析方法作详细的介绍。

6.2　所有者权益变动表的一般分析

6.2.1　所有者权益变动表水平分析

所有者权益表的水平分析，是将所有者权益各个项目的本期数与基准进行对比（可以是上期数等），揭示公司当期所有者权益各个项目的水平及其变动情况，解释公司净资产的变动原因，借以进行相关决策的过程。

以 S 公司所有者权益变动表为基础资料进行所有者权益变动表水平分析（见表 6-1），查看相关项目的变化趋势。

表 6-1　　　　　　　　　　S 公司所有者权益变动表水平分析　　　　　　　　　单位：元

项　目	2013年	2012年	2011年	2010年
一、上年年末余额				
加：会计政策变更				
前期差错更正				
二、本年年初余额	116 640 020 713.07	100 909 757 021.36	64 368 090 701.95	41 943 252 413.65
三、本年增减变动金额（减少以"–"号填列）	9 972 779 466.11	15 730 263 691.71	36 541 666 319.41	22 424 838 288.30
（一）综合收益总额	16 576 964 302.82	17 785 580 654.26	15 428 348 974.07	12 768 413 865.17
（二）所有者投入和减少资本	11 155 140.69	–188 679.25	22 961 801 683.54	9 984 172 159.98
1.所有者投入资本	11 155 140.69	–188 679.25	22 961 801 683.54	9 984 172 159.98
2.股份支付计入所有者权益的金额				
3.其他				
（三）利润分配	–6 615 339 977.40	–330 7669 988.70	–1 848 484 338.20	–327 747 736.85
1.提取盈余公积				
2.对所有者（或股东）的分配	–6 615 339 977.40	–3 307 669 988.70	–1 848 484 338.20	–327 747 736.85
3.其他				
（四）所有者权益内部结转		1 252 541 705.40		
1.资本公积转增资本（或股本）				
2.盈余公积转增资本（或股本）				
3.盈余公积弥补亏损				
4.其他		1 252 541 705.40		
四、本年年末余额	126 612 800 179.18	116 640 020 713.07	100 909 757 021.36	64 368 090 701.95

将表 6-1 中相关数据反映在图形中，如图 6-1 所示。

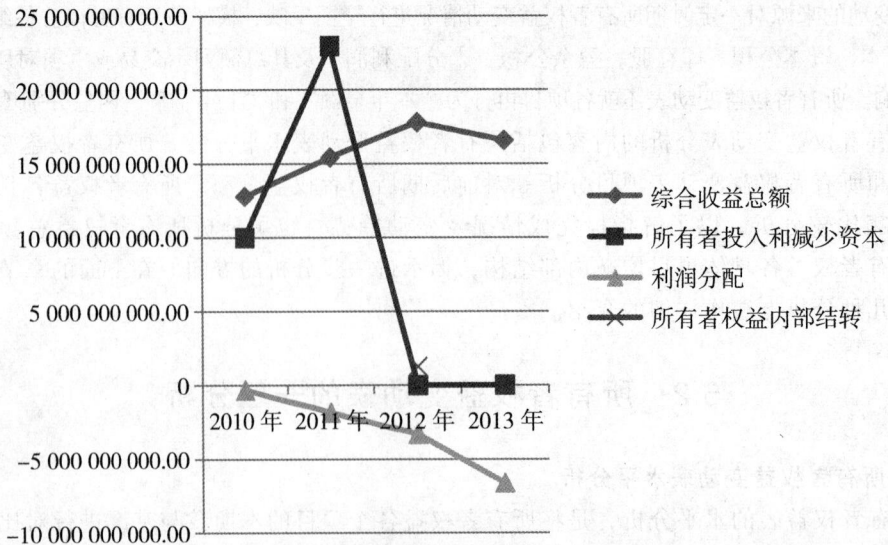

图 6-1　S 公司所有者权益变动表水平分析

从表 6-1、图 6-1 可见，4 年间 S 公司的所有者权益整体呈现递增趋势，且 2011 年所有者权益突然攀升。2010—2013 年所有者权益的增长从主要影响因素看，最主要的原因是近几年综合收益总额的大幅度增长。S 公司股东在 2010 年、2011 年和 2013 年投入资本，为企业增资，而 2012 年所有者投入资本减少是由于与 2011 年重组所增加股本直接相关的后续费用，S 公司冲减了资本公积；2010—2013 年公司均向股东分配股利，一方面体现其处于快速成长阶段，另一方面反映其自主资金的充足。

【相关链接】

自主品牌资金饥渴　上汽集团停牌再寻融资

打造自主品牌的惊人规划让中国最大的汽车企业集团——上汽也不可避免地面临资金压力。

在 2015 年前，上汽将向南京市投资 100 亿元人民币，仅用于生产上汽自主品牌，荣威和 MG 的产能将超过 30 万辆。

6 月 21 日，因筹划非公开发行股票，上汽集团持股 78.9% 的上海汽车开始停牌。"公司将在 2010 年 6 月 25 日前召开董事会审议非公开发行股票事宜并进行公告，同时申请股票复牌。"上汽公告称。

"此次融资将主要用于对上汽乘用车的自主品牌扩大投资，而非被普遍猜测的并购业务。"消息人士告诉时代周报记者。

在日前举行的股东大会上，上海汽车财务总监谷峰的态度亦从侧面印证了上述观点："中国汽车的产能足以满足未来二三年的市场需求，因此我们在收购汽车现有产能方面将非常谨慎。未来五年内上汽将预留 50 亿元用于整合并购。我们希望收购的目标是一些核心零部件公司以提升上汽集团的研发实力。"

寻资

在今年年初一笔超过 60 亿元的认股权证行权失败后，上汽再度向资本市场寻求资金。虽然上汽董事长胡茂元认为错失行权并不阻碍上汽发展，但他承认这将影响该公司的资金使用成本。

由于相继宣布投资包括上汽自主品牌基地建设、投产全新车型、与通用汽车在印度合资建厂，以及成立英国设计中心等多个项目，上汽正面临着远超其他企业集团的资金压力。仅就承诺将南京的产能增至 100 万辆一项，上汽就将在今后五年内向当地注资 100 亿元。而在此前于 2010 年 3 月投产的南京浦口基地二期工程，已经花掉上汽 25.66 亿元人民币。当然，与通用汽车共同投资印度市场更是个"烧钱"的计划，据通用汽车执行副总裁兼国际运营部总裁估算，这一项目双方将对等投资总额达 6.5 亿美元。与上述"大买卖"相比，470 万英镑（约 4 770 万元人民币）算不上大数目。用这笔钱，上汽在英国伯明翰成立了一家汽车设计中心，作为上汽全球设计总部，该中心将负责名爵品牌车型的设计和研发。此外，上汽计划在年内推出至少 4 款自主品牌的全新车型，同时覆盖 B 级、A 级、SUV 和 A0 级细分市场。无论前期研发、投产准备还是市场宣传，其对资金的需求都非同小可。

开局

"由于新产品的销售在一定程度上来自于低配车型，这对于全年的盈利目标有些影响。"消息人士称。而在上汽总裁陈虹看来，南汽今年扭亏在望，"尤其依维柯和轻卡跃进的销售情况良好"。

根据上汽发布的最新产销快报显示，2010 年 5 月，上汽乘用车公司累计销售 64 227 辆，与去年同期相比剧增 101.09%。

"集团整体预计上半年将实现 170 万辆的产销规模，300 万辆的全年目标问题不大，"陈虹在日前举行的股东大会上称，"利润较 2009 年预计有 10%以上的增长。"

在上汽内部，2010 年已被确立为拓展海外市场的开局年。"初步形成英国和印度两块市场。英国市场未来主打 MG6，2010 年年底开始在英国投产，2011 年上市；而印度市场主要方向是拓展低档乘用车。"陈虹说，"虽暂不能形成利润贡献，但该市场发展非常迅速，上汽对这项业务颇具信心。"

资料来源　信晓霁.自主品牌资金饥渴　上汽集团停牌再寻融资[N].时代周报，2010-06-24.

【相关链接】

熔盛重工陷资金链困局

近年来全球航运业不景气，中国最大的民营造船企业——中国熔盛重工（01101.HK）深陷资金链断裂之困，在停牌一天后，熔盛重工于上周五复牌。公司股票大跌 16.04%，收于 0.89 港元，创上市以来最低。

公司坦承营运资金带来压力，并公布相关的资金安排以及营运策略调整等应对措施。

熔盛重工公告称，全球造船业市场的需求持续下滑，新船舶价格未能回升，而银行及其他金融机构已经收紧向造船商提供信贷融资额，不少船东延迟、重新磋商及拖欠造船商款项。这均对公司近月的营运资金带来压力，不得不延迟向供应商及工人付款，以紧缩现金流出。

对于全球造船业大环境给熔盛重工近期营运资金带来的压力，熔盛重工称，目前正与银行进行磋商，争取对现有信贷安排进行延期，另外公司也在积极向政府及主要股东寻求财务援助，并加大力度与客户协商，务求尽快收回应收款项。此外，大股东张志熔也已于 7 月 3 日与集团订立协议，向集团授出免息且无抵押贷款 2 亿元作营运资金之用。

此外，熔盛重工公告称，公司正实行"转型升级"战略，将专注于能源行业的客户，将集团转型为综合性重工企业，现正同时进行人力重组及优化工作，也正逐步减少工程机械及动力工程板块的生产规模。

对于近期有媒体报道称，熔盛重工部分员工因被拖欠工资围堵公司大门，并传要大裁员的消息。熔盛重工承认，本月 2 日，部分在人力重组及优化调整过程中离职的工人围堵集团南通生产基地的总部大门。"然而，经集团管理层向他们解释集团政策后，工人已经撤离总部大门。集团现有工人并无发起罢工或其他行动。"熔盛重工表示。

自 2011 年以来，全球航运市场持续低迷，造船业也受重创。熔盛重工发布盈利警告称，预计截至 6 月底公司业绩将出现亏损。

熔盛重工此前发布的未经审核财务数字显示，截至 3 月 31 日，该公司流动资产为 229.41 亿元，总资产为 445.21 亿元，总负债为 325.98 亿元；3 个月营业收入仅为 7.44 亿元，净亏损 7.29 亿元。

熔盛重工的窘境是中国造船行业低迷的缩影。有行业协会预测，在全球船舶过剩、订单难求的情况下，中国未来 5 年内，将有 1/3 的船厂面临倒闭，中国目前有逾 1 600 家造船厂。

资料来源　徐欢.熔盛重工陷资金链困局[N].证券时报，2013-07-08.

6.2.2　所有者权益变动表结构分析

所有者权益变动表结构分析，是将所有者权益各个子项目变动占所有者权益变动的比重予以计算，并进行分析评价，揭示公司当期所有者权益各个项目的比重及其变动情况，解释公司净资产构成的变动原因，借以进行相关决策的过程。

对所有者权益变动表的结构分析，一般选取以下指标：

（1）综合收益总额与权益变动比 $=\dfrac{综合收益总额}{本年年末所有者权益余额 - 本年年初所有者权益余额}$

（2）投入资本变动与权益变动比 $=\dfrac{本年投入资本 - 本年购回库存股}{本年年末所有者权益余额 - 本年年初所有者权益余额}$

（3）公允价值变动净值比 $=\dfrac{可供出售金融资产公允价值变动净额}{本年年末所有者权益余额 - 本年年初所有者权益余额}$

通过分析综合收益总额、所有者投入资本、公允价值变动占所有者权益变动的百分比，获知经营成果、股本资本、可供出售金融资产、现金流量套期工具等公允价值变动对所有者权益变动的影响程度，以便做出正确决策。

基于 S 公司 2010—2013 年财务数据进行所有者权益变动表结构分析（见表 6-2）。

表 6-2　　　　　　　　S 公司所有者权益变动表结构分析（%）

项　目	2013年构成	2012年构成	2011年构成	2010年构成
一、上年年末余额				
加：会计政策变更				
前期差错更正				
二、本年年初余额				
三、本年增减变动金额（减少以"-"号填列）	100.00	100.00	100.00	100.00
（一）综合收益总额	166.22	113.07	42.22	56.94
（二）所有者投入和减少资本	0.11	0.00	62.84	44.52
1.所有者投入资本	0.11	0.00	62.84	44.52
2.股份支付计入所有者权益的金额				
3.其他				
（三）利润分配	-66.33	-21.03	-5.06	-1.46
1.提取盈余公积				
2.对所有者（或股东）的分配	-66.33	-21.03	-5.06	-1.46
3.其他				
（四）所有者权益内部结转		7.96		
1.资本公积转增资本（或股本）				
2.盈余公积转增资本（或股本）				
3.盈余公积弥补亏损				
4.其他		7.96		
四、本年年末余额				

【相关链接】

基于所有者权益变动表的指标分析

1.盈利能力分析

盈利能力是企业生存和发展的核心因素，在进行分析时应结合资产负债表和利润表等其他资料进行。

（1）权益收益率

$$权益收益率 = \frac{全面收益}{所有者权益}$$

其中：

全面收益=净利润+直接计入所有者权益的利得和损失

该比率反映 1 元股东资本赚取收益的能力，衡量企业所有者权益的全面收益能力，具有非常好的综合性，是盈利能力分析中最综合、最有代表性的分析指标。在分析该指标时可将其进一步分解为权益净利率（净利润/所有者权益）、权益利得率（利得/所有者权益，其中利得包括直接计入所有者权益的利得和损失）。权益净利率又可分解为投入资本（即实收资本）报酬率和附加资本报酬率。附加资本指企业所有者权益扣除实收资本后的余额，表示企业所有者实际投资所带来的资本积累。

（2）净资本回报率

$$净资本回报率 = \frac{净利润}{净资本}$$

其中：

净资本=负债+所有者权益

该比率反映企业净资本的盈利能力。净资本回报率较高的企业往往会比其他企业更快地扩展投资，增加净资本总量，发展潜力较好。

2.利润分配分析

（1）利润分配率

$$利润分配率 = \frac{对股东分配的利润}{净利润} = \frac{净利润 - 留存收益}{净利润} = 1 - 留存收益率$$

通过该比率分析对股东分配的利润与企业留存收益之间的比率关系，确定利润分配政策的合理性。

（2）股票股利分配率

通过分析股东权益内部项目（股本和未分配利润）结转的金额，以及发放股票股利后对企业每股收益的影响，评价企业选择股利政策的适当性和合理性。

3.资产管理能力分析

除可利用当前财务分析的传统周转率和周转天数进行分析外，还可利用所有者权益变动表中的全面收益指标对资产的使用效率进行综合评价。全面收益与总资产的比值越高，企业资产的综合利用效率越高，说明企业在收益和节约资金使用等方面取得了良好的效果。在进行分析时可将该指标分解为资产净利率（净利润/总资产）和资产利得率（利得/总资产）。资产净利率又可进一步分解为总资产周转率和销售净利率。这样不断层层分解，最终找出企业存在的问题，为发展指明方向。

4．偿债能力分析

主要通过计算产权比率（负债/所有者权益）进行长期债务的偿还能力分析。

该比率表明 1 元所有者权益借入的债务数额，它是常用的财务杠杆比率，通过结合资产收益的比率分析，揭示权益收益率的风险。

6.2.3　所有者权益变动表项目分析

所有者权益变动表项目分析，是将组成所有者权益的主要项目进行具体剖析对比，分析其变动成因、合理合法性、有无人为操纵的迹象等事项的过程。

所有者权益变动表的主要项目可以从以下公式具体理解：

$$本期所有者权益变动额 = 净利润 + \frac{直接计入所有者}{权益的利得和损失} + \frac{会计政策变更和前期}{差错更正的累积影响} + \frac{所有者}{投入资本} - \frac{向所有者或}{股东分配的利润}$$

为了避免与资产负债表分析重复，本节从以下三个方面分析所有者权益变动表的主要项目：

1．综合收益总额分析

综合收益总额反映企业在某一期间除与所有者以其所有者身份进行的交易之外的其他交易或事项所引起的所有者权益变动，其金额为净利润和其他综合收益扣除所得税影响后净额相加后的合计金额。

【例 6-1】D 公司 2013 年实现综合收益总额 3 000 万元，分配股利 900 万元，增发新股 2 100 万元，试确定所有者权益变动额。

解：根据综合收益总额与所有者权益变动额关系的公式，本题所有者权益变动额为：

所有者权益变动额=综合收益总额−股利+新增股本=3 000−900+2 100=4 200（万元）

2．会计政策变更的分析

（1）会计政策与会计政策变更

会计政策是指会计主体在会计核算过程中所采用的原则、基础和会计处理方法。其中，原则实质上包括了会计的基本假设、会计的一般原则和具体原则、会计处理方法，甚至还包含某些非会计假设。

会计政策变更是指在特定的情况下，企业可以对相同的交易或事项由原来采用的会计政策改用另一会计政策。企业采用的会计政策在每一会计期间和前后各期应当保持一致，不得随意变更，但是，满足下列条件之一的，可以变更会计政策：①法律、行政法规或者国家统一的会计制度等要求变更。比如，国家发布统一的关于增值税会计处理的核算办法后，企业应及时按照新的办法处理有关增值税事项。②会计政策变更能够提供更可靠、更相关的会计信息。比如，企业原先一直采用直接转销法核算坏账，由于信用环境的改变，应收账款演变为坏账的可能性增大，继续使用直接转销法核算坏账将会虚增企业某一会计期间的资产和盈利，因此备抵法的会计政策则更能体现应收账款的账面价值。

（2）会计政策变更在表中的列示与分析

会计政策变更能够提供更可靠、更相关的会计信息的，主要应当采用追溯调整法进行处理，将会计政策变更累积影响数调整列报前期最早期初留存收益。其中，追溯调整法是指对某项交易或事项变更会计政策，视同该项交易或事项初次发生实际采用变更后的会计政策，并以此对财务报表相关项目进行调整的方法。

会计政策变更的累积影响数，是指按照变更后的会计政策，对以前各期追溯计算的列报前期最早期初留存收益应有金额与现有金额之间的差额。会计政策变更的累积影响数需要在所有者权益变动表中单独列示。

对于会计政策变更的累积影响数的分析，主要目的在于合理区分属于会计政策变更和不属于会计政策变更的业务或事项。一般而言，不属于会计政策变更的业务或事项具体包括：①当期发生的交易或事项与以前相比具有本质差别而采用新的会计政策。例如，某企业一直通过经营租赁方式租入设备进行生产，但从本年度起，新租入设备采用融资租赁方式，故企业本年度采用融资租赁的会计处理方法进行设备组如何使用的记录与报告。由于融资租赁和经营租赁具有本质区别，因而这种变化不属于会计政策变更。②对初次发生的或不重要的交易或事项采用新的会计政策。例如，企业第一次发生跨年度的劳务供应合同项目，对这种项目采取了完工百分比法于年度末确认收入。对企业来说，虽然采取了新的收入确认方法，但这种做法不属于会计政策变更。又如，企业一直将购买办公用品而发生的费用直接记入管理费用账户，从本期开始，企业决定凡购买的办公用品都要先记入物料用品账户，然后在领用后转入有关费用账户。由于办公用品支出属于企业的零星开支，且这种改变对资产、费用和利润的影响很小，属于不重要的事项，因而这种变更不必作为会计政策变更的内容进行专门披露。

3. 前期差错更正的分析

（1）前期差错与前期差错更正

前期差错是指由于没有运用或错误运用以下两种信息而对前期财务报表造成遗漏或误报：第一，编报前期财务报表时能够合理统计取得并应当加以考虑的可靠信息；第二，前期财务报表批准报出时能够取得的可靠信息。前期差错通常包括计算错误、应用会计政策错误、疏忽或者曲解事实以及舞弊产生的影响，以及存货、固定资产盘盈等。

前期差错更正是指企业应当在重要的前期差错发现后的财务报表中，调整前期相关数据。前期差错更正主要采用追溯调整法，它是指在发生前期差错时，视同该项前期差错从未发生过，从而对财务报表相关项目进行更正的方法。

（2）前期差错更正在表中的列示与分析

本期发现与以前期间相关的重大会计差错，如果影响损益，应按其对损益的影响数调整发现当期的期初留存收益，财务报表其他相关项目的期初数也应一并调整；如不影响损益，应调整财务报表相关项目的期初数。

对于前期差错更正累积影响数的分析，主要目的在于及时发现与更正前期差错，合理判断和区分相关业务是属于会计政策变更还是属于会计差错更正类别，以实现信息的准确性。

会计差错发生的原因可归纳为三类：①会计政策使用上的差错。例如，按照国家统一的会计制度规定，为构建固定资产而发生的借款费用，在固定资产达到预定可使用状态后，其发生额应计入当期损益，若继续予以资本化，则属于采用了法律或会计准则等行政法规、规章所不允许的会计政策。②会计估计的差错。由于经济业务中不确定因素的影响，企业在会计估计过程中出现了差错。例如，国家规定企业可以根据应收账款期末余额的一定比例计提坏账准备，企业有可能在期末多计提或少计提坏账准备，从而影响损益的计算。③其他差错。在会计核算中，企业有可能发生除以上两种差错以外的其他差错。例如，错记借贷方向、错记账户、漏记交易或事项、对事实的忽视和滥用等。

会计差错只要发生就会使报出信息失真。按其影响程度的不同，会计差错可分为重大会计差错和非重大会计差错。重大会计差错是指影响财务报表可靠性的会计差错，其特点是差错的金额比较大，足以影响财务报表的使用者对企业财务状况和经营成果做出正确判断。按照重要性原则，如果某项差错占有关交易或事项金额的 10% 以上，则可以被认为是重大会计差错。非重大会计差错是指不足以影响财务报表使用者对企业财务状况和经营成果做出正确判断的会计差错。无论是不是重大会计差错，都应在发现前期差错的当期进行前期差错更正，在所有者权益变动表中及时披露。

【相关链接】

上市公司自发性会计政策变更动机

最近几年以来，中国资本市场上的会计造假事件频频发生，这严重损害了广大投资者的利益。这是因为在目前的会计准则和会计制度下，会计处理具有一定的灵活性，相同的交易或事项可能存在多种可供选择的会计处理方法。所以，这为企业提供了非常大的操作空间，可以根据企业自身的需求来变更会计政策。

据统计，仅在深交所上市公司中就有 12 家上市公司在 2012 年 10 月份调整了会计估计，而在 2012 年前 10 个月，这一数字为 64 家，在沪深两市的上市公司中进行会计估计变更的为 130 家左右，会计政策变更的大约为 30 家。

我们不禁要问，是什么原因造成了这种现象？企业的会计政策变更是为了提供更真实、更可靠的会计信息，还是背后隐藏着其他的动机。

我们在对国内 2006—2011 年有关自发性会计政策变更方面的文献整理得出，目前，中国的研究自发性会计政策变更动机的文献主要集中在以下几个方面：

一是盈余动机。徐杉（2012）、张军（2012）、张燕（2012）等研究了企业会计政策变更的动因主要是盈余动机，并且分析了上市公司应用会计政策变更实施盈余管理的类型：（1）变更存货计价方法；（2）变更相关资产的初始计量或后续计量方法；（3）变更收入确认的原则；（4）变更非货币性资产交换的计量方法；（5）变更借款费用的处理方法等。

二是巨额冲销动因。吴水澎（2004）、王杏红（2012）等对利用巨额冲销的上市公司进行的研究发现巨额冲销与董事变更比例成正比，与企业规模负相关。

三是收益平滑动因研究。刘斌等（2005）对进行了自发性会计政策变更的企业进行的研究发现，这些公司存在利润递增型收益平滑行为。

另外，也有很多学者研究了自发性会计政策变更的会计处理在这方面关于会计实务处理方面的研究比较多。姚文英（2006）、谭玉林（2009）、冯永琴（2009）、郑洵（2009）等主要研究了会计政策变更后的所得税的处理问题；刘莹和周凤（2010）、毛新述和姚淑瑜（2011）等主要研究了会计政策变更与前期差错变更的会计处理。

目前，国内关于自发性会计政策变更的文献主要就集中在这几个方面，对于会计政策变更的动机的案例研究很少。在对沪深两市中一些上市公司的会计政策变更原因分析得出，主要有以下三种动机：

一是融资动机。这主要是一些拟融资企业的动机。根据相关规定，连续三年盈利是上市的必备条件之一。于是，一些需要上市的公司不惜采用各种认为有利的会计估计进行盈余操控。还有一些准备上市的公司，以为增加谨慎性更能通过上市审查，人为地将账龄 2 年的应收账款坏账计提比例由行业通常设定的 20% 提升至 40% 甚至 50%。另外，对于一些已经上市的公司而言，他们也会有融资的需要。以发行公司债券为例，按照相关规定，发行条件之一是最近 3 年平均可分配利润足以支付公司债券一年的利息。如果粉饰利润，就可以提高公司债券的信用风险评估，这样就可以比较低的利率来发行公司债券。比如太钢不锈（000825）6 月 15 日发布公告称，调整固定资产折旧年限将土地、房屋及构筑物从之前的 20 年调整为 30 年，通用设备和专用设备的折旧年限从之前的 10 年调整为 15 年，所用的理由是近年来公司不断加大固定资产投资力度，并且与行业相比折旧率过高。固定资产折旧不仅跟折旧年限相关，跟残值率也非常相关。所以，我们从公司公告中也可以看出太钢不锈专用设备和通用设备的残值率从 2011 年开始将过去的 3% 变为现在的 3%、5% 和 10% 三个档位，这样极大地降低了太钢不锈的年折旧额，从而给公司凭空创造利润。

二是"平滑"利润。平滑利润主要是一些上市公司的动机。10 月 20 日应收账款巨大的三一重工（600031）发布《关于会计估计变更的公告》，对应收账款坏账准备计提比例做出了重大调整。这一调整对三一重工业绩的影响很直接——1—9 月，三一重工的净利润将增加 4.7 亿元左右。此前有多家券商发布研究报告称，三一重工业绩低于预期，存在毛利率下滑、盈利能力下降、应收账款压力大、现金流恶化、逆市增长难度较大等问题。而三一重工的主要竞争对手中联重科，则受到多家机构大力褒扬，甚至称其"一枝独秀"。这让三一重工的压力很大。事实上去年中联重工也进行了应收账款坏账比例的重大调整。此次三一重工的计提比例调整，目的很明确，就是为了保住公司的行业内上市公司利润第一的位子。虽然在短期内会有一些非议，但是从中长期来看还是有积极意义的，因为如果不变更，公司年度净利润下滑到行业第二位是很有可能的，由此很可能会失去市值第一的位子，这对公司的市场营销、在香港地区上市以及后续的融资等方面都会产生非常多的消极影响。

三是管理层的盈余管理。在上市公司管理层掌握了公司的主导权和控制权时，可以利用会计信息不对称的特点，向股东提供有利于自己的信息而隐藏对自己不利的信息甚至会提供虚假的会计信息。刘青和朱明敏（2008）在对四川长虹（600839）的盈余管理研究中发现，四川长虹在 1999—2004 年陆续通过应收账款坏账准备的计提变更、存货跌价准备变更和委托理财跌价变更等会计变更手段调低利润。目的是增加高级管理层变更背景下的业绩考核效应，该动机具有红利报酬效应和政治成本效应的双重性质。

在对中国上市公司的会计政策动因进行分析的过程中发现，某些行业集中调整会计政策也与目前的经济环境息息相关。

目前，航运业处于艰难的复苏期，盈利困难，所以有比较多的航运业企业采用了会计政策调整。中海海盛（600896）将运输船的使用寿命从 8~22 年变更为 8~25 年。新造船舶预计使用寿命从 22 年变更到 25 年，船舶净残值也发生了大的变动，从 180 美元/轻吨变更为 470 美元/轻吨。也就是说，1 轻吨退役的船舶卖废钢可以收回 2 961.42 元，比原来的 1 350 元增加了一倍多。中海发展（600026）同样因为调整了使用年限和残值之后增加当年利润总额 5.96 亿元左右。

在机械制造行业，因为国内宏观经济下行压力与房地产投资增速减少的双重影响，工程机械行业也面临需求减少、利润下降的压力。中联重科（000157）和三一重工（600031）这对竞争对手同样选择在 10 月调整会计政策，只是后者是相隔了一年才做出调整。中联重科去年 10 月份调整的会计政策，大幅调低 1 年以内应收款的坏账计提比例，从 5%直落 1%，因为此次变更增加的净利润达 1.61 亿元左右，占全年净利润的 2%。三一重工在今年 10 月份同样采用了这方面的会计政策变更。

同样的原因也发生在钢铁行业，主要是钢铁行业目前面临成本、原材料、能源价格提高所带来的压力，实现利润比较难，如果变更会计估计，可以为未来提前预留利润空间。因为钢铁行业固定资产庞大，所以钢铁行业会计政策调整的对象大多是固定资产折旧年限。鞍钢股份（000898）17 日发布调整部分固定资产折旧年限的公告称，公司决定从 2013 年 1 月 1 日起对部分固定资产折旧年限进行调整。而在 2008 年和 2011 年，鞍钢股份先后对固定资产折旧有过调整。鞍钢指出，此次调整将增加 2013 年净利润 9 亿元，比 2012 年少提折旧费大约 12 亿元。而 2011 年鞍钢的折旧费为 68.9 亿元，2012 年预计为 55.4 亿元，少了 13.5 亿元的折旧费。

电力电工行业同样倾向于在固定资产折旧上做文章，今年 4 月底华能国际（600031）对 12 类固定资产的预计使用年限、残值和年折旧率做了一系列的调整，调整以后，华能国际预计 2012 年度折旧费用减少约 7 亿元，这个数字对于去年净利润为 12.68 亿元的华能国际来说可不容小觑。

综上所述，我们可以得出公司会计政策变更有公司自身的原因，如融资需要、平滑利润和管理层的盈余管理，也有行业自身的原因，如行业利润下降、不景气等。

资料来源　江光光.上市公司自发性会计政策变更动机研究[J].经济研究导刊，2014（1）.

6.3　所有者权益变动对财务状况质量的影响

6.3.1　股利政策与财务状况

通过分析股东权益变动表，可以了解公司股利分配政策。影响股利分派的因素主要有四个方面：

（1）法律因素。法律没有要求公司一定要分派股利，但对公司某些情况下不能分派股利做出了限制。例如，公司法定注册资本受到损害时，不允许动用股本金支付股利；公司无偿债能力或破产时不允许支付股利。此外，股东收到的现金股利须纳税，于是公司偏好采取发放股票股利来保存大部分利润，从而为股东提供资本收益。

（2）所有权因素。它包括控制权和税收两方面。具有控制权的权益资本来源有二：一是留存收益；二是发行新股。提高股利支付比例意味着留存收益减少，增发新股的可能性增大，而发行新股可能使原股东控制权被稀释或丧失；反之，降低股利支付比例，便可避免这种情况的出现。在税收政策上，一般对公司和股东征收双重所得税，这种税收政策影响股利政策。如果公司由少数高收入的股东持有，这些股东为减少所得税，可能要求较低的现金股利支付率，并转而要求获取股票股利形式的资本收益，因为资本收益的所得税税率较低；反之，如果公司由多数低收入的股东持有，他们会要求提高股利支付率。

（3）公司自身因素。它包括资产流动性、举债能力、投资项目和偿债需要。公司资产流动性高，一般能按较高的现金支付比例支付股利。容易取得融资的公司其股利政策略为宽松，即可按较高比例支付现金股利。公司未来有许多投资项目，且其投资收益率高于资本成本，这种情况下公司需要大量资金，便会按较低比例支付现金股利。如果公司需要以现金偿还债务，将会减少现金股利支付额。

（4）其他因素。例如，为保护债权人利益，债务合同会订有若干限制股利支付的条件，如规定留存收益的最低限额，达不到时不能支付股利等。

常用的股利政策的类型有剩余股利政策、固定或稳定增长的股利政策、固定股利支付率政策、低正常股利加额外股利政策。

在剩余股利政策下，留存收益先保证再投资的需要，有助于降低再投资的资金成本，保持最佳的资本结构，实现企业价值的长期最大化。但是，若完全遵照执行剩余股利政策，股利发放额就会每年随着投资机会和盈利水平的波动而波动。剩余股利政策不利于投资者安排收入和支出，也不利于公司树立良好的形象。

在固定或稳定增长的股利政策下，鉴于股利政策本身的信息含量，稳定的股利有利于向市场传递着公司正常发展、财务状况良好的信息，有利于树立公司的良好形象，增加投资者对公司的信心。但是，由于不论公司盈利多少，均要支付固定或按固定比率增长的股利，这可能导致企业资金紧张，财务状况恶化。

在固定股利支付率政策下，股利的支付与企业的盈利状况紧密联系，体现"多盈多分、少盈少分、无盈不分"的股利分配原则。但是，在某些情况下会造成企业的财务压力。这是因为公司实现的盈利多，并不能代表公司有足够的现金流用来支付较高的股利额。

股利分配政策决定着税后利润在支付股利和盈余积累之间的分配比例。较高的股利支付水平表明公司有较好的盈利水平、良好的财务状况和现金流量，但是，同时表明公司的盈余累积较少，意味着未来扩大再生产将受到较大限制。通过股东权益变动表可分析公司股利分配策略和股利分配情况，而股利政策与企业的财务状况有着紧密的联系。股利政策的变化影响和反映着公司的财务状况。

我国上市公司分红主要采用现金股利和股票股利。它们对公司财务状况有着不同的影响。现金股利使公司的资产和所有者权益同时减少，股东手中的现金增加；股票股利使流通在外的股份数增加，公司账面的未分配利润减少，股本增加，每股账面价值和每股收益稀释。

【例6-2】S公司有流通在外的股票1 000万股，每股股价7元，公司的市场价值总额是7 000万元。表6-3呈现出了简化的上年年末的资产负债表。

表6-3　　　　　　　　　　资产负债表（现金股利支付前）　　　　　　　　单位：元

资　产		负债及所有者权益	
现金	25 000 000	负债	0
其他资产	45 000 000	所有者权益	70 000 000
资产总计	70 000 000	负债及所有者权益总计	70 000 000

假设该公司管理层本年年末决定每股发放1元的现金股利，支付股利后的公司资产负债表见表6-4。

表6-4　　　　　　　　　　资产负债表（现金股利支付后）　　　　　　　　单位：元

资　产		负债及所有者权益	
现金	15 000 000	负债	0
其他资产	45 000 000	所有者权益	60 000 000
资产总计	60 000 000	负债及所有者权益总计	60 000 000

由表 6-4 可知，如果该公司决定每股发放 1 元的现金股利，则需支付现金 1 000 万元，由此使公司资产的市场价值和所有者权益均下降到 6 000 万元，每股市价下降到 6 元。

总体来说，现金股利将减少公司的资产和留存收益规模，降低公司的财务弹性，并影响公司整体的投资与筹资决策。

股票股利是一种比较特殊的股利形式，它不直接增加股东的财富，不会导致企业资产的流出或负债的增加，不影响公司的资产、负债及所有者权益总额的变化，所影响的是所有者内部有关各项目及其结构的变化，即将未分配利润转为股本或资本公积。股票股利的发放会导致每股收益和每股市价变化。如果盈利总额不变，普通股股数的增加会引起每股收益和每股市价的下降。

【例 6-3】假定 S 公司本年净利润为 2 500 000 元，股利分配时的股票价格为 20 元/股，发行在外的流通股股数为 2 000 000 股，股利分配为每 10 股分配 0.5 股，则每股收益和每股市价的影响计算如下：

派发股票股利后的每股收益=（2 500 000÷2 000 000）÷（1+5%）=1.19（元/股）

派发股票股利后的每股市价=20÷（1+5%）=19.05（元/股）

【相关链接】

创业板首批上市 28 家公司的股利分配特征

创业板首批上市的 28 家公司自 2009 年 10 月 30 日上市以来，一直备受关注。而股利政策是指在法律允许的范围内，公司是否发放股利、发放多少股利、何时发放股利的方针及对策。股利政策既关系到公司价值最大化最终目标的实现，也关系到公司的投资者能否获取合理的投资回报。

（一）分配股利公司占比逐年下降

根据首批 28 家创业板上市公司股利分红方案和创业板上市公司股利分配方案统计，首批上市 28 家公司与创业板分配股利公司占比如表 6-5 所示。

表 6-5　　　　　　首批 28 家上市公司与创业板分配股利公司占比表

项目 \ 年份	2009	2010	2011
首批 28 家公司分配股利公司数量	28	27	23
分配股利公司占比	100%	96%	82%
创业板分配股利公司数量	35	141	263
创业板上市公司数量	36	153	282
创业板分配股利公司占比	97%	92%	93%

表 6-5 显示，2009 年首批 28 家创业板上市公司全部进行了股利分配，远远高于深沪两市 2009 年分红公司占比 60% 的比例；2010 年有 27 家进行了股利分配，1 家没有分配，占比为 96%；2011 年有 23 家公司进行股利分配，5 家没有分配，占比为 82%。而 2009 年、2010 年和 2011 年我国创业板股利分配公司占比分别是 97%、92% 和 93%，相比之下，首批 28 家创业板上市公司 2011 年这一指标低于整个创业板 11%。

从分配股利的公司占比看，28 家上市公司刚上市便采取迎合投资者的股利政策，也传递了公司业绩良好的信号。这与我国创业板整体情况基本一致。2011年，或是由于公司业绩的下滑抑或是投资机会的增多，分配股利的公司占比下降，从理论上符合剩余股利政策，但给投资者传递了不稳定的信号。

（二）股利分配方式，以现金加转增为主转为以纯现金为主

国外上市公司股利分配的主要方式有现金股利、股票股利、财产股利和负债股利。而我国上市公司大都采用现金股利、股票股利（送红股和转增）两种。虽转增（资本公积转增股本）不属于理论上的股票股利，但由于转增占股票股利90%左右，因此也将其作为股票股利。首批28家创业板上市公司股利分配方式主要有纯现金股利、资本公积转增、现金股利加转增、现金股利加送股加转增四种。根据首批28家创业板上市公司股利分红方案统计，其股利分配方式统计如表6-6所示。

表6-6　　　　　　　创业板首批上市28家公司股利分配方式统计表

股利分配方式	2009年		2010年		2011年	
	数量	百分比	数量	百分比	数量	百分比
纯现金股利	3	11%	8	28%	17	60%
资本公积转增	1	4%	0	0	1	4%
现金股利+转增	24	86%	18	64%	5	18%
现金股利+送股+转增	0	0	1	4%	0	0
不分配股利	0	0	1	4%	5	18%
合计	28	100%	28	100%	28	100%

从表6-6看，现金股利加转增从2009年的86%、2010年的64%到2011年的18%，逐年减少；而纯现金股利从2009年的11%、2010年的28%到2011年的60%，逐年增加；不分配股利的上市公司逐年增加。究其原因主要是刚上市阶段聚集了大量资本公积，首批28家上市公司计划募集资金70.78亿元，但实际募集资金高达154.78亿元，超额募集了84亿元（是计划募集资金的1.19倍）。这种因高额溢价形成的巨额资本公积，存在着转增股本的可能。因此，前两年着重于资本扩张，导致2009年、2010年现金股利加转增分配方式超过60%。2011年公司完成了股本扩张，股利分配回归于理性，现金股利分配成为主流分配方式，在一定程度上也是其"高成长、高回报"特性的体现。

（三）现金股利支付率缺乏稳定性和连续性

根据创业板上市公司2009年、2010年和2011年年报中关于股利分配政策方案，计算每股现金股利、现金股利支付率平均数，具体如表6-7所示。

表6-7　　　　　2009—2011年每股现金股利、现金股利支付率统计表

项目	每股现金股利（含税）			现金股利支付率（含税）		
	2009年	2010年	2011年	2009年	2010年	2011年
首批28家平均值	0.24	0.16	0.12	29%	35%	27%
创业板平均值	0.23	0.27	0.21	28%	37%	36%
深市平均值				21.19%	20.05%	23.36%

从表 6-7 可以看出，2009—2011 年 28 家公司平均每股现金股利（含税，下同）分别是为 0.24、0.16 和 0.12，呈逐年降低的趋势，而同期创业板每股现金股利平均值分别是 0.23、0.27 和 0.21，除 2009 年基本持平外，其他年份均高于首批上市的 28 家公司。其主要原因是 28 家公司 2009 年和 2010 年进行了大规模股本扩张，导致每股现金股利的下降。

现金股利支付率是当年发放股利与当年利润之比，或每股股利除以每股收益。一般来说，公司发放股利越多，股利的支付率越高，因而对股东和潜在投资者的吸引力越大，也越有利于建立良好的公司信誉。一方面，由于投资者对公司的信任，会使公司股票供不应求，从而使公司股票市价上升，有利于公司吸引投资和再融资；另一方面，过高的现金股利支付率，会使公司的留存收益减少，如果公司要维持高股利分配政策而对外大量举债，会增加资金成本，最终必定会影响公司未来收益和股东权益。

2009—2011 年首批上市 28 家公司的平均每股现金股利支付率分别为 29%、35% 和 27%，呈不稳定的状态。与同期创业板相比。2009 年、2010 年基本一致，而 2011 年这一指标降低了 9%。与同期深市的 21.19%、20.05% 和 23.36% 的现金股利支付率相比，远远高于深市现金股利支付率。按照公司金融和股利政策理论，刚上市的成长性公司一般较少分红，而按照资源配置理论，大股东成本远低于一般投资者，一个有效的资本市场不会允许上市公司通过融资进行分红，创业板出现的这种情况不符合公司金融理论和资源配置理论。与成熟市场的发展经验也不符。这种现象长期下去带来的风险是资源配置的无效率、投资者利益受损从而使资本市场失去吸引力，进而失去投资功能。

（四）股票股利"高送转"逐年下降

"高送转"是指送股或转增股票每股股利大于等于 0.5 股。转增股票是指资本公积金和盈余公积金转增股本。创业板主要是资本公积转增股本。资本公积转增股本不会引起所有者权益变化，不会引起现金流出企业，但会改变所有者权益结构，降低每股收益和每股净资产，降低股票市价。首批 28 家上市公司股票股利（D）分布范围统计表如表 6-8 所示。

表 6-8　　　　首批 28 家上市公司股票股利（D）分布范围统计表

年份 分布范围	2009		2010		2011	
	数量	百分比	数量	百分比	数量	百分比
D＝0	3	11%	9	32%	22	79%
0＜D＜0.5	1	4%	2	7%	2	7%
0.5≦D＜1	10	36%	12	43%	4	14%
D≧1	14	50%	5	18%	0	0
合计	28	100%	28	100%	28	100%

通过表 6-8 可以看出，首批 28 家创业板上市公司不进行股票股利分配的公司在 2009 年只有 3 家，在 2010 年有 9 家，在 2011 年有 22 家，逐年增加。2009 年每股股票股利超过 0.5 股以上的"高送转"有 24 家，占 86%；2010 年超过 0.5 股以上的有 17 家，占 61%；而 2011 年这一指标只有 4 家，占 14%，且没有一家超过 1。

通过进一步统计得出，平均股票股利在 2009 年为 0.75 元，在 2010 年为 0.45 元，在 2011 年为 0.08 元，3 年股本扩张了 1.28 倍，其中扩张 2 倍以上的有 5 家公司，机器人扩张 2.4 倍，探路者扩张 2.3 倍，大禹节水、吉峰农机和红日药业扩张 2 倍。探路者、上海佳豪、华星创业和红日药业 4 家公司连续 3 年进行了转增，4 家公司平均股本扩张了 2 倍。

2009 年和 2010 年实施的"高送转"，尽管其不会给公司的经营状况带来任何实质性的变化，也不会给公司增加财富，但却是非理性的。"高送转"会引起公司治理结构的失衡、公司治理价值取向的扭曲，从而加大公司本身的经营风险。以 2009 年 24 家高送转为例，仅有探路者、机器人走出一段填权之路。其余个股除权后，都让投资者陷入无底深渊。

资料来源　周凤. 创业板首批上市 28 家公司股利政策研究[J]. 会计之友，2013（6）.

6.3.2　可持续增长率与财务状况

可持续增长率是指不增发新股并保持目前经营效率和财务政策条件下公司销售所能增长的最大比率。此处的经营效率指的是销售净利率和资产周转率；财务政策指的是股利支付率和资本结构。

可持续增长率的假设前提是：①公司不愿或者不能筹集新的权益资本，增加债务是其唯一的外部筹资来源；②公司打算继续维持目前的目标资本结构；③公司打算继续维持目前的目标股利政策；④公司的净利率将维持当前的水平，并且可以涵盖负债的利息；⑤公司的资产周转率将维持当前的水平。在上述假设条件成立的情况下，销售的增长率与可持续增长率相等。公司的这种增长率状态，称为可持续增长或平衡增长。

$$可持续增长率 = \frac{年末所有者权益余额 - 年初所有者权益余额}{年初所有者权益余额}$$

$$可持续增长率 = \frac{销售净利率 \times 总资产周转率 \times 权益乘数 \times 留存收益率}{1 - 销售净利率 \times 总资产周转率 \times 权益乘数 \times 留存收益率}$$

从上述公式可以看出，在构成可持续增长率的四项财务指标中，销售净利率和总资产周转率的乘积是总资产净利率，它体现了企业运用资产获取收益的能力，在一定意义上代表着企业的经营方针；权益乘数在一定意义上代表着企业的财务政策和目前的资本结构；留存收益率和与之相关的股利支付率则在一定意义上代表着企业的盈余分配政策。盈余分配政策会影响所有者权益的变动。留存比率高，则意味着股利发放较少，企业可将更多的资金用于再投资，增加企业价值；留存比率低，则意味着企业发放较多股利，用于未来投资的资金就会减少。可以说，可持续增长率是由企业当前的经营效率、资本结构和盈余分配政策决定的内在增长能力，是企业目前的经营方针、财务政策以及盈余分配政策综合作用的结果，它从更深层次上综合揭示了企业的增长速度与目前的经营方针、财务政策以及盈余分配政策之间的关系。归结起来，企业可持续增长的能力取决于以下四个因素：

（1）销售净利率。销售净利率的提高将会增强企业从内部产生现金的能力，从而提高它的可持续增长率。

（2）股利政策。从上述公式可以看出，支付的股利占净利润的比率降低，会提高留存收益率。这会增加内部产生的权益，从而提高可持续增长率。

（3）筹资政策。债务权益率的提高将会加大企业的财务杠杆。因为这会使额外的债务筹资成为可能，所以它会提高可持续增长率。

（4）总资产周转率。企业总资产周转率的提高会增加每一个单位资产所产生的销售收入。这会减少企业在销售增长时对新资产的需求，从而提高可持续增长率。

【相关链接】

财务战略矩阵

通过一个矩阵把价值创造（投资资本回报率－资本成本）和现金余缺（销售增长率－

可持续增长率）联系起来。该矩阵称为财务战略矩阵（如图 6-2 所示），可以作为评价和制定战略的分析工具。

图 6-2　财务战略矩阵

一、增值型现金短缺（处于第一象限）

财务战略如下：

（1）如果高速增长是暂时的，则应通过借款来筹集所需资金，等到销售增长率下降后企业会有多余现金归还借款；

（2）如果高速增长是长期的，则资金问题有两种解决途径：一是提高可持续增长率，包括提高经营效率（提高税后经营利润率和周转率）和改变财务政策（停止支付股利、增加借款），使之向销售增长率靠拢；二是增加权益资本（增发股份、兼并成熟企业），提供增长所需的资金。

二、增值型现金剩余（处于第二象限）

财务战略如下：

（1）由于企业可以创造价值，加速增长可以增加股东财富，因此首选的战略是利用剩余现金加速增长。加速增长的途径包括：①内部投资；②收购相关业务。

（2）如果加速增长之后仍有剩余现金，找不到进一步投资的机会，则应把多余的钱还给股东。分配剩余现金的途径包括：①增加股利支付，陆续把现金还给股东；②回购股份，快速把现金还给股东。

三、减损型现金剩余（处于第三象限）

财务战略如下：

（1）首选的战略是提高投资资本回报率。提高投资资本回报率的途径有：①提高税后经营利润率，包括扩大规模、提高价格、控制成本等；②提高资产周转率，降低应收账款和存货等资金占用。

（2）在提高投资资本回报率的同时，审查目前的资本结构政策，如果负债比率不当，可以适度调整，以降低平均资本成本。

（3）如果企业不能提高投资资本回报率或者降低资本成本，无法扭转价值减损的状态，就应该把企业出售。

四、减损型现金短缺（处于第四象限）

财务战略如下：

（1）如果盈利能力低是本公司独有的问题，但有能力扭转价值减损的局面，则可以选择"彻底重组"；否则，应该选择"出售"。

（2）如果盈利能力低是整个行业的衰退引起的，则应该选择"出售"以减少损失。

本章小结

所有者权益变动表是反映公司本期（年度或中期）内截至期末所有者权益增减变动情况的报表。它全面反映了企业的所有者权益在年度内的变化情况，直接反映了主体在一定期间的总收益和总费用，从全面收益角度反映了主体收益的综合变动。

所有者权益是指企业资产扣除负债后由股东享有的"剩余收益"，也称为净资产。所有者权益变动表一般应单独列报以下项目：①净利润；②直接计入所有者权益的利得和损失项目及其总额；③会计政策变更和前期差错更正的累积影响金额；④股东投入资本和向股东分配利润等；⑤按照规定提取的盈余公积；⑥实收资本、资本公积、盈余公积、未分配利润期初和期末余额及其调整情况。

所有者权益变动表的水平分析，是将所有者权益各个项目的本期数与基准（可以是上期数等）进行对比，揭示公司当期所有者权益各个项目的水平及变动情况，揭示公司净资产的变动原因，从而进行相关决策的过程。所有者权益变动表的结构分析，是对所有者权益各个子项目的变动额占所有者权益变动额的比重予以计算，并进行分析评价，揭示公司当期所有者权益各个项目的比重及其变动情况，揭示公司净资产构成的变动原因，从而进行相关决策的过程。所有者权益变动表的项目分析，是对组成所有者权益的主要项目进行具体剖析对比，分析其变动原因、合理合法性、是否有人为操纵的迹象等的过程。

分析时可以根据公式具体理解所有者权益变动表的主要项目：

$$\frac{本期所有者}{权益变动额} = 净利润 + \frac{直接计入所有者}{权益的利得和损失} + \frac{会计政策变更和前期}{差错更正的累积影响} + \frac{所有者}{投入资本} - \frac{向所有者或}{股东分配的利润}$$

上述公式中除了比较易于理解的项目之外，以下子项目应该进一步加深理解：

第一，直接计入所有者权益的利得和损失。它是指不应计入当期损益、会导致所有者权益发生增减变动的、与所有者投入资本或者向所有者（或股东）分配利润无关的利得和损失，具体包括固定资产重估产生的未实现损益、货币折算价差产生的未实现损益以及长期商业投资重估产生的未实现损益等。

第二，会计政策变更。它是指在特定的情况下，企业可以对相同的交易或事项由原来采用的会计政策改用另一会计政策。会计政策变更能够提供更可靠、更相关的会计信息的，主要应当采用追溯调整法进行处理，将会计政策变更累积影响数调整列报前期最早期初留存收益。

第三，前期差错更正。它是指企业应当在重要的前期差错发现后的财务报表中，调整前期相关数据。前期差错更正主要采用追溯调整法，它是指在发生前期差错时，视同该项前期差错从未发生过，从而对财务报表相关项目进行更正的方法。

讨论题

1. 试述所有者权益变动表与资产负债表的勾稽关系。

2. 简述所有者权益变动表分析的目的及其内容。

3. 如何分析所有者权益变动表中列示的会计政策变更？

4.如何分析所有者权益变动表中列示的前期差错更正？

5.如何进行所有者权益变动表的水平分析？

6.股利政策对所有者权益变动有何影响？

7.如何理解《企业会计准则——基本准则》中的所有者权益？

业务题

1.D公司2014年实现综合收益总额3 000万元，分配股利900万元，增发新股1 800万元，长期投资于X公司，股权占50%，X公司2014年盈利250万元，试确定所有者权益变动额。

2.ABC公司2014年度所有者权益变动表见表6-9，试对该公司所有者权益变动情况进行水平分析。

表6-9

所有者权益（股东权益）变动表

编制单位：ABC公司　　　　　　　　2014年度　　　　　　　　　　单位：元

项目	本年金额						上年金额					
	实收资本（或股本）	资本公积	减：库存股	盈余公积	未分配利润	所有者权益合计	实收资本（或股本）	资本公积	减：库存股	盈余公积	未分配利润	所有者权益合计
一、上年年末余额	300 000	32 000	5 400	285 400	110 000	722 000	300 000	32 000	5 400	265 400	68 000	660 000
加：会计政策变更												
前期差错更正												
二、本年年初余额	300 000	32 000	5 400	285 400	110 000	722 000	300 000	32 000	5 400	265 400	200 000	200 000
三、本年增减变动金额（减少以"-"号填列）												
（一）综合收益总额					482 000	482 000						
（二）所有者投入和减少资本												
1.所有者投入资本												
2.股份支付计入所有者权益的金额												
3.其他												
（三）利润分配												
1.提取盈余公积				48 200	-48 200					20 000	-20 000	
2.对所有者（或股东）的分配					-158 000	-158 000					-138 000	-138 000
3.其他												
（四）所有者权益内部结转												
1.资本公积转增资本（或股本）												
2.盈余公积转增资本（或股本）												
3.盈余公积弥补亏损												
4.其他												
四、本年年末余额	300 000	32 000	5 400	333 600	385 800	1 046 000	300 000	32 000	5 400	285 400	110 000	722 000

案例分析

四川长虹的股利分配政策

四川长虹 1993—2013 年股利分配方案、相关收益数据及股本变动状况分别见表 6-10 和表 6-11。

表 6-10　　　　　　　　　　　历年盈利及分红、配股状况表

年　份	净利润（亿元）	每股收益（元）	分红方案	配股方案
1993	4.29	2.164	10 送 2 股派 12 元	
1994	7.07	2.973	10 送 7 股派 1 元	
1995	11.51	2.277	10 送 6 股	10 配 2.5 股，每股 7.35 元，也可 10 : 7.41 转配，转让费 0.2 元
1996	16.75	2.07	10 送 6 股	
1997	26.12	1.71	10 送 3 股派 5.8 元	10 配 1.875 股，每股 9.8 元
1998	20.04	0.876	无分红	
1999	5.25	0.243	无分红	10 配 2.3076 股，每股 9.98 元
2000	2.74	0.127	无分红	
2001	0.89	0.041	无分红	
2002	1.76	0.081	无分红	
2003	2.06	0.095	无分红	
2004	−36.81	−1.701	无分红	
2005	2.85	0.132	无分红	
2006（4 月 12 日）	无披露	无披露	10 送 3.4 股	2006 年 4 月 12 日实施股权分配
2006（6 月 30 日）	1.25	0.066	无分红	
2007	3.89	0.18	10 派 0.8 元（含税）	
2008	4.42	0.016	10 派 0.5 元（含税）	
2009	2.63	0.061	10 转增 5 股	
2010	5.39	0.103	10 转增 2.5 股	
2011	4.77	0.1039	不分配不转增	
2012	3.23	0.07	10 股派 0.1 元（含税）	
2013	2.73	0.111	10 股派 0.2 元（含税）	

表 6-11 历年股本状况表

年 份	总股本（万股）	流通股（%）	年 份	总股本（万股）	流通股（%）
1993	19 818	25.22	2004	216 421	43.96
1994	23 782	25.22	2005	216 421	43.96
1995	50 536	30.59	2006（4 月 12 日）	216 421	100
1996	80 858	30.59	2006（6 月 30 日）	189 821	100
1997	152 998	30.72	2007	189 821	100
1998	198 897	30.72	2008	189 821	100
1999	216 421	34.74	2009	189 821	100
2000	216 421	43.96	2010	284 732	100
2001	216 421	43.96	2011	461 624	100
2002	216 421	43.96	2012	461 624	100
2003	216 421	43.96	2013	461 624	100

问题探讨：

（1）四川长虹上市后所采用的主要股利支付形式有哪些？

（2）现金股利适于在何种情况下发放？

（3）发放股票股利会给投资者传递怎样的信号？

（4）该公司的股利政策是否会对所有者权益产生影响？

第3篇

财务能力分析

{ 第 7 章 }
企业盈利能力分析
{ 第 8 章 }
企业营运能力分析
{ 第 9 章 }
企业偿债能力分析
{ 第 10 章 }
企业发展能力分析
{ 第 11 章 }
财务综合能力分析

第7章

企业盈利能力分析

我买入企业的基本标准之一是：显示出有持续稳定的盈利能力。我宁愿要一个收益率15%、资本规模 1 000 万美元的中小企业，也不愿要一个收益率 5%、资本规模 1 亿美元的大企业。

——沃伦·巴菲特

学习目标

1. 了解盈利能力的基本含义；
2. 熟悉盈利能力的影响因素；
3. 掌握商品盈利能力的内容及其指标计算；
4. 掌握资产盈利能力的内容及其指标计算；
5. 掌握资本盈利能力的内容及其指标计算；
6. 掌握上市公司盈利能力指标计算；
7. 掌握杜邦分析法。

重点与难点

1. 盈利能力的影响因素；
2. 上市公司与一般企业盈利能力计算的区别。

引　言

我们比"汽车强国"差什么？

所谓的世界"汽车强国"，在现实中并没有什么具体的衡量标准，既不以汽车销量多少"论英雄"，也不是哪个机构或组织评选出来的，其产生的唯一途径是市场的检验。现在全球公认的汽车强国——美、日、德、法、韩等至少有如下几个基本特征：其一，拥有汽车的设计、制造核心技术；其二，拥有一个或多个世界级汽车企业和汽车品牌；其三，在本土之外的海外市场拥有一定的占有率，或者说汽车出口率较高。这几个基本"强国"特征在我国至今仍难觅踪影。

营业利润率是衡量企业盈利能力强弱最重要的指标之一，所反映的是企业为市场提供的产品或服务能为之带来回报的比率。该指标越高、越稳定，就表明企业的产品或服务在市场上越具有竞争力，盈利能力越强。据统计，2011 年，在世界汽车行业（根据 2012 年度《财富》世界五百强排行榜上的汽车企业的有关数据计算），以美系整车企业的营业利润率最高，达到约 10.3% 的水平，韩国车企次之，约为 9.2%，欧系车企约为 6.5%，全球汽车行业平均为 5.4%。而日系整车企业的营业利润率平均为 1.9%。通过进一步分析可知，如此低的营业利润率并不能代表日系车企真实的、一贯的经营水平和能力，因为 2011 年日本发生了空前剧烈的大地震，各企业均受到很大影响，盈利锐减。在正常年景，诸如丰田、本田等公司，其营业利润率皆能达到 8% 上下的水平（据最新消息称，按照丰田 2013 年 5 月 8 日公布的其 2013 财年有关数据，该公司的营业利润率已恢复到 6% 的水平）。2011 年，中国汽车企业的营业利润率平均约为 2.8%，大致是全球平均水平的一半，与美、韩车企相比差距极大。像长安、吉利等企业，虽然也被列入 2012 年度《财富》世界五百强排行榜，但这并不说明其已变得很强，因为 2011 年它们的营业利润率还不到 1%，市场竞争力很弱。在我国这五家车企中，以上汽的盈利能力为最强，一汽次之，东风居中，长安和吉利最差。

国内外有关汽车企业 2012 年的营业收入统计数据显示，我国汽车行业 17 家重点企业营业收入之总和为 2.41 万亿元人民币，实现利税 3 917 亿元；而大众公司一家的营业收入就折合人民币约 1.5 万亿元，相当于我国汽车行业 17 家重点企业营业收入的 64%，其净利润（不包括上缴的税费）折合人民币 1 730 亿元，相当于我国 17 家企业利税总和的 44%。由此可见，我国汽车企业与跨国公司的差距有多大！

资料来源　程振彪. 我们比"汽车强国"差什么？[J]. 汽车科技，2013（5）.

7.1　盈利能力分析的目的和内容

7.1.1　盈利能力分析的目的

盈利能力是指企业在一定时期内获取利润的能力，也称为企业的资金或资本增值能力，通常表现为一定时期内企业收益数额的多少及其水平的高低。保持最大的盈利能力是企业财务工作的目标，同时也是企业实现持续健康发展的根本保证。由于盈利能力是企业组织生产经营活动、销售活动和财务管理水平高低的综合体现，因而企业盈利能力是企业所有利益相关者共同关注的问题。

投资者和潜在投资者关注盈利能力，是因为他们的股息收入来源于利润，而且企业盈利能力增加还能使股票价格上升，从而使股东获得资本增值；债权人关注盈利能力，是因为企业利润是其债权安全性的保障，是企业偿债的主要来源；由于企业盈利能力的大小是企业资产结构是否合理、营销策略是否成功、经营管理水平高低的主要表现，因此，企业管理层为了衡量业绩、发现问题、履行和承担受托经营责任，同样会非常关心企业自身的盈利能力；对于政府机构而言，企业盈利水平是其税收收入的直接来源，获利的多寡直接影响财政收入的实现。因此，盈利能力对于所有报表使用者都有着十分重要的影响。

作为自主经营、自负盈亏的独立商品生产者和经营者，企业必须维护其资本的完整性并尽最大可能地获取利润，这样才能向股东们发放股利，增加雇员薪金，保证可靠的偿债能力，才能使企业健康、顺利地发展。也只有净资产得到保全和维护并取得盈余，才能保持企业经济实力，保证国家财政收入的稳定，才有利于整个国民经济的健康发展。因此，盈利能力在财务报表分析中处于非常重要的地位。

企业报酬有不同的计量尺度，如息税前利润、息前利润、净利润、归属普通股股东的利润等，下面分别对不同企业报酬尺度进行介绍。

（1）息税前利润。息税前利润（EBIT）是支付利息、缴纳所得税之前的利润，即在净利润的基础上将所得税和利息加回，计算公式为：

息税前利润=净利润+所得税+利息

息税前利润是企业所有资产共同创造的财富，将债权人报酬（即利息）和股东报酬（即净利润）都包含在内，因此在考察企业全部资金的报酬率时，经常选择息税前利润作为分子的报酬指标。但是，息税前利润将所得税也包含在内，而所得税是企业的一项费用，将其包含在内并不十分合理。如果将所得税看做政府所获得的利益，那么在考察包括债权人、股东和政府在内的利益相关者的利益时，使用息税前利润更加合理。

（2）息前利润。息前利润是支付利息之前的利润，即在净利润的基础上将利息加回。由于利息可以抵税，因此加回的利息是抵税后的净利息。息前利润的计算公式为：

息前利润=净利润+利息×（1-所得税税率）

息前利润在息税前利润的基础上扣除了所得税因素，用它来代表企业所有资金的报酬更加合理。由于企业很少区分非流动负债利息和流动负债利息，因此在考察长期资金的报酬时，也可以用息前利润近似地替代。但是由于企业是先支付利息，后缴纳所得税，息前利润作为支付利息前、缴纳所得税后的利润不太容易理解，因此在实际应用中，息税前利润比息前利润更加常见。

（3）净利润。净利润即税后利润。虽然净利润并不会全部作为股利支付给股东，还会有一部分以盈余公积和未分配利润的形式留存在企业，但盈余公积和未分配利润从归属上看仍归股东所有，因此全部的净利润都可以看做股东的报酬，即权益资金获得的报酬。

（4）归属普通股股东的利润。在企业有优先股的情况下，并不是所有的净利润都归普通股股东所有，优先股股东将先于普通股股东分得固定的股利。因此，在考察普通股股东报酬时，应在净利润的基础上扣减掉优先股股利，计算出归属普通股股东的利润。

盈利能力分析的目的有以下几点：

（1）有利于投资者进行投资决策。企业的投资者进行投资的目的是获取更多的利润，投资者总是将资金投向获利能力最强的企业。因此，投资者对获利能力进行分析是为了判断企业获利能力的大小、获利能力的稳定性和持久性及未来获利能力的变化趋势。在市场经济条件下，投资者往往认为企业的获利能力比财务状况、营运能力更为重要，所以，投资者关心企业赚取利润的多少并重视对利润率的分析。企业获利能力增强，投资者的直接利益就会提高，此外，还会使股票价格上升，从而使股票投资者获得资本收益。

（2）有利于债权人衡量投入资金的安全性。债权人可以通过分析企业的获利能力来衡量收回本息的安全程度，从而使借贷资金流向具有较高安全性和利润率的社会生产部门。

企业短期债权人关注的是在短期内企业能否按时还本付息，因此主要分析企业当期的盈利水平。在短期借款时期内企业的盈利水平高，短期债权人的利益就有较好保证，他们较少关心企业未来盈利水平的稳定性和持久性。另外，短期债权人是否能收回其借款本息，还常常取决于企业的现金净流量，因此，短期债权人还特别关心企业盈利情况下的现金支付能力。

企业长期债权人关注的是企业在长期债务到期时能否及时足额还本付息。长期债务的偿还要以企业高水平、持久稳定的获利能力为基础，因此长期债权人侧重于分析判断企业长期获利水平的高低、获利的稳定性和持久性，并以此预期在长期借款到期后他们能否及时足额收回本金和利息。

（3）有利于政府部门行使社会职能。政府行使其管理职能，要有足够的财政收入作保证。税收是国家财政收入的主要来源，而税收的大部分来自于企业。企业获利能力强，就意味着实现的利润多，对政府税收贡献大。各级政府如能聚集较多的财政收入，就能有更多的资金投入基础设施建设、科技教育、环境保护及其他各项公益事业，更好地行使社会管理职能，为国民经济的良性运转提供必要保障，推动社会向前发展。

（4）有利于企业经理人员对企业进行经营管理。从企业的角度看，企业从事生产经营活动，其根本目的是最大限度地赚取利润并维持企业稳定的经营和发展。持续稳定的经营和发展是获取利润的基础，而最大限度地获取利润又是企业持续稳定发展的目标和保证。因此，对企业经理人员来说，分析企业的获利能力具有十分重要的意义。首先，用已达到的获利能力指标与标准、基期、同行业平均水平、其他企业相比较，可以衡量经理人员工作业绩的优劣；其次，通过对获利能力的深入分析或因素分析，可以发现经营管理中存在的重大问题，进而采取措施予以解决，提高企业的收益水平。

（5）有利于保障企业职工的劳动者权益。企业获利能力的高低，直接关系到企业员工的切身利益。企业的竞争实际上是人才的竞争，企业具有较强的盈利能力，就能为员工提供较为稳定的就业岗位、较多的深造和发展机会、较丰富的薪金及物质待遇，为员工工作、生活、健康等各方面创造良好的条件，同时也能吸引人才，使他们更努力地为企业工作。

7.1.2　盈利能力分析的内容

盈利能力的分析是企业财务分析的重点，财务结构分析、偿债能力分析等的根本目的是通过分析及时发现问题，改善企业财务结构，提高企业的偿债能力和经营能力，最终提高企业的盈利能力，促进企业持续稳定发展。对企业盈利能力的分析主要是指对利润率的分析。因为尽管利润额的分析可以说明企业财务成果的增减变动状况及其原因，为改善企业经营管理指明方向，但是由于利润额受企业规模或投入总量的影响较大，一方面使不同规模的企业之间不便于对比，另一方面也不能准确反映企业的盈利能力和盈利水平。因此，仅进行利润额分析一般不能满足各方面对财务信息的要求，还必须对利润率进行分析。

1. 基于经营方式的盈利能力分析

不同层次、不同性质企业的经营方式不同，使得反映企业盈利能力的指标形式有所不同。经营方式包括商品经营、资产经营和资本经营三种类型，因此对企业盈利能力的分析主要从商品经营、资产经营和资本经营的角度进行。

商品经营与生产经营型企业经营方式紧密相连。所谓生产经营型，其基本特点是围绕产品生产进行经营管理，包括供应、生产和销售各环节的管理及相应的筹资和投资管理。

管理目标是追求供产销的衔接和商品的盈利性。因此，商品经营的基本内涵是企业以市场为导向，组织供产销活动，以一定的人力、物力消耗生产与销售尽可能多的社会需要的商品。商品经营盈利能力分析主要利用利润表资料进行利润率分析，包括收入利润率分析和成本利润率分析两方面的内容。

　　资产经营与资产经营型企业经营方式紧密相连。所谓资产经营型，其基本特点是把资产作为企业资源投入，并围绕资产的配置、重组和使用等进行管理。管理目标是追求资产的增值和资产盈利能力的最大化。因此，资产经营的基本内涵是合理配置与使用资产，以一定的资产投入取得尽可能多的收益。资产经营盈利能力分析主要对总资产报酬率指标进行分析和评价。影响总资产报酬率的指标主要有总资产周转率和销售息税前利润率。

　　资本经营与资本经营型企业经营方式紧密相连。所谓资本经营型，其基本特点是围绕资本保值与增值进行经营管理，把资本收益作为管理的核心，资产经营、商品经营和产品经营都服从于资本经营目标。资本经营型企业的管理目标是实现资本保值与增值或追求资本盈利能力最大化。因此，资本经营的基本内涵是指企业以资本为基础，通过优化配置来提高资本经营效益的经营活动，包括资本流动、收购、重组、参股和控股等能实现资本增值的领域，从而使企业以一定的资本投入取得尽可能多的资本收益。资本经营盈利能力分析主要对净资产收益率指标进行分析和评价。影响净资产收益率的指标主要有总资本报酬率、负债利息率、企业资本结构和所得税税率等。

　　另外，上市公司因为股权流通、股票价格公开等因素的影响而具有一些特殊的指标，还应对上市公司的盈利能力指标进行分析。上市公司盈利能力分析主要对每股收益、普通股权益报酬率、股利发放率、价格与收益比率、托宾 Q、现金分配率以及每股经营现金流量等指标进行分析和评价。

　　2. 商品经营、资产经营和资本经营之间的关系

　　商品经营和资产经营既相互联系，又相互区别。主要表现在：第一，资产经营不能离开商品经营而独立存在，没有有效的商品经营难以取得良好的资产经营效果。第二，资产经营是对商品经营的进一步发展，不仅考虑商品本身的消耗与收益，而且将资产的投入与产出及周转速度作为经营的核心。第三，资产经营目标比商品经营目标更综合。商品经营目标是实现资产经营目标的基础而非全部。要实现资产经营目标，必须在商品经营目标的基础上，进一步搞好资产的重组与有效使用，加快资产周转速度。

　　资本经营和资产经营同样既相互联系，又相互区别。它们的主要区别在于：第一，经营内容不同。资产经营主要强调资产的配置、重组及有效使用；资本经营主要强调资本流动、收购、重组、参股和控股等。第二，经营出发点不同。资产经营从整个企业出发，强调全部资源的运营，而不考虑资源的产权问题；资本经营则在产权清晰的基础上从企业所有者的角度出发，强调资本（主要指自有资本）的运营。它们之间的联系主要表现在：第一，资本与资产的关系决定了二者之间相互依存、相互作用，资本经营要以资产经营为依托，资本经营不能离开资产经营而孤立存在；第二，资本经营是企业经营的最高层次，商品经营是产品经营的进步，资产经营是商品经营的进步，而资本经营是资产经营的进步，资产经营可以被看做资本经营的一个环节或组成部分。

【相关链接】

企业盈利能力分析研究

作为企业生存与发展的基础，盈利能力是企业在一定时期内获取利润的能力。盈利能力分析在企业财务分析中占有重要地位，同时它还是企业债权人、投资者以及经营者用于了解企业的工具。借助盈利能力分析可以了解、评价企业的内部管理水平和经营业绩，从而做出准确决策。企业的盈利能力受多种影响因素的制约，所以反映企业盈利能力的指标是一种综合性指标，它包含着企业的产品销售能力指标、应收账款周转能力指标、资产管理能力指标、风险控制指标和成本费用控制指标。

（一）产品销售能力指标

营业利润是每家企业一直在追逐的，它是从营业收入中剥离出来的。企业的销售能力是企业维持经营发展、谋求扩大再生产的根本因素，所以，分析企业的盈利能力应注重对于企业的产品销售能力、对市场的掌控能力的具体分析。

（二）应收账款周转能力指标

应收账款在现代经济市场环境下发生较为频繁，合理使用应收账款、应付账款其实是企业融资能力的一种体现，企业对商业信用的使用早已成为现代企业购销行为的主要方式。应收账款的周转速度是企业销售能力的一个反映方面，应收账款金额越大，企业赊销额度越大，企业的资金流受到的限制也越大。企业应收账款周转速度越快，说明企业的销售额流动性越强，盈利能力也就越强。相反，应收账款周转缓慢，甚至发生坏账，盈利能力也就会下降。

（三）资产管理能力指标

资产是企业可以准确计量的，能够使经济利益流入企业的资源。企业的资产结构的合理度、产业规模的大小、资产利用率的高低都直接关系着企业的盈利能力。所以，企业应重视对于资产的管理，避免不必要的资产闲置，合理控制资产结构，最终实现提高企业盈利能力的目的。

（四）风险控制指标

企业生产经营过程中要面对各种各样的风险，没有合理的风险控制必定会给企业带来较大的经济损失，给企业的经营带来不良的后果。因此，企业应制定合理的风险控制体系，建立风险控制分析小组，制定合理的风险应急预案，在企业遭受风险时，将损失控制在可以承受的范围之内。

（五）成本费用控制指标

成本费用是企业收入的减项，与利润的大小有着较为直接的关系。企业提高成本费用的控制能力，是企业扩大营业利润的一种有效手段。因此，企业应通过制定预算管理、部门（项目）成本责任制等手段，有效控制成本费用的支出，有效保证企业利润目标的达成。

资料来源　王清霞.企业盈利能力分析研究[J].财经界（学术版），2014（9）.

7.1.3　影响盈利能力的主要因素

盈利能力受营销能力、成本费用管理水平、资产管理水平、财务状况及风险等各方面因素的影响，分析和研究这些因素的影响对于准确评价企业的盈利能力非常重要。

1.营销能力

营业收入尤其是主营业务收入是企业利润最重要的源泉，是企业发展的基础。企业的营销能力是扩大经营规模、增加营业收入的保证。科学有效的营销策略有助于形成良好的营业状况，为企业盈利提供最基本的条件。

2.成本费用管理水平

利润是收入扣减费用后的差额。如果说营销能力是企业"增收"的保障，那么成本费用管理水平就是企业"节支"的基础。在企业营销能力一定的情况下，其成本费用越高，盈利能力越差，企业抵御市场风险的能力和市场竞争能力越弱；反之，其成本费用越低，则获利空间越大，企业抵御市场风险的能力和市场竞争能力越强。因此，加强对成本费用的管理，不断挖掘成本潜力，是企业增加利润的重要手段。当然，降低成本费用应以不减少企业现在和未来的收入为前提。

3.资产管理水平

资产是可以带来经济利益的经济资源。因此，资产规模适度与否、资产结构合理与否以及资产运用效率的高低直接影响企业获取经济利益的能力，即盈利能力。有效的资产管理有助于确定适度的资产规模，安排合理的资产结构，不断提高资产效率。

4.财务状况及风险

财务状况的稳定性取决于资本结构，而资本结构对盈利能力有着重要影响。资本结构是风险与收益相权衡的结果，它对企业经营具有重要影响。由于非流动负债的利息在税前列支，而且具有相对稳定性，因此它不仅影响着税前、税后利润，还发挥着财务杠杆的作用，即当长期资本报酬率高于非流动负债利息率时，净资本报酬率随着负债率的增加而增加，反之则减少，甚至由正值变为负值。可见，资本结构变化时企业股东权益报酬率发生变化，属于一种典型的理财收益。同时，它也反映了与高财务风险相关的盈利能力的易变性。因此，增强权益的盈利能力，需要在尽可能减少资本占用的同时妥善安排资本结构。

【相关链接】

福建茶叶企业盈利能力影响因素实证研究

福建是中国最大的产茶省份，茶业已成为福建省的重点民生产业，全省 1/10 的人口从事茶相关行业。据统计，截至 2013 年年初，全省拥有茶叶企业 1 万多家，其中国家级龙头企业达 7 家、省部级龙头企业达 32 家，中国驰名商标 12 个、省著名商标 57 个，茶叶龙头企业数量和品牌建设水平居全国前列。

从数量、规模、品牌化、营业额等多项指标上看，福建茶叶企业都走在全国前列，但是作为企业核心能力要求的盈利能力已成为福建茶叶企业生存与发展的重要瓶颈。从 2011 年笔者组织对福建省重点茶叶产销地区随机抽样调查的 221 家茶叶企业的情况来看，茶叶企业平均注册资本为 507 万元、拥有资产 1 768.85 万元、茶店数量 41.78 家、营销总额 3 080.46 万元、年利润 420.23 万元，相对于工业企业，茶叶企业规模较小、盈利能力较弱，茶叶生产加工过程的净利润率已不足 10%，茶叶企业的整体净利润率也只有11.72%，再加上受到天气、人为经验和需求偏好等因素的制约，茶叶产销风险很大。2012年以来，福建乃至全国茶叶企业的盈利能力面临了更加严峻的考验：随着贵州、湖北、河南等省份茶园面积迅速扩张，全国茶叶供大于求现象逐步显现，茶叶市场竞争加剧；随着中央"八项规定"、"三公经费"、整治"庸懒散奢"等政策陆续出台，高价茶叶受到较大影响，促使茶叶进入大众化消费的微利时代；劳动力成本上升，品牌运作和连锁店扩张缺乏雄厚的后续资金支撑；决策与管理能力受限，许多企业人才缺乏、员工队伍不稳定、决策者较为保守、管理水平较低等。

资料来源　高水练，林爱惠，杨江帆．福建茶叶企业盈利能力影响因素实证研究[J]．企业经济，2014（6）．

7.2 商品经营盈利能力分析

7.2.1 商品经营盈利能力分析的内容

商品经营是相对于资产经营和资本经营而言的。商品经营盈利能力只研究利润与收入或成本之间的比率关系，而不考虑企业筹资或投资问题。因此，反映商品经营盈利能力的指标可分为两类：一类是各种利润额与收入之间的比率，统称收入利润率；另一类是各种利润额与成本之间的比率，统称成本利润率。

7.2.2 商品经营盈利能力分析的指标

1. 收入利润率分析

反映收入利润率的指标主要有营业收入利润率、营业收入毛利率、总收入利润率、销售净利率、销售息税前利润率等。不同的收入利润率，内涵不同，所揭示的收入与利润关系不同，在分析评价中所起的作用也不同。

（1）营业收入利润率，是指营业利润与营业收入之间的比率。

（2）营业收入毛利率，是指营业收入与营业成本的差额与营业收入之间的比率。

（3）总收入利润率，是指利润总额与企业总收入之间的比率，企业总收入包括企业营业收入、投资收益和营业外收入。

（4）销售净利率，是指净利润与营业收入之间的比率。

（5）销售息税前利润率，是指息税前利润与营业收入之间的比率。息税前利润额是利润总额与利息支出之和。

收入利润率指标是正指标，指标值越高越好。分析时应根据分析目的与要求，确定适当的标准值，如行业平均值、全国平均值、企业目标值等。

根据第 4 章中表 4-4 利润表以及附表资料，结合上述企业收入利润率计算公式，计算与分析 S 公司收入利润率（见表 7-1）。

表 7-1　　　　　　　　　　S 公司收入利润率分析表（%）

项　　目	2013年	2012年	差　异
营业收入利润率	92.67	93.46	-0.79
营业收入毛利率	9.00	9.96	-0.96
总收入利润率	40.65	43.85	-3.20
销售净利率	93.72	95.60	-1.88
销售息税前利润率	88.87	95.11	-6.24

从表 7-1 可以看出，2013 年与 2012 年相比，S 公司营业收入利润率、营业收入毛利率、总收入利润率、销售净利率、销售息税前利润率均呈现不同程度的下降，其中总收入利润率、销售息税前利润率下降较多。结合 S 公司两年利润表，2013 年与 2012 年相比，虽然各项利润指标和收入指标均有所增加，但利润增加幅度小于收入增加幅度，说明 S 公司成本费用增加。总收入利润率下降幅度较大，主要取决于投资收益的大幅增加。销售息税前利润率的大幅下降主要是因为财务费用的降低。另外，分析收入利润率，还可以在以上分析的基础上进一步研究各种收入与利润的比率关系，从而寻找某种收入利润率提高受其他利润率影响的情况。

2. 成本利润率分析

反映成本利润率的指标有许多形式，其主要形式有营业成本利润率、营业费用利润率、全部成本费用利润率等。

（1）营业成本利润率，是指营业利润与营业成本之间的比率。其计算公式如下：

$$营业成本利润率 = \frac{营业利润}{营业成本} \times 100\%$$

（2）营业费用利润率，是指营业利润与营业费用之间的比率。营业费用包括营业成本、税金及附加、期间费用和资产减值损失。期间费用包括销售费用、管理费用、财务费用等。其计算公式如下：

$$营业费用利润率 = \frac{营业利润}{营业费用} \times 100\%$$

（3）全部成本费用利润率。该指标可以分为全部成本费用总利润率和全部成本费用净利润率两种形式。

$$全部成本费用总利润率 = \frac{利润总额}{营业费用 + 营业外支出} \times 100\%$$

$$全部成本费用净利润率 = \frac{净利润}{营业费用 + 营业外支出} \times 100\%$$

以上各种成本利润率指标反映了企业投入产出水平，即所得与所费的比率，体现了增加利润是以降低成本及费用为基础的。这些指标的数值越高，表明用于生产和销售产品的每 1 元成本及费用取得的利润越多，劳动耗费的效益越高；反之，则表示每耗费 1 元成本和费用所实现的利润越少，劳动耗费的效益越低。因此，成本利润率是综合反映企业成本效益的重要指标。

成本利润率是正指标，指标值越高越好。分析评价时，可将各指标实际值与标准值进行对比。标准值可根据分析的目的与管理要求确定。

根据第 4 章中表 4-4 利润表的资料并结合上述企业成本利润率计算公式，计算与分析 S 公司成本利润率（见表 7-2）。

表 7-2　　　　　　　　　　　　　　　　S 公司成本利润率分析表（%）

项　　目	2013 年	2012 年	差异
营业成本利润率	101.83	103.80	-1.97
营业费用利润率	68.07	76.08	-8.01
全部成本费用总利润率	68.49	78.11	-9.62
全部成本费用净利润率	68.62	78.29	-9.67

从表 7-2 可以看出，S 公司 2013 年成本利润率的各项指标均比 2012 年低，其中全部成本费用净利润率下降幅度最大，说明企业利润增长速度慢于成本费用增长速度，即每耗费 1 元成本及费用实现的利润更少，劳动耗费的效益更低。

3. 现金流量指标对商品经营盈利能力分析的补充

销售获现比率是销售商品、提供劳务收到的现金与营业收入之比，反映企业通过销售获取现金的能力，对分析商品经营盈利能力有一定的补充作用。其计算公式为：

$$销售获现比率 = \frac{销售商品、提供劳务收到的现金}{营业收入}$$

表 7-3 列示了 S 公司 2011—2013 年的销售获现比率。

表 7-3　　　　　　　　　　　S 公司销售获现比率分析表

项　目	2013 年	2012 年	2011 年
销售商品、提供劳务收到的现金（元）	21 571 772 191.03	20 019 494 993.08	18 125 764 842.82
营业收入（元）	18 585 566 506.07	17 811 015 046.41	15 852 597 646.60
销售获现比率	1.16	1.12	1.14

从表 7-3 可见，近三年来 S 公司销售获现比率呈现先下降后上升的趋势，但均大于 1，并且 2013 年上升幅度比 2012 年下降幅度大。这可以说明近年来公司通过销售获取现金的能力比较强，也可以由此判定企业产品销售形势好，信用政策合理，能够及时收回货款，收款工作得力。

7.2.3　商品经营盈利能力的行业分析

表 7-4 对 2013 年汽车行业主要公司营业收入利润率进行比较分析。

表 7-4　　　　　　　　　　汽车行业主要公司营业收入利润率比较分析

公司名称	总资产规模（元）	净资产规模（元）	营业收入利润率（%）	差异（%）
S 公司	143 120 292 897.80	126 612 800 179.18	92.67	100.00
一汽轿车	19 253 468 859.48	8 553 301 705.17	3.27	3.53
东风汽车	9 842 502 312.27	5 062 808 547.19	-2.03	-2.19
福田汽车	29 346 245 584.21	15 354 962 180.43	2.14	2.31
长安汽车	51 619 949 238.45	20 491 010 335.05	10.22	11.03
江淮汽车	21 648 147 112.07	6 612 651 790.10	2.46	2.65

由表 7-4 可见，S 公司的营业收入利润率在同行业中遥遥领先，其可能的原因是投资收益较高。

7.3　资产经营盈利能力分析

7.3.1　资产经营盈利能力分析的内容

资产经营盈利能力，是指企业运营资产而产生利润的能力。由于企业不仅可以采用高销售净利率、低周转率的政策，也可以采用低销售净利率、高周转率的政策，所以销售净利率会受企业政策的影响。但是，这种政策选择不会改变企业的资产利润率，因此资产利润率能更加全面地反映企业获利的能力。

7.3.2　资产经营盈利能力分析的指标

1. 总资产报酬率分析

（1）总资产报酬率指标的计算

总资产报酬率是企业的息税前利润同平均资产总额的比率，是反映企业资产综合利用效果的指标，也是衡量企业总资产获利能力的重要指标。其计算公式为：

$$总资产报酬率 = \frac{息税前利润}{平均资产总额} \times 100\% = \frac{息税前利润}{\dfrac{期初资产总额 + 期末资产总额}{2}} \times 100\%$$

总资产报酬率反映的是企业投入的全部资金获取报酬的能力。在实际应用中，由于各利益相关者对净利润的特别关注，更常见的总资产报酬率的计算公式为：

$$总资产报酬率 = \frac{净利润}{平均资产总额} \times 100\% = \frac{净利润}{\dfrac{期初资产总额 + 期末资产总额}{2}} \times 100\%$$

根据 2013 年资产负债表、利润表，S 公司 2013 年度总资产报酬率计算如下：

$$总资产报酬率 = \frac{17\,417\,504\,918.68}{\dfrac{143\,120\,292\,897.80 + 137\,007\,951\,809.59}{2}} \times 100\%$$

$$= 12.44\%$$

表 7-5 列示了 S 公司 2010 年到 2013 年的总资产报酬率。

表 7-5　　　　　　　　　　S 公司总资产报酬率分析表（%）

项　　目	2010 年	2011 年	2012 年	2013 年
总资产报酬率	18.60	15.47	13.20	12.44

从表 7-5 可以看出，近年来 S 公司总资产报酬率呈现逐年下降的趋势，从 2010 年的 18.60% 下降到 2013 年的 12.44%。

（2）总资产报酬率指标的分析要点

①总资产报酬率高，说明企业资产运用效率高，资产盈利能力强，所以这个比率越高越好。评价总资产报酬率时不仅要结合企业资产结构、经济周期、企业特点、企业战略进行，还要与企业前期的比率以及同行业其他企业的比率进行比较。

②对公式中的分子"净利润"有两种观点：

一种观点是采用"税后净利"，在杜邦分析法中就是采用此种利润额概念，因为它展示了一个重要关系式：总资产收益率（总资产报酬率）=销售净利率×总资产周转率，从而可进一步分析并显示经营获利能力和资产周转速度对总资产报酬率的影响。但由于税后净利已扣除负债利息，它必然会受到资本结构的影响，因而导致不同时期、不同企业的总资产报酬率会因资本结构等因素的不同而缺乏可比性。

另一种观点是采用"息税前利润"。其理由是：第一，从经济学角度看，利息支出的本质是企业纯收入的分配，是企业创造利润的一部分。为了促使企业加强成本及费用管理，保证利息的按期支付，将利息费用化的部分列作财务费用，从营业收入中得到补偿，而利息资本化的部分则被计入资产原价，以折旧、摊销等形式逐期收回，所以应将利息支出加回到利润总额中。第二，权益性融资成本是股利，股利是以税后利润支付的，其数额包含在利润总额之中；债务性融资成本是利息支出，在计算利润总额时已将其扣除，为了使分子、分母的计算口径一致，分子中应包括利息支出。第三，息税前利润可以避免因资本结构不同而导致不同的利润，能够较好地体现资产的总增值情况，而且便于企业间的横向比较，因此最为常用。但其不足之处是它未能反映终极所得，所以不太符合所有者的分析要求。

2. 长期资本报酬率分析

（1）长期资本报酬率指标的计算

如果说总资产报酬率是从资产负债表左方进行"投入"与"产出"的比较，那么长期资本报酬率则是从资产负债表的右方进行"投入"与"产出"的比较。长期资本报酬率也称长期资本收益率，是收益总额与长期资本额之比，反映企业投入长期资本的获利能力。其中长期资本额是企业非流动负债和所有者权益之和，而收益总额是指利润总额。其计算公式为：

$$长期资本报酬率 = \frac{利润总额}{长期资本额} \times 100\%$$

其中：

$$长期资本额 = 平均非流动负债 + 平均所有者权益$$

$$= \frac{期初非流动负债 + 期末非流动负债}{2} + \frac{期初所有者权益 + 期末所有者权益}{2}$$

根据 2013 年资产负债表、利润表，计算 S 公司 2013 年度长期资本报酬率如下：

$$长期资本额 = \frac{6\,037\,857\,827.84 + 5\,905\,736\,182.48}{2} + \frac{126\,612\,800\,179.18 + 116\,640\,020\,713.07}{2}$$

$$= 127\,598\,207\,451.29（元）$$

$$长期资本报酬率 = \frac{17\,385\,516\,278.74}{127\,598\,207\,451.29} \times 100\% = 13.63\%$$

表 7-6 列示了 S 公司 2010 年到 2013 年的长期资本报酬率。

表 7-6　　　　　　　　　　　S 公司长期资本报酬率分析表（%）

项　目	2010 年	2011 年	2012 年	2013 年
长期资本报酬率	20.57	16.80	14.44	13.63

可以看出，2010—2013 年，S 公司的长期资本报酬率处于不断下降的趋势。其中，2011 年降幅较大。

（2）长期资本报酬率指标的分析要点

①长期资本报酬率反映的是每单位长期资本能够获得多少盈利。该指标是从长期资金的提供者——长期债权人和所有者的角度来分析其投资报酬率的。显然，要提高长期资本报酬率，一方面要增强企业的获利能力，另一方面要尽可能减少长期资本的占用。

②在利用长期资本报酬率衡量企业的获利能力时，不能仅分析企业某一个会计年度的长期资本报酬率，还应当结合趋势分析和同业比较分析，才有助于得出相对准确的分析结论。

③长期资本报酬率与总资产报酬率相比，由于后者衡量的是所有资金提供者的收益，通常该比率较低；而长期资本报酬率衡量长期资金提供者的收益，由于短期资金的收益相对较低，所以该比率要高于总资产报酬率。

3. 现金流量指标对资产经营盈利能力分析的补充

全部资产现金回收率指标是指经营活动净现金流量与平均总资产之间的比率，反映企业利用资产获取现金的能力，衡量企业资产获现能力的强弱，可以对分析资产经营盈利能力起补充作用。

$$全部资产现金回收率 = \frac{经营活动净现金流量}{平均总资产}$$

S 公司 2011 年到 2013 年的全部资产现金回收率见表 7-7。

表 7-7　　　　　　　　　　S 公司全部资产现金回收率分析表（%）

项　　目	2011年	2012年	2013年
经营活动现金净流量（元）	−2 294 424 014.37	−1 088 516 055.78	−1 413 264 890.20
平均总资产（元）	100 752 179 514.56	128 972 391 671.41	140 064 122 353.70
全部资产现金回收率（%）	−2.28	−0.84	−1.01

与 S 公司 2011 年负的全部资产现金回收率指标值相比，2012 年和 2013 年有了明显改善。尤其相对于 S 公司总资产报酬率的逐年大幅提高，其改善效果更加明显。这说明公司在盈利能力保持快速增长的同时，盈利质量也有较大改善。

7.3.3　资产经营盈利能力的影响因素

对总资产报酬率指标的计算公式进行如下分解：

$$总资产报酬率 = \frac{营业收入}{平均总资产} \times \frac{息税前利润}{营业收入} \times 100\%$$
$$= 总资产周转率 \times 销售息税前利润率 \times 100\%$$

可见，总资产报酬率指标的影响因素有两个，即总资产周转率和销售息税前利润率。总资产周转率作为反映企业资本运营能力的指标，可以用来说明企业资产的使用效率，直接体现了企业资产的经营效果；销售息税前利润率反映企业生产的产品的盈利能力，产品盈利能力越强，销售净利率越高。由此可见，资产经营盈利能力受产品盈利能力和资产运营效率两方面的影响。

根据上述总资产报酬率因素分解式，可以运用连环替代法或差额计算法分别分析总资产周转率和销售息税前利润率变动对总资产报酬率的影响。

7.3.4　资产经营盈利能力的行业分析

表 7-8 对 2013 年汽车行业主要公司总资产报酬率进行比较分析。

表 7-8　　　　　　　　　汽车行业主要公司总资产报酬率比较分析

公司名称	总资产规模（元）	净资产规模（元）	总资产报酬率（%）	差异（%）
S公司	143 120 292 897.80	126 612 800 179.18	12.44	100
一汽轿车	19 253 468 859.48	8 553 301 705.17	4.55	36.58
东风汽车	9 842 502 312.27	5 062 808 547.19	−0.86	−6.91
福田汽车	29 346 245 584.21	15 354 962 180.43	3.02	24.28
长安汽车	51 619 949 238.45	20 491 010 335.05	8.02	64.47
江淮汽车	21 648 147 112.07	6 612 651 790.10	4.33	34.81

由表 7-8 可见，S 公司的总资产报酬率在同行业中遥遥领先，其可能的原因是销售息税前利润率较高。

7.4　资本经营盈利能力分析

7.4.1　资本经营盈利能力分析的内容

资本经营盈利能力，是指企业所有者通过投入资本经营而取得利润的能力。

投资者投资的目的是获得投资报酬。投资者十分关心企业的资产运用效率，因为这会影响到投资报酬的高低。但资产报酬率高并不等于投资者的收益高，因为当企业的总资本包括债务融资时，如果企业用债务资本带来的利润支付利息以后有剩余，产权融资的收益率就会提高，否则就会降低。

7.4.2　资本经营盈利能力分析的指标

1. 净资产收益率

（1）净资产收益率指标的计算

净资产收益率（ROE）亦称净资产报酬率、股本报酬率、净值报酬率。该指标是企业一定时期内净利润与平均净资产（所有者权益）之比，反映了企业所有者所获投资报酬的大小。其计算公式为：

$$净资产收益率 = \frac{净利润}{平均净资产总额} \times 100\%$$

上式中净利润为企业税后净利，平均净资产总额为企业期初净资产总额与期末净资产总额的平均数。

根据 2013 年资产负债表、利润表，S 公司 2013 年度净资产收益率计算如下：

$$净资产收益率 = \frac{17\,417\,504\,918.68}{(126\,612\,800\,179.18 + 116\,640\,020\,713.07) \div 2} \times 100\%$$
$$= 14.32\%$$

S 公司 2010 年到 2013 年净资产收益率见表 7-9。

表 7-9　　　　　　　　　　**S 公司净资产收益率分析表（%）**

项　　目	2010年	2011年	2012年	2013年
净资产收益率	24.03	18.87	15.65	14.32

可以看出，S 公司净资产收益率呈现逐年降低的趋势。在 2010 年为 24.03%，到 2013 年已下降到 14.32%，总降幅为 9.71%。

需要说明的是，对于股份公司来说，净资产收益率通常是指普通股股东权益报酬率。如果公司股份中有优先股，应将这部分内容剔除。财务制度规定，优先股股利在企业提取任意盈余公积和支付普通股股利之前支付，而且无论公司的收益如何，优先股股利一般是固定不变的。因此，可以说普通股股东才是公司资产的真正所有者和风险的主要承担者，所以这时候的净资产收益率的计算公式为：

$$净资产收益率 = \frac{净利润 - 优先股股利}{平均净资产总额 - 平均优先股股东权益} \times 100\%$$

（2）净资产收益率指标的分析要点

①净资产收益率是从所有者权益的角度来考核企业获利能力和投资回报能力的，因而

它是最被所有者关注的、对企业具有重大影响的指标。一般来说，净资产收益率越高，企业净资产的使用效率就越高，投资者的利益保障程度也就越大。

②报表使用者通过分析净资产报酬率指标，一方面可以判定企业的投资效益，另一方面可以了解企业管理水平的高低。同时对该指标的分析还是所有者考核其投入企业的资本保值增值程度的基本途径。在具体分析时，可以结合指标的时间趋势分析、行业或同业比较分析等方式进行。

2. 资本金报酬率

（1）资本金报酬率指标的计算

资本金报酬率也称实收资本报酬率，是净利润与企业平均实收资本的比率，反映了投资者投入资本金的获利能力。其计算公式为：

$$资本金报酬率 = \frac{净利润}{平均实收资本总额} \times 100\%$$

根据 2013 年资产负债表、利润表，S 公司 2013 年度资本金报酬率计算如下：

$$资本金报酬率 = \frac{17\,417\,504\,918.68}{(11\,025\,566\,629.00 + 11\,025\,566\,629.00) \div 2} \times 100\%$$
$$= 157.97\%$$

S 公司 2010 年到 2013 年资本金报酬率见表 7-10。

表 7-10　　　　　　　　　　　S 公司资本金报酬率分析表（%）

项　目	2010年	2011年	2012年	2013年
资本金报酬率	161.75	153.84	154.43	157.97

可以看出，S 公司历年资本金报酬率呈现先下降后逐渐上升的趋势，在 2011 年下降到 153.84% 后，2012 年、2013 年逐年上升，2013 年达到 157.97%。虽然有所波动，但相对来说一直处于较高水平。

（2）资本金报酬率指标的分析要点

资本金报酬率衡量的是企业所有者投入资本赚取利润的能力，公式中的资本金指的是资产负债表上的实收资本项目，该指标数值越高，表明投资者投入企业资金得到的回报就越高。通过对资本金报酬率的分析，不仅可以了解企业管理水平和经济效益的高低，而且可以判定企业的投资效益，从而对所有者投资决策产生影响。因此，在衡量资本金报酬率时，应首先确定基准资本金报酬率，即企业在一定条件和一定的资本规模下至少应当实现的净利润的数额。若实际资本金报酬率低于基准报酬率，表明企业的获利能力严重不足，投资者就会转移投资。此外，分析资本金报酬率，除了将报告期实际报酬率与基准报酬率比较外，还应与上期比较，与计划目标比较，找出差距，分析原因。

3. 现金流量指标对资本经营盈利能力分析的补充

在盈利能力评价的基础上，以收付实现制为计算基础，以现金流量表所列示的各项财务数据为基本依据，通过一系列现金流量指标的计算，对公司盈利能力做进一步的修复和校验，有利于对公司盈利状况进行多视角、全方位综合分析，进一步反映公司利润的质量。对资本经营盈利能力发挥补充作用的现金流量指标主要有净资产现金回收率和盈利现金比率。

净资产现金回收率是经营活动净现金流量与平均净资产之间的比率，是对净资产收益率的有效补充，对那些提前确认收益而长期未收现的公司，可以用净资产现金回收率与净资产收益率进行对比，从而补充校验净资产收益率的盈利质量。其计算公式如下：

$$净资产现金回收率 = \frac{经营活动净现金流量}{平均净资产} \times 100\%$$

根据 S 公司资料计算净资产现金回收率，见表 7-11。

表 7-11　　　　　　　　　　　净资产现金回收率指标表

项　　目	2011年	2012年	2013年
经营活动净现金流量（元）	-2 294 424 014.37	-1 088 516 055.78	-1 413 264 890.20
平均净资产（元）	82 638 923 861.66	108 774 888 867.22	121 626 410 446.13
净资产现金回收率（%）	-2.78	-1.00	-1.16

2012 年 S 公司的净资产现金回收率与 2011 年相比显著提高，盈利质量有一定改善。虽然 2013 年净资产现金回收率有所回落，但相比 2011 年仍有所提高，意味着公司盈利质量有所改善。但其值均为负值，说明公司盈利能力还需进一步提高。

盈利现金比率即盈余现金保障倍数，这一比率反映公司本期经营活动净现金流量与净利润的比值。其计算公式如下：

$$盈利现金比率 = \frac{经营活动净现金流量}{净利润}$$

一般来说，盈利现金比率越大，公司盈利质量越高。如果该比率小于 1，则说明本期净利润中存在还没有实现的现金收入。此时，即使公司盈利，也可能现金短缺。

在进行盈利质量分析时，仅根据一年的数据不一定能够说明问题，有必要对连续几期的盈利现金比率进行比较。如果企业盈利现金比率一直小于 1 甚至为负数，则企业盈利质量相当低下，严重时有导致公司破产的可能。

7.4.3　资本经营盈利能力的影响因素

净资产收益率指标与各影响因素之间的关系可用下式表示：

$$净资产收益率 = \frac{净利润}{平均净资产总额} \times 100\%$$

$$= [总资产报酬率 + （总资产报酬率 - 负债利息率）\times \frac{平均负债}{平均净资产}] \times （1 - 所得税税率）$$

可见，净资产收益率的影响因素主要有总资产报酬率、负债利息率、资本结构和所得税税率等。

（1）总资产报酬率。净资产是企业全部资产的一部分，因此，总资产报酬率必然影响净资产收益率。当负债利息率和资本结构等条件不变时，总资产报酬率越高，净资产收益率越高。

（2）负债利息率。当资本结构一定时，如果总资产报酬率高于负债利息率，会对净资产收益率产生有利影响；反之，则对净资产收益率不利。

（3）资本结构。这是一个杠杆比率。如果总资产报酬率高于负债利息率，提高负债比重，会提高净资产收益率；反之，负债比重的增加对净资产收益率不利。

（4）所得税税率。提高所得税税率，会降低净资产收益率；反之，净资产收益率上升。

根据上述净资产收益率指标影响因素之间关系的式子，可以运用连环替代法或差额计算法分别分析总资产报酬率、负债利息率以及杠杆比率变动对净资产收益率的影响。

7.4.4 资本经营盈利能力的行业分析

表 7-12 对 2013 年汽车行业主要公司净资产收益率进行比较分析。

表 7-12　　　　　　　　　汽车行业主要公司净资产收益率比较分析

公司名称	总资产规模（元）	净资产规模（元）	净资产收益率（%）	差异（%）
S公司	143 120 292 897.80	126 612 800 179.18	14.32	100
一汽轿车	19 253 468 859.48	8 553 301 705.17	9.50	66.34
东风汽车	9 842 502 312.27	5 062 808 547.19	−1.64	−11.45
福田汽车	29 346 245 584.21	15 354 962 180.43	6.06	42.32
长安汽车	51 619 949 238.45	20 491 010 335.05	20.01	139.73
江淮汽车	21 648 147 112.07	6 612 651 790.10	13.77	96.16

由表 7-12 可见，S 公司的净资产收益率在同行业公司中处于比较靠前的位置，其盈利能力在同行业公司中也具有一定优势。

7.5　上市公司盈利能力分析

7.5.1 上市公司盈利能力分析的内容

上市公司盈利的含义历来颇有争议。在我国，上市公司盈利的考核分析主要以净利润为依据。由于上市公司的特殊性，其盈利能力分析需要考虑企业股票的市场表现与企业的股票价格，这也是投资者在进行投资决策时考虑的重要问题。

7.5.2 上市公司盈利能力分析的指标

1. 每股收益

每股收益是指每股发行在外的普通股所能分摊到的净收益额。作为股份公司每一普通股在一定的会计期间所获得的净利，每股收益不仅反映企业盈利能力的大小，而且与股票价格和股利发放率等均有密切的关系，是衡量上市公司获利能力最重要的财务指标，该指标具有引导投资、增加市场评价功能、简化财务指标体系的作用。一般来说，每股收益越高，说明企业的盈利能力越强，企业经营状况和财务状况越好，企业发放股利的可能性越大，其股票价格将会上扬。

（1）每股收益指标的计算

①基本每股收益

基本每股收益是指归属于普通股股东的当期净利润扣除优先股股利后与发行在外普通股加权平均数的比率。计算基本每股收益的目标是衡量会计主体报告期的盈利状况。

$$每股收益 = \frac{净利润 - 优先股股息}{发行在外普通股加权平均数}$$

$$\begin{aligned}发行在外普通股\\加权平均数\end{aligned} = \begin{aligned}期初发行在外\\普通股数\end{aligned} + 当期新发行普通股数 \times \frac{已发行时间}{报告期时间} - 当期回购普通股数 \times \frac{已回购时间}{报告期时间}$$

已发行时间、报告期时间和已回购时间一般按照天数计算。

从 S 公司 2013 年度利润表和相关资料中，我们可以计算出，S 公司 2013 年度基本每股收益为 2.25 元（17 417 504 918.68÷7 741 113 297）。

根据 S 公司披露的年报，2010 年到 2013 年基本每股收益见表 7-13。

表 7-13   S公司基本每股收益分析表   单位：元

项　目	2010年	2011年	2012年	2013年
基本每股收益	1.59	1.83	1.88	2.25

可以看出，S 公司历年基本每股收益呈现逐年上升的趋势。在 2010 年比较低，为 1.59 元；2010 年后呈迅速上升趋势，2013 年达到 2.25 元。

②稀释每股收益

稀释每股收益是指当企业存在稀释性潜在普通股时，应分别调整归属于普通股股东的当期净利润和发行在外的普通股加权平均数，并据此计算稀释每股收益。计算稀释每股收益的目标是反映所有具有稀释性的潜在普通股对每股收益的影响。

所谓稀释性潜在普通股，是指假设当期转换为普通股会减少每股收益的潜在普通股，例如可转换债券、认股权证和股份期权。这些权益对每股收益都具有潜在的稀释影响，则认为该企业是复杂资本结构。在复杂资本结构下，既需要计算未充分稀释前的"基本每股收益"，又需要计算稀释后的"稀释每股收益"，并在利润表上双重列示。

（2）每股收益的行业分析

表 7-14 对 2013 年汽车行业主要公司每股收益进行比较分析。

表 7-14   汽车行业主要公司每股收益比较分析

公司名称	总资产规模（元）	净资产规模（元）	基本每股收益（元）	差异（%）
S公司	143 120 292 897.80	126 612 800 179.18	2.25	100
一汽轿车	19 253 468 859.48	8 553 301 705.17	0.62	27.56
东风汽车	9 842 502 312.27	5 062 808 547.19	0.03	1.33
福田汽车	29 346 245 584.21	15 354 962 180.43	0.27	12.00
长安汽车	51 619 949 238.45	20 491 010 335.05	0.75	33.33
江淮汽车	21 648 147 112.07	6 612 651 790.10	0.71	31.56

由表 7-14 可见，S 公司的每股收益在同行业公司中处于领先水平，其盈利能力在同行业公司中具有很大优势。

2. 每股净资产

每股净资产，也称为每股账面价值或每股权益，是期末净资产（即股东权益）与年末普通股股数的比值，反映了公司每一普通股所能分摊账面净资产的多少，也是公司真正财务实力的表现。其计算公式为：

$$每股净资产=\frac{年度末股东权益}{年度末普通股股数}$$

该指标反映发行在外的每股普通股所代表的净资产成本即账面权益。该指标越大，说明公司每一普通股实际拥有的净资产越多，公司的发展潜力和股票投资的价值越大，间接地表明企业盈利能力的高低。分析时应关注公司的资本结构，如果公司资本结构中负债的比重较小甚至没有负债，尽管每股净资产高，但未必真正是财务状况好，盈利能力高。只有在合理的资本结构下，保持良好的盈利水平，具备真正良好的财务状况，每股净资产越高，才能说明企业未来发展的潜力越强。

然而，因每股净资产用历史成本计量，既不反映净资产的变现价值，也不反映净资产的产出能力，所以只能有限地使用这个指标进行投资分析。例如，某公司的资产只有一块前几年购买的土地，并且没有负债，公司的净资产是土地的原始成本。现在土地的价格比过去翻了几番，引起股票价格上升，而其账面价值不变。这个账面价值既不说明土地现在可以卖多少钱，也不说明公司使用该土地能获得什么。

每股净资产在理论上提供了股票的最低价格，如果公司的股票价格低于净资产的成本，成本又接近于变现价值，说明公司已无存在价值，清算是股东最好的选择。

根据 2013 年资产负债表以及年度报告，S 公司 2013 年度每股净资产计算如下：

$$每股净资产 = \frac{126\,612\,800\,179.18}{11\,025\,566\,629} = 11.48（元）$$

S 公司 2010 年到 2013 年的每股净资产见表 7-15。

表 7-15　　　　　　　　　　　　S 公司每股净资产分析表　　　　　　　　　　　单位：元

项　目	2010年	2011年	2012年	2013年
每股净资产	7.55	9.15	10.58	11.48

从表 7-15 可以看出，S 公司每股净资产基本呈稳步上升趋势。但 2011 年上升幅度为21%，2012 年上升幅度为 16%，，2013 年上升幅度为 9%，可见上升幅度在逐渐减小。

3. 市盈率

市盈率是指普通股每股市价为每股收益的倍数，是评价股份有限公司股票市场表现的重要指标之一。其计算公式为：

$$市盈率 = \frac{普通股每股市价}{普通股每股收益}$$

式中，普通股每股市价通常采用年度平均价格，即全年各日收盘价的算术平均数。为简单起见，并增强其适时性，亦可采用报告日前一日的现时股价。

市盈率是投资者用以衡量某种股票投资价值和投资风险的常用指标，是市场对公司的共同期望指标。市盈率高，说明投资者对该公司的盈余品质较具信心，且预期将来的盈余提高。

一般来说，在同时流通的各公司股票中，某一股票的市盈率越低，则其投资价值越高，投资风险越小，但是也有可能说明该公司发展前景欠佳，缺乏对投资者的吸引力；反之，市盈率越高，说明该公司发展前景良好，投资者普遍持乐观态度，愿意承受较大的投资风险。但是，市盈率越高，并不能表示其质量越好。当公司总资产报酬率很低时，每股收益可能接近于零，以每股收益为分母的市盈率很高，但这并不意味着该公司具有良好的盈余品质和发展前景。另外，当资本市场不健全、交易失常或有操纵市场现象时，股票价格可能与公司盈利水平脱节，从而造成假象，使得市盈率难以真正达到评价企业盈利能力的目的。因此，以市盈率评价企业盈利能力主要应看其变动的原因及其趋势，并结合其他指标综合考虑。

对于市盈率的分析，要注意以下四点：

第一，影响市盈率变动的因素之一是股票市场价格的升降，而影响股价升降的原因除了企业经营成果和发展前景外，还受整个经济环境、政府宏观政策、行业发展前景以及意外因素（如战争、灾害等因素）的制约。因此，必须对股票市场的整个形势作全面的了解和分析，才能对市盈率的升降做出正确评价。

第二，市盈率的高低与行业发展有密切的关系。由于各个行业的发展阶段不同，其市盈率也会高低不同。充满扩张机会的新兴行业市盈率普遍较高，而成熟产业的市盈率普遍较低，因此，市盈率不能用于不同行业公司之间的比较。另外，市盈率高低受净利润影响，而净利润又受可选择的会计政策的影响，从而使得公司之间的比较受到限制。

第三，计算市盈率时，如果分母采用稀释每股收益，则会得到较高的市盈率，此时是一个保守的市盈率。

第四，市盈率是相对于公司已经实现的利润而言的，而股票的价格是对公司未来业绩的预期。如果公司的业绩不断衰退的话，今天看来是低的市盈率，明天就显得高了；相反，如果公司的业绩可以有较大增长的话，今天看来是高的市盈率，明天就显得低了。因此，研究公司的市盈率，应该结合公司业绩的增长情况。一般而言，如果公司业绩的预期增长率高于其市盈率的话，比如市盈率是 40，而年增长率是 50%，即使市盈率的绝对值偏高，也是可以接受的。另外，当公司的每股收益为零或负数时，计算市盈率毫无意义。

根据 2013 年资产负债表、利润表，计算 S 公司 2013 年度市盈率如下：

$$市盈率=\frac{13.99}{2.25}=6.22$$

表 7-16 所列为 S 公司 2010 年到 2013 年的市盈率。

表 7-16   S 公司盈率分析表

项　　目	2010年	2011年	2012年	2013年
市盈率	9.06	7.73	9.10	6.22

从表 7-16 中可以看出，S 公司市盈率历年呈上下波动趋势，其中 2011 年下降了 15%，2012 年上升了 18%，2013 年又下降了 32%。2013 年与 2010 年相比，总跌幅为 31%。

4. 市净率

市净率是普通股每股市价与每股净资产的比值，反映股票的市场价值与账面价值的关系。其计算公式如下：

$$市净率=\frac{普通股每股市价}{每股净资产}$$

公式中的每股净资产是指股东权益总额减去优先股权益后的余额与流通在外的普通股股数的比值。

市净率把每股净资产和每股市价联系起来，可以说明市场对公司资产质量的评价。市净率可用于股票的投资分析。每股净资产是股票的账面价值，它是用成本计量的；每股市价是这些资产的现时市场价值，它是证券市场上交易的结果。投资者认为，如果市价高于账面价值，则资产质量好，有发展潜力；反之，则资产质量差，没有发展前景。优质股票的市价都超出每股净资产许多，一般说来，市净率达到 3 可树立较好的公司形象。市价低于每股净资产的股票，就像售价低于成本的商品一样，属于"处理品"。当然，"处理品"也不是没有购买价值，问题在于该公司今后是否有转机，或者购入后经过资产重组能否提高获利能力。

对于市净率的分析，要注意以下两点：

第一，严格地说，市净率指标并非衡量获利能力的指标。每股净资产指标反映了流通在外的每股普通股所代表的企业记在账面上的股东权益额。一般来说，证券的市场价格与其账面价值并不接近，因为资产是按成本登记的，反映的是过去付出的、尚未收回的资产的成本，而股票的市价反映的则是为投资者所认可的企业现在的价值。市净率指标是将一个账面的历史数据（分母）与一个现实的市场数据（分子）放在一起比较，本身的计算口径不一致，很难具有说服力。

第二，市净率指标与市盈率指标不同，市盈率指标主要从股票的获利性角度考虑，而市净率指标主要从股票的账面价值角度考虑；但两者又有许多相似之处，它们都不是简单的越高越好或越低越好的指标，都代表着投资者对某股票或某企业未来发展潜力的判断。同时，与市盈率指标一样，市净率指标也必须在完善、健全的资本市场上，才能据以对公司做出正确、合理的分析和评价。

根据 2013 年资产负债表、利润表，S 公司 2013 年度市净率计算如下：

$$市净率 = \frac{13.99}{11.48} = 1.22$$

S 公司 2010 年到 2013 年的市净率见表 7-17。

表 7-17　　　　　　　　　　S 公司市净率分析表

项　　目	2010 年	2011 年	2012 年	2013 年
市净率	1.91	1.55	1.62	1.22

从表 7-17 中可以看出，S 公司历年市净率呈上下波动趋势，2011 年下降了 19%，2012 年上升了 5%，2013 年又下降了 25%。2013 年与 2010 年相比，总跌幅为 36%。

5. 股利发放率

股利发放率是指公司发放的普通股每股股利与每股收益的比值，反映公司当年的获利中有多少用于支付股利。从股利发放率中可以了解公司的股利分配政策和支付股利的能力。其计算公式如下：

$$股利发放率 = \frac{普通股每股股利}{普通股每股收益} \times 100\%$$

股利发放率越大，说明企业当期发放的股利越多，股东的实际收益越大，较高的股利发放率会受到投资者欢迎。但是，股利发放率的高低与公司当年的盈利并无直接关系。尽管公司盈利逐年递增，股利发放率却不一定增加，这与公司的经营方针、股利政策、业务性质、财务状况、发展前景等有一定关系。

6. 股利报酬率

股利报酬率是指普通股每股股利与每股市价的比值，说明股东在股票市场投资 1 元所获得的报酬。其计算公式如下：

$$股利报酬率 = \frac{普通股每股股利}{普通股每股市价} \times 100\%$$

股利报酬率反映了股利与股价的关系，它只是股票投资者的股利收益，并不代表股票投资者的全部投资收益。投资者购买股票获得的收益包括股利和资本利得，在预期股价不能上升的情况下，股利报酬率就成为衡量股票投资价值的主要依据。因此，股利报酬率主要用于非上市公司的少数股权。由于这些股权无法上市交易，股东难以出售股票获取资本利得，又无能力影响股利分配政策，他们持有股票的主要动机在于获得稳定的股利收益。

分析股利报酬率时应该结合公司的股利分配政策以及公司股价的未来趋势，以正确评价公司股票的投资价值。

【相关链接】

如何从年报探析上市公司真实盈利能力

盈利能力是衡量上市公司价值的一个重要方面，是证券监管部门、债权人、投资者及其他利益相关者共同关心的焦点。对上市公司真实盈利能力的判断不仅需要考核各项指标，还要通过报表间、表内表外数据的相互印证以及对公司内部、外部信息进行综合分析，排除干扰因素的影响，才能正确评价上市公司的盈利能力，加强对上市公司业绩的有效监管，提高投资者决策的准确性。

由于我国资本市场尚处于发展阶段，对上市公司的监管不足，会计信息达不到应有的公开透明，法律法规不完善，会计舞弊和利润操纵频现。在投资者与公司管理者之间存在严重信息不对称的市场上，投资者只能通过上市公司公开披露的财务报告获取信息。因此，对投资者而言，只有过滤财务报告中的虚假信息、挤掉利润指标中的水分、还原经营业绩的本来面目，才能对上市公司的真实盈利能力做出正确的判断并依此进行科学决策。

（1）关注利润结构，对于净利润超过主营业务利润的上市公司保持警惕。

（2）考虑不同盈利能力评价指标的局限性，关注利润源头的变化。

（3）充分关注非经常性损益项目的披露及附注说明。

（4）运用比较数据分析，关注持续盈利能力

（5）结合资产负债表和现金流量表，关注营运能力和盈利质量。

对上市公司真实盈利能力的判断并非易事，尽管考虑了各种因素的影响，但有时仍难以形成正确的结论。同时，报表中大量的会计政策的选择和会计技术的应用，使报表中的数据难以完全反映交易或事项的原貌，因此，要充分关注财务报告附注中相关信息的披露，与报表中数据对比印证，确定其准确性和可靠性，才能作为分析和决策的依据。此外，作为微观经济个体的上市公司，宏观经济环境的变化、国家经济政策的调整、行业技术的发展和竞争的激烈程度等都会对公司的经营业绩和盈利能力产生重要影响。财务报告中的数据是对过去经营业绩的反映，而非未来持续盈利能力的保证。因此，要综合考虑公司内部和外部各种因素的影响，进行系统分析，才有助于做出正确判断和决策。

资料来源　崔奇.如何从年报探析上市公司真实盈利能力[J].商业会计，2014（6）.

本章小结

盈利能力是企业组织生产经营活动、销售活动和财务管理水平高低的综合体现，因而企业盈利能力是企业所有利益相关集团和投资者共同关注的问题。

盈利能力受诸如营销能力、成本费用管理水平、资产管理水平、企业财务状况及其风险等各方面因素的影响。

对企业盈利能力的分析主要从商品经营、资产经营和资本经营等方面进行，另外同时要考虑到上市公司的特殊性。

反映商品经营盈利能力的指标可分为两类：一类是各种利润额与收入之间的比率，统称收入利润率；另一类是各种利润额与成本之间的比率，统称成本利润率。对资产经营盈利能力分析主要对总资产报酬率、长期资本报酬率指标进行分析和评价，另外还可以利用全部资产现金回收率等现金流量指标对资产经营盈利能力进行补充分析。可以利用净资产收益率、资本金报酬率等指标对资本经营盈利能力进行分析和评价，净资产现金回收率和盈利现金比率等现金流量指标对资本经营盈利能力发挥补充作用。由于上市公司的特殊性，其盈利能力分析需要考虑企业股票的市场表现与企业的股票价格，一般利用每股收益、每股净资产、市盈率、市净率、股利发放率以及股利报酬率等指标对上市公司盈利能力进行分析和评价。

讨论题

1. 分别阐述商品经营、资产经营和资本经营的关系。

2. 阐述资产经营盈利能力与资本经营盈利能力的关系。

3. 上市公司盈利能力分析与一般企业相比应注意哪些问题？

4. 在分析盈利能力时，是否需要结合偿债能力指标进行分析？在分析偿债能力时，是否需要考虑企业的盈利能力情况？

5. 为什么净资产收益率是反映盈利能力的核心指标？

6. 对于股东而言，净资产收益率是至关重要的财务比率。但是，如果仅仅以此为依据来决定上市公司可否以增发新股、配股或发行债券等方式从资本市场融资，您认为是否存在问题？为什么？

业务题

1. A公司2014年12月31日资产负债表（简表）见表7-18。

表7-18　　　　　　　　　　　**资产负债表（简表）**　　　　　　　　　　单位：万元

资　产	期末余额	年初余额	负债和所有者权益	期末余额	年初余额
流动资产：			流动负债合计	300	450
货币资金	90	100	非流动负债合计	400	250
应收账款	180	120	负债合计	700	700
存货	360	230	所有者权益合计	700	700
流动资产合计	630	450			
非流动资产合计	770	950			
资产总计	1 400	1 400	负债和所有者权益总计	1 400	1 400

A公司2013年度销售净利率为16%，总资产周转率为0.5次，权益乘数为2.2，权益净利率为17.6%，A公司2014年度销售收入为840万元，净利润总额为117.6万元。

要求：

利用因素分析法按顺序分析销售净利率、总资产周转率和权益乘数变动对权益净利率的影响（假设涉及资产负债表的数据用期末余额来计算）。

2. 某企业 2014 年有关资料如下：年末流动比率为 2.1，年末速动比率为 1.2，存货周转率为 5 次。年末资产总额 160 万元（年初 160 万元），流动负债 14 万元，非流动负债 42 万元，年初存货成本 15 万元。2010 年销售收入 128 万元，管理费用 9 万元，利息费用 10 万元，所得税税率为 25%。

要求：

（1）计算该企业 2014 年年末流动资产总额、资产负债率、权益乘数和总资产周转率。

（2）计算该企业 2014 年年末存货成本、销售成本、净利润、销售净利率和净资产收益率。

案例分析

东风汽车盈利能力分析

任何会计政策的变更，都会对利润产生一定的影响。公司董事会的经营理念，价值取向、领导风格的不同，会使利润有很大的区别。所以，对公司盈利能力的分析，应进一步结合期初留存收益、会计政策、报表附注等资料进行更深层次的分析。请复阅表 7-1 至表 7-17，并查阅东风汽车（600006）2013 年度财务报告。

问题探讨：

（1）简要评价东风汽车 2013 年度的盈利能力与股东权益。

（2）引入上海汽车、一汽轿车、安徽江淮、北汽福田、重庆长安等标杆企业，简要评价东风汽车 2013 年的盈利能力与股东权益。

（3）请评述上述公司 2013 年度的会计政策变更，并说明变更的原因及其对公司盈利能力的影响。

第 8 章

企业营运能力分析

对金钱最大的浪费，便是保有它。

——杰基·格利森（Jackie Gleason）

学习目标

1. 理解企业营运能力的含义；
2. 掌握影响企业营运能力的主要因素；
3. 掌握流动资产管理效果分析的一般方法；
4. 掌握固定资产利用效果分析的一般方法；
5. 掌握总资产营运能力分析的一般方法。

重点与难点

1. 流动资产管理效果分析；
2. 总资产营运能力分析。

引　言

　　该收的一定要收回来，该卖的一定要卖出去；该用的一定要用起来，该控制的投入和采购一定要控制住。6 月 17 日，雄壮的国歌声在位于沈阳的中航工业黎明公司的第四会议室响起，一场别样的誓师大会——中国航空工业集团公司（简称中航工业）应收款和存货清理处置专项工作视频会议在这里举行。中航工业全系统 2 000 多名代表，参加此次会议的目的只有一个：交流经验，集智创新，向狠抓存货和应收款管理、提升集团公司资产运行效率和效益吹响号角。

银根从紧，盘活资产越来越重要

　　"集团公司林左鸣总经理在会议召开前几天又分别给我和李方勇副总经理打来电话，要求我们对明年的形势一定要有充分的准备，要千方百计盘活存量资产，将其变为现金流。"中航工业副总经理、总会计师顾惠忠语重心长地告诉与会代表。

　　这种担忧不无道理。2010 年以来，国家先后 12 次提高存款准备金率，一年期贷款利率达到了 6.31%。

"一方面贷款大额增加，另一方面大量的存款和资产被占用。"顾惠忠提醒说，"例如，某银行前年对集团公司的大量优惠贷款，从明年开始到期收回后不再定额发放，而是根据出口情况逐项逐笔审查发放。而且，今后的贷款利率也在提高。"对此，中航工业总经理林左鸣在6月16日即此次会议召开前一天专门做出重要批示，并提到一定要重视"存货及应收货款占用问题"。

"这一方面占用运营资金，另一方面造成集团公司内部三角债规模较大，增加了财务成本，降低了资金效率与效益，也影响到集团公司整体EVA（经济增加值）的提升。"顾惠忠晓以利害，"今后，这还将成为潜在的经营风险和财务风险，进而影响集团公司的持续快速健康发展。"当着全系统参会代表的面，顾惠忠将提高存货和应收款管理水平提升到贯彻落实科学发展观、实现战略目标需要的高度，当成实现经济发展方式转变的重要途径，当成提高价值创造能力的重要手段，看做真实反映经营成果与财务状况、提升财务管理水平的基础。

尽快将存货和应收款变为现金流

对于应收款与存货管理方面存在的问题，顾惠忠做了深刻的分析：这里既有客观原因，又有主观原因。一是航空制造业研制生产周期长，产品质量要求高，飞机交付大部分集中在年末，内部配套企业相互拖欠；二是一部分单位供产销等关键环节缺乏科学的预测和有效的监控；三是少数单位内控制度不健全，岗位责权不明晰；四是一些单位责任制不落实，产品售后催款不力；五是一些单位管理不到位，怕清欠历史应收款和处理积压存货会造成当期损失或追究责任，故一拖再拖。

怎么解决这一顽疾呢？

对此，中航工业首先明确了2011年的专项清收工作目标，对现金流回收设定具体的数额目标。另外还要求，3年以上账龄应收款原则上全部清理和处置完毕，1年至3年（含3年）账龄应收款下降10%以上；3年以上积压存货全部清理盘活，集团公司存货占用下降5%以上；通过清理和加强管理，2011年度应收款和存货占营业收入比例分别比上年下降10%和5%以上，所有单位全面建立和完善应收款与存货管理的长效机制。

"简而言之，该收的一定要收回来，该卖的一定要卖出去，该用的一定要用起来，该控制的投入和采购一定要控制住。要尽快将存货和应收款变成现金流。"顾惠忠说。

顾惠忠还要求，对于加强存货和应收款管理，各级单位行政负责人要负责任，主管领导要具体抓，并使之成为全体员工尤其是各级领导干部的自觉行动。同时，要加强各单位的督促检查工作。

另外，顾惠忠特别强调要注意总结经验，建立长效机制；要通过此次专项工作，找出关键控制环节，细化流程，明晰标准，特别是要充分应用信息化手段来促进各类应收款和存货管理水平的提高；要创新存货管理，努力建设现代化的物流管理模式，全面推进比价采购、招标采购，充分发挥中航国际供销、中航国际物流、中航国际钢贸、电子商务在集团公司采购中的作用；要进一步规范货币资金、债权债务管理、对外投资的相关规章及管理制度，完善各类奖惩制度；要强化责任制，建立健全应收款和存货管理责任制。

"各单位要逐步实现对各类应收款实行终身负责制。谁经手的业务发生坏账和损失，无论责任人是否调离，要根据损失大小和情节追究有关责任。同时，对相关人员的责任进行明确界定，并作为业绩总结考评依据。还要建立对应收款和存货的定期检查和不定期抽查制度。"顾惠忠最后说。

　　对于此次清理处置专项工作，中航工业副总经理李方勇做了进一步动员部署，要求各直属单位充分认识到持续健康发展的重要意义，要在组织和工作目标上逐一落实有关部署，切实落实工作责任。中航工业副总会计师白萍则从组织、目标、落实等各个方面逐项进行布置，要求专门成立领导小组，各部门进行协同，并采取自查和重点检查相结合的方式，全力推进此项工作。

　　资料来源　高红海．中航工业黎明：从存货和应收款中挤钱[N]．中国会计报，2011-07-01．

8.1　营运能力分析的目的和内容

8.1.1　营运能力分析的目的

　　企业的营运能力即营业运行能力，是企业营运资本（或企业所拥有的各种资源及其组合运用）在经营过程中所表现出来的动力特性。广义的营运能力是指企业所有资源要素在营运中所发挥的作用，当前只能定性评价；狭义的营运能力是指企业资产的营运效率，通常是通过对企业经营资金周转速度有关指标的计算和比对来评价，不直接体现人力资源、信息资源等的合理使用和有效利用。企业通过营业运行过程取得营业收入和赚取利润，维持企业生存，推动企业发展。

　　简而言之，企业的营运能力就是除去财务杠杆能力以外的企业运作能力，主要包括企业管理者对企业的固定资产和流动资产的运作能力。它反映了一个企业在没有进行新的股权或者债权筹资的前提下，对现有资产的使用效率。在数值计算上，一般表示为：

$$使用效率 = \frac{流量指标}{存量指标} \qquad (8-1)$$

　　需要注意的是，在上式中分子"流量指标"是由分母"存量指标"衍生的，例如：

$$营运资本周转率 = \frac{销售净额}{平均营运资本} \qquad (8-2)$$

　　在上式中，销售净额之所以会产生，是因为企业拥有一定的营运资本，而营运资本使用的效率又要看其产生的销售净额的大小。

　　因此，所谓的"能力"就是对资产的利用效率，就是某项特定的资产存量所能创造的相关流量的大小。单位资产存量创造的流量越大，则对该资产的使用效率就越大，其相关的"能力"也就越大。

　　从企业的外部来讲，需要对企业的营运能力进行分析的，主要是现实的和潜在的权益投资人以及债权人。这是因为，一个企业的营运能力在很大程度上反映了该企业的资产质量。从权益投资人的角度看，权益投资的目的是资产的保值和增值，因此，时刻关注其所投资的资产质量是很有必要的。从债权人的角度看，无论是利息的按时收取还是本金的及时回收都和债务企业的资产质量息息相关。并且一般而言，债务人偿付利息的能力来源于其获利能力，而获利能力又主要取决于其营运能力，因此，对于债权人而言，一个企业的营运能力是其债权有效回收的重要保障。

　　从企业的内部来讲，企业的管理层也需要对本企业营运能力进行分析。这是因为，一方面，营运能力的分析是建立在财务数据上的，而财务数据本身就是为了反映一定的生产经营过程而采集加工的，因此对营运能力的分析就是对财务数据的再加工，是综合考察企业营运状况的有力工具；另一方面，企业的管理层也需要通过对营运能力的分析发现企业营运过程中的问题和不足。

8.1.2　营运能力分析的内容

一般而言，企业的营运资产可以分为流动资产和固定资产两大类，因此企业的营运能力的分析主要包括流动资产管理和固定资产管理以及将两者包括在内的总资产周转情况的分析等内容。

8.2　流动资产管理效果分析

流动资产是指企业在现金、有价证券、应收账款和存货等短期资产上的投资。流动资产具有周转周期短、变现能力强等特点，因此对流动资产的管理在整个企业经营管理中占有重要的地位。

8.2.1　现金和有价证券的分析

1.现金和有价证券[①]管理概述

现金是可以立即投入流动的交换媒介。它的优点是普遍的可接受性，即可以用来直接和企业所需要的各种资源进行交换，进而满足企业经营的需要。从保值、增值的角度看，现金的缺点也是同样明显的，那就是和其他的流动资产、固定资产相比，现金本身不具有营运意义上的增值能力，有的只是以银行利率为报酬率的时间价值。这是因为从价值流的角度看，企业的资金流应该是沿着"现金—各种其他资产—现金"的轨道循环流动的，而企业之所以需要持有一定的现金，并不是出于生产经营的直接需要（直接需要各种其他资产），而是基于以下几点考虑：

一是交易需要。企业在日常的经营过程中收取的现金和支付的现金一般不会正好相等，因此一般会留有一定的现金余额。

二是意外需要。企业有时会发生意外的现金支出，比如罚款等。一般而言，企业现金流的不确定性越大，需要留存的应对意外需要的现金也就越多。

三是投机需要。投机需要主要是指企业寻找不同寻常的投资和经营机会。例如，企业可能会突然发现低价购买原材料的机会，这时就需要手头上有较多的现金来大量购进。

正是基于以上的原因，企业一般需要留有一定的现金。但是，需要特别指出的是，企业留有现金和留有其他营运资产的原因是不同的。就现金而言，一方面，现金本身不具有营运意义上的资产增值性，因此不应该持有现金；另一方面，又由于以上的原因，使得企业又不能完全不持有现金，因此企业留有现金更多的是一种两难选择的权衡。而企业其他营运资产本身具有增值性，因此也就不存在这样的两难选择问题。

留有现金和留有其他营运资产的原因的不同导致了对两者使用效率的评价方式不同。就营运资产而言，由于其具有营运意义上的增值性，因此，对它的使用效率就表现为该项资产对营运的贡献，也就是对收入、利润等流量指标的贡献，即如式（8-1）所示；而现金则有所不同，由于持有它是一种"权衡"，因此，对于现金的评价更多的是评价其持有

---

① 这里的讨论将有价证券视为现金的代替品，是"现金"的一部分。

量是否"恰到好处"。

2.最佳现金持有量管理

（1）成本分析模式

成本分析模式是通过分析持有现金的成本来找到持有成本最低的现金持有量。一般而言，企业持有现金将会和三类成本相关：

一是机会成本。企业持有的现金越少，则机会成本越低。这是因为，现金本身不具备营运意义上的增值性，因此，所持有的现金本来可换成其他具有增值性的营运资产的机会也就被剥夺了。

二是管理成本。企业拥有一定的现金，则一定会发生相关的资产管理的费用，如人员的工资支出和相关设备（如保险箱）的购置等。但是，这类成本一般是固定成本，与现金持有量之间没有明显的比例关系。

三是短缺成本。当企业由于前述相关原因需要现金支付，而又缺乏相应的现金持有量时所导致的成本称为短缺成本。

上述三项成本之和最小时，其现金的持有量则为一个企业的最佳现金持有量。

（2）存货模式

从以上的分析我们可以看到，企业对于现金的管理处于一个进退两难的环境：一方面，多持现金虽然能够降低短缺成本，但由于现金不能增值，因此就提高了资产的机会成本；另一方面，如果少持现金，则在降低机会成本的同时也提高了短缺成本。那么，企业是否能够寻找到一条折中的道路呢？

威廉·鲍曼提出的存货模型就是这么一条折中的道路。在该模型中，现金被视为"存货"，而与之相交换的是有价证券。选择有价证券作为交换的对象主要是因为有价证券具有相对较高的流动性，它能比较顺利地和货币相交易，同时其本身又具有良好的增值性（虽然也不是营运意义上的增值性，但和单纯的现金的时间价值相比更有投资价值）。

因此，在存货模型中，企业手持一定的现金和有价证券。当企业需要的现金超过手中的现金的时候就卖出一定的有价证券以换回现金，而当手中的现金过量的时候就购买一定的有价证券来降低机会成本。

在这个过程中会有一个问题产生：因为有价证券和货币的交换不是"免费"的，而是有一定交易成本的，所以如果假设交易成本和交易的次数唯一相关，那么，企业在什么情况下才应该将手中的现金（有价证券）换成有价证券（现金）？或者说，企业在一定期间内，持有多少现金才是合理的？

为了回答该问题，我们假设 T 为一定时期内企业所需的货币总量，C 为合理的企业现金持有量，F 为每次交易的成本，K 为机会成本，则：

$$交易成本 = \left(\frac{T}{C}\right) F \tag{8-3}$$

$$机会成本 = \left(\frac{C}{2}\right) K \tag{8-4}$$

当"交易成本＝机会成本"时可求得最佳现金持有量 C，即：

$$\left(\frac{T}{C}\right) F = \left(\frac{C}{2}\right) K$$

$$C = \sqrt{\frac{2TF}{K}} \qquad\qquad (8-5)$$

综上所述，现金对于企业就好比血液对于人体一样，是必不可少的一部分。对一个企业现金管理的分析，其重点并不在于企业对现金利用率的高低，而在于判断企业是否合理地持有和利用现金。

【例8-1】S公司预计2014年所需的货币总量为700 000 000元，每次交易的成本为2 000元，机会成本为7%，试求企业的合理现金持有量。

根据题意可知，T=700 000 000，F=2 000，K=7%。由式（8-5）得：

$$C = \sqrt{\frac{2TF}{K}} = \sqrt{\frac{2 \times 700\,000\,000 \times 2\,000}{7\%}} = 6\,324\,555.32 \text{（元）}$$

8.2.2　应收账款周转速率分析

应收账款是指企业因赊销产品、材料、物资和提供劳务而应向购买方收取的各种款项。

应收账款周转率是反映单位赊销额所能产生的现金流入的能力，即：

$$应收账款周转率 = \frac{赊销收入净额}{应收账款平均余额} \qquad\qquad (8-6a)$$

$$应收账款周转期 = \frac{应收账款平均余额 \times 计算期天数}{赊销收入净额} \qquad\qquad (8-6b)$$

在这里，应收账款是指由于提供商品和劳务所产生的债权，而不仅仅指会计科目"应收账款"，一般而言，这里的应收账款包括"应收账款"和"应收票据"两个会计科目。

同时，由于赊销收入净额并不是一个企业对外公布的数据，外部人员进行财务分析的时候通常并不能取得该数据，因此，一般用营业收入代替，即：

$$应收账款周转率 = \frac{营业收入}{应收账款平均余额} \qquad\qquad (8-7a)$$

$$应收账款周转期 = \frac{应收账款平均余额 \times 计算期天数}{营业收入} \qquad\qquad (8-7b)$$

就应收账款本身而言，一个企业的应收账款周转率越大越好，这是因为，较高的应收账款周转率反映该企业应收账款的质量较好，收款效率较高，从而发生坏账的可能性也相对较低。

然而，应收账款在本质上依然是现金，只是还没实际收到的现金，其本身在营运的意义上并无增值性。企业实行赊销的政策主要是为了扩大销售规模，增强销售的竞争力，但赊销额作为资产（应收账款和应收票据）对企业的营运并无帮助。因此，式（8-6a）只是表明在应收账款已经发生后应收账款本身的收回效率，而不能认为从整个营运的角度看应收账款周转率越高越好。从整个营运的角度看，提高应收账款周转率最好的办法并不是加紧催讨，因为那已经是事后的行为，最好的办法是在订立赊销政策的时候就缩短赊销期限，这样就能大幅提高应收账款周转率了，但是，这样也会损害企业销售的竞争力，影响销售额。因此，从整个营运的角度看，应收账款周转率的设定也是一个两难选择的权衡，而这是由应收账款的现金本质所决定的。

【例8-2】S公司2013年营业收入为18 585 566 506.07元，应收账款年末余额为729 557 891.22元，年初余额为371 924 320.37元，按一年360天计算，试求应收账款周转率和周转期。

应收账款周转率=18 585 566 506.07÷[（729 557 891.22+371 924 320.37）÷2]=33.75

应收账款周转期=[（729 557 891.22+371 924 320.37）÷2]×360÷18 585 566 506.07=10.67（天）

8.2.3 存货周转率分析

存货主要由材料存货、在产品存货和产成品存货构成，这是流动资产重要的组成部分，通常能够达到流动资产总额的一半甚至更多。因此，对存货周转率的分析是整个营运能力分析不可缺少的一部分。

存货周转速度通常以营业成本[①]和存货平均余额的比率来表示：

$$存货周转率=\frac{营业成本}{存货平均余额} \tag{8-8a}$$

$$存货周转期=\frac{存货平均余额×计算期天数}{营业成本} \tag{8-8b}$$

式（8-8a）从价值流的角度看，是企业的存货卖出并得到资本补偿的速率。从营运效果的角度看，它反映的是销售部门在给定的销售策略下（包括定价和赊销等具体策略）的销售业绩[②]。存货周转率越高，说明企业销售部门把存货卖出去的速率越快，因此，在给定销售策略的前提下，存货周转率越高，则销售部门的绩效越好。

对于通过式（8-8a）和式（8-8b）来评价销售部门的业绩之所以必须以"给定销售策略"为前提，这是因为，由于销售策略的变动必然会导致存货周转率的变动，而这种变动和销售部门人员的客观努力程度并无关系。这类销售策略主要分为定价策略和赊销策略，当把这两个约束条件一并考虑之后，我们可以得到一个修正的存货周转率，形如下式：

$$修正的存货周转率=\frac{销售商品、提供劳务收到的现金}{存货平均余额} \tag{8-9a}$$

$$修正的存货周转期=\frac{存货平均余额×计算期天数}{销售商品、提供劳务收到的现金} \tag{8-9b}$$

在式（8-9a）和式（8-9b）中，"销售商品、提供劳务收到的现金"本身包含了定价和赊销的约束条件。销售部门如果通过延长赊销期来增加存货的销售量，则会影响现金的收回；同样，如果通过降低销售价格来增加存货的销售量，则也会影响收到现金的总额。

需要说明的是，并不是说在进行财务分析的时候，要用修正的存货周转率来代替存货周转率，而是要在不同的局限条件下，使用不同的指标来分析。如果企业的销售部门没有销售策略的制定权，同时，在分析的期间内，客观上也没有对销售策略作大幅调整，那么应该用式（8-8a）和式（8-8b）来衡量、分析企业销售部门的营运能力；相反，如果企业的销售部门本身具有制定销售策略的权限，或者在给定的期间内客观上销售策略有较大的调整，则应该用式（8-9a）和式（8-9b）来衡量、分析企业销售部门的营运能力。

另外，从企业资产增值的角度看，也应该使用式（8-9a）和式（8-9b）来进行分析，这是因为，将"存货"转变为"营业成本"本身不是一个增值的过程，而是企业内部

---

① 也有教科书中用销售收入代替营业成本（如 2014 年度注册会计师全国统一考试教材《财务成本管理》）。

② 由于在大部分制造业企业中，生产单位产品的周期要远小于销售的周期，因此在这里我们忽略了生产的周期，而将存货周转率作为销售的速率。

的一项资产向成本的转移，而销售作为一个增值的过程是体现在企业和企业外部的交换上的，也就是体现在"营业成本"和"营业收入"的交换上。

【例 8-3】S 公司 2013 年营业成本为 16 913 553 598.94 元，销售商品、提供劳务收到的现金为 21 571 772 191.03 元，年末存货为 1 270 657 653.67 元，年初存货为 1 124 284 469.32 元。一年按 360 天计算，试求存货周转率、存货周转期、修正的存货周转率和修正的存货周转期。

存货周转率=16 913 553 598.94÷[（1 270 657 653.67+1 124 284 469.32）÷2]=14.12

存货周转期=[（1 270 657 653.67+1 124 284 469.32）÷2]×360÷16 913 553 598.94=25.49（天）

修正的存货周转率=21 571 772 191.03÷[（1 270 657 653.67+1 124 284 469.32）÷2]=18.01

修正的存货周转期=[（1 270 657 653.67+1 124 284 469.32）÷2]×360÷21 571 772 191.03=19.98（天）

以上是将存货作为一个整体来考虑的，但是我们知道，存货按其性质可以分为材料存货、在产品存货和产成品存货，所以可以将式（8-8a）分解为三种不同的存货周转率：

$$材料周转率=\frac{当期材料费用}{库存材料平均余额} \tag{8-10}$$

$$在产品周转率=\frac{当期生产成本}{在产品平均余额} \tag{8-11}$$

$$产成品周转率=\frac{营业成本}{产成品平均余额} \tag{8-12}$$

由于存货的周转其实是沿着"现金—材料—在产品—产成品—现金"这一循环路径来走的，因此，每一步的快慢都影响了整个存货周转的进程，通过以上三个公式，我们可以分析出哪些步骤才是制约存货周转率的瓶颈。但要注意的是，这样的分析要结合企业的生产工艺流程和销售流程来分析，在具体实施时可以考虑用同行业类比等具体方法。

最后，在进行存货周转率分析时还应注意：

（1）各种存货的计价方式（如先进先出）必须前后一致，否则需要对分析结果进行调整。

（2）对存货的估价要谨慎，这对分析结果有较大的影响。

（3）在对单一指标进行分析的时候要将其放入企业经营的大背景下看，注意非企业可控因素的影响，如重大节日对商品流通企业的影响。

【相关链接】

龙大肉食高存货致业绩"大变脸"

龙大肉食早在 2012 年便披露过一次招股书（下称"2012 版招股书"），当时公司就曾因 2009—2010 年高存货遭到多家媒体的"炮轰"。

根据 2012 版招股书，2009—2011 年年末，公司存货占资产总额的比例分别为 36.09%、24.97%、12.92%。虽然 2009 年该比值超过 36%，但也呈逐年下降趋势，展示了公司逐步压缩存货的姿态。

然而，龙大肉食存货压缩却止步于 2011 年。根据 2014 年预披露的招股书，2011—2013 年年末，公司存货占资产总额的比例逐年反弹，呈上涨态势，分别为 12.73%、27.95%、34.49%。至 2013 年年底，公司存货占比反弹至接近 2009 年的高点。

预披露显示，2013 年年末龙大肉食存货达 4.27 亿元，占流动资产比例达 64.71%，较上年年末增加 1.39 亿元，增长率为 48.3%。龙大肉食 2013 年年末的存货中，冷冻猪肉达 2.39 亿元，占比 55.97%。

公司表示，2012—2013 年，生猪价格均较 2011 年下降较多，公司在此期间再次主动加大生猪采购规模，屠宰加工后形成冷冻肉，增加库存规模，降低库存成本，使得 2012 年年末、2013 年年末存货金额升幅较大。

但是，公司也坦承，生猪和猪肉价格较大幅度或较快下跌时，库存量越大，成本压力越大，还可能需要计提较高的存货跌价准备，将对公司经营业绩产生不利影响。

公司 2012—2013 年分别计提存货跌价准备 206.77 万元、266.92 万元。其中冷冻肉发生减值分别为 185.63 万元、239.52 万元。

在公司存货连年上涨的情况下，公司的存货周转率呈下降态势。招股书显示，公司 2013 年的存货周转率由上年的 11.23 次下降到 8.09 次。

值得注意的是，龙大肉食的存货周转率长期低于同行业公司，2013 年度，双汇发展（000895.SZ）、雨润食品（01068.HK）的存货周转率分别高达 12.85 次、14.58 次。

对此，公司表示，2013 年公司扩大了冷冻肉产品的库存规模，存货中冷冻肉占比较大，冷冻肉的保质期远比冷鲜肉和熟食制品长，可以承载较低的周转速度。

不过根据招股书的介绍，公司冷冻肉保质期一般为 10 个月。但是公司 2013 年冷冻肉平均周转时间已由 2011 年的 59 天升至 125 天。

公司高存货的影响在今年上半年有了具体体现。根据招股书，今年一季度，龙大肉食归属于母公司股东的净利润同比下降 18.24%。同时预计，今年上半年净利润同比降幅最大可达 20%，堪称 IPO 申购重启后业绩变脸幅度最大的公司。

公司也承认，业绩变脸就在于扩大冷冻肉库存后遭遇生猪价格大跌，导致成本大增，业绩下降。

在龙大肉食存货遭到市场诟病的同时，其 1.87 万元广告费撬动 31 亿元营业收入也遭到市场的质疑。

招股书显示，龙大肉食 2013 年实现营业收入 31.58 亿元，同比上涨约 24.3%，增幅比上年多出 6 个百分点。

根据招股书，2011—2013 年度，公司在山东地区的主营业务收入占比分别为 84.98%、80.03%、74.78%。目前，公司已加大全国市场的开拓力度，客户现已发展到北京、上海、广州等各大城市。

然而，在盈利喜人及市场拓展积极有效背景下，龙大肉食 2013 年广告费突然由上年的 735.71 万元骤降为 1.87 万元。

2011—2012 年，公司第一大广告代理商为山东宏智广告有限公司（下称"山东宏智"）。其负责人表示，在 2012—2013 年，龙大集团旗下的一款油脂产品在广告推出后出了一些问题，同时内部人员架构做出了一些调整。基于以上两点原因，龙大集团整个战略框架和广告投放受到影响，在 2013 年大幅降低广告投放，龙大肉食的广告投放或因此骤缩。

根据招股书，龙大植物油 2013 年的广告费也由上年的 4 457.61 万元大幅降为 962.71 万元。

对于受大股东旗下其他产品的广告投放影响，龙大肉食在 2013 年的广告投放几乎暂停的情况，资深注册会计师刘志耕表示，龙大肉食作为一个公众公司，为了保护中小股民的利益，其在经营管理、战略决策和利益方面都应具有独立性。

资料来源 李晓丹. 龙大肉食高存货致业绩"大变脸"[N]. 上海商报，2014-06-25.

8.3　固定资产利用效果分析

固定资产是企业最重要的资产之一，对它的利用效果能够直接影响到整个企业经营的效果。在分析固定资产的利用效果的时候，一般使用固定资产产值率和固定资产收入率两个指标。

8.3.1　固定资产产值率分析

固定资产是企业重要的生产资料，其利用效率可以通过其生产出的产品的产值来衡量。

将一定时期按不变价格计算的总产值与固定资产平均总值进行对比，就可以计算出固定资产产值率，形如下式：

$$固定资产产值率=\frac{总产值}{固定资产平均总值} \tag{8-13}$$

式（8-13）中的分母可以使用固定资产原值也可以使用固定资产净值，视具体情况而定。

当分析的内容和企业规模有关的时候，一般使用固定资产原值，这是因为随着固定资产的折旧，其价值是不断下降的，但是其生产能力却不会有大的变化，因此，当分析企业的生产规模的时候，宜用固定资产原值来表征企业的生产能力。

当分析的内容和企业价值有关的时候，一般使用固定资产净值，这时，式（8-13）表示每1元钱固定资产所能生产的产品的价值。在不同的行业，由于对固定资产的依赖程度不同，以及在技术条件等方面存在差异，使得该指标跨行业的解释力较弱，一般用于同一行业内的比较分析。

8.3.2　固定资产收入率分析

固定资产的产值虽然能够反映出公司对固定资产的利用效率，但这种效率是公司内部的效率，或者说是没有经过市场检验的效率。如果将企业的产品的市场检验这一约束条件放入一并考虑的话，那么应该将公司内部的"产值"改为经过市场检验的"营业收入"，其分析比率就是固定资产收入率。

$$固定资产收入率=\frac{营业收入}{固定资产平均总值} \tag{8-14}$$

上式中的"固定资产平均总值"也可以分为固定资产原值和固定资产净值两种情况。在使用固定资产原值时，着重分析企业的生产规模和收入之间的联系；在使用固定资产净值时，着重分析企业的资本规模和收入之间的联系。

【例8-4】S公司2013年度营业收入为18 585 566 506.07元，年初固定资产总额为4 112 544 054.11元，年末固定资产总额为3 885 316 541.31元，试求S公司固定资产收入率。

固定资产收入率=18 585 566 506.07÷[（4 112 544 054.11+3 885 316 541.31）÷2]=4.65

8.3.3 固定资产比率分析的注意点

从企业营运的角度看，分析固定资产时所用到的比率和分析流动资产时所用到的比率是有所不同的。

就流动资产而言，其营运过程有明确的逻辑联系。如存货，我们在分析存货的时候用的指标是"营业成本"与"存货平均余额"的比值，其中，营业成本与存货之间有明确的一一对应关系。然而固定资产则有所不同，其产出的流量和资产存量之间的关系较为间接，例如，固定资产产值率是"总产值"和"固定资产平均总值"的比值，然而，和分析流动资产时所用的比率不同的是，总产值的产生和固定资产之间的联系不是一一对应的，换句话说，固定资产只是构成总产值的一个物质因素，在 1 元钱的存货中，除了固定资产的折旧转入外还有原材料等其他的物质构成。

这一点差异导致了两类比率精确度的不同（流动资产比率的精确度要大于固定资产比率的精确度），而精确度的不同又导致了两类比率在解释企业营运能力上的差异。

当我们发现一个企业的存货周转率偏低的时候，如果忽略原材料存货和在产品存货的影响的话，我们几乎可以肯定地说，存货周转率偏低的直接原因是企业的销售部门业绩下滑（当然，导致销售部门业绩下滑的原因可能有很多）。

然而，当一个企业的固定资产产值率下降时，我们却不容易做出直接的判断，说明是企业的哪个营运部门或者程序出了问题，这是因为固定资产和总产值之间的联系更为曲折。为了找出原因，我们一般采用的方法是"让概念更清晰些"，我们将固定资产平均总值分解为"和生产直接相关的固定资产"和"其他固定资产"，于是式（8-13）可以改写成：

$$
固定资产产值率 = \frac{总产值}{和生产直接相关的固定资产} \times \frac{和生产直接相关的固定资产}{固定资产平均总值} \tag{8-15}
$$

固定资产产值率 = 生产设备使用率 × 生产设备占有率

这样，当一个企业的固定资产产值率下降的时候，其可能的原因有两个：一是工厂的开工率不高，也就是生产设备使用率较低；二是资本使用效率较低，也就是生产设备占有率较低，这样我们对分析结果的解释方向可以更明确一些。

但我们必须要指出的是，对于因精确度小而导致解释力差的问题，我们采用指标分解的方法虽然有一定的效果，但并不能认为分解后的指标所产生的解释是"绝对正确"的。这是因为，当指标的内涵较丰富时（如固定资产总值），其分解的路径并不是唯一的，从而导致分析结果的非唯一性。例如，固定资产平均总值也可以分解为"A 分公司固定资产平均总值"和"B 分公司固定资产平均总值"，这样我们的分析结果就只和两个分公司对固定资产的使用率的差异有关了。

【相关链接】

企业如何提升固定资产管理效率

（一）加强对固定资产使用管理人员的管理

1. 加强对使用者上岗培训。对涉及安全隐患的固定资产做到附有操作说明书，张贴在醒目处，了解使用操作；同时教育现场使用人员，提高计量器具（设备）使用者的测试水平；选定本部门内计量器具（设备）管理人员检查仪器，并对使用者进行教育。

2. 加强对固定资产专管员的管理。计量器具（设备）管理人员是在该部门有一年以上工作经验，并接受过计量器具（设备）基本教育的人员，定期举办培训班，积极参加有关计量器具（设备）的各种教育及研讨会，不断提高固定资产管理人员的业务素质和专业技能，参与固定资产管理规则的制定、修改及作废，并确认各使用部门检定情况，同时建立公司内部（计量器具、设备）总台账及计量周期检定表的状态，定期收集后由部门领导裁决。计量器具（设备）管理担当及使用者应正确选用计量器具（设备），对不同的测量任务所要求的准确度、精密度选用不同的测试仪器（设备），并保证测试仪器（设备）在适宜的环境下工作。增强固定资产管理，对于责任心强，资产保全工作突出的单位和个人，总公司将对其进行表扬，对于玩忽职守造成物品丢失、无故损毁的将进行批评，并视情节轻重给予经济处罚。加强对固定资产的保管和维修工作，使之保持良好的技术状态和合理利用，提高固定资产的完好率和利用率，从而减少固定资金占用，节省固定资产寿命周期的费用支出。

（二）加强固定资产的分级管理

企业应加强固定资产分级管理，管理者及使用者应严格按照操作规程或使用说明操作。通常这样表示：

1. 合格，即由国家、部门和地方检定系统按检定规程检定通过。合格分三个等级：A、B、C类。A类由国家规定需强制检定的；B类不需强制检定，但是生产过程和检验中必需的、经常使用的，并粘贴B类合格证标志；C类为辅助仪器，生产过程中只对其进行一般监视，并粘贴C类合格证标志。

2. 准用。对于生产中无检定系统、检定规程、量值传递计量的仪器，可以由本企业自我管理，并粘贴准用证标志。

3. 禁用。对于国家规定淘汰和超过检定周期或抽检不合格的计量器具，应粘贴禁用标志并禁止使用。

4. 封存。对于在生产或流转中暂时不投入使用的计量器具，应粘贴封存标志，不流入生产和管理中，进行封存处理。

在管好、用好固定资产的基础上，必须做好固定资产的收入、发出和保管工作，正确、全面、及时地反映固定资产的增减变化，定期对固定资产进行清查，做到账账相符、账实相符。

综上所述，由于使用中的固定资产存在价值的双重性、固定资产投资的集中与分散性，因此，固定资产的价值补偿和实物更新应分别进行。因此，在固定资产管理中，要保证固定资产完整无缺，提高固定资产的完好程度和利用效果，正确核定固定资产需用量，正确计算固定资产折旧额，需进行固定资产投资的预测，研究投资项目的必要性、可行性以及效益性，这样就可以利用一定数量的资金获得更多的固定资产，充分发挥资金的使用效能。

资料来源　王棣华.企业固定资产管理相关内容的探讨[J].商业会计，2012（1）.

8.4　总资产营运能力分析

企业总资产营运能力主要是指企业总资产的效率和效益。总资产产值率反映了企业总资产的使用效率；总资产收入率反映了企业总资产的使用效益。

和固定资产类似，我们认为企业的总资产和其产出之间的关系较为曲折和间接，因此，一般不使用"周转率"指标；而类似存货之类的流动资产，由于其存量指标和流量指标之间存在直接的逻辑关系，可以认为是一个相对简单直接的流转循环过程，因此以"次数"作为单位周转率来表征。

8.4.1 总资产产值率的计算和分析

总资产产值率反映了企业总资产与总产值之间的对比关系。其计算公式是：

$$总资产产值率 = \frac{总产值}{平均总资产} \tag{8-16}$$

该公式表明，总资产产值率越高，则单位资产所创造的产品的产值就越高。之所以认为这是一个效率指标而非效益指标，是因为该指标只反映了企业内部创造价值的能力，但这个能力并没有经过市场的检验，换句话说，该指标高只是证明了企业的单位资产能够生产足够多的产品，但不能证明这些产品能够为消费者所接受，如果最终消费者不能接受产品，那效率再高对企业来说也不会有相应的利益流入。因此，效率指标和生产能力挂钩，而效益指标还要和市场的选择挂钩。

另外值得注意的是，这里的总产值不但包括了企业的存货，还包括了半成品和其他在产品。当企业的总资产的规模在一定的时期内没有大幅变动的时候，其总产值可以认为是该段时间内企业的总产量。

该公式还能从另一个角度来看：

$$单位产值占用资金 = \frac{平均总资产}{总产值} \tag{8-17}$$

式（8-17）反映了企业创造每 1 元产值需要占用多少资产。该数值越小，则该企业的生产能力越高。

在具体分析时，可以将平均总资产分解为固定资产、流动资产等组成部分，然后利用连环替代法加以计算，就可以分析出各个不同的资产组成部分对企业总产值的贡献情况。

8.4.2 总资产收入率的计算和分析

总资产收入率反映了企业总资产和营业收入之间的对比关系。其计算公式是：

$$总资产收入率 = \frac{营业收入}{平均总资产} \tag{8-18}$$

【例 8-5】S 公司 2013 年度营业收入为 18 585 566 506.07 元，年初资产总额为 137 007 951 809.59 元，年末资产总额为 143 120 292 897.80 元，试求 S 公司总资产收入率。

总资产收入率=18 585 566 506.07÷[（137 007 951 809.59+143 120 292 897.80）÷2]=0.13

该指标反映了企业资产运营的整体能力，该指标越高，则营运能力就越强。和总资产产值率不同的是，总资产收入率不但表征了企业的生产能力，还涵盖了企业的销售能力，因此相对来说，更全面地反映了企业的营运能力。

另外，总资产收入率和总资产产值率的关系如下：

$$总资产收入率 = \frac{总产值}{平均总资产} \times \frac{营业收入}{总产值} = 总资产产值率 \times 产品销售率 \tag{8-19}$$

【相关链接】

提高营运能力的对策

影响企业营运能力的因素主要分为外部因素和内部因素两大类。外部因素主要是我国宏观的经济大环境和企业所处行业的特征。内部因素则主要是企业自身的微观经济状况，包括企业各项资产的构成情况以及管理各项资产的政策和方法。

1. 加强存货管理

首先，根据市场需求规划产量。根据预测的市场需求安排生产，避免存货出现供不应求或供大于求的状况，不断提高存货的周转率。其次，优化产品组合，提高应对市场变化的灵活性。针对顾客的需求生产适销对路的商品，也应该大胆创新，开发研究新产品来挖掘更大的潜在市场。再次，设计有效的销售策略，削弱市场变动对存货周转情况的影响。在市场需求量很大的时候，企业可以扩大生产规模，加快存货的周转速度，缩短存货的周转周期；而在市场的需求量很小的时候，企业可以在适当缩减生产规模的同时，想办法刺激市场的需求。

2. 合理调整资产结构

首先，合理购置固定资产，减少资金占用，应该根据实际的市场需求情况从自身的营运实际出发，科学地规划好每个生产阶段的生产规模，使固定资产在生产方面发挥其最大的效用。其次，加强流动资产的管理，确定合理的流动资产结构，根据各项流动资产确定适合企业营运发展的比例。再次，针对各项资产，确定合理的管理政策与方法。各项资产的周转状况都对其营运能力具有影响，而对于不同种类的资产，企业也应当制定不同的管理政策和管理方法。

3. 加强固定资产管理

企业应该根据市场的实际需求科学规划每个不同时期的生产规模，因为每个不同时期的产量决定了固定资产的收益水平。市场的需求有高有低、不断变化，在需求量大的时候，企业不能为了扩大生产而盲目购置固定资产，因为这可能导致固定资产在需求量小的时候被闲置，占用资金，降低资金的利用效率。管理层应当加强对固定资产的管理，合理安排生产，稳定企业的固定资产收益水平。

资料来源　梁玥，冯晶，刘沁燕，廖果平.我国信息技术服务业上市公司营运能力分析——基于创业板数据[J].中国管理信息化，2014（11）.

本章小结

企业的营运能力是企业综合经营能力的重要组成部分，反映了一个企业在一定的财务环境下使用、利用现有资源的能力，是企业创造价值的基础之所在。

营运能力的分析对于企业管理层考察其资金的运用效率，加强企业经营管理，对于债权人评价企业的偿债能力具有十分重要的意义。一般而言，我们可以将企业的资产分解为流动资产、固定资产等各个不同的种类，对应收账款周转率、存货周转率、固定资产周转率等加以分析，从而得出企业营运的各个方面的特征，进而帮助企业的管理者和决策者更加深入地了解企业营运的真实状况。

讨论题

1. 试述总资产周转率与流动资产周转率的相互关系。
2. 试述总资产报酬率与总资产周转率的关系。
3. 试述存货周转率的分析方法。

业务题

1. S公司现金收支平衡，预计全年（按360天计算）现金需要量为100万元，现金与有价证券的转换成本每次500元，有价证券年利率为10%。

要求：

（1）计算最佳现金持有量。

（2）计算最佳现金持有量下的全年现金管理总成本、全年现金转换成本和全年现金持有机会成本。

（3）计算最佳现金持有量下的全年有价证券交易次数和有价证券交易间隔期。

2. S公司生产和销售A、B两种产品。目前的信用政策为"2/15，n/30"，有占销售额60%的客户在折扣期内付款并享受公司提供的折扣；不享受折扣政策的应收账款中，有80%可以在信用期内收回，另外20%在信用期满后10天（平均数）收回。逾期账款的收回，需要支出占逾期账款额10%的收账费用。如果明年继续保持目前的信用政策，预计A产品销售量为4万件，单价100元，单位变动成本60元；B产品销售量为2万件，单价300元，单位变动成本240元。

如果明年将信用政策改为"5/10，n/20"，预计不会影响产品的单价、单位变动成本和品种结构，而销售额将增加到1 200万元。与此同时，享受折扣的比例将上升至销售额的70%；不享受折扣的应收账款中，有50%可以在信用期内收回，另外50%可以在信用期满后20天（平均数）收回。这些逾期账款的收回，需要支出占逾期账款额10%的收账费用。该公司应收账款的资金成本为12%。

要求：

（1）假设公司继续保持目前的信用政策，计算其平均收现期和应收账款应计利息（一年按360天计算，计算结果以万元为单位，保留小数点后四位，下同）。

（2）假设公司采用新的信用政策，计算其平均收现期和应收账款应计利息。

3. S公司为扩大销售，拟订了两套备选方案：

（1）将信用条件放宽到"n/45"，预计年赊销收入为10 000万元，坏账损失为赊销额的5%，收账费用为100万元，固定成本为800万元。

（2）将信用条件改为"2/10，1/30，n/45"，预计年赊销收入为12 000万元，估计约有60%的客户（按赊销额计算）会利用2%的现金折扣，20%的客户会利用1%的现金折扣，坏账损失为赊销额的3%，收账费用为80万元，固定成本为1 000万元。

该公司的变动成本率为60%，资金成本率为10%。

要求：

根据上述资料，填列表8-1，并就选出哪种方案做出决策。

表 8-1   备选方案

项 目	A（n/45）	B（2/10, 1/30, n/45）
年赊销额		
现金折扣		
年赊销净额		
变动成本		
固定成本		
信用成本前收益		
平均收账期（天）		
应收账款周转率（次）		
应收账款平均余额		
赊销业务占用资金		
应收账款机会成本		
坏账损失		
收账费用		
信用成本		
信用成本后收益		

4.S 公司全年需用 A 材料 360 000 千克，该材料的单位采购成本 100 元，每次进货费用 400 元，单位材料的年储存成本 8 元，单位缺货成本 10 元。销售企业规定：客户每批购买量不足 8 000 千克，按标准价格计算；每批购买量 8 000 千克以上、不足 10 000 千克的，价格优惠 2%；每批购买量高于 10 000 千克的，价格优惠 3%。

要求：

（1）如果不考虑商业折扣和缺货，计算下列指标：

①经济进货批量；

②经济进货批量的存货相关总成本；

③经济进货批量平均占用资金；

④年度最佳进货批次。

（2）如果考虑商业折扣，但不考虑缺货，计算经济进货批量。

（3）如果不考虑商业折扣，但考虑缺货，计算经济进货批量和平均缺货量。

案例分析

江铃汽车营运能力分析

江铃汽车是中国商用车行业的骨干企业和成长最快的制造商之一。近年来，销量连续多年稳健增长，赢利能力稳步提升，公司构建了遍布全国的强大营销网络，建立了国家级技术中心，被认定为国家高新技术企业。JMC 自主品牌产品出口 80 多个国家，是中国轻型柴油商用车最大的出口商之一，被认定为"国家整车出口基地"。营运能力体现了企业运用资产的能力，资产运用效率高，则可以用较少的投入获取较高的收益。

1. 存货周转率

存货对企业经营活动变化具有特殊的敏感性，控制失败会导致成本过高。作为江铃汽车的主要资产，存货的管理更是举足轻重。由于江铃汽车业务规模扩大，存货规模增长的速度小于其销售增长的速度，因此存货周转率逐年上升（见表 8-2）。

表 8-2　　　　　　　　　　2010—2012 年存货周转率

项目	2010 年	2011 年	2012 年
江铃汽车	11.23	8.48	13.29
行业平均值	6.80	5.79	5.52

通过表 8-2 中指标可以发现，江铃汽车存货周转率除了在 2011 年有少许的下降之外保持比较稳定的上升趋势。在业务量扩大时，存货是货源充足的必要保证，且库存拟开发产品和已完工产品比重下降、在建开发产品比重大幅上升的存货结构更加合理。与行业平均值比较，尽管江铃汽车的存货周转率的波动幅度在正常范围内，但仍应提高存货管理水平和资产利用效率，注重获取优质项目，加快项目的开发速度，提高资金利用效率，充分发挥规模效应，保持适当的增长速度。

2. 应收账款周转率

江铃汽车的应收账款周转率在 2010—2011 年逐渐下降（见表 8-3）。通过相关的报表分析可以看出，引起指标下降的主要原因是应收账款增加了，平均收账期加长了。应收账款周转率下降表明，企业短期偿债能力下降，流动资产的投资收益相对较低。与其他公司相比，江铃汽车虽然应收账款周转率比较稳定，但在应收账款管理方面还存在一定问题，有待加强。其应收账款周转率低于行业平均值并且有较大的差距，可能是由于缺乏商业信用意识或者应收账款的管理责任没有落实。

表 8-3　　　　　　　　　　2010—2012 年应收账款周转率

项目	2010 年	2011 年	2012 年
江铃汽车	12.48	11.49	8.27
行业平均值	26.15	22.35	21.90

3. 总资产周转率

总资产周转率取决于每一项资产周转率的高低。该指标近年呈现下降趋势（见表 8-4）。通过资产负债表和利润表的分析进一步发现，这是因为营业收入净额提高，平均资产总额下降。经分析发现，江铃汽车在近 3 年的总资产周转速度较快，资产管理水平较高，全部资产的经营效率较高。江铃汽车应该采取适当的措施提高各项资产的利用程度，对于那些确实无法提高利用程度的闲置资产，应当及时进行处理，以提高总资产周转率。

表 8-4　　　　　　　　　　2010—2012 年总资产周转率

项目	2010 年	2011 年	2012 年
江铃汽车	12.48	11.49	8.27
行业	26.15	22.35	21.90

资料来源　张琰.江铃汽车营运能力分析[J].现代商贸工业，2014（17）.

问题探讨：

（1）江铃汽车的营运能力如何？

（2）如何提高江铃汽车的营运能力？

第 9 章

企业偿债能力分析

一个企业没有获得利润或亏损是令人痛苦的，而没有现金或没有支付能力则是致命的。

——西方企业多年来流行的名言

学习目标

1. 了解偿债能力的基本含义；
2. 熟悉偿债能力的影响因素；
3. 掌握短期偿债能力分析的内容及其指标计算；
4. 掌握长期偿债能力分析的内容及其指标计算；
5. 明确短期偿债能力与长期偿债能力的关系。

重点与难点

1. 偿债能力的影响因素；
2. 偿债能力各指标之间的内在联系。

引　言

"11 超日债"宣告违约后，又一家新能源上市公司发行的公司债券被暂停上市。

*ST 天威公告称，公司于 2014 年 3 月 11 日披露了《保定天威保变电气股份有限公司停牌提示性公告》，因公司连续两年亏损，公司"11 天威债"已于 2014 年 3 月 11 日开始连续停牌。日前，公司收到上海证券交易所发来的《关于对 2011 年保定天威保变电气股份有限公司公司债券实施暂停上市的决定》。根据该决定，公司 2011 年发行的公司债券自 2014 年 3 月 21 日起暂停上市，债券简称由"11 天威债"更名为"天债暂停"，债券代码不变。

业绩巨亏偿债能力恶化

"11 天威债"暂停上市可以说是市场预料中事。根据《上海证券交易所公司债券上市规则》规定，公司连续两年亏损，对其公开发行的公司债将进行停牌处理。2012 年，*ST 天威就已报亏 15.2 亿元。而公司日前公布的 2013 年年报显示，公司的亏损额进一步扩大至 52.3 亿元。这也意味着，*ST 天威极有可能成为 2013 年的 A 股"亏损王"。对于这一巨亏，公司称，这主要是由于新能源产业亏损对公司整体经营业绩造成了严重影响。

随着亏损黑洞扩大的还有*ST 天威偿债能力的恶化。年报数据显示，公司目前已经濒临资不抵债的边缘，所有者权益仅为 2.81 亿元，其中归属于母公司所有者权益仅为 0.63 亿元，资产负债率高达 97.17%。另外，截至报告期期末，公司的货币资金仅为 15.88 亿元（其中 4 亿元为银行保证金无法动用），但其短期借款却高达 32.96 亿元。

"此外，发行人大规模的应收账款（20.37 亿元）和存货（17.42 亿元）的减值压力也需得到重视，很可能成为资不抵债的'最后一棒'。静态看，发行人的偿债能力已经处于绝对困境中。"国泰君安的一份分析报告指出。

能否守住"最后防线"？

资料显示，"11 天威债"发行于 2011 年，本金总额为 16 亿元，票面利率为 5.75%，期限为 7 年，其下一个付息日为 2014 年 7 月 11 日。自"11 超日债"的违约打破中国债券市场刚性兑付后，投资者也由此担心"11 天威债"将成为债市违约第二例。

对此，分析人士指出，目前天威债还只是暂停上市，并非违约。与*ST 超日不同的是，*ST 天威的背后站着身为国有企业的大股东天威集团，其为公司债券提供了担保。同时，天威集团还是央企中国兵器装备集团公司（下称"兵装集团"）的全资控股子公司。来自国泰君安的分析报告指出，2013 年年末天威集团公告兵装集团的定增预案完成后总股本将变为 33.47%，超越天威集团成为第一大股东。"考虑到实际控制人央企的身份、积极地投入、帮助发行人剥离不良资产等行为，我们认为实际控制人是偿债的最后防线。"

中金公司亦认为，最新年报披露后公司已接近资不抵债，自身偿债能力已经很弱。未来公司偿债能力的改善以及债券实际偿付主要依赖实际控制人兵装集团的支持，从目前的信息看，兵装集团支持意愿仍然较强，可能通过非公开发行和将亏损资产置换出上市公司等方式提供支持。

而 3 月 14 日，*ST 天威也已发布公告称，公司将按期于 7 月 11 日支付自 2013 年 7 月 11 日至 2014 年 7 月 10 日期间的债券利息。

资料来源　谢岚. "11 天威债"明起暂停上市 *ST 天威偿债能力堪忧或成下一个超日[N]. 证券日报，2014-03-20.

9.1　偿债能力分析的目的和内容

9.1.1　偿债能力分析的目的

企业偿债能力是指企业到期偿还债务本息的现金保障能力，包括长期偿债能力和短期偿债能力。

偿债能力是企业经营者、投资者、债权人等十分关心的重要问题。站在不同的立场上，其分析目的也有区别。

投资人更重视企业的盈利能力，但他们认为企业良好的财务状况和偿债能力更有助于提高企业盈利能力，因此，他们同样会关注企业的偿债能力。对于投资人来说，如果企业的偿债能力发生问题，企业的经营者就会花费大量精力去筹措资金以应付还债，这不仅会增加筹资难度，加大临时性紧急筹资的成本，还会使企业管理者难以集中精力进行企业经营管理，使企业盈利受到影响，最终影响投资人的利益。

债权人对企业偿债能力的分析，目的在于做出正确的借贷决策，保证其资金安全。债权人主要从他们的切身利益出发来研究企业的偿债能力，只有当企业有较强的偿债能力，他们的债权才有可能及时收回，并按期取得利息。通过对企业资金的主要来源和用途以及资金结构的分析，加上对企业过去盈利能力的分析和未来盈利能力的预测，可以判断企业的偿债能力。商品和劳务供应商主要指赊销商品和劳务给企业的单位与个人。他们最关心的是能否尽快安全地收回资金。因此，商品和劳务供应商必须判断企业能否及时支付商品和劳务的价款。因此，他们对企业偿债能力的分析与债权人类似。

如果从企业角度出发，任何一家企业想维持正常的生产经营活动，必须持有足够的现金或者可以随时变现的流动资产，以支付各种到期的费用账单和到期债务。因此，进行偿债能力分析的目的在于：

（1）了解企业的财务状况。从企业财务状况这一定义来看，企业偿债能力的强弱是反映企业财务状况的重要标志，辅之以企业发展的稳定性和近期增长情况。

（2）揭示企业所承担的财务风险程度。当企业举债时，就可能会出现债务不能按时偿付的可能，这就是财务风险的实质所在。而且，企业的负债比率越高，到期不能按时偿付的可能性越大，企业所承担的财务风险就越大。

（3）预测企业筹资前景。当企业偿债能力强时，说明企业财务状况较好，信誉较高，债权人就愿意将资金借给企业；否则，债权人就不愿意将资金借给企业。因此，当企业偿债能力较弱时，企业筹资前景不容乐观，或企业将承担更高的财务风险。

（4）为企业进行各种理财活动提供重要参考。

9.1.2 偿债能力分析的内容

偿债能力是指企业偿还各种债务的能力。静态地讲，企业偿债能力就是用企业资产清偿企业非流动负债和流动负债的能力；动态地讲，企业偿债能力就是用企业资产和经营过程中创造的收益偿还长、流动负债的能力。因此，企业有无支付现金的能力和偿还债务的能力是企业能否继续生存和发展的关键。

偿债能力分析主要包括以下两个方面的内容：

（1）短期偿债能力分析。通过对反映短期偿债能力的主要指标和辅助指标的分析，了解企业短期偿债能力的高低及其变动情况，说明企业的财务状况和风险程度。

（2）长期偿债能力分析。通过对反映长期偿债能力指标的分析，了解企业长期偿债能力的高低及其变动情况，说明企业整体财务状况和债务负担及偿债能力的保障程度。

可见，如果企业只有短期偿债能力，缺乏长期偿债能力，企业可能只有短期生存的空间，而没有长期发展的空间。因此，企业偿债能力分析必须同时考虑资产的短期流动性与长期安全性。

【相关链接】

安凯客车业绩连续三年下滑　资产负债率逐年增加去年超 70%

上半年，安凯客车实现归属于上市公司股东的净利润为 700 万～1 200 万元，比上年同期下降 52%～72%。

截至目前，50 家已经发布业绩快报或业绩预警的汽车制造业上市公司中，业绩同比下滑幅度超过 50% 的只有两家公司，安凯客车就是其中一家。业绩下滑的同时，从 2011 年到 2013 年，公司的资产负债率分别为 63%、67% 以及 72%，逐年增加。

对比公司的营业收入和三费支出，2012 年，公司的销售费用、管理费用分别同比增加 15%、29%，营业收入同比仅增加了 2.81%。2013 年，公司的销售费用、管理费用同比继续增加 4%、9%，对应的营业收入同比下滑 7.87%。

而且，从 2013 年开始，公司经营活动产生的现金流量净额开始进入"负"时代，对此，有不愿具名的保荐代表人告诉记者，这说明公司的主营业务不给力。

近三年业绩逐年下滑

今年上半年，安凯客车实现归属于上市公司股东的净利润为 700 万～1 200 万元，比上年同期下降 52%～72%。"业绩较上年同期下降的主要原因是公司产品销售规模同比下降所致。"安凯客车表示。

与此同时，从 2011 年到 2013 年，公司实现归属于上市公司股东的净利润分别为 9 814 万元、9 516 万元以及 −3 473 万元；归属于上市公司股东扣除非经常性损益后的净利润分别为 7 917 万元、4 160 万元以及 −1.29 亿元。

从 2011 年到 2013 年，公司计入当期的政府补助分别为 2 258 万元、6 676 万元以及 9 715 万元。不得不说，如果没有政府补助，安凯客车 2013 年的亏损额度已经过亿元。

"2013 年，受产品结构和销售规模等因素影响，公司业绩出现了下滑，全年共销售各类客车 10 449 辆，同比下降 13.06%；实现销售收入 35.4 亿元，同比下降 7.87%。"公司表示。

安凯客车同时表示，客车市场整体发展受阻，铁路分流、超长线公路受限导致公路客运需求量下降，三公消费限制、新的《旅游法》颁布执行等对旅游客运市场产生了不利影响，校车市场尚处于摸索阶段，新能源汽车尽管在国家政策拉动下有一定增长，但总量仍然较小。上述各种因素对安凯客车的影响延续到了 2014 年，上半年公司业绩同比继续下滑。

营业收入下滑　费用支出增加

翻阅公司近几年年报，《证券日报》记者发现，虽然公司的营业收入在 2013 年同比出现了下滑，但是公司的销售费用和管理费用均在增加。近几年，公司的营业收入和费用支出并没有呈现出正比的关系。

在公司的合并利润表中，从 2011 年到 2013 年，安凯客车的销售费用为 2.08 亿元、2.4 亿元以及 2.5 亿元；管理费用为 1.55 亿元、2 亿元以及 2.18 亿元；财务费用为 1 104 万元、684 万元以及 864 万元。

也就是说，除了财务费用有所下滑之外，公司的销售费用、管理费用均在逐年增加。2013 年，公司的销售费用明细中，金额同比增加比较明显的有办公费、差旅费、工资、市场开发费以及租赁费，广告展览费、会务费、销售服务费以及业务招待费均有不同程度下滑。

反观营业收入，公司 2012 年实现营业收入 38.4 亿元，同比增加 2.81%。公司 2013 年实现营业收入 35.39 亿元，同比下滑 7.87%。

以此计算，2012 年，公司的销售费用同比增加 15%，管理费用同比增加 29%，营业收入同比仅增加了 2.81%。2013 年，公司的销售费用同比增加 4%，管理费用同比增加 9%，对应的营业收入同比下滑 7.87%。

"管理费用、销售费用和营业收入通常都是呈正比关系的，费用增幅很大、收入增幅很小，收入下滑、费用反而增长，这都是不正常的。"上述保荐代表人告诉记者。

对此，在 2012 年年报中，公司解释，管理费用增加的原因是研究与开发费用增加。"公司 2012 年度研发支出总额为 8 484.82 万元，占 2012 年经审计净资产的 6.14%，占营业收入的 2.21%。2012 年度的研发支出总额比上年同期增加了 22.59%。"

不过，在 2013 年年报中，公司并没有解释管理费用、销售费用增加的原因。

资产负债率超过 70%

Wind 数据显示，从 2011 年到 2013 年，公司的资产负债率分别为 63%、67% 以及 72%，大有逐年增加的趋势。

不过，A 股其他几家客车企业的资产负债率同样不低，相比较而言，安凯客车并不是其中最高的。亚星客车从 2010 年到 2013 年的资产负债率分别为 72%、80%、84% 以及 85%。宇通客车最低，从 2010 年到 2013 年的资产负债率分别为 63%、57%、49% 以及 46%。

与此同时，截至 2013 年 12 月 31 日，公司经营活动产生的现金流量净额为 -1.45 亿元，去年同期为 4.23 亿元，同比减少 134.36%。2013 年，公司全年共销售各类客车 10 449 辆，同比下降 13.06%。安凯客车 2014 年一季报显示，报告期内公司经营活动产生的现金流量净额为 -3.33 亿元，同比减少 287.79%。

"这说明公司主营业务不给力，经营的相关业务造血能力不足，收益下滑。"上述保荐代表人表示。

资料来源 胡仁芳 . 安凯客车业绩连续三年下滑 资产负债率逐年增加去年超 70%[N]. 证券日报，2014-08-05.

9.2 短期偿债能力分析

9.2.1 短期偿债能力分析的含义

短期偿债能力是指企业偿还流动负债的能力，是企业流动资产对流动负债及时足额偿还的保证程度，是衡量企业当前财务能力特别是流动资产变现能力的重要标志。一般说来，流动负债需要以流动资产来偿付，特别是，通常需要以现金来直接偿还，因而可以反映企业流动资产的变现能力。

在现代经济环境下，企业作为一个经济实体，能否偿还到期或即将到期的债务，直接影响到企业的信誉、信用、能否再融资等一系列关系到企业能否继续发展的重大问题。甚至，一个盈利企业如果不能偿还短期债务，也可能面临破产的威胁，那么，其持续经营的能力将受到怀疑，仅从这点来看，流动性分析对企业的重要性就显而易见了。

直接用来衡量公司短期偿债能力的财务指标主要有营运资本、流动比率、速动比率和现金比率，其共同特点是可以将偿还流动负债的流动资产或流动资产的一部分与需要偿还的流动负债相比较。

9.2.2 影响短期偿债能力的因素

1. 影响短期偿债能力的主要因素

（1）资产的流动性

流动性是指企业资产转化为现金的能力。一般来说，企业都用流动资产来偿还债务。不仅短期债务需要用流动资产偿还，就连长期债务也要用流动资产偿还，除非企业中止经营，进行清算，否则一般不会出售固定资产来偿还短期债务。因此，资产流动性越强，尤其是流动资产中变现能力较强的资产所占比重越大，则企业的短期偿债能力越强。在企业的流动资产中，应收账款和存货的变现能力是影响流动资产变现能力的重要因素。由于应收账款可能会因呆滞而发生大量的坏账，存货可能因周转不畅等而造成大量积压，这将会使企业流动资产的变现能力大大下降，影响其偿债能力。

（2）企业的经营收益水平

流动负债通常是以流动资产中的现金进行偿还的，而现金的取得主要来源于企业的经营收益。企业利润是企业经营收益的集中体现。通常一个经营收益水平较高的企业，其利润也高，而利润的取得又会增加企业的资金，使企业有持续和稳定的现金流入，从而从根本上保障债权人的权益。当企业经营收益水平下降时，如果其现金的流入不足以抵补现金的流出，就会造成现金的短缺，导致偿债能力下降。

（3）流动负债的结构

企业的流动负债中有些需要用现金偿付，如短期借款、应付账款等，有些则需要用商品或劳务来偿还，如预收账款。如果需要用现金偿付的流动负债所占比重较大，则企业只有拥有足够的现金才能保证其偿债能力；如果在流动负债中预收账款所占比重较大，则企业只要有足够的存货就可以保证其偿债能力。

2. 影响短期偿债能力的其他因素

（1）可动用的银行贷款指标

银行已经同意企业未办理贷款手续的银行贷款限额，可以随时增加企业的现金，提高支付能力。这一数据不反映在财务报表中，但会在董事会决议中披露。

（2）准备很快变现的非流动资产

企业可能有一些长期资产可以随时出售变现，而不出现在"一年内到期的非流动资产"项目中。例如，储备的土地、未开采的采矿权、目前出租的房产等，在企业发生周转困难时，将其出售并不影响企业的持续经营。

（3）偿债能力的声誉

如果企业的信用很好，在短期偿债方面出现暂时困难，比较容易筹集到短缺的现金。

（4）可能发生的或有负债或承诺的付款

与担保有关的或有负债，如果它的数额较大并且可能发生，会降低短期偿债能力，在评价时应给予关注；另外，经营租赁合同中承诺的付款，以及建造合同、长期资产购置合同中承诺的分阶段付款，都是一种承诺，应视同需要偿还的债务。

9.2.3 短期偿债能力指标分析

评价短期偿债能力的财务指标主要有两种衡量方法：一种是静态的分析方法，主要依据资产负债表，比较债务与可供偿债资产的存量，资产存量超过债务存量越多，则偿债能力越强；另一种是动态的分析方法，主要依据现金流量表和其他相关资料，比较偿债所需现金和经营活动现金流量，经营活动现金流量超过偿债所需的现金越多，则偿债能力越强。

1. 静态指标分析

依据资产负债表，可以看出一个企业的流动资产与流动负债的规模，但它们的规模并不能说明企业的偿债能力，只能表明企业流动资产与流动负债目前的流动性。而建立企业流动资产与流动负债关系的分析，运用流动性的比率则能反映企业短期偿债能力，主要的流动比率有营运资本、流动比率、速动比率和现金比率。

整理 2013 年度 S 公司有关财务报表数据见表 9-1。

表 9-1 　　　　　　　　　　　S 公司 2013 年度财务报表部分数据 　　　　　　　　单位：元

项 目	期末金额	期初金额
货币资金	39 964 590 909.55	37 921 043 431.96
交易性金融资产	0	0
存货	1 270 657 653.67	1 124 284 469.32
一年内到期的非流动资产	1 150 882 798.16	2 391 915 135.00
其他流动资产	7 448 087 257.07	4 721 800 000.00
流动资产	54 302 335 400.11	56 735 135 538.86
非流动资产	88 817 957 497.69	80 272 816 270.73
总资产	143 120 292 897.80	137 007 951 809.59
流动负债	10 469 634 890.78	14 462 194 914.04
非流动负债	6 037 857 827.84	5 905 736 182.48
总负债	16 507 492 718.62	20 367 931 096.52
股东权益	126 612 800 179.18	116 640 020 713.07
经营活动产生的现金流量净额	−1 413 264 890.20	−1 088 516 055.78
营业收入	18 585 566 506.07	17 811 015 046.41
净利润	17 417 504 918.68	17 026 875 298.77
财务费用	−867 846 131.13	−47 011 059.65
所得税费用	−31 988 639.94	−39 665 009.88

（1）营运资本

营运资本是指流动资产超过流动负债的差额，是表明企业短期偿债能力的一项基本指标。其计算公式如下：

营运资本=流动资产−流动负债

营运资本适合与企业以前年度的数额相比较，以确定其是否合理。因为企业规模可能扩大或缩小，所以规模不同的企业之间比较营运资本指标是无意义的。如果营运资本出现异常，可通过逐项分析流动资产和流动负债找出原因。

计算营运资本使用的"流动资产"和"流动负债"，通常可以直接取自资产负债表。实际上资产负债表的基本结构是按债权人的要求设计的。正是为了便于计算营运资本和分析流动性，资产负债表项目才区分流动项目和非流动项目，并且按流动性强弱排序。

根据表 9-1，S 公司营运资本计算如下：

期末营运资本=54 302 335 400.11−10 469 634 890.78=43 832 700 509.33（元）

期初营运资本=56 735 135 538.86−14 462 194 914.04=42 272 940 624.82（元）

如果流动资产与流动负债相等，并不足以保证偿债，因为债务的到期与流动资产的现金生成，不可能同步同量。企业必须保持流动资产大于流动负债，既保有一定数额的营运资本作为缓冲，以防止流动负债"穿透"流动资产。S 公司现存 10 469 634 890.78 元流动负债的具体到期时间不易判断，现存 54 302 335 400.11 元的流动资产产生现金的数额和时间也不好预测。营运资本 43 832 700 509.33 元是流动负债"穿透"流动资产的"缓冲垫"。因此，营运资本越多，流动负债的偿还越有保障，短期偿债能力越强。

营运资本之所以能够成为流动负债的"缓冲垫"，是因为它是长期资本用于流动资产的部分，不需要在一年内偿还。

营运资本=流动资产−流动负债

= （总资产−非流动资产）−（总资产−股东权益−非流动负债）

= （股东权益+非流动负债）−非流动资产

=长期资本−长期资产

根据表 9-1，S 公司营运资本计算如下：

期末营运资本= （126 612 800 179.18+6 037 857 827.84）−88 817 957 497.69=43 832 700 509.33（元）

期初营运资本= （116 640 020 713.07 +5 905 736 182.48）−80 272 816 270.73=42 272 940 624.82（元）

当流动资产大于流动负债时，营运资本为正数，表明长期资本的数额大于长期资产，超出部分被用于流动资产。营运资本的数额越大，财务状况越稳定。总而言之，全部流动资产都由营运资本提供资金来源，则企业没有任何偿债压力。

当流动资产小于流动负债时，营运资本为负数，表明长期资本的数额小于长期资产，有部分长期资产由流动负债提供资金来源。由于流动负债在 1 年内需要偿还，而长期资产在 1 年内不能变现，偿债所需现金不足，必须设法另外筹资，则财务状况不稳定。

（2）流动比率

流动比率，又称营运资金比率，是流动资产与流动负债的比值，是衡量企业短期偿债能力最常用的指标。企业能否偿还流动负债，要看其有多少流动负债，以及有多少能够变现用于偿债的流动资产。流动资产越多，流动负债越少，则企业的短期偿债能力越强。它是衡量企业在某一时点偿付短期流动负债能力的指标。其计算公式如下：

$$流动比率=\frac{流动资产}{流动负债}$$

一般情况下，流动比率越高，企业短期偿债能力越强，债权人的权益越有保障。如果流动比率过低，企业可能面临到期难以清偿债务的困难；反之，如果流动比率过高，表明企业有足够的变现资产来清偿债务，但这并不能说明企业有足够的现金可以用来还债，因为这些流动资产中也可能有不能盈利的闲置的流动资产，增加企业的机会成本，因此分析流动比率还要结合现金流量进行分析。若现金不足，则说明有不合理的资金占用，如存货超储积压、应收账款增多等不合理现象，这都会降低企业的盈利能力，增加经营风险。

评价一个企业的流动比率时，需要与适当的标准比较。只有通过比较，才能评价流动比率是高还是低，是否合理。

首先，经验标准是制造业企业正常的流动比率为2：1。流动资产之所以应该是流动负债的2倍，原因在于：①流动资产中有一定比例是长期存在的，因而具有实质上的长期资产特性，即资金占用的长期性，因而应该由长期资金予以支持；②如果流动资产全部由流动负债支撑，亦即流动比率为1：1，那么，一旦发生金融危机或公司信用危机，公司生产经营周期将会面临十分严重的困境。

其次，流动比率可以进行横向或纵向比较。这种比较只能反映高低差异，不能解释原因。针对原因的解释需要具体分析应收账款、存货及流动负债水平的高低。如果应收账款或存货的量不少，但其流动性（即周转效率）存在问题的话，则应要求更高的流动比率。

最后，流动比率的高低与营业周期有关。营业周期越短，流动比率就越低；反之，流动比率就越高。例如，一般制造业企业的平均营业周期要比贸易公司长，因而前者的流动比率通常高于后者。因此，在进行流动比率分析时，与同行业平均流动比率或先进的、竞争对手的流动比率进行比较十分重要，而跨行业的评价需要谨慎。

可见，评价不同行业、不同时期的流动比率数值的合理性有不同的标准，没有绝对统一的标准。并且，流动比率是静态的衡量指标，受到若干因素的影响，仅凭流动比率指标来判断企业的偿债能力有一定的片面性，因而在实际中，流动比率的分析应该结合不同行业的特点、企业流动资产结构及各项流动资产的实际变现能力等因素综合考虑，不能用统一的标准来评价。正常情况下部分行业的参考流动比率见表9-2。

表9-2　　　　　　　　　　　　　部分行业的参考流动比率

行业	汽车	房地产	制药	建材	化工	家电	啤酒	计算机	电子	商业	机械	玻璃	食品	饭店
流动比率	1.1	1.2	1.25	1.25	1.2	1.5	1.75	2	1.45	1.65	1.8	1.3	>2	>2

根据表9-1，S公司流动比率计算如下：

$$期末流动比率 = \frac{54\ 302\ 335\ 400.11}{10\ 469\ 634\ 890.78} = 5.1867$$

$$期初流动比率 = \frac{56\ 735\ 135\ 538.86}{14\ 462\ 194\ 914.04} = 3.9230$$

可见，2013年度S公司流动比率上升，说明S公司短期偿债能力增强了。

（3）速动比率

流动比率虽然可以用来评价流动资产总体的变现能力，但存在一定的局限性。如果企业的流动比率较高，但流动资产的流动性较差，则企业的短期偿债能力仍然不强。因此，人们希望获得比流动比率更能体现企业变现能力的指标。这个指标就是速动比率，也被称为酸性测试比率。

速动比率是企业一定时期的速动资产与流动负债的比率。速动资产是指那些不需变现或变现过程较短、可以很快用来偿还流动负债的流动资产，一般是指流动资产扣除变现能力较差且不稳定的存货、一年内到期的非流动资产及其他流动资产等之后的余额，主要包括货币资金、交易性金融资产、应收账款、应收票据、其他应收款等。速动资产及速动比率的计算公式如下：

速动资产=流动资产–存货–交易性金融资产——年内到期的非流动资产–其他流动资产

$$速动比率 = \frac{速动资产}{流动负债}$$

一般认为，剔除了占流动资产近 50% 的存货等后，速动比率为 1 较合理，它说明每一元流动负债有一元的速动资产作为偿还的保证；而低于 1 的速动比率被认为短期偿债能力较低。但是速动比率太高会造成资产闲置，增加企业机会成本。因为速动资产中的应收款项比重会因不同行业而异，而使得不同行业对速动比率的要求不同。以现金销售为主的应收款项比重很低的商品零售行业，速动比率必须大大低于 1，甚至 0.3～0.4 也正常；反之，应收款项比重很高的企业，速动比率必须大于 1。当然，与流动比率一样，速动比率也没有绝对统一的标准，必须通过比较，才能做出正确的评价。正常情况下部分行业的参考速动比率见表 9-3。

表 9-3 部分行业的参考速动比率

行业	汽车	房地产	制药	建材	化工	啤酒	计算机	电子	商业	机械	玻璃	餐饮
速动比率	0.85	0.65	0.9	0.9	0.9	0.9	1.25	0.95	0.45	0.9	0.45	>2

可以认为，速动比率是考虑了企业可能出现最不利的情况后而对资产流动性的衡量，因而用它衡量企业的流动性是稳健的，当然速动比率也有一定的局限性：其一，应收款项的可收回性，即应收款项的质量，以及对应收款项的会计核算是否足够稳健，必定会对速动比率的客观作用产生影响；其二，速动比率会随行业而异，随企业而异，甚至随经济环境和具体情况而异，比如，临时性需要或存货比计划提前运到等情况，企业会临时运用较多的现金支付货款，这势必导致速动比率下降，很可能影响债务的支付。

根据表 9-1，S 公司速动比率计算如下：

期末速动资产=54 302 335 400.11-1 270 657 653.67-0-1 150 882 798.16-7 448 087 257.07
=44 432 707 691.21（元）

$$期末速动比率 = \frac{44\ 432\ 707\ 691.21}{10\ 469\ 634\ 890.78} = 4.2440$$

期初速动资产=56 735 135 538.86-1 124 284 469.32-0-2 391 915 135.00-4 721 800 000.00
=48 497 135 934.54（元）

$$期初速动比率 = \frac{48\ 497\ 135\ 934.54}{14\ 462\ 194\ 914.04} = 3.3534$$

计算结果表明，该公司每 1 元流动负债在期初和期末分别有 3.3534 元和 4.2440 元的速动资产作为偿还短期债务的保证。

（4）现金比率

在速动资产中，流动性最强、可直接用于偿债的资产称为现金资产。现金资产主要包括货币资金、交易性金融资产等。它们与其他速动资产有区别，其本身就是可以直接偿债的资产，而其他速动资产需要等待不确定的时间，才能转换为不确定数额的现金。

现金资产与流动负债的比值称为现金比率，又称即付比率。其计算公式如下：

$$现金比率 = \frac{货币资金 + 交易性金融资产}{流动负债}$$

这是最保守的短期偿债能力指标，分析者一般很少重视这一指标。这是因为，如果企业的流动性不是依赖应收账款和存货的变现，而不得不依赖现金及现金等价物，则意味着企业已经处于财务困境。因此，该比率只有在企业应收账款和存货变现能力较弱的情况下有较大的意义。一般来说，该比率在 0.2 以上，企业的支付能力不会有太大的问题。但如果该比率过高，意味着企业的现金管理能力较差，没有充分利用现金资源，也有可能是因为已经有了现金使用计划（如厂房扩建等）。

根据表 9-1，S 公司现金比率计算如下：

$$期末现金比率 = \frac{39\ 964\ 590\ 909.55 + 0}{10\ 469\ 634\ 890.78} = 3.8172$$

$$期初现金比率 = \frac{37\ 921\ 043\ 431.96 + 0}{14\ 462\ 194\ 914.04} = 2.6221$$

2. 动态指标分析

企业短期偿债能力的静态分析中使用的流动负债是企业某一时点的流动负债，并不表示企业的这些债务已到期并于该时点偿还。同样，企业短期偿债能力的静态分析中使用的流动资产是企业某一时点的流动资产，并不表示这些资产马上就能用于偿还债务，或是能立即转化为现金并用于偿还债务。企业偿还债务是一个动态的过程，因此对企业短期偿债能力的分析还应从动态角度去分析。动态角度分析指标主要有现金流量比率、近期支付能力系数、速动资产够用天数和现金到期债务比率。

（1）现金流量比率

现金流量比率，也称现金流动负债比率，反映本期经营活动产生的现金流量是否足以抵付短期债务的能力。现金流量比率越高越好，这不仅表明企业支付到期债务的能力越强，而且说明企业经营活动创造现金流量的能力越强，这是企业经营活动效率和质量较高、财务状况良好的重要标志。一般来说，如果该指标等于或大于 1，表示企业生产经营活动产生的现金足以偿还到期债务；如果该指标小于 1，表示企业生产经营活动产生的现金不足以支付短期债务，必须对外筹资或出售资产才能偿还债务。其计算公式如下：

$$现金流量比率 = \frac{经营活动产生的现金流量净额}{平均流动负债}$$

公式中的"经营活动产生的现金流量净额"取自根据收付实现制原则编制的现金流量表主表，因此"经营活动产生的现金流量净额"既不受会计政策和会计估计不同选择的影响，可以避免流动比率和速动比率所固有的局限性，也不受流动资产变现能力的影响，可以直接反映企业本身经营活动的"造血"功能——创造现金流量的实际能力，同时，现金流量比率能反映在充分考虑现金其他用途后的剩余支付能力，因此，它比流动比率和速动比率更准确地反映了企业的短期偿债能力。

根据表 9-1，S 公司现金流量比率计算如下：

$$现金流量比率 = \frac{-1\ 413\ 264\ 890.20}{(10\ 469\ 634\ 890.78 + 14\ 462\ 194\ 914.04) \div 2} = -0.1134$$

（2）近期支付能力系数

近期支付能力系数是反映企业有无足够的支付能力来偿还到期债务的指标。其计算公式如下：

$$近期支付能力系数 = \frac{近期内能够用来支付的资金}{近期内需要支付的各种款项}$$

其中，近期内能够用来支付的资金包括企业现有的货币资金、近期内能取得的营业收入、近期内有把握收回的各种应收款项等；近期内需要支付的各种款项包括各种到期或逾期应交款项和未付款项，如职工工资、应付账款、银行借款、各项税费、应付利润等。

企业近期支付能力系数应大于或等于1，且数值越高说明企业近期支付能力越强。如果该指标小于1，则说明企业支付能力不足，应采取积极有效措施，从各种渠道筹集资金，以便按期清偿债务，保证企业生产经营活动的正常进行。

（3）速动资产够用天数

在财务分析中，除了以流动负债为基础外，还可以以营业开支水平说明企业的短期偿债能力，通常用"速动资产够用天数"来表示企业速动资产维护企业正常生产经营开支水平的程度，该指标可以作为速动比率的补充指标。其计算公式如下：

$$速动资产够用天数 = \frac{速动资产}{预计每天营业所需的现金支出}$$

从该指标的计算公式可以看出，如果速动资产较多，而每天营业所需的现金支出较少，则速动资产够用天数就较多，表示企业偿债能力较高；反之则反。

（4）现金到期债务比率

现金到期债务比率是指经营活动产生的现金流量净额与本期到期的债务的比率，用来衡量企业本期到期的债务用经营活动产生的现金来支付的程度。其计算公式如下：

$$现金到期债务比率 = \frac{经营活动产生的现金流量净额}{本期到期的债务}$$

如果该指标大于或等于1，表示企业有足够的能力以生产经营活动产生的现金来偿还短期债务；如果该指标小于1，表示企业生产经营活动产生的现金不足以偿还当期到期的债务，必须采取其他措施才能满足企业当期偿还到期债务的需要。

3.其他流动性指标分析

（1）营运资本周转率

企业营运资本周转率为销售额与营运资本之间的比率。其计算公式如下：

$$营运资本周转率 = \frac{年销售额}{年平均营运资本}$$

营运资本周转率指标具有两面性：指标值过低，意味着营运资本使用效率过低，可能表明销售不足，企业营运资本盈利能力较低；而指标值过高，则可能表明资本不足。资本不足的企业，在经营条件发生较大的不利变化时，对流动性问题敏感。

（2）应收账款周转率和应付账款周转率的比较

企业购入材料等物资是为了通过加工制造成为产品，然后通过销售收回现金，实现增值的目的。因此，由赊购商品所产生的应付账款应用赊销商品回收的现金进行偿付。在资金转让上，二者与资金周转期有关系，而且必须相互配合。应收账款与应付账款这种相互关系对企业短期偿债能力会产生影响：

①两者周转期相同。这时，通过赊销商品所回收的现金恰好能满足偿付因赊购业务而产生的债务，不需动用其他流动资产来偿还，企业的应收账款和应付账款的存在不影响其短期偿债能力指标。

②应收账款的周转速度大于应付账款的周转速度。这时，企业流动比率较低，以流动比率反映的企业静态短期偿债能力较弱。但从动态看，因为企业应收账款的回收速度比用现金偿付应付账款要快，故企业的实际偿债能力较强。

③应收账款的周转速度低于应付账款的周转速度。这时，企业流动比率较高，以流动比率反映的企业静态短期偿债能力较强。但从动态看，因为企业将其赊销商品所产生的应收账款转化为现金的速度，比支付现金去偿付因赊购业务而产生的应付账款要快，故企业的实际短期偿债能力比以流动比率表示的企业短期偿债水平要低。只有在动用其他流动资产的情况下，才能按期偿付因赊购而形成的债务。

（3）存货周转率

存货周转率是反映企业运营效率的一个指标，但是该指标也从动态反映企业的短期偿债能力。

当其他条件不变时，存货周转率越快，需要的存货规模越小，反之则越大。当存货规模较大时，其流动比率指标也较大，从静态方面反映的短期偿债能力也较强，实际上这很可能是因为存货周转速度偏低而引起的假象。因此，有必要结合存货周转速度对企业短期偿债能力进行评价，对按流动比率做出的评价进行修正。当流动比率一定时，如果企业预期存货周转速度加快，则企业的短期偿债能力会因此而增强；反之则反。

【相关链接】

库存压顶　7 成房企短期偿债能力不足

一系列楼市利好政策的出台，虽然促使 10 月楼市出现了一定反弹，但上市房企的三季报仍旧拿出了史上最差成绩单。

不断攀升的资产负债率，从一个侧面反映了开发商的艰难处境。

Wind 数据显示，142 家沪深 A 股上市房企中，平均资产负债率已攀升至 76%，其中，33 家企业资产负债率超过 80%。而上市房企债务偿付能力却在下滑，手中持有的现金流捉襟见肘。中国房地产报统计的 132 家上市房企中，净现金流为负值的房企高达 67 家，占比一半以上。

与此同时，尽管大多数房企都在"以价换量"，库存压力却一直有增无减。Wind 数据显示，沪深 A 股 142 家上市房企库存额达 2.31 万亿元，环比增长 5%，同比增长 21.5%，明显快于营业收入和净利润的增长。而在一季度末，这一库存额为 2.098 万亿元，半年报中则增至 2.2 万亿元。

偿债能力：负债、现金流双承压

资金及债务风险，是决定企业生存发展的命门。

上市房企的资产负债率仍在走高。2009 年，上市房企平均资产负债率为 65.17%，2013 年这一数据迅速上升至 74.56%，今年三季度则进一步上升至 76%。142 家上市房企中，有 33 家企业资产负债率超过 80%，珠江控股、天津松江、京投银泰、鲁商置业、阳光城等企业更是超过了 90%，其中珠江控股负债率最高，为 98.74%。

"有些企业通过假股真债、变种信托等方式，名义负债率虽然不高，但实际负债率却很高。如恒大上半年发行永续债 445 亿元，按照中国香港会计准则，在港股年报中计入权益类，而非负债。"兰德咨询总裁宋延庆分析表示，如果按债务计，相关公司的负债率和杠杆率则将大幅上升。

高杠杆、高负债和高资金成本驱动的以债养债的模式，已经使得很多大规模、快速扩张、高成长性房企的债务风险越来越高。以闽系房企最具代表性。

其中，阳光城和泰禾大举借债下的资金压力已非常明显。阳光城资产负债率已从去年三季度的 86.82% 飙升至今年三季度的 90.96%，泰禾集团则由去年三季度的 81.95% 升至今年三季度的 88.93%。而从现金流上来看，三季度，阳光城经营现金流为 -44.49 亿元，反映融资能力的筹资现金流为 50.96 亿元，期末净现金流为 -1.25 亿元，期末现金余额为 23.65 亿元；泰禾集团经营现金流为 -181.11 亿元，筹资现金流为 152.44 亿元，期末净现金流为 -40.74 亿元，期末现金余额为 20.76 亿元。

房地产具有资金大进大出的特点，从经营活动、投资活动、筹资活动现金流情况，间接可以看出一个企业的资金链状况。

中国房地产报对 A 股 132 家上市房企的统计中发现，经营性、投资性、筹资性现金流为负的房企分别有 89 家、87 家、41 家。其中，经营性和投资性现金流均为负的有 57 家，占比 40% 以上，包括保利地产、泰禾集团、招商地产、北京城建、阳光城、华夏幸福、华远地产、金融街、华发股份等，完全是靠筹资性现金流支撑；三项均为负的有 5 家，分别是银亿股份、宁波富达、香江控股、珠江实业、中国高科。

"受资金压力影响，上市房企大多减少了新开工面积和拿地规模，目的显然是减少现金流出，改善现金流。"宋延庆指出。

而从反映企业短期偿债能力的两个指标——速动比率和现金流动负债比率看，中国房地产报统计的 132 家上市房企中，7 成房企存在短期偿债能力不足情况。

速动比率衡量企业流动资产中可以立即变现用于偿还流动负债的能力，一般应保持在 1 以上，小于 0.5 则意味着短期偿债能力存在较大问题。132 家上市房企中，速动比率小于 1 的有 114 家，占比逾 86%；速动比率小于 0.5 的有 78 家，占比近 60%。

现金流动负债比率衡量的是，企业一定时期经营现金净流量同流动负债的比率，反映企业当期偿付流动负债的能力。该指标大于 1，表示企业流动负债的偿还有可靠保证。132 家上市房企中，现金流动负债比率为负值的有 89 家，接近 70%；现金流动负债比率在 1 以下的有 95 家。

小房企的生存状态濒危。其中，天津松江三季度亏损 3.45 亿元，资产负债率高达 94.19%，同时，净现金流为 -15.68 亿元，筹资活动现金流为 -1.61 亿元，期末现金余额仅 2.66 亿元，现金流动负债比率为 -22.89。珠江控股三季度亏损 1.19 亿元，资产负债率高达 98.74%，现金流动负债比率为 -14.88。

情况不妙的是，房企的资金来源今年以来一直在收缩，融资成本日益上升。数据显示，前 9 个月，全国房地产开发企业到位资金增速继续下跌至 2.3%，增速比 1—8 月份回落 0.4 个百分点，较上半年回落 0.7 个百分点。

资料来源 许倩. 库存压顶 7 成房企短期偿债能力不足[N]. 中国房地产报，2014-11-10.

9.3 长期偿债能力分析

9.3.1 长期偿债能力的含义

长期偿债能力是指企业偿还超过一年或小于一年但超过一个营业周期债务的能力，它反映企业资本结构的合理性以及偿还长期债务本金和利息的能力，反映企业财务的安全和稳定程度。

企业的长期偿债能力可以利用利润表、资产负债表和现金流量表等进行分析。

9.3.2　影响长期偿债能力的因素

1. 影响长期偿债能力的主要因素

（1）企业的盈利能力

这是影响企业长期偿债能力的最重要因素。企业的非流动负债大多用于企业长期资产的投资，形成企业的固定生产能力。在企业正常的生产经营条件下，企业不可能把出售长期资产作为偿债的资金来源，而是靠企业生产经营所得。因此，企业的长期偿债能力与企业的盈利能力密切相关。企业能否有足够的现金流入量偿还长期本息受制于收支配比的结果。一个长期亏损的企业，在通货膨胀普遍存在的情况下，要保全资本十分困难，而企图保持正常的非流动负债的偿还能力就更加不易；相反，对于长期盈利的企业来说，现金净流量的不断增加必然会为及时足额地偿还各项债务本息提供坚实的物质基础。

（2）投资收益

企业进行长期投资是否能够取得收益决定企业是否有能力偿还长期债务，特别当某项具体投资的资金完全由非流动负债筹措时更为如此。当然，企业必须有相当比例的权益资金来保障债权人的利益。但如果企业每一项投资都不能达到预期收益，即使有相当比例的权益资金做保证，也会严重影响其偿债能力。

（3）所有者资本的积累程度

尽管企业的盈利能力是影响长期偿债能力最重要的因素，但是，长期偿债能力必须以拥有雄厚实力的所有者资本为基础。如果企业将利润的绝大部分分配给投资者，而只提取少许的所有者资本，使其增长和积累速度较慢，就会降低偿还债务的可能性。此外，当企业结束经营时，其最终的偿债能力将取决于企业所有者资本的实际价值。如果资产不能按其账面价值处理，就有可能损害债权人利益，使债务不能得到全部清偿。

（4）企业经营活动现金流量

虽然企业盈利能力是偿还债务的根本保证，但债务主要需要利用现金清偿，而企业盈利毕竟与企业现金流量不同。企业只有具备较强的变现能力，有充裕的现金，才能保证真正的偿债能力。因此，现金流量是决定企业偿债能力的关键。

2. 影响长期偿债能力的其他因素

除了上述通过利润表、资产负债表和现金流量表中有关项目之间的内在联系计算出来的各种比率评价和分析企业的长期偿债能力以外，还有一些因素影响企业的长期偿债能力，必须引起足够重视。

（1）长期租赁

当企业急需某种设备或资产而又缺乏足够的资金时，可以通过租赁的方式解决。财产租赁有两种形式：融资租赁和经营租赁。

融资租赁是出租方先垫付资金购买设备租给承租人使用，承租人按合同规定支付租金（包括设备买价、利息、手续费等）。一般情况下，在承租方付清最后一笔租金后，其所有权归承租方，所以实际上属于变相地以分期付款的方式购买固定资产。因此，在融资租赁形式下，租入的固定资产作为企业的固定资产入账进行管理，相应的租赁费用作为非流动负债处理。在分析长期偿债能力时，这种资本化的租赁已经被包括在债务比率指标计算之中。

当企业的经营租赁量比较大、期限比较长或具有经常性时，则构成一种长期性筹资，这种长期性筹资虽然不包括在非流动负债内，但到期必须支付租金，会对企业的偿债能力产生影响。因此，如果企业经常发生经营租赁业务，应考虑租赁费用对偿债能力的影响。

（2）担保责任

担保项目的时间长短不一，有的涉及企业的非流动负债，有的涉及企业的流动负债。在分析企业长期偿债能力时，应根据有关资料判断担保责任带来的潜在非流动负债问题。

（3）或有项目

或有项目是指在未来某个或几个事件发生或不发生的情况下，会带来收益或损失，但现在还无法肯定是否发生的项目，比如未决诉讼。或有项目的特点是现存条件的最终结果不确定，对它的处理方法要取决于未来的发展。或有项目一旦发生便会影响企业的财务状况，因此企业不得不对它们予以足够的重视，在评价企业长期偿债能力时也要考虑它们的潜在影响。

9.3.3 长期偿债能力指标分析

长期偿债能力与企业的资产、盈利能力和现金流量有着十分密切的关系，这些因素是从不同角度反映企业偿债能力的。资产是清偿债务的最终物质保障，盈利能力是清偿债务的经营收益保障，现金流量是清偿债务的支付保障。因此，评价企业长期偿债能力，有必要在分析短期偿债能力的基础上，分析资产规模、盈利能力以及现金流量对长期偿债能力的影响。

1. 资产规模影响的指标分析

负债表明一个企业的债务负担，资产是偿债的物质保证，负债少不等于偿债能力强，资产规模大也不表明偿债能力强。企业的偿债能力体现在资产与负债的对比关系上。资产负债率、产权比率（净资产负债率）、权益乘数和长期资本负债率等长期偿债能力指标反映了这种对比关系。

（1）资产负债率

资产负债率是指企业全部负债与全部资产的比率，也称为负债比率或举债经营比率，是负债总额在资产总额中所占的比重，反映企业的资本结构状况，可以用来衡量利用债权人提供资金的安全度，直接体现企业财务风险大小。其计算公式为：

$$资产负债率 = \frac{总负债}{总资产} \times 100\%$$

从资产负债率本身来看，该指标并无好坏之分，但从不同信息使用者的分析角度来看却有很大的差别：

首先，从债权人的角度看，他们最关心的是贷给企业的资金的安全程度，即能否按期收回本金和利息。因此，债权人希望资产负债率越低越好，这样股东提供的资本占企业资本总额的大部分，企业的风险将主要由股东承担，企业有充分的资产保障能力来确保其负债按时偿还；如果比率过高，债权人会提出更高的利息率补偿。

其次，从股东的角度看，股权投资者关心的主要是投资收益率的高低，如果企业总资产收益率大于企业负债所支付的利息率，那么借入资本为股权投资者带来了正的杠杆效应，对股东权益最大化有利。所以，当企业的投资收益率大于其债务利息率时，股东将倾向于进一步追加负债，以获得更多的投资收益。

最后，从企业管理者的角度看，企业管理者既不愿意采用较高的资产负债率，以承受较大的风险，也不愿意保持较低的负债比例，使企业丧失利用财务杠杆获得收益的机会。因此，企业管理层会从企业的整体出发，选择较为合适的资产负债率。

资产负债率并不存在标准值，它依据行业状况、企业实际经营和财务状况而定。处于不同行业的企业，资产负债率的大小有很大的差异，如批发和零售贸易业与机械、设备和仪表业的负债水平就明显不同。处于不同发展时期的企业，资产负债率也各有特点，如处于快速成长期的企业，因其对资金的需求比较大，资产负债率可能会高一些。此外，该比率还受到资产计价特征的影响，如果被比较的某一企业有大量的隐蔽性资产（例如大量的按历史成本计价的早年获得的土地等），而另一企业没有类似的资产，则简单的比较可能得出错误的结论。

企业的资金是由负债和所有者权益构成的，因此，资产总额应该大于负债总额，即资产负债率应该小于 1。如果企业的资产负债率大于 1，说明企业资不抵债，有破产清算的风险。一般情况下，资产负债率越小，表明企业长期偿债能力越强。但是如果比率过低，说明企业负债的杠杆效应利用太少，不利于实现公司价值和股东财富最大化。合理的资产负债率通常为 30% ~ 70%，规模大的企业适当大些；但金融业比较特殊，资产负债率在90% 以上也是很正常的。

由于企业的长期偿债能力受盈利能力的影响很大，在实务中，通常把长期偿债能力分析与盈利能力分析结合起来进行。在经济高速发展，盈利前景看好，并且投资收益率高于债务利息率的条件下，可适当提高负债比率，为股东创造更多财富；反之，应降低负债比率，回避风险，防止企业陷入困境。

目前我国企业的资产负债率较高，主要原因是企业拥有的营运资本不足，流动负债过高。

根据表 9-1，S 公司资产负债率计算如下：

$$期末资产负债率 = \frac{16\ 507\ 492\ 718.62}{143\ 120\ 292\ 897.80} \times 100\% = 11.53\%$$

$$期初资产负债率 = \frac{20\ 367\ 931\ 096.52}{137\ 007\ 951\ 809.59} \times 100\% = 14.87\%$$

可以看出，S 公司 2013 年期末与期初相比资产负债率减少 3.34%，该企业债务负担进一步降低。这一比率过低，虽然长期偿债能力较强，但企业负债的杠杆效应利用太少。

【相关链接】

如何降低企业资产负债率

据统计，我国国有企业资产负债率一般在 75% ~ 90% 的高位水平，而世界主要工业国家该比率一般为 45% ~ 60%，国际公认的安全水平为 50%。结合我国企业现状，逐步优化资产负债表结构、降低资产负债率是提升管理水平、防范经营风险的重要途径。

一、对资产负债率的认识

（一）降低资产负债率难度较大

在没有大的资本性投入、目前产业市场低迷的形势下，企业盈利能力有限，多数企业举债规模增加；宏观经济形势更加严峻，业主要求更加苛刻，货款清收更加困难，资金周转更加缓慢，"压两金、控贷款"的任务更加繁重，降低资产负债率难度较大。

（二）对资不抵债企业降低资产负债率的途径

对于资产负债率大于 100% 的企业，即使资产全部变现用于偿还债务，资产负债率也不会降低。资不抵债的企业降低资产负债率的途径是：增加注册资本金、债转股、产品出现大幅度盈利。

（三）资产负债率指标要考虑行业实际

对于不同的行业，资产负债率指标高低不同，不能说资产负债率低的企业就是低风险企业，资产负债率相对较高的企业就是高风险企业。在优化资产负债结构、降低资产负债率时，应结合不同行业特点、发展战略规划、面临的经营环境、盈利水平等，科学合理确定差异化的资产负债率指标。

二、降低资产负债率的途径

（一）拓宽融资渠道，降低资金成本

积极推动"从单一融资到多元融资，从国内融资到国际融资"转变，努力拓宽融资渠道，降低资金使用成本，确保资金链安全。

1.控制信贷规模。抓好资金预算管理，根据生产经营预算资金需求，合理安排资金来源，发挥资金集中管理优势，调度内部流动资金，降低信贷规模。

2.拓宽融资渠道。提升银行信用评级档次，增加了信贷额度，拓宽企业融资平台及融资渠道；采取流贷、信托、保理、票据贴现、贸易融资、融资租赁等方式开展多渠道融资，满足了流动资金需求。

3.降低资金成本。加强银行账户管理，合理利用银行信用，保持存贷最佳余额，提高资金使用效率，实现资金效益最大化；综合考虑资金成本，开展低成本融资活动。通过科学高效开展融资工作，降低负债规模，增强盈利能力，优化资产负债结构。

（二）探索战略合作，优化股权结构

优化股权结构，规避风险，破解资金、技术、市场、人才瓶颈，抢占发展制高点，加快推进与同行业标杆企业的战略合作，积极探索多元投资主体和产权多元化的有效途径，采取"用股权换市场"、"用市场换市场"等方式，加快战略合作步伐，积极引进战略合作者。推进企业股改上市，充分利用资本市场，运用现代金融工具，优化资本结构，实现超常规发展。

（三）做好"两金"管理，加速流动资金周转

加强应收款项和存货资金占用管理，提高销售回款率，减少票据收款、现金付款比例，增加票据付款比例，合理使用现金浮游量，实施妥善的收款政策，缓解资金压力。开展行业对标、清仓利库、废旧物资调剂等活动，实行以销定产，科学核定库存占用，加速资金周转速度。

（四）做好资产清查，盘活低效资产

积极盘活现有资产，努力向盘活资产要管理、要效益、要现金流量、降低负债率。提高资产利用效率，延长资产使用寿命，对长期闲置资产提出处置方案，盘活低效资产。定期组织清产核资、库存物资盘点，对存在的不良资产及无效资产及时登记造册，提出处置措施。

（五）加强投资管理，降低投资风险

1.加强固定资产投资管理。结合物业发展规划，投资建设项目向重点产业板块、经济附加值高的项目倾斜，做好可行性论证及项目风险评估，确保项目达产达效。

2.加强股权投资管理。组织对各项对外参股投资情况进行梳理，对经营业绩不佳、管

理不规范、投资风险大、发展前景不佳、多年没有分红的投资进行变现处置，回收现金流；审慎做好股权投资，防范经营风险，提高投资收益，维护出资人资本安全。

资料来源　张春雷.如何降低企业资产负债率[J].企业研究，2014（16）.

（2）产权比率和权益乘数

产权比率和权益乘数是资产负债率的另外两种表现形式，与资产负债率的性质一样。

产权比率又称负债与股东权益比率，是负债总额与股东权益之间的比率。它反映股东权益对债权人权益的保障程度。其计算公式如下：

$$产权比率 = \frac{总负债}{股东权益}$$

这一比率越低，表明企业的长期偿债能力越强，债权人的保障程度越高，承担的风险越小。在这种情况下，债权人就愿意向企业增加借款。

权益乘数表示企业的负债程度，说明企业总资产相当于股东权益的倍数。其计算公式如下：

$$权益乘数 = \frac{总资产}{股东权益}$$
$$= 1 + 产权比率$$
$$= \frac{1}{1 - 资产负债率}$$

该比率越高，企业的资产负债率越大，一方面表明企业有较高的负债程度，能获得较高的财务杠杆收益，另一方面也表明企业面临着较高的财务风险。

在产权比率和权益乘数两个比率中，产权比率侧重于揭示财务结构的稳健程度以及自有资金对偿债风险的承受能力，反映企业承担负债的风险程度和企业的实际偿债能力，同时还反映股东权益对债权人利益的保障程度。产权比率高，是高风险的财务结构；产权比率低，是低风险的财务结构。从债权人的角度来说，该比率越低越好，这说明债权人的债权安全性有保障，但是股东通过借款享受利息抵税的机会减少，资产增值的机会减少。因此，怎样确立既顾及债权人利益又顾及股东利益的财务结构，对建立和完善公司治理结构具有重要意义。

根据表 9-1，S 公司产权比率和权益乘数分别计算如下：

$$期末产权比率 = \frac{16\,507\,492\,718.62}{126\,612\,800\,179.18} = 0.1304$$

$$期末权益乘数 = \frac{143\,120\,292\,897.80}{126\,612\,800\,179.18} = 1.1304$$

$$期初产权比率 = \frac{20\,367\,931\,096.52}{116\,640\,020\,713.07} = 0.1746$$

$$期初权益乘数 = \frac{137\,007\,951\,809.59}{116\,640\,020\,713.07} = 1.1746$$

考虑到有些资产在企业时其价值会受到严重影响，如清算时商誉价值可能不存在，可以更保守计算产权比率，即有形净值负债率。其计算公式如下：

$$有形净值负债率 = \frac{负债总额}{净资产 - 无形资产} \times 100\%$$

（3）长期资本负债率

长期资本负债率是指非流动负债占长期资本的百分比。其计算公式如下：

$$长期资本负债率 = \frac{非流动负债}{非流动负债 + 股东权益} \times 100\%$$

长期资本负债率反映企业长期资本的结构。其数值越高，资本构成中非流动负债比例就越大，企业的长期财务压力就越大。由于流动负债的数额经常变化，资本结构管理大多使用长期资本结构。

根据表 9-1，S 公司长期资本负债率计算如下：

$$期末长期资本负债率 = \frac{6\ 037\ 857\ 827.84}{6\ 037\ 857\ 827.84 + 126\ 612\ 800\ 179.18} \times 100\% = 4.55\%$$

$$期初长期资本负债率 = \frac{5\ 905\ 736\ 182.48}{5\ 905\ 736\ 182.48 + 116\ 640\ 020\ 713.07} \times 100\% = 4.82\%$$

（4）资产非流动负债率

资产非流动负债率是非流动负债与总资产的比率，反映企业全部资产中有多少由非流动负债形成。其计算公式如下：

$$资产非流动负债率 = \frac{非流动负债}{总资产} \times 100\%$$

该比率越大，说明每 1 元总资产中非流动负债所占比重越高，企业主要依靠非流动负债进行融资，长期偿债能力风险较大。通常销售额受经济环境影响比较大的企业，一般避免高负债，因为偿还固定利息会给长期偿债能力带来压力。例如零售业往往通过流动负债进行融资，该指标值比较低。

（5）固定长期适合率

固定长期适合率是指固定资产净值与股东权益和非流动负债的比率。其计算公式如下：

$$固定长期适合率 = \frac{固定资产净值}{股东权益 + 非流动负债} \times 100\%$$

就大多数企业来说，其固定资产方面的投资都希望用权益资金来解决，不会因为回收期长而影响企业短期偿债能力。当企业权益资金规模较小，难以满足固定资产投资需要时，可以通过筹措长期资金解决。一般认为该指标必须小于 1。也就是说，当该指标超过 1 时，说明企业不仅流动资产全部由流动负债解决，而且还利用部分短期资金进行固定资产投资，企业短期偿债压力较大；当该指标小于 1 时，说明企业部分流动资产投资用长期资金解决，短期偿债能力增强。

【相关链接】

江铃汽车偿债能力分析

一、公司概况

江铃汽车股份有限公司是于 1992 年 6 月 16 日在江西汽车制造厂基础上改组设立的中外合资股份制企业，公司于 1993 年 11 月 28 日在南昌市工商行政管理局注册登记。公司于 1997 年 1 月 8 日、2003 年 10 月 25 日、2004 年 9 月 23 日、2006 年 1 月 11 日、2007 年 6 月 21 日在江西省工商行政管理局变更注册。公司法人代表王锡高，注册资本 86 321.4 万元，现有总资产 148.9 亿元，净资产达 61 亿元，拥有汽车发动机、变速箱、车身、车架、前桥、后桥等六大总成制造工艺设备，整车制造能力达到 29 万台（套）/年。2004 年 11 月，江铃集团与长安汽车合资组建江西江铃控股有限公司，投资总额达 10 亿元人民币，江铃集团与长安汽车各占 50% 股份，于 1993 年 12 月 1 日在深圳证券交易所挂牌上市，发行价格为每股 3.6 元，最新总股本为 86 321.4 万元。股票代码为 000550。

二、偿债能力分析

（一）江铃汽车短期偿债能力分析

1. 流动比率

流动比率是衡量企业短期偿债能力最常用的指标。

流动比率=流动资产/流动负债

江铃汽车 2010—2012 年流动比率计算见表 9-4。

表 9-4 江铃汽车流动比率 金额单位：万元

项目	2010 年	2011 年	2012 年
流动资产	807 503	798 683	840 474
流动负债	476 182	419 349	471 328
流动比率	1.70	1.90	1.78

2012 年江铃汽车的流动比率为 1.78，说明江铃汽车每 1 元流动负债都有 1.78 元的流动资产作为保障。2012 年的流动比率比 2011 年有所下降，说明企业短期偿债能力逐渐变弱。

2. 现金比率

现金比率=（货币资金+短期投资净额）/流动负债

江铃汽车 2010—2012 年现金比率计算见表 9-5。

表 9-5 江铃汽车现金比率 金额单位：万元

项目	2010 年	2011 年	2012 年
货币资金	581 316	538 498	555 969
短期投资净额	0	0	0
流动负债	476 182	419 349	471 328
现金比率	122.08	128.41	117.96

2012 年现金比率比去年同期下降了 10.45，降幅为 8.14%，说明公司为每 1 元流动负债提供的现金资产保障降低了 8.14%，说明江铃汽车的即时付现能力下降，偿债能力也比去年同期有所下降。

（二）江铃汽车长期偿债能力分析

1. 资产负债率

资产负债率是负债总额除以资产总额的比率。

资产负债率=（负债总额/资产总额）×100%

江铃汽车 2010—2012 年资产负债率计算见表 9-6。

表 9-6 江铃汽车资产负债率 金额单位：万元

项目	2010 年	2011 年	2012 年
负债总额	499 512	439 273	492 210
资产总额	1 123 772	1 181 985	1 311 135
资产负债率	44.45	37.16	37.54

资产负债率产生变化的原因主要有：负债总额由年初的 439 273 万元增加到年末的 492 210 万元，净增 52 937 万元，下降了 12.05%。其次，资产总额由年初的 1 181 985 元增加到年末的 1 311 135 万元，净增 129 150 万元，增长了 10.93%。企业调整资产结构，资产总额增加，同时负债总额也增加，但是负债的增加幅度大于资产的增加幅度，因此资产负债率比去年同期略有增加，说明财务风险略有增加。

2. 产权比率

产权比率=（负债总额/所有者权益总额）×100%

江铃汽车 2010—2012 年产权比率计算见表 9-7。

表 9-7　　　　　　　　　　　　　　江铃汽车产权比率　　　　　　　　　　　金额单位：万元

项目	2010 年	2011 年	2012 年
负债总额	499 512	439 273	492 210
所有者权益总额	624 260	742 712	818 925
产权比率	80.02	59.14	60.10

江铃汽车产权比率的变化趋势从 2010 年到 2011 年呈下降趋势，2011 年到 2012 年为上升趋势。产权比率所反映的偿债能力是以净资产为物质保障的。但是净资产中有些项目，价值具有极大的不确定性，且不易形成支付能力。因此，在使用产权比率时，要结合有形净值债务率指标作进一步分析。

三、总结

综合上述分析，对 2010 年至 2012 年的江铃汽车偿债能力相关指标分析，得出江铃汽车 2012 年的短期偿债能力较好，长期偿债能力有一定的风险性，处于汽车行业的中上游水平。

由于江铃汽车 2012 年的资产总额、负债总额、所有者权益总额都大幅度增加，反映长期偿债能力的资产负债率、产权比率、利息偿付倍数等指标与 2011 年相比差距较大，说明江铃汽车的长期偿债能力相对于 2011 年而言降低了，财务风险有所增大。

通过同行业比较观察，江铃汽车 2012 年长期偿债能力中的产权比率、资产负债率、有形净值债务率、利息偿付倍数等指标都低于同行业平均水平，说明企业在债务资本与权益资本的配置、财务结构上风险性较小，所有者权益配置较高，偿债风险的承受能力较强。

由此可见，江铃汽车的偿债能力总体较好。这是因为：一方面，公司的应收账款周转率在 2012 年为 51.72%，远远低于同行业平均水平，短期偿债能力较强；另一方面，江铃汽车的利息偿付倍数一直为负数，说明企业的存款利息高于偿债利息。因为利息偿付倍数不仅反映了企业获利能力的大小，而且反映了获利能力对偿还到期债务的保证程度，也是衡量企业长期偿债能力大小的重要标志。所以，近三年，江铃汽车的利息偿付倍数相比历年同期有所增长，说明企业偿还利息的能力进一步增强，风险降低。

资料来源　孙彭飞 . 江铃汽车偿债能力分析[N]. 企业导报，2014-01-01.

2. 盈利能力影响的指标分析

企业取得资产不是为了偿债，而是为了利用资产进行经营获取收益，因此企业的偿债能力取决于资产的变现，更主要的资产变现方式是产品销售。因此，盈利能力对偿债能力的影响更为重要。基于盈利能力评价企业长期偿债能力的指标主要有销售利息比率、利息保障倍数、债务本息保障倍数。

（1）销售利息比率

销售利息比率是指一定时期的利息费用与营业收入的比率，反映企业销售状况对偿付债务的保证程度。其计算公式如下：

$$销售利息比率=\frac{利息费用}{营业收入}\times100\%$$

企业的负债最终需要用其经营所得偿还，如果经营状况不佳，在其经营期间负债的偿还缺少保证，而企业权益资金对偿债的保证只有在企业处于清算状态时才真正发挥作用。因此，当企业负债规模基本稳定时，销售状况越好，对偿还到期债务可能给企业造成的冲击越小。可以认为，该指标越小，说明通过销售所得现金用于偿付利息的比例越小，企业的偿债压力越小。

根据表 9-1，S 公司销售利息比率计算如下：

$$期末销售利息比率=\frac{-867\ 846\ 131.13}{18\ 585\ 566\ 506.07}\times100\%=-4.67\%$$

$$期初销售利息比率=\frac{-47\ 011\ 059.65}{17\ 811\ 015\ 046.41}\times100\%=-0.26\%$$

通过上述计算可以看出，S 公司的期末销售利息比率小于期初，表明 S 公司的偿债压力减少。

（2）利息保障倍数

利息保障倍数是企业的息税前利润与利息费用的比率，也称为已获利息倍数。其计算公式如下：

$$利息保障倍数=\frac{息税前利润}{利息费用}$$

公式中的息税前利润是指利润表中未扣除利息费用的税前利润，即"净利润+利息费用+所得税费用"。由于在利润表中利息费用包含在财务费用中，因此，报表分析者往往使用"净利润+财务费用+所得税费用"来计算。此外，要注意的是，该指标计算中作为分母的利息费用包括企业各类非流动负债和流动负债所要支付的全部利息费用，即不但包括记入财务费用账户的利息费用，也包括列入固定资产、在建工程等各项资本化支出的利息费用。为了简便，本例中使用财务费用代替。

长期债务不需要每年还本，却需要每年付息。利息保障倍数表明每 1 元债务利息有多少倍的息税前利润作保障，它可以反映债务政策的风险大小。如果企业一直保持按时付息的信誉，则非流动负债可以延续，举借新债也比较容易。利息保障倍数越大，利息支付越有保障。如果利息支付尚且缺乏保障，归还本金就很难指望。因此，利息保障倍数可以反映长期偿债能力。

从长远看，企业利息保障倍数至少要大于 1，企业才有偿还利息费用的能力，否则就不能举债经营。如果企业利息保障倍数小于 1，表明企业自身产生的经营收益不能支持现有的债务规模。利息保障倍数等于 1 也是很危险的，因为息税前利润受经营风险的影响是不稳定的，而利息的支付却是固定数额。但是在短期内利息保障倍数小于 1，企业仍有可能支付利息，这是因为有些费用（如折扣、摊销等）不需要当期支付现金。利息保障倍数越大，公司拥有的偿还利息的缓冲资金越多。

企业在确定合理的利息保障倍数时，应注意与行业水平比较，特别是与本行业平均水平进行比较，来分析决定本企业的指标水平。同时，从稳健性的角度出发，最好比较本企业连续几年的该项指标，并选择指标值较低年度的数据作为标准。因为企业在经营好的年头要偿债，在经营不好的年头也要偿还大约相同量的债务，而某一个年度利润很高，利息保障倍数就会很高，但不能年年如此，采用指标值较低年度的数据，可以保证最低的偿还能力。

根据表 9-1，S 公司利息保障倍数计算如下：

$$期末利息保障倍数 = \frac{17\,417\,504\,918.68 + (-867\,846\,131.13) + (-31\,988\,639.94)}{-867\,846\,131.13} = -19.03$$

$$期初利息保障倍数 = \frac{17\,026\,875\,298.77 + (-47\,011\,059.65) + (-39\,665\,009.88)}{-47\,011\,059.65} = -360.34$$

（3）债务本息保障倍数

债务本息保障倍数是指企业一定时期息税前利润与还本付息金额的比率，反映现金流入对财务需要（现金流出）的保证程度，通常用倍数来表示。其计算公式如下：

$$债务本息保障倍数 = \frac{息税前正常营业利润}{（利息费用 + 年度还本额）\div（1 - 所得税税率）}$$

债权人贷款给企业的目的虽然是获得利息收入，但基本前提是本金的安全。因此，企业的偿债义务是按期支付利息和到期归还本金，所以企业偿债能力的高低不能仅看偿付利息的能力，更需要看其偿还本金的能力。因而在根据企业的经营状况反映偿债能力的保证程度方面，债务本息保障倍数比利息保障倍数更精确。在企业正常经营条件下，偿还本金必须以企业通过经营所获得的利润来支付。

企业偿还本金与支付利息是有区别的，利息是所得税前开支项目。每支付 1 元的利息，只需 1 元的营业收入，换句话说是减少 1 元的利润额；而偿还本金则需动用企业的净收入，即企业每偿还 1 元的本金需要更多的税前利润，因此有必要将偿还的本金数还原到所得税前水平。

该指标越高，表明企业偿债能力越强。该指标值最低标准为 1。如果小于 1，说明企业偿债能力较弱，还本付息可能会造成资金周转困难，支付能力下降，影响企业信誉。

3. 现金流量影响的指标分析

现金流量可以比较真实地反映企业的偿债能力。评价企业的长期偿债能力，还可以通过将现金流量与负债进行比较的方式。主要指标有现金流量利息保障倍数、现金流量债务比、到期债务本息偿付比率。

（1）现金流量利息保障倍数

现金流量利息保障倍数，是指经营活动产生的现金流量净额与利息费用的比率。其计算公式如下：

$$现金流量利息保障倍数 = \frac{经营活动产生的现金流量净额}{利息费用}$$

现金流量利息保障倍数表明每 1 元的利息费用有多少倍的经营活动现金净流量作保障。它比收益基础的利息保障倍数更可靠，因为实际用以支付利息的是现金，而不是收益。

根据表 9-1，S 公司现金流量利息保障倍数计算如下：

$$期末现金流量利息保障倍数 = \frac{-1\,413\,264\,890.20}{-867\,846\,131.13} = 1.63$$

$$期初现金流量利息保障倍数 = \frac{-1\,088\,516\,055.78}{-47\,011\,059.65} = 23.15$$

S 公司 2013 年现金流量利息保障倍数下降，原因主要是公司为了扩大销售，放慢了销售货款的收回速度。虽然净利润大幅上升，但是经营活动现金净流量却没有相应上升，反而下降，说明偿债能力下降。另外，还要结合公司的实际经营情况来判断是否有足够的经营现金保障利息的支付。

（2）现金流量债务比率

现金流量债务比率是指经营活动产生的现金流量净额与平均负债的比率。其计算公式如下：

$$现金流量债务比率 = \frac{经营活动产生的现金流量净额}{负债平均余额} \times 100\%$$

该比率表明企业用经营活动现金流量偿还全部债务的能力。该比率越高，承担债务总额的能力越强。

根据表 9-1，计算 S 公司现金流量债务比率：

$$现金流量债务比率 = \frac{-1\,413\,264\,890.20}{(16\,507\,492\,718.62 + 20\,367\,931\,096.52) \div 2} \times 100\% = -7.67\%$$

2013 年度现金流量债务比率为 -7.67%，说明该年度经营活动没有产生足够的现金偿还债务。

（3）到期债务本息偿付比率

到期债务本息偿付比率用来衡量企业到期的债务本金及利息可由经营活动创造的现金来支付的程度。其计算公式如下：

$$到期债务本息偿付比率 = \frac{经营活动产生的现金流量净额}{本期到期的债务本息} \times 100\%$$

经营活动现金净流量是企业最稳定的经常性的现金来源，是清偿债务的基本保证，如果到期债务本息偿付比率小于 1，说明企业经营活动产生的现金不足以偿付到期债务和利息支出，企业必须通过其他渠道筹资或通过出售资产才能清偿债务。这一指标数值越大，表明企业长期偿债能力越强。

【相关链接】

从现金流量分析企业的偿债能力

一、从现金流量的来源分析企业的偿债能力

企业在对来源于经营活动、投资活动和筹资活动产生的现金流量进行分析时，利用其分析指标可以分析企业现金流量的来源、使用情况和现金收支的构成，并能很好地评价企业的经营情况、创新能力和偿债能力。下面我们可以从来源于企业各项活动产生的现金流量具体分析企业的偿债能力。

1. 从经营活动产生的现金流量分析企业的偿债能力。

（1）将销售商品、提供劳务获得的现金和购买商品、接受劳务支付的现金作比较。企业在正常的经营情况下，若收入的现金流量大于支出时，说明企业有较好的销售利润和销售回款，从而使得企业利润升高，较高的利润说明企业有较强的偿债能力。

（2）将销售商品、提供劳务获得的现金和经营活动产生的现金流量总额作比较，可很好地表明企业商品收入的现金与经营活动产生的现金流量的比率。所占比率大的，表明企业的主营业务良好，营销情况较好，流动性债务偿还能力也较强。

（3）将本期经营活动产生的现金流量和上期经营活动产生的现金流量对比分析，增长率越高，表明企业发展越好。

2.从投资活动产生的现金流量分析企业的偿债能力。企业在扩大生产规模或开发新产品时，需要大量的现金投入以获得更高的经济收益。若企业在投资期间现金的流入量小于其流出量，则现金净流量为负，企业就不能很好地偿还债务；若企业存在投资收益，就可以把将要产生的现金净流量用于偿还债务，进而创造更高收益，企业在偿还债务上就不会有困难。

3.从筹资活动产生的现金流量分析企业的偿债能力。一般情况下，企业在建设期间筹集的现金流量越多，企业要承担的偿债风险就越大；相反，如果企业靠吸收股权来增加现金流入量，那么几乎不会有偿债风险。

4.从净额分析企业的偿债能力。净额分析是指企业在支付各项目产生现金流量以及本期应偿还债务后的现金流量的总额。其净额是以企业的支付能力为分析代表，即把企业当期获得的现金与支付的现金作比较。若现金流量为正，则可用于投资活动和发放股利等分红活动，准确地讲，现金流量净增加额为正，现金及现金等价物增加，用于偿还债务的能力较强；反之，偿债能力较差，财务状况恶化。

二、利用现金流量指标分析企业的偿债能力

对企业偿债能力的了解需要建立在对短期偿债能力和长期偿债能力的全面了解基础上。对企业来说，无论其经营业绩有多好，只要不能按期偿还到期债务，就会面临破产的危险。对企业来说，如果不能维持短期偿债能力，就不能有长期偿债能力。因此，对企业财务报表分析人员来说，既要考虑短期偿债能力，又要考虑长期偿债能力。

资料来源　丛珊珊.从现金流量分析企业的偿债能力[J].商场现代化，2014（19）.

4.长期偿债能力的行业分析

行业分析是对整个行业经营状况的分析。行业分析关心的是公司在整个行业中的相对地位，它会帮助公司展望其资源状况和经营状况，大大地改进历史分析效果。在行业分析中，计算用于分析企业长期偿债能力的各个比率，与行业平均水平相比，即可评价企业的长期偿债能力。

由于行业分析有其不足之处。比如，公司可能会忽视一些事实，如整个行业的经营情况很糟，不能与那些资源状况更好的国家进行竞争，或者不能与一些利用其他方法满足顾客需要的其他行业竞争。在这种情况下进行行业分析，就要考虑一些行业特有的影响因素，这样才能得出合理的分析结论。

根据上市公司年报，计算汽车业上市公司资产负债率（见表9-8）。

由表9-8可见，其他公司的资产负债率是S公司的4倍以上。该公司资产负债率处于非常低的水平，说明S公司长期偿债能力具有非常突出的优势。并且S公司资产负债率远低于同行业平均水平，说明该企业在整个行业来看也具有很强的长期偿债能力。

表 9-8　　　　　　　　　　　　　　同行业公司资产负债率比较分析

公司名称	总资产规模（元）	净资产规模（元）	资产负债率（%）	差异（%）
S公司	143 120 292 897.80	126 612 800 179.18	11.53	100.00
一汽轿车	19 253 468 859.48	8 553 301 705.17	55.58	481.84
东风汽车	9 842 502 312.27	5 062 808 547.19	48.56	421.03
福田汽车	29 346 245 584.21	15 354 962 180.43	47.68	413.36
长安汽车	51 619 949 238.45	20 491 010 335.05	60.30	522.84
江淮汽车	21 648 147 112.07	6 612 651 790.10	69.45	602.17

【相关链接】

偿债能力分析的局限性及其改进方法初探

一、企业偿债能力分析的局限性

（一）违背持续经营假设

持续经营假设是指会计主体持续存在而且能够执行预计的经济活动，即每个会计主体在可以预见到的未来都会无限期地经营下去。长期以来，企业偿债能力分析是以把所有的资产全部变现用以偿还企业全部债务的破产清算假设模式作为基础的，这一模式违背了会计持续经营假设，据此得出的结论并不是用于评价企业在正常生产经营期间的偿债能力，不符合企业运行的实际状况。

（二）分析方法单一，分析指标不完整

首先是企业偿债能力分析方法的唯一性。比率指标分析仅注重量的分析，不注重性的分析。对资产的变现价值和账面价值之间的差异并不加以关注，实际上较高的账面价值有可能与较低的变现能力和变现价值相伴随；相反，较低的账面价值也有可能与较高的变现能力和变现价值相伴随。

其次是数据的采集局限于资产负债表。那些不能够量化的信息往往无法通过报表反映出来，如会计政策的选用、会计政策的变更所产生的影响等。

再者是未考虑非货币计量因素的影响。那些难以用货币计量的经济事实不易在报表上体现出来。

分析方法单一、分析指标不完整必然会影响计算出来的偿债能力比率的准确性。

（三）偿债资金来源思路狭窄

企业生产经营过程中产生的现金流、短期融资中筹得的资金都可用于偿还债务，但偿债能力分析却仅把资产变现作为最主要的资金来源渠道，忽视企业融资和现金流动等多种偿债渠道，这一方法很显然不能够正确地衡量企业债务偿还能力，从而缩小了企业的决策视角。

二、企业偿债能力评价指标的改进方法

（一）短期偿债能力评价指标的改进

计算短期偿债能力指标的过程中要考虑企业资产、负债的质量及其计量属性，使偿债能力指标更加科学可靠。为克服企业短期偿债能力的局限性，在计算流动比率、速动比率、现金比率时，使用到的流动资产、流动负债、速动资产指标应作如下调整：

1. 对流动资产指标的改进

（1）扣除一个年度或一个经营周期以上未收回的应收账款、积压的存货；

（2）扣除待处理流动资产净损失；

（3）扣除用于购买或投资长期资产的预付账款；

（4）加上存货、有价证券变现价值超过账面价值的部分。

2. 对流动负债指标的改进

（1）流动负债中剔除预收账款；

（2）加上或有负债可能增加流动负债的部分，如应收票据贴现、未决诉讼等可能形成负债的部分。

3. 对速动资产指标的改进

（1）扣除用于购买或投资长期资产的预付账款；

（2）扣除一个年度或超过一个经营周期未收回的应收账款；

（3）加上有价证券可变现价值超过账面价值的部分。

（二）长期偿债能力评价指标的改进

1. 非流动负债比率指标的改进方法

（1）企业资产账面价值与实际价值不符的，按照资产的实际价值计算；

（2）已经没有变现可能性的资产，在计算非流动负债比率时从资产总额中剔除；

（3）负债总额中剔除流动负债，以避免因流动负债数额占负债总额比重较大的情况而造成得出的结果有偏差。

2. 已获利息倍数指标的改进方法

首先应该在已获利息倍数分析的基础上，通过连续计算五年的债务本金偿还比率来分析企业偿债能力的稳定性，再将两者综合进行考虑。偿债能力较稳定，已获利息倍数也高，说明企业偿还长期债务的能力越强；反之，说明企业偿债能力较弱。

资料来源　常雪梅.偿债能力分析的局限性及其改进方法初探[J].会计之友，2014（21）.

本章小结

偿债能力是指企业偿还各种债务的能力。反映企业偿付流动负债能力的是短期偿债能力，反映企业偿付非流动负债能力的是长期偿债能力。

影响短期偿债能力的主要因素是资产的流动性、企业的经营收益水平、流动负债的结构；其他因素有可动用的银行贷款指标、准备很快变现的非流动资产、偿债能力的声誉和可能发生的或有负债或承诺的付款等。分析短期偿债能力的指标可以从静态和动态两个方面进行。静态的指标主要有流动比率、速动比率、现金比率等；动态指标主要有现金流量比率、近期支付能力系数、速动资产够用天数、现金到期债务比率，以及营运资本周转率、应收账款周转率和应付账款周转率的比较、存货周转率等。

影响长期偿债能力的主要因素有企业的盈利能力、投资收益、所有者资本的积累程度和企业经营活动现金流量等；其他因素有长期租赁、担保责任和或有项目等。评价企业长期偿债能力，有必要在分析短期偿债能力的基础上，分析资本规模、企业获利能力以及现全流量对长期偿债能力的影响。长期偿债能力的分析指标包括资产负债率、产权比率、权益乘数、长期资本负债率、资产非流动负债率、固定长期适合率、销售利息比率、利息保障倍数、债务本息保障倍数、现金流量利息保障倍数、现金流量债务比率、到期债务本息偿付比率等。

无论是短期偿债能力分析，还是长期偿债能力分析，除了利用上述基本财务比率外，还应该善于利用财务报表及其附注中揭示的未能反映到比率之中的一些重要信息，甚至一些非定量的描述性信息。通过对这些补充信息的阅读和分析，基本财务比率给我们留下的企业财务状况之印象很可能会在一定程度上改变。

讨论题

1. 影响短期偿债能力的因素与影响长期偿债能力的因素有什么不同？
2. 流动比率和速动比率的优点和不足是什么？
3. 如何将偿债能力的静态指标与动态指标相结合进行分析与评价？
4. 资产规模如何影响长期偿债能力？
5. 如何分析现金流量对企业偿债能力的影响？
6. 如何结合应收账款与应付账款的关系分析其对企业短期偿债能力的影响？
7. 在判断企业的短期偿债能力时，短期资产周转效率有什么作用？你认为，通常来讲，企业改进短期资产周转效率与改进短期偿债能力相比较，何者更难？为什么？
8. 财务分析中，资产负债率的经验值范围是 30%～70%，对此你怎么认为？如果让你主要根据该比率分析判断企业长期偿债能力，你认为至少还需要获得哪些补充信息？

业务题

1. 某企业 2014 年有关资料如下：年末流动比率为 2.1，年末资产总额为 160 万元（年初为 160 万元），年末流动负债为 14 万元，年末非流动负债为 42 万元。

要求：计算该企业 2011 年年末流动资产总额、年末资产负债率和权益乘数。

2. 某公司拥有 100 万元的流动资产及 50 万元的流动负债。请问下列交易对公司流动比率有哪些影响？请同时计算出结果。

（1）用 10 万元现金买了一台机器；

（2）公司借入 10 万元短期借款支持同等数量应收账款的增加；

（3）增发 20 万元的普通股，所得现金用于扩建生产线；

（4）公司通过增加应付账款筹措资金，用于支付 8 万元的现金股利。

3. C 公司 2014 年有关资料见表 9-9。

已知该公司 2013 年度权益乘数为 2.5（年末数），2014 年度营业收入为 420 万元，净利润为 63 万元，利息费用为 10 万元，各项所得适用的所得税税率为 25%。

要求：

（1）计算 2014 年年末流动比率、速动比率、现金比率、资产负债率和权益乘数。

（2）计算 2014 年年末产权比率、长期资本负债率和利息保障倍数。

表9-9 资产负债表（简表） 单位：万元

资　产	期末余额	年初余额	负债和所有者权益	期末余额	年初余额
流动资产：			流动负债合计	150	175
货币资金	45	50	非流动负债合计	200	245
应收账款	90	60	负债合计	350	420
存货	144	92	所有者权益合计	350	280
预付款项	36	23			
流动资产合计	315	225			
固定资产	385	475			
非流动资产合计	385	475			
资产总计	700	700	负债和所有者权益总计	700	700

案例分析

福田汽车偿债能力分析

一、案例背景

（一）公司背景

北汽福田汽车股份有限公司（简称福田汽车），是一家跨地区、跨行业、跨所有制的国有控股上市公司。福田汽车成立于1996年8月28日，总部位于北京市昌平区，1998年6月在上海证券交易所上市，股票代码为600166。福田汽车现有资产近300多亿元，品牌价值达671.27亿元，员工近4万人，连续10年蝉联商用车第一，是一个以北京为管理中心，在京、津、鲁、冀、湘、鄂、辽、粤、新等9个省市区拥有整车和零部件事业部，研发分支机构分布在中国大陆、日本、德国、中国台湾等国家和地区的大型企业集团。2012年，福田汽车实现了销售整车62万辆（含福田戴姆勒合资公司销量），商用车产销量排名全球第一位。

（二）行业性质

公司所属的行业性质为汽车生产行业。

（三）经营范围

公司经营领域涉及与"行"和"住"相关的汽车、农业装备、建设、金融四大产业，主要产品有汽车、发动机、拖拉机、收获机械、农村经济型运输车辆、化学建材及其装备、轻钢建筑等。

二、数据资料

（一）资产负债表（见表 9-10）

表 9-10   **资产负债表**

编制单位：北汽福田汽车股份有限公司   单位：元

项目	2013 年	2012 年	2011 年
流动资产：			
货币资金	1 673 243 221.18	4 379 777 399.85	2 197 604 079.90
交易性金融资产			
应收票据	24 840 000.00	347 512 699.83	595 343 902.42
应收账款	1 618 582 806.23	1 935 691 367.44	1 269 677 569.58
其中：账面余额			
坏账准备			
预付款项	842 971 077.37	682 950 387.67	902 515 538.83
应收利息			
应收股利			70 000.00
其他应收款	2 029 390 475.65	3 180 482 611.46	827 014 489.78
存货	2 494 886 306.12	3 307 713 927.21	5 501 553 862.91
其中：账面余额			
存货跌价准备			
一年内到期的非流动资产	199 506 283.67	89 788 802.77	124 716 859.58
其他流动资产	209 859 949.27	124 744 983.36	100 148 880.34
流动资产合计	9 093 280 119.49	14 048 662 179.59	11 518 645 183.34
非流动资产：			
可供出售金融资产	103 150 075.54	105 673 105.45	134 764 524.72
持有至到期投资			
长期应收款	681 928 187.40	598 174 685.43	253 980 097.34
长期股权投资	4 064 708 540.06	3 727 830 305.29	3 104 913 864.22
投资性房地产			
固定资产	7 456 200 038.35	6 764 426 780.51	7 948 703 380.42
其中：固定资产原值			

项目	2013 年	2012 年	2011 年
累计折旧			
减值准备			
在建工程	1 890 875 975.06	1 077 288 061.54	1 282 421 147.56
工程物资			
生产性生物资产			
油气资产			
无形资产	3 376 506 049.26	3 075 998 718.70	2 782 972 121.26
开发支出	1 920 333 974.01	1 126 486 647.99	481 833 431.48
商誉			
长期待摊费用	12 034 066.22	36 451 940.25	78 118 059.13
递延所得税资产	701 258 931.41	668 070 374.59	207 818 545.60
其他非流动资产	45 969 627.41	8 025 571.77	26 023 538.88
非流动资产合计	20 252 965 464.72	17 188 426 191.52	16 301 548 710.61
资产总计	29 346 245 584.21	31 237 088 371.11	27 820 193 893.95
流动负债：			
短期借款	300 000 000.00	1 900 000 000.00	2 987 950 000.00
交易性金融负债			
应付票据	661 000 000.00	926 500 000.00	144 260 000.00
应付账款	5 451 744 697.43	5 103 209 924.67	6 240 698 781.56
预收款项	2 048 207 698.78	1 444 194 656.09	1 996 934 711.33
应付职工薪酬	361 674 873.17	515 252 205.25	394 373 954.93
应交税费	30 233 337.39	149 588 322.04	−250 500 645.50
应付利息	14 200 000.00	14 200 000.00	14 200 000.00
应付股利			3 956 800.00
其他应付款	2 035 272 175.41	2 123 597 426.08	2 290 644 885.73
一年内到期的非流动负债	1 499 095 464.37	136 397 764.37	290 397 764.37

项目	2013 年	2012 年	2011 年
其他流动负债			
流动负债合计	12 401 428 246.55	12 312 940 298.50	14 112 916 252.42
非流动负债：			
长期借款	100 000 000.00	1 301 400 000.00	1 842 000 000.00
应付债券		994 698 100.00	991 848 300.00
长期应付款	148 330 590.99	195 757 367.88	239 584 370.33
专项应付款			
预计负债			
递延所得税负债	8 421 290.42	8 799 744.91	13 163 457.79
其他非流动负债	1 333 103 275.82	1 532 579 942.66	1 774 643 624.62
非流动负债合计	1 589 855 157.23	4 033 235 155.45	4 861 239 752.74
负债合计	13 991 283 403.78	16 346 175 453.95	18 974 156 005.16
股东权益：			
股本	2 809 671 600.00	2 809 671 600.00	2 109 671 600.00
资本公积	7 790 474 536.64	7 792 619 112.06	3 685 311 187.93
减：库存股			
专项储备			
盈余公积	1 551 778 511.28	1 368 630 252.34	1 070 484 713.10
未分配利润	3 203 037 532.51	2 919 991 952.76	1 980 570 387.76
外币报表折算差额			
股东权益合计	15 354 962 180.43	14 890 912 917.16	8 846 037 888.79
负债和股东权益总计	29 346 245 584.21	31 237 088 371.11	27 820 193 893.95

（二）利润表（见表 9-11）

表 9-11 利润表

编制单位：北汽福田汽车股份有限公司 单位：元

项目	2013 年	2012 年	2011 年
一、营业收入	32 397 724 956.44	38 957 092 074.53	51 213 202 888.24
其中：主营业务收入	30 961 242 441.58	37 661 087 186.36	49 755 072 604.07
其他业务收入	1 436 482 514.86	1 296 004 888.17	1 458 130 284.17
减：营业成本	28 670 034 240.21	35 181 223 352.30	47 071 343 798.58
其中：主营业务成本	27 501 508 341.52	34 275 890 534.16	45 689 966 309.93
其他业务成本	1 168 525 898.69	905 332 818.14	1 381 377 488.65
营业税金及附加	210 375 180.21	186 916 503.06	179 819 921.39
销售费用	1 177 442 088.57	1 686 153 209.18	1 220 986 499.49
管理费用	1 958 559 376.04	2 199 898 049.35	1 632 954 284.05
财务费用	-122 161 403.23	279 283 018.13	138 627 816.80
资产减值损失	119 430 959.09	118 994 271.03	66 297 022.76
加：公允价值变动收益（损失以"-"号填列）			
投资收益（损失以"-"号填列）	309 004 883.00	-2 334 127 019.09	66 716 731.34
其中：对联营企业和合营企业的投资收益	306 878 234.77	-2 416 910 239.85	-37 773 889.20
二、营业利润（损失以"-"号填列）	693 049 398.55	-3 029 503 347.61	969 890 276.51
加：营业外收入	390 627 920.01	4 882 432 132.12	393 441 640.15
减：营业外支出	63 907 719.04	128 787 574.10	32 017 809.83
其中：非流动资产处置损失	46 231 073.87	15 485 282.48	21 882 555.68
三、利润总额（损失以"-"号填列）	1 019 769 599.52	1 724 141 210.41	1 331 314 106.83
减：所得税费用	104 028 304.83	233 413 514.17	163 378 968.04
四、净利润（损失以"-"号填列）	915 741 294.69	1 490 727 696.24	1 167 935 138.79

（三）现金流量表（见表 9-12）

表 9-12　　　　　　　　　　　**现金流量表**

编制单位：北汽福田汽车股份有限公司　　　　　　　　　　　　　　　　单位：元

项目	2013 年	2012 年	2011 年
一、经营活动产生的现金流量：			
销售商品、提供劳务收到的现金	15 189 882 820.58	18 856 081 776.79	22 237 248 681.33
收到的税费返还	37 408 359.54	3 441 996.32	39 555 833.06
收到其他与经营活动有关的现金	5 410 385 331.06	4 153 217 993.42	410 231 796.08
经营活动现金流入小计	20 637 676 511.18	23 012 741 766.53	22 687 036 310.47
购买商品、接受劳务支付的现金	12 332 585 786.55	14 723 979 867.73	16 001 321 664.52
支付给职工以及为职工支付的现金	2 898 111 345.97	2 851 206 782.14	2 515 951 348.00
支付的各项税费	1 498 086 381.74	1 332 169 530.01	1 651 241 513.40
支付其他与经营活动有关的现金	3 280 667 846.95	4 621 646 233.28	2 816 952 740.61
经营活动现金流出小计	20 009 451 361.21	23 529 002 413.16	22 985 467 266.53
经营活动产生的现金流量净额	628 225 149.97	−516 260 646.63	−298 430 956.06
二、投资活动产生的现金流量：			
收回投资收到的现金			
取得投资收益收到的现金	2 126 648.23	739 946.50	
处置固定资产、无形资产和其他长期资产收回的现金净额	1 607 162 850.82	1 941 606 217.80	8 583 025.50
处置子公司及其他营业单位收到的现金净额			
收到其他与投资活动有关的现金	180 196 223.55	150 780 250.54	952 483 134.90
投资活动现金流入小计	1 789 485 722.60	2 093 126 414.84	961 066 160.40
购置固定资产、无形资产和其他长期资产支付的现金	2 025 759 459.76	1 620 580 782.51	4 129 984 742.57
投资支付的现金	30 000 000.00	244 993 050.40	2 300 273 468.90
取得子公司及其他营业单位支付的现金净额			

项目	2013 年	2012 年	2011 年
支付其他与投资活动有关的现金			
投资活动现金流出小计	2 055 759 459.76	1 865 573 832.91	6 430 258 211.47
投资活动产生的现金流量净额	−266 273 737.16	227 552 581.93	−5 469 192 051.07
三、筹资活动产生的现金流量:			
吸收投资收到的现金		4 900 000 000.00	
取得借款收到的现金	300 000 000.00	3 900 000 000.00	4 186 950 000.00
收到其他与筹资活动有关的现金	32 433 219.15	60 185 986.31	30 318 759.34
筹资活动现金流入小计	332 433 219.15	8 860 185 986.31	4 217 268 759.34
偿还债务支付的现金	2 736 400 000.00	5 727 742 428.57	923 000 000.00
分配股利、利润或偿付利息支付的现金	583 954 733.88	641 582 748.48	604 711 400.76
支付其他与筹资活动有关的现金	19 828 116.59	92 396 652.70	27 493 596.21
其中: 子公司减资支付给少数股东的现金			
筹资活动现金流出小计	3 340 182 850.47	6 461 721 829.75	1 555 204 996.97
筹资活动产生的现金流量净额	−3 007 749 631.32	2 398 464 156.56	2 662 063 762.37
四、汇率变动对现金及现金等价物的影响	−971 955.72	972 303.17	−720 848.74
五、现金及现金等价物净增加额	−2 646 770 174.23	2 110 728 395.03	−3 106 280 093.50
加: 期初现金及现金等价物余额	4 083 545 855.08	1 972 817 460.05	5 079 097 553.55
六、期末现金及现金等价物余额	1 436 775 680.85	4 083 545 855.08	1 972 817 460.05

问题探讨:

(1) 福田汽车的短期偿债能力如何?

(2) 福田汽车的长期偿债能力如何?

(3) 在企业财务分析实践中评价短期偿债能力时应注意哪些问题? 结合流动资产和流动负债项目中的具体项目, 你认为福田汽车的短期偿债能力如何?

(4) 在企业财务分析实践中评价长期偿债能力时是否应对企业盈利能力以及现金流量进行分析? 长期偿债能力与盈利能力之间是否存在矛盾? 结合福田汽车的盈利性, 你认为其长期偿债能力如何?

第 10 章

企业发展能力分析

企业竞争就像比赛一样，谁跑在前面谁就是胜利者，所以关键就在于看谁跑得快，看谁更有耐力。大家都在跑，只有在技术、销售和售后服务网络以及管理上始终领先一步，只有在出口上领先一步，这样才会打造出自身的比较优势！

——徐立华（波导总裁）

学习目标

1. 理解企业发展能力分析的重要性；
2. 掌握企业发展能力分析的基本内容、方法和思路；
3. 理解并掌握各发展能力指标的内涵以及计算分析方法。

重点与难点

1. 影响企业发展能力的主要因素；
2. 持续盈利能力的指标。

引 言

奇瑞汽车近日在北京向新闻媒体发布"成长 2011"发展计划，称企业战略重心将持续指向"技术、国际、品牌、责任"。同时公布了 2011 年奇瑞汽车将有 5 款新车上市，纯电动车以及增程型电动车将上市，节油率达到 20%的中度混合动力（ISG）产品、插电式混合动力（PHEV）产品将实现产业化，全年销售量将达 80 万辆。

据介绍，2010 年奇瑞汽车基本实现了既定目标，全球销售 68.2 万辆，同比增长 36.2%，连续 10 年位居中国自主品牌乘用车销量第一，连续 8 年位居中国乘用车出口第一；成为第一个达到 200 万辆保有量的自主品牌乘用车企业，中国第一款自主研发的 CVT 变速箱、TGDI 发动机下线及批量投产，动力总成技术达到世界一流；中国唯一的"汽车节能环保国家工程实验室"投入使用；在 J.D. Power 中国新车质量研究报告评比中，奇瑞夺得紧凑型和豪华紧凑型两个门类第一，同时在其售后服务满意度调查中，奇瑞汽车服务满意度指数首次达到 815 分，超过了部分外资和合资企业产品……

据奇瑞公司新闻发言人金弋波介绍，"成长 2011"将是奇瑞汽车第二阶段 6 年战略迈向纵深、实施战略转型的关键之年。

为打造国际名牌，奇瑞汽车制定了四个阶段的发展战略：以 2007 年第 100 万辆汽车下线，标志着奇瑞顺利完成"成为自主品牌领军者"的第一阶段目标；2008 年至 2013 年，是奇瑞第二个发展阶段，以打造"具有国际化远见的、技术先导的、值得信赖的中国汽车品牌"为目标；第三个阶段从 2014 年至 2018 年，目标是努力实现"有国际化竞争力的、技术领先的、受人尊敬的汽车品牌"；从 2018 年开始，奇瑞汽车将进入迈向"国际名牌"的第四个发展阶段。为实现第二阶段目标，奇瑞制订了 6 年发展规划，即"蓄势 2008"、"布局 2009"、"精耕 2010"、"成长 2011"、"发展 2012"、"突破 2013"。

奇瑞公司董事长尹同跃说："成长，不仅是规模的成长，更是核心实力的成长。奇瑞不再满足于规模的成长，奇瑞，要做长做久。"在进一步诠释"成长"战略时，尹同跃说："'成长'的主题表明了奇瑞战略的进一步深化。2011 年，奇瑞将以四个'进一步'推进战略迈向纵深，即进一步推进战略转型、进一步调整和优化产品结构、进一步推进机制变革，进一步加强产品研发和品质跃升。"

作为"成长 2011"的战略重心，在品牌成长方面，奇瑞将继续深化多品牌战略，通过集奇瑞最先进技术的高端产品 G6 上市带动品牌形象提升；通过深化事业部制，打造体系化竞争力；以满意度为抓手，继续提升产品品质和服务品质。在技术成长方面，将致力于核心技术的积累，加快推进新能源产品的产业化进程。在国际成长方面，奇瑞将继续创新国际发展思路，推动国际市场发展，实现从"走出去"到"走进去，扎根发展"。在责任成长方面，继续积极履行企业的社会责任、消费者责任、国家责任，通过关注教育和中华文化传承，践行领先企业的社会责任。

资料来源　崔颖.奇瑞汽车发布 2011 年发展计划[EB/OL].[2011-01-17]. http://news.xinhuanet.com/fortune/2011-01/17/c_12989693.htm.

10.1　企业发展能力分析的目的和内容

10.1.1　企业发展能力分析的目的

企业的发展能力，亦称企业的发展潜力，是指企业通过自身的生产经营活动，不断扩大积累而形成的发展潜能。传统的财务分析仅从静态的角度来分析企业的财务状况和经营状况，强调企业的盈利能力、营运能力和偿债能力，但这三方面能力的分析仅能提供企业过去的经营状况，并不能表征企业的持续发展能力。然而，对于企业的利益相关者来说，他们关注的不仅仅是企业目前的、短期的经营盈利能力，更重要的是企业未来的、长期的和持续的增长能力。例如，对于大股东而言，持有股票并不是为了满足简单的投机性需求，而是他们看好企业未来的发展能力，希望在企业长期持续稳定的发展中获得更多的股利和资本利得。对于债权人而言，长期债权的实现必须依靠企业未来的盈利能力。因此，企业发展能力的评价不论是对于企业自身还是企业的利益相关者来说都至关重要。具体表现在如下几个方面：

（1）对企业发展能力进行评价，从宏观角度讲，是为了促进国民经济总量的不断发展；从微观角度讲，是为了促进企业经营管理者重视企业的持续经营和经济实力的不断增强。

（2）通过企业内部的发展能力分析能帮助经营者了解企业盈利能力、营运能力和偿债能力的综合发展情况，通过企业与竞争对手以及同行业平均水平的对比可以帮助经营者正确地评价企业在行业中的地位，并了解竞争对手的发展能力，提早采取措施消除竞争者威胁。

（3）企业能否持续增长对投资者、经营者及其他相关利益团体至关重要。对于投资者而言，企业的持续稳定增长，不仅关系到投资者的投资报酬，而且关系到企业是否真正具有投资价值；对于企业的经营者而言，要使企业获得成功，就不能仅仅注重目前的、暂时的经营能力，更应该注意企业未来的、长期的和持续的发展能力；对于债权人而言，发展能力同样至关重要，因为企业偿还债务尤其是长期债务主要是依靠未来的而不是目前的盈利能力。

10.1.2　企业发展能力分析的内容

企业无论是增强盈利能力、偿债能力，还是提高运营能力，其目的都是提高企业的增长能力。也就是说，企业发展能力分析其实是企业盈利能力、偿债能力和运营能力的综合分析。发展能力分析的具体内容体现在以下两个方面：

（1）利用发展能力的有关指标衡量和评价企业的实际成长能力，分析影响企业发展能力的因素。企业经营活动的根本目标就是不断增强企业自身持续生存和发展的能力。反映企业发展能力的指标包括资产增长率、销售增长率、收益增长率等。用实际的发展能力指标与计划的、同行业平均水平、其他企业的同类指标相比较，可以衡量企业发展能力的强弱；将企业不同时期的发展能力指标数值进行比较，可以评价企业在资产、销售收入、收益等方面的增长速度和增长趋势。

（2）企业策略研究表明，在企业市场份额和行业分析既定的情况下，如果企业采取一定的经营策略和财务战略，就能够使企业的价值实现最大化。也就是说，企业经营策略和财务策略的不同组合能够影响企业的未来发展能力。因此，在评价企业目前盈利能力、营运能力、偿债能力和股利政策的基础上，通过深入分析影响企业持续增长的相关因素，并根据企业的实际经营情况和发展战略，确定企业未来的增长速度，相应调整其经营策略和财务策略，以实现企业的持续增长。

10.1.3　影响企业发展能力的主要因素

企业发展能力衡量的核心是企业价值增长率，而影响企业价值增长的因素主要有以下几个方面：

1. 销售收入

企业发展能力的形成要依托企业不断增长的销售收入。销售收入是企业收入来源之本，也是导致企业价值变化的根本动力。只有销售收入稳定地增长，才能体现企业的不断发展，才能为企业的不断发展提供充足的资金来源。

2. 资产规模

企业的资产是取得收入的保障，在总资产收益固定的情况下，资产规模与收入规模之间存在着正比例关系。同时，总资产的现有价值反映着企业清算时可获得的现金流入额。

3. 净资产规模

在企业净资产收益率不变的情况下，净资产规模与收入规模之间也存在着正比例关系。只有净资产规模不断增长，才能反映新的资本投入，表明所有者对企业的信心，同时对企业负债筹资提供了保障，有利于满足企业的进一步发展对资金的需求。

4.资产使用效率

一个企业的资产使用效率越高，其利用有限资源获得收益的能力越强，就越会给企业价值带来较快的增长。

5.净收益

净收益反映企业一定时期的经营成果，是收入与费用之差。在收入一定的条件下，费用与净收益之间存在着反比例关系。只有不断地降低成本，才能增加净收益。企业的净收益是企业价值增长的源泉，所有者可将部分收益留存于企业用于扩大再生产，而且相当可观的净收益会吸引更多新的投资者，有利于满足企业的进一步发展对资金的需求。

6.股利分配

企业所有者从企业获得的利益分为两个方面：一是资本利得；二是股利。一个企业可能有很强的盈利能力，但如果把所有利润都通过各种形式转化为消费，而不注意企业的资本积累，那么即使这个企业效益指标很高，也不能说这个企业的发展能力很强。

【相关链接】

上海大众汽车第1 200万辆轿车下线

2014年12月27日，伴随着一辆摩登棕凌渡（Lamando）缓缓驶下生产线，上海大众汽车迎来了第1 200万辆轿车的下线，再度刷新产量纪录，成为国内第一家产量突破1 200万辆的轿车生产企业。

从1 100万辆到1 200万辆，这一次上海大众汽车只用了短短6个多月的时间。如今，每天有超过4 800辆轿车驶出上海大众汽车在安亭、南京、仪征、宁波、乌鲁木齐的工厂，交付到全国消费者的手中。优异的产销成绩离不开30年来上海大众汽车在技术研发、产品质量、营销服务、人力资源等各个领域的不断坚持，企业也由此形成了完善的体系竞争力。

研发推动产品创新

技术创新，是企业不断提供优质产品的重要保障。30年来，上海大众汽车形成了国内领先的整车开发能力，开辟了合资企业技术研发的创新模式。

早在1996年，上海大众汽车就成立了技术研发中心。截至目前，技术研发中心在研发设施上累计投资已超过30亿元人民币，建立了国内领先的全套针对整车自主开发的硬件设施。其中，2003年建成的上海安亭试车场是国内第一个达到国际标准的轿车试车场地，其试验结果等效于世界著名的大众汽车集团埃拉（Ehra）试验场。2014年10月，上海大众汽车位于新疆的试车场也正式签约，未来将为企业的技术研发工作提供强有力的硬件保障。

目前，上海大众汽车技术研发中心已设立了与开发工作相适应的11个专业部门，现有开发人员超过1 500人，具备丰富的自主开发设计实践经验，并形成了涵盖设计、工程分析、样车试制、整车试验等各个环节的开发体系。

近年来，上海大众汽车的研发资金投入始终保持两位数的增长，2011—2013年，企业累计投入研发资金超过104亿元人民币。伴随着研发工作的不断提速，上海大众汽车的产品谱系也不断丰富，新桑塔纳、新朗逸、朗行、朗境、新途观、昕锐、全新明锐、野帝等多款产品陆续上市，全面覆盖A0、A、B级轿车与SUV、MPV细分市场。

在为消费者提供多样化产品选择的同时，上海大众汽车也将"质量领先"的理念贯穿于产品开发、供应商、生产、销售和售后服务的整个产业链，打造全生命周期的质量控制体系。2014 年 10 月，凭借在质量控制和绩效管理上的突出表现，上海大众汽车荣膺全国质量奖。

实力成就完善体系

完善的研发和质保体系帮助上海大众汽车得到越来越多消费者的认可。据最新数据显示，截至 2014 年 11 月，上海大众汽车全年累计销售 160.76 万辆，同比增长 14.2%。

每一款产品的背后，都凝聚着上海大众汽车 30 年来对消费者不变的承诺。目前，上海大众汽车建立了 1 400 多家营销网点，形成了国内布点最多、覆盖最广、体系最完善的营销服务网络。同时，企业秉承"客户导向"的服务理念，致力于为消费者提供全程的服务体验，旗下大众和斯柯达品牌在 2014 年 CACSI 测评中分获售后服务满意度第一、二名。帕萨特、途观、新朗逸、朗行、新桑塔纳和速派等产品分列各自细分市场用户满意度第一。另外，大众品牌在今年全面升级"大众一家·上海大众汽车俱乐部"，为消费者提供汽车销售、售后服务、车辆置换、销售贷款、车辆保险、质量担保、车主俱乐部等在内的全生命周期营销服务。

为保证产品和服务质量，上海大众汽车也十分注重企业人才的培养。秉承"造车育人"的理念，企业从落实人才战略、保障员工基本权益、完善培训体系、引导职业发展、关爱员工生活等维度构建起完善的人力资源体系。基于全国各地工厂，上海大众汽车在各地建立了功能完备的培训中心，保证所有员工可以接受专业的技能培训。此外，企业还建立了上海大众汽车大学，为员工提供与国内外高校交流合作的平台。凭借多年来在雇主品牌建设上的努力，上海大众汽车连续 9 年荣膺"中国杰出雇主"称号。

资料来源　张一腾.上海大众汽车第 1 200 万辆轿车下线[N]. 中国工业报，2015-01-02.

10.1.4　企业发展能力分析方法

通过上述企业发展能力分析内容的阐述，我们知道了企业发展能力分析所涵盖的内容，然而如何运用发展能力指标来评价企业的发展能力呢？分析的具体思路可以用图 10-1 表示如下：

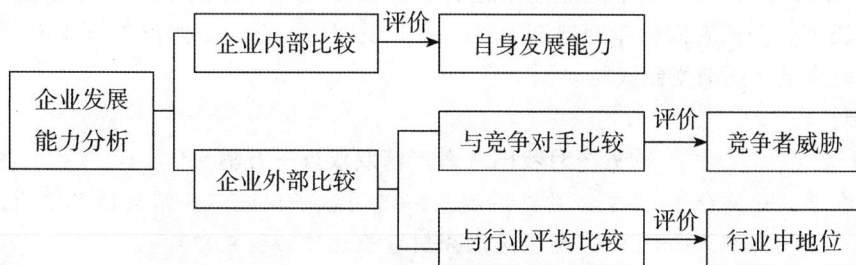

图 10-1　企业发展能力分析思路

1. 企业内部比较（纵向）

企业内部比较指的是使用企业发展能力指标在企业内部进行跨年度的纵向比较，用于评价企业自身发展能力。由于发展能力指标多采用增长能力指标，为一个相对数，能摈除使用绝对数据对企业发展能力分析产生的误导。

【例 10-1】假设 2010 年至 2013 年年报显示，A 企业和竞争对手 B 企业每年的主营业务收入以及行业平均水平数据见表 10-1。

表 10-1 　　　　　　　　　　　　　主营业务收入 　　　　　　　　　　　　单位：万元

	2010年	2011年	2012年	2013年
A 企业	200	300	410	530
B 企业	120	150	200	300
行业平均水平	180	190	210	240

　　根据表 10-1 中的资料很容易发现，从 2011 年到 2013 年，A 公司的主营业务收入与上一年度相比分别增加了 100 万元、110 万元和 120 万元，呈逐年递增趋势。然而，绝对数的增长真的能说明企业的发展能力在不断增强吗？其实不然，通过 A 企业内部跨年度的纵向比较可以发现，虽然 A 企业每年主营业务收入的绝对数在不断增加，但是 A 企业的主营业务增长率从 2011 年到 2013 年分别为 50%，36.67% 和 29.27%，呈逐年递减趋势。因此，通过企业内部比较分析可以得出结论，对于企业自身而言，企业的主营业务增长速度在逐年递减，发展能力减弱。

　　2.企业外部比较（横向）

　　如图 10-1 所示，企业外部比较分为企业与竞争对手比较和企业与行业平均水平比较两种比较方法。通过企业与竞争对手的比较可以发现竞争对手对企业造成的威胁，而通过企业与行业平均水平的比较可以评价企业在行业中的地位。综合上述两种分析结果才能对企业发展能力做出客观合理的分析和评价。

　　同样，续例 10-1。首先，计算竞争对手 B 企业从 2011 年到 2013 年的主营业务收入增长率，分别为 25%、33.33% 和 50%。虽然 B 企业的主营业务收入的绝对数每年都低于同期 A 企业的主营业务收入，但是发展速度惊人，很可能就是行业平均主营业务增长速度逐年提高的主要拉动者。因此，A 企业若不迅速查找出限制其发展能力增长的原因，并相应地调整竞争策略，行业龙头企业的地位将很有可能不保。

　　其次，计算从 2011 年到 2013 年行业平均水平的主营业务收入增长率，分别为 5.56%、10.53% 和 14.29%，呈逐年递增趋势，并且虽然每年都低于同期 A 企业的主营业务收入增长率，但两者间的差距逐渐缩减。由此说明，A 企业虽然仍为行业的领军企业，但是行业地位已经逐渐受到威胁。

【相关链接】

前五个月我国汽车产销双双近千万辆

　　中国汽车工业协会 10 日发布数据显示，1—5 月，我国汽车产销呈稳定增长，汽车产销分别为 992.80 万辆和 983.81 万辆，同比分别增长 9.37% 和 8.97%。

　　据介绍，今年 5 月汽车产销分别完成 197.58 万辆和 191.12 万辆，比上月分别下降 4.4% 和 4.6%，保持较快增长，总体产销形势平稳。

　　今年前五个月，我国乘用车产销分别完成 810.95 万辆和 807.01 万辆，比上年同期均增长 11.1%。乘用车分车型产销情况看，SUV 和 MPV 增长明显，均超过 30%，是乘用车增长的主要拉动力量；轿车产销增速较低，分别为 5% 和 5.4%；交叉型乘用车产销降幅均超过 10%，较前四个月有所收窄。

此外，1—5 月商用车产销分别完成 181.85 万辆和 176.80 万辆，比上年同期分别增长 2.4% 和 0.1%，增幅比前四个月有所回落。

1—5 月，自主品牌乘用车共销售 306.40 万辆，同比增长 0.94%，占乘用车销售总量的 37.97%。自主品牌轿车销售 116.04 万辆，同比下降 15.81%，占轿车销售总量的 22.5%。

据了解，前五个月销量排名前十位的轿车生产企业依次为：上海大众、一汽大众、上海通用、北京现代、东风日产、神龙、长安福特、东风悦达、重庆长安和一汽丰田。与上年同期相比，一汽丰田销量略有下降，其他企业呈不同程度增长。前五个月上述十家企业共销售 363.26 万辆，占轿车销售总量的 70.44%。

资料来源　王敏. 前五个月我国汽车产销双双近千万辆[EB/OL].[2014-06-12]. http：//news.xinhuanet. com/fortune/2014-06/10/c_1111076848.htm.

10.2　企业发展能力指标分析

本节将对企业发展能力分析指标的计算方法和含义分项进行具体的阐述。由于持续盈利能力中的净资产收益率和偿债能力指标在本书第 7 章盈利能力分析和第 9 章偿债能力分析中已有详细说明，本节将不再累述。

10.2.1　持续盈利能力

持续盈利能力使用净资产收益率、销售收入增长率、三年销售收入平均增长率和三年利润平均增长率四个指标衡量。

1. 销售收入增长率

$$销售收入增长率 = \frac{本年销售收入总额 - 上年销售收入总额}{上年销售收入总额} \times 100\%$$

该指标反映了企业当年的销售收入增长情况，是衡量企业经营状况和市场占有率的重要标志。只有不断增加主营业务收入，才能保证企业持续稳定的发展。该指标越高，说明企业主营业务增长越快，市场前景越好。若小于 0 则说明企业的市场萎缩，销售收入较前一年出现下降。这很有可能说明企业的产品进入衰退期、销售过程或售后服务出现问题，企业需要进一步进行调查，以防止下降趋势持续恶化。

2. 三年销售收入平均增长率

$$三年销售收入平均增长率 = \left(\sqrt[3]{\frac{年末销售收入总额}{三年前年末销售收入总额}} - 1 \right) \times 100\%$$

该指标表明企业主营业务收入连续三年的增长情况。由于本年的销售规模是企业经过三年的发展得到的，所以本年主营业务与三年前主营业务收入相比得到的是三年来企业销售规模的扩大，所以应该开 3 次方。这样计算能避免由于少数年份主营业务异常波动造成对企业发展能力强弱的错误判断。该指标越高，说明企业的发展势头越强劲，市场扩张能力越强。

【相关链接】

东风经营规模连续五年行业第二

据东风汽车公司最新销售快报显示，2014 年 1—12 月，东风汽车公司累计销售汽车

380.3 万辆，同比增长 7.57%。12 月，东风公司单月销售汽车 38.8 万辆。

2014 年，东风汽车公司销量增速明显快于行业，经营规模连续五年稳居行业第二。其中，乘用车销售 324.3 万辆，同比增长 11.75%；商用车销售 56 万辆。

据统计，东风自主品牌汽车销售实现 127.8 万辆，其中自主品牌乘用车销售 73.3 万辆，实现逆势增长，增幅 11.7%，是行业的 3 倍；自主品牌商用车销售 54.5 万辆，继续保持行业领先，中、重卡连续 11 年位居行业第一。

此外，东风旗下主要整车单元在 2014 年的表现也比较出色。其中，东风日产乘用车销售汽车 95.4 万辆，同比增长 3.01%；神龙汽车有限公司销售汽车 70.4 万辆，同比增长 28%；东风悦达起亚汽车有限公司销售汽车 64.6 万辆，同比增长 18.16%；东风柳州汽车有限公司销售汽车 28 万辆，同比增长 23.04%。

资料来源　佚名.东风经营规模连续五年行业第二[N].中国工业报，2015-01-16.

3. 三年利润平均增长率

$$三年利润平均增长率=\left(\sqrt[3]{\frac{年末利润总额}{三年前年末利润总额}}-1\right)\times100\%$$

该指标表明企业利润连续三年的增长情况。该指标越高，说明企业总收入越高，发展能力越强。

10.2.2　商誉竞争力

商誉竞争力使用商誉价值指标衡量。

商誉价值的计量一般有直接法和间接法。由于间接法一般在企业并购时使用，因此这里仅介绍直接法。

直接法，又称超额收益法，是指将商誉理解为"超额收益的现值"，即通过估测由于存在商誉而给企业带来的预期超额收益，并按一定方法推算出商誉价值的方法。一般有如下三种计算方法：

1. 超额收益现值法

这种方法是通过计算企业未来若干年可获得的"超额收益"的净现值来衡量商誉的价值。基本步骤是：

首先，计算企业的超额收益：

超额收益=预期收益-正常收益

=可辨认净资产公允价值×预期报酬率-可辨认净资产公允价值×同行业平均投资报酬率

其次，将各年的预期超额收益折现：

各年超额收益现值=各年预期超额收益×各年折现系数

最后，将各年超额收益现值汇总得出商誉价值：

商誉价值 = $\sum$ 各年超额收益现值

各年预期超额收益相等的情况下，上式可简化为：

商誉价值=年预期超额收益×年金现值系数

2. 超额收益资本化法

这种方法是根据"商誉是一种资本化价格"的原理，对超额收益进行本金化处理。收益资本化就是将若干年平均超额收益除以投资者应获得的正常投资报酬率，即：

$$商誉价值 = \frac{年超额收益}{资本化率}$$

3. 超额收益倍数法

这种方法是利用超额收益的一定倍数计算商誉价值，即：

商誉价值 = 年超额收益 × 倍数

商誉价值指标越高，说明企业的商誉给企业带来的预期超额收益越多，企业的市场潜力越大，发展能力越强。

10.2.3　人力资源竞争力

人力资源竞争力使用高等人才比率和人力资源稳定率两个指标衡量。

1. 高等人才比率

$$高等人才比率 = \frac{年初高等人才人数 + 年末高等人才人数}{年初在册人数 + 年末在册人数} \times 100\%$$

本书将高等人才定义为本科以上学历的员工。人们普遍认为，较高学历的员工能给企业的发展带来更多的生产技术和研发知识。该比率越高，说明企业人力资源的竞争力越高，发展潜力越大。

2. 人力资源稳定率

人力资源稳定率 = 1 - 人力资源流动率

$$人力资源流动率 = \frac{本年补充人数}{\dfrac{年初在册人数 + 年末在册人数}{2}} \times 100\%$$

其中，本年补充人数是指本年为补充离职人员而新招的人数，不包括企业为提高生产研发水平额外引进的人才。

通过人力资源流动率可以测量企业内部员工的稳定性。当一个企业流动率过大，说明企业对员工承担的社会责任并没有达到员工的要求，导致企业人才的大量流失。过高的流动率导致企业生产率下降，而招聘新员工付出的大量培训费用又增加了企业的成本。因此，过高的流动率不利于企业长期的发展。为了便于计算，需要使指标和发展能力呈现正相关关系，为此本书引入了人力资源稳定率指标。在高等人才比率和技术投入比率等指标的补充说明下，我们有理由认为人力资源稳定率越高的企业，发展能力越好。

10.2.4　产品竞争力

产品竞争力使用技术投入比率和固定资产成新率两个指标衡量。

1. 技术投入比率

$$技术投入比率 = \frac{当年技术转让费支出 + 研发投入}{当年主营业务收入净额} \times 100\%$$

技术投入比率为当年技术转让费和研发费用占主营业务收入的比率，反映了企业在技术创新方面的支出。"变则通，不变则亡"，企业要想持续发展，必须不断创新。只有通过研发才能增加企业产品的竞争力，扩大市场占有份额。因此，技术投入比率在一定程度上反映了企业的创新能力和持续发展能力。

2. 固定资产成新率

$$固定资产成新率 = \frac{年初固定资产净值 + 年末固定资产净值}{年初固定资产原值 + 年末固定资产原值} \times 100\%$$

固定资产成新率是企业当期平均固定资产净值与平均固定资产原值的比率，反映了企业拥有的固定资产的新旧程度。如果该指标很低，说明企业固定资产的年代久远，更新速度慢，不利于企业的发展。

【相关链接】

技术快速转化产品　高新技术企业成长"真经"

"要推进经济结构战略性调整。这是加快转变经济发展方式的主攻方向。必须以改善需求结构、优化产业结构、促进区域协调发展、推进城镇化为重点，着力解决制约经济持续健康发展的重大结构性问题。"十八大报告为我们指明了现阶段经济发展的方向，但如何促进产业结构优化，实现区域经济的战略性转移，一度成为各方思考的重点。低能耗、高效益、低污染、高附加值、高环保的项目成为国家重点扶植发展对象，短时间内高新技术企业面前出现了一个绝佳的发展壮大机会。在机会面前，有的企业走得更远，有的企业扼腕叹息。

近日，世界领先的拥有完全自主产权的 DEP 膜法水处理专利新技术发布会在人民大会堂顺利召开。在这场由呼和浩特市重大项目领导小组、呼和浩特经济技术开发区主办，内蒙古天一环境技术有限公司承办的盛大新技术发布会背后，我们就看到了一个高新技术企业的发展之路。

政府支持　科研先行

作为新一届政府统筹稳增长、调结构、促改革、惠民生的又一重大举措，国务院日前印发《关于加快发展节能环保产业的意见》，明确了今后 3 年的发展目标，包括节能环保产业产值年均增速 15%以上。到 2015 年，节能环保产业总产值达到 4.5 万亿元，成为国民经济新的支柱产业。通过推广节能环保产品，有效拉动消费需求；通过增强工程技术能力，拉动节能环保社会投资增长。内蒙古自治区、呼和浩特市政府在《关于加快发展节能环保产业的意见》的号召下，结合区域自身经济结构调整的需要，迅速抓住政策、产业发展机遇，内蒙古自治区呼和浩特市重大项目领导小组率先响应，组织列为本地区重大项目的相关企业积极研发努力创新。

其中，作为高新环保技术代表的内蒙古介电电泳应用技术研究院研发的介电电泳膜法水处理多项专利技术研发成功并实现产业化，成为内蒙古自治区呼和浩特市打造环保科技产业链的阶段性重大成果。在这背后就是政府支持、机构研发、企业助力的三方合作推动区域经济结构调整的新模式。政府提供政策支持及专业意见，专业机构潜心研发，企业实现技术落地转化产品，组建相关产业链条。看似简单，但更多的是三方有机协作共同发展。

介电电泳膜法水处理专利技术的研发成功及实现产业化，实现了分离膜技术的革命性突破，开辟了环境保护技术的新途径，在水处理方面的应用提高了水资源和能源利用率，填补了国际、国内及行业空白，为高浓度、高污染及难处理的污水处理领域提供了全新的解决途径，并具有国际领先性。以技术为法宝、政府为后盾，高科技企业拥有更为广阔的发展空间，也为我国经济建设发挥了很大的积极作用。

迅速转化　产品制胜

据悉，自膜法水处理技术问世以来，一直受困于膜面污染问题。目前主要采用曝气冲刷及定期化学药物清洗的方式，造成大量能耗，产生高额药剂成本。而此次发布的自主创新具有完整自主知识产权的高效、低耗、自清洁、可连续运行的 DEP 水处理分离膜元件专利技术从根本上解决了能耗问题，实现世界首创。

从内蒙古介电电泳应用技术研究院通过 DEP 放大应用技术与膜技术的结合，研发出 DEP 分离膜元件，到天一环境集团以 DEP 水处理分离膜元件为核心技术的水处理工艺装置研发成功，实现规模化投产。以往可能需要几年时间，但在此项新技术上，研发与产品几乎是同时问世，这体现出的就是从研发到生产一条龙的迅速反应，是高新技术企业获得成功的"真经"所在。

以往，高新技术转化为产品及生产力需要技术环境、产业协调、产品设计等众多环境，往往拥有技术而不能第一时间转化为产品，面向市场。而在此项目中，天一环境从研究院研发阶段就与科研机构产生密切联系，随着技术研发的进程实现产品研发。从根本上实现了技术到产品的一体化，完成技术与产品同步，缩短产品研发时间，实现了分离膜技术的革命性技术突破。

相较传统水处理膜元件，新技术不需要停机冲洗，实现了工艺连续运行，大幅度提高设备运行效率，相同条件下的吨水能耗由 1 600W.h 减少到 16W.h，能耗只有传统膜元件的 1%。DEP 膜元件具备更高、更广泛的污染物浓度适应性，膜元件恒定通量提高 5 倍以上，由于应用介电电泳效应，因此不需要曝气冲刷以防止膜面污染，有效提升处理效率，减低能耗成本。

天一环境以 DEP 膜元件为核心技术研发出 6 大类 20 多种具有自主知识产权的净水、污水处理装置。这一系列全自动运行的水处理装置，短流程、模块化、高效率、低能耗，目前已经完全实现规模化投产，无疑将在我国环境治理进程中发挥巨大作用。

资料来源　佚名 . 技术快速转化产品　高新技术企业成长"真经" [EB/OL].[2013-09-24].http: //news. xinhuanet.com/2013-09/24/c_125407702.htm.

本章小结

企业的发展与其所处的生存环境息息相关，无论是企业内在的素质及资源还是企业外部的经营环境都将影响企业的生存发展。传统的企业分析通常使用静态指标分析企业的盈利能力、偿债能力和经营能力，即使从动态的角度分析，也多使用增长率指标在企业内部进行跨年度的纵向分析，但从企业发展的角度来说，独善其身并不能确保企业的可持续发展。可以说，内部发展能力的持续稳定是企业发展的原动力，而外部经营环境却是保证企业发展的必要条件。本章将对已有的发展能力评价指标进行概述并提出一个可行的发展能力综合评价框架。企业只有通过满足所有利益相关者的需求才能实现企业的可持续发展。通过计算企业的发展能力得分，并通过企业内部及外部分析，进而确定企业的行业地位和潜在竞争者。

衡量企业持续盈利能力的指标主要有：净资产收益率、销售收入增长率、三年销售收入平均增长率和三年利润平均增长率。

衡量商誉竞争力的指标主要有商誉价值。

衡量人力资源竞争力的指标主要有高等人才比率、人力资源稳定率。

衡量产品竞争力的指标主要有技术投入比率、固定资产成新率。

各个单一指标都有其优缺点，因此在企业发展能力分析时需要谨慎使用单一指标，只有配合各项指标综合分析，才能恰当地评估企业的发展能力。

讨论题

1. 什么是企业发展能力？评价企业发展能力的目的是什么？
2. 可以从哪些角度评价企业发展能力？
3. 评价企业增长能力的指标有哪些？
4. 如何分析企业的持续盈利能力？
5. 企业发展能力分析与传统财务分析的区别是什么？

业务题

D 公司 2010—2013 年的销售收入和利润总额等指标见表 10-2。据此分析该公司 2013 年的持续盈利能力。

表 10-2　　　　　　　　　　D 公司 2010—2013 年相关财务数据　　　　　　　　单位：元

指标	2010 年	2011 年	2012 年	2013 年
销售收入	17 873 164 771	14 818 471 443	16 840 697 450	17 541 378 682
利润总额	12 737 659 942	15 552 562 771	16 987 210 288	17 385 516 278
所有者权益	64 368 090 701	100 909 757 021	116 640 020 713	126 612 800 179
净利润	12 773 319 903	15 590 169 767	17 026 875 298	17 417 504 918

案例分析

北汽福田汽车股份有限公司发展能力分析

北汽福田汽车股份有限公司（简称福田汽车），是一家跨地区、跨行业、跨所有制的国有控股上市公司。福田汽车成立于 1996 年 8 月 28 日，总部位于北京市昌平区。福田汽车现有资产近 300 多亿元，员工近 4 万人，是一个以北京为管理中心，在京、津、鲁、冀、湘、鄂、辽、粤、新等 9 个省市区拥有整车和零部件事业部，研发分支机构分布在中国大陆、日本、德国、中国台湾等国家和地区的大型企业集团。福田汽车已经成为我国品种最齐全、规模最大的商用车制造商，旗下拥有欧曼、欧 V、风景、传奇、欧马可、奥铃、萨普、时代等八大子品牌。"十一五"期间，福田汽车将继续秉承"高质量、低成本、全球化"的经营方针，以发展自主知识产权和自主品牌为主体，积极推进国际合作，培育国际竞争优势，把福田汽车打造成世界级汽车制造公司。

自成立以来，福田汽车依托完善的法人治理结构，坚持走技术创新、市场创新、机制创新和管理创新之路，实现了快速发展，在中国汽车工业史上创造了 8 年产销汽车 100 万辆的新纪录，并成长为中国汽车行业自主品牌和自主创新的中坚力量。2006 年，福田汽车以 139.68 亿元的品牌价值在汽车行业排名第四，同时在"中国 500 最具价值品牌"榜单中居第 42 位。2012 年，福田汽车实现了销售整车 62 万辆（含福田戴姆勒合资公司销量），商用车产销量排名全球第一位。

2013 年，在商用车微增长、产能过剩的现实情况下，福田汽车总体业绩稳中有升，销量完成 66.4 万辆，商用车继续排名第一位，国内市场占有率达到 16.2%。福田汽车品牌价值增长至 508.67 亿元，继续领跑中国商用车企业，至此，福田汽车已连续 9 年位居商用车榜首。2013 年，北汽福田汽车股份有限公司各产品主营业务收入与主营业务成本、毛利率相关财务数据见表 10-3。

表 10-3　　　　　　　　　　　　2013 年各产品相关财务数据

项目	主营业务收入（元）	主营业务成本（元）	毛利率（%）	主营业务收入比上年增减百分比（%）	主营业务成本比上年增减百分比（%）	毛利率比上年增减百分比（%）
轻卡	21 232 168 512.21	18 542 136 430.22	12.67	−0.71	−2.34	1.46
中重卡	1 129 000 536.71	987 074 966.29	12.57	−87.26	−88.07	5.93
轻客	4 317 208 707.53	3 980 315 682.85	7.80	95.61	92.54	1.47
大中客	2 514 560 254.81	2 267 072 504.27	9.84	34.96	31.18	2.60

问题探讨：

根据以上资料，并补充搜集北汽福田汽车股份有限公司其他相关资料和数据，你能够对北汽福田汽车股份有限公司的发展能力做出怎样的分析与综合评价呢？

第 11 章

财务综合能力分析

综合分析可以把握公司的整体情况，并将成绩或问题分解，为发挥公司潜力、解决困难和问题提供依据。

——王化成

学习目标

1. 理解企业综合分析的目的和内容；
2. 掌握沃尔评分法的基本内容、方法和思路；
3. 了解传统杜邦分析法和改进的杜邦分析法的区别；
4. 掌握改进的杜邦分析法的使用方法。

重点与难点

1. 财务综合能力的影响因素；
2. 杜邦分析法。

引　言

在综合梳理企业竞争力特别是煤炭企业竞争力的研究成果过程中，我们发现许多研究者只关注企业的一个或很少几个方面，缺少综合性和全面性。从本质上讲，企业是多个要素的集合体，是由众多生产要素集合而成的，因而企业的竞争力也应该是多要素发挥作用和功能的"力"的集合。煤炭企业竞争力是资源赋存、科技进步、人力资源、安全生产、规模效益、社会贡献、资本运作、环境保护等诸多要素共同作用的结果，任何仅反映单一要素作用的结果都不能独自作为评价指标。

从综合角度研究煤炭企业竞争力，应重点从以下几个方面加以理解：

（1）竞争性的市场环境。煤炭企业综合竞争力的研究是比较性的研究，必须将企业置于竞争性的市场环境之中，这样企业之间才有可比性，才能更有效地提升企业综合竞争力。同时，竞争性的煤炭市场环境不仅是理论前提，也是现实存在。通过市场化改革，我国的煤炭企业已成为自主经营、自负盈亏、自我发展的企业法人，充满竞争性的煤炭市场体系和市场竞争规则也已形成。相对于一般的加工业，煤炭产业的产品同一性更强，下游产业更集中。由这一客观条件所决定，煤炭产业与其他相关产业的竞争非常激烈。我们对煤炭企业综合竞争力的研究，始终应在竞争性的市场环境中进行。

（2）竞争优势的持续性。尽管我们不否认一些影响企业成败的偶然因素，但更要注重从必然性因素、从竞争优势的持续性方面进行研究。竞争优势的持续性包括内在持续性和外在持续性两层含义。内在持续性指企业要根据市场环境不断调整经营战略和进一步优化生产要素配置，以满足社会再生产的时间上的连续性和空间上的继起性基本要求，保持自身长期的生存和长远的发展。外在持续性则指企业在保持自身生存和发展的同时，努力自觉做到自身的经营行为与产业的外部环境相互协调，以维持整个产业的持续发展。企业不仅要关注电力、钢铁、水泥、煤化工等下游商品市场的健康有序发展，更要节约煤炭资源，保护生态环境，促进整个社会的可持续发展。煤炭企业是以煤炭资源开采为主要内容的生产，外部性的特征十分突出。因此，对煤炭企业综合竞争力的外在持续性的考察显得十分必要。

（3）生产效率的本质性。煤炭企业作为营利性组织，追求利润最大化是天经地义的。通过投入产出及由此而形成的规模效益，努力实现利润最大化，始终是提高煤炭企业综合竞争力的重要经济目标。改革开放以来，我国大多数煤炭企业已经不再是产业单一、产品单一的采掘类企业，而呈现出产业发展多极化、产品类型多样化这一具有普遍性的新特点。针对这一特点，我们特别强调，综合竞争力强的煤炭企业，在追求盈利最大化目标时，应主要靠突出主业，通过源源不断地提供数量足够、质量上乘的产品和特色服务并由此扩大差异性来提升综合竞争力。

（4）评价标准的综合性。盈利能力是煤炭企业综合竞争力的集中反映，盈利水平的高低是我们评价煤炭企业综合竞争力所始终关注的重点。我们在关注盈利能力的同时，更突出关注盈利后应该去做什么。煤炭行业的特殊性决定了煤炭企业不仅要追求利润最大化，还要承担比一般企业更重的安全生产、保护环境、节约资源、恢复生态等一系列社会责任。鉴于此，我们要以促进企业发展、改善人民生活、实现社会进步等多重质的综合尺度，通过相对公平的量的比较关系来评价煤炭企业竞争力。

（5）评价结果的阶段性。对煤炭企业综合竞争力的评价总是在特定的时空条件下进行的，其所依据的是这一特定条件下具有差异性的个别竞争优势。事实上，个别竞争优势会随着社会、政治、经济条件的变化和企业的发展而不断变化。个别竞争优势变化的结果必然引起综合竞争力的变化。例如，有的企业会由于资源耗竭而失去竞争力，这一事实说明某一特定时空条件下的煤炭企业综合竞争力具有阶段性的属性，这在客观上要求我们必须定期（比如说一年或一个规划期）根据变化了的情况对煤炭企业综合竞争力重新进行评价。

资料来源　中国煤炭企业综合竞争力研究课题组.从综合角度着眼，提高煤炭企业竞争力[N].中国煤炭报，2011-09-02.

11.1 财务综合能力分析的目的和内容

11.1.1 财务综合能力分析的目的

企业的生产经营活动是一个有机的整体，为了更好地评价企业的生产经营活动，我们需要一个相互联系、相互制约的评价系统，这就是财务综合能力分析系统。

财务综合能力分析的总体目标是考核过去、评价现在和预测未来。

财务综合能力分析的具体目的有：

（1）评估企业分析期的经营绩效。通过财务报告分析提供的数据资料，对企业财务状况和经营成果进行客观、公正的评价，肯定企业的成绩，提出问题，并将企业实际指标数据与以前各期、计划指标、同类企业的同期和先进指标进行比较，以判断企业在分析期的管理水平和经营业绩。

（2）分析影响企业财务状况和经营成果的各个因素，挖掘企业的潜力。按照企业各项经济指标的性质以及各指标之间的相互关系，来寻找影响企业财务指标变动的有关因素，并对其进行量化。企业中的各项指标不是孤立存在的，它们都是相互联系、相互影响、相互作用的，而每一个指标往往又受各种因素的综合影响。通过分析影响因素和计算影响程度，可以分清影响企业财务指标的有利因素和不利因素、主要因素和次要因素，然后对各项指标变动的结果进行综合分析，找出差距，查明原因，制定改进措施，以便挖掘企业各个方面的潜力，即提高企业经济效益的可能性。

（3）监督企业执行政策、法令以及规章制度的情况。作为市场经济中的一员，企业必须遵守国家的法律法规，并执行国家有关的规章制度。因此，在进行财务报告数据资料的综合分析时，还应该结合国家有关经济的法律法规和规章制度，来考察企业是否按照法律法规办理各项业务，是否按照规定披露企业的有关财务信息，是否按照国家有关政策正确计算和分配利润，是否足额地缴纳税金，是否遵守财经纪律、信贷制度合理筹集和使用资金。

（4）预测企业未来的趋势，提供决策的依据。经营活动的中心在于管理，管理的中心在于决策。企业的财务活动是一个复杂的总体，财务综合能力分析应从各项财务指标的分析中去粗取精、去伪存真、由表及里、由此及彼，找出各项财务指标之间本质的、必然的联系。财务分析者根据分析结果认真评价过去，科学地规划未来，提出改进建议，作为进行决策、制定措施的参考。

11.1.2 财务综合能力分析的内容

财务综合能力分析系统将企业的营运能力、偿债能力和盈利能力等诸多方面一同纳入一个有机的整体之中，对企业的经营状况和财务状况进行解剖和分析，为全面考核企业再生产各个主要方面的经济效果和制定决策提供重要的依据。

财务综合能力分析要揭示的是各种财务经济指标之间的相互联系和协调关系，从而全面评价经济活动过程及其成果，以便进一步提高经济效益，挖掘企业潜力。

由于通过对财务报告进行综合分析提供的财务信息是分析人员运用各种科学的方法，压缩数量、提高质量并对其加工整理后形成的高级财务信息，因此，在运用这些信息规划未来的活动时就不会失误，减少了财务决策的盲目性。

财务综合能力分析的方法或体系较多，其中影响比较广的有沃尔分析法、杜邦分析法和帕利普分析法等。

11.2 沃尔分析法

沃尔分析法，也称沃尔比重评分法，是指将选定的财务比率用线性关系结合起来，并分别给定各自的分数比重，然后通过与标准比率进行比较，确定各项指标的得分及总体指标的累计分数，从而对企业的信用水平做出评价的方法。

1928 年，亚历山大·沃尔出版的《信用晴雨表研究》和《财务报表比率分析》中提出了信用能力指数的概念。他选择了七个财务比率，即流动比率、产权比率、固定资产构成率、存货周转率、应收账款周转率、固定资产周转率和权益资本周转率，分别给定各指标的比重，然后确定标准比率（以行业平均数为基础），将实际比率与标准比率相比，得出相对比率，将此相对比率与各指标比重相乘，得出总评分，以此来评价企业的财务状况。

11.2.1 沃尔比重评分法的基本步骤和缺陷

1. 沃尔比重评分法的基本步骤

（1）选择评价指标并分配指标权重。

盈利能力指标：资产净利率、销售净利率、净资产报酬率；

偿债能力指标：自有资本比率、流动比率、应收账款周转率、存货周转率；

发展能力指标：销售增长率、净利增长率、资产增长率。

按重要程度确定各项比率指标的评分值，评分值之和为 100。

三类指标的评分值约为 5∶3∶2。盈利能力指标三者的比例约为 2∶2∶1，偿债能力指标和发展能力指标中各项具体指标的重要性大体相当（见表 11-1）。

表 11-1 沃尔比重评分法财务比率

财务比率	权重 ①	标准值 ②	实际值 ③	相对值 ④=③÷②	评分 ⑤=①×④
资产净利率	20				
销售净利率	20				
净值报酬率	10				
自有资本比率	8				
流动比率	8				
应收账款周转率	7				
存货周转率	7				
销售增长率	7				
净利增长率	7				
资产增长率	6				

（2）确定各项比率指标的标准值，即各项比率指标在企业现时条件下的最优值。

（3）计算企业在一定时期各项比率指标的实际值：

资产净利率=净利润÷资产总额×100%

销售净利率=净利润÷销售收入×100%

净资产报酬率=净利润÷净资产×100%

自有资本比率=净资产÷资产总额×100%

流动比率=流动资产÷流动负债

应收账款周转率=赊销净额÷平均应收账款余额

存货周转率=产品销售成本÷平均存货成本

销售增长率=销售增长额÷基期销售额×100%

净利增长率=净利增加额÷基期净利×100%

资产增长率=资产增加额÷基期资产总额×100%

（4）计算指标得分并形成评价结果。

2. 沃尔比重评分法的缺陷

（1）未能证明为什么要选择这七个指标而不是更多或更少些，或者选择别的财务比率，而且未能证明每个指标所占比重的合理性。

（2）计算各个指标得分的公式为：实际分数=实际值÷标准值×权重。该公式存在明显的缺陷，倘若当实际值>标准值为理想时，使用公式计算的结果正确；但当实际值<标准值为理想时，实际值越小，得分应越高，而用此公式计算的结果却恰恰相反。

（3）当某一单项指标的实际值畸高时，会导致最后总分大幅度增加，掩盖了情况不良的指标，从而给管理者造成一种假象。

（4）沃尔评分法从技术上讲也有一个问题，就是某一个指标严重异常时，会对总评分产生不合逻辑的重大影响。这个毛病是由财务比率与其比重相乘引起的。财务比率提高一倍，评分增加 100%；而缩小一半，其评分只减少 50%。

11.2.2　沃尔比重评分法在我国的应用

沃尔比重评分法在我国实践中应用非常广泛。20 世纪 90 年代以来，各部委颁布了一系列综合评价体系。这些综合评价体系都是以沃尔比重评分法作为基本思想的。其中，1995 年财政部发布的经济效益评价指标体系和 1999 年发布并在 2002 年修订的国有资本金绩效评价规则最具代表性。

1. 经济绩效评价指标体系

从 1995 年财政部发布的指标体系看，评价企业财务状况的指标有：①销售利润率；②总资产报酬率；③资本收益率；④资本保值增值率；⑤资产负债率；⑥流动比率（或速动比率）；⑦应收账款周转率；⑧存货周转率；⑨社会贡献率；⑩社会积累率。这十大指标主要是从企业投资者、债权人、管理者及企业对社会的贡献四个方面进行考虑的，因此可以分为四类：①～④为获利能力指标；⑤～⑥为偿债能力指标；⑦～⑧为营运能力指标；⑨～⑩为社会贡献指标。

该套指标体系综合评分的一般方法如下：①以行业平均先进水平为标准值；②标准值的重要性总计为 100 分，其中销售利润率为 15 分、总资产报酬率为 15 分、资本收益率为 15 分、资本保值增值率为 10 分、资产负债率为 5 分、流动比率（或速动比率）为 5 分、应收账款周转率为 5 分、存货周转率为 5 分、社会贡献率为 10 分、社会积累率为 15 分；③根据企业财务报表分别计算这十项指标的实际值，然后加权平均计算综合实际分数。

2. 国有资本金绩效评价规则

1999 年 6 月 1 日，国家财政部、国家经贸委、人事部、国家计委联合颁布了《国有资本金效绩评价规则》和《国有资本金效绩评价操作细则》。2002 年 2 月 22 日，财政部、国家经贸委、中共中央企业工作委员会、劳动和社会保障部、国家计委对《国家资本金效绩评价操作细则》进行了重新修订，修改了某些指标，制定了《企业效绩评价操作细则（修订）》，标志着新型企业绩效评价体系和评价制度在我国的初步建立。2006 年国务院国有资产监督委员会颁布《中央企业综合绩效评价管理暂行办法》和《中央企业综合绩效评价实施细则》，强调企业综合绩效评价应充分体现市场经济原则和资本运营特征，综合评价企业的经营绩效和努力程度，促使企业提高市场竞争能力。

现行的国有企业绩效评价体系由 3 个子体系组成：①绩效评价制度体系；②绩效评价组织体系；③绩效评价指标体系。根据《中央企业综合绩效评价实施细则》，中央企业综合绩效评价指标由 22 个财务绩效定量评价指标和 8 个管理绩效定性评价指标组成。其中，财务绩效定量评价指标由反映企业盈利能力状况、资产质量状况、债务风险状况和经营增长状况的 8 个基本指标和 14 个修正指标构成，用于综合评价企业财务会计报表所反映的经营绩效状况；企业管理绩效定性评价指标包括战略管理、发展创新、经营决策、风险控制、基础管理、人力资源、行业影响、社会贡献等八个方面的指标，主要反映企业在一定经营期间所采取的各项管理措施及其管理成效。具体指标体系见表 11-2。

表 11-2　　　　　　　　　　　中央企业综合绩效评价指标及权重表

评价内容与权数	财务绩效（70%）					管理绩效（30%）	
	基本指标	权重（%）	修正指标	权重（%）		评议指标	权重（%）
盈利能力状况　34	净资产收益率 总资产报酬率	20 14	销售（营业）利润率 盈余现金保障倍数 成本费用利润率 资本收益率	10 9 8 7		战略管理 发展创新 经营决策 风险控制 基础管理 人力资源 行业影响 社会贡献	18 15 16 13 14 8 8 8
资产质量状况　22	总资产周转率 应收账款周转率	10 12	不良资产比率 流动资产周转率 资产现金回收率	9 7 6			
债务风险状况　22	资产负债率 已获利息倍数	12 10	或有负债比率 现金流动负债比率 带息负债比率 速动比率	6 6 5 5			
经营增长状况　22	销售（营业）利润增长率 资本保值增值率	12 10	销售（营业）利润增长率 总资产增长率 技术投入比率	10 7 5			

3．修订前后指标体系的比较

①修订后指标体系更重视对资产质量和债务风险的反映。如修订后反映资产质量状况的修正指标中新增资产现金回收率指标（6%），不良资产比率的比重也略有上升；修订后反映债务风险状况的修正指标新增了或有负债比率（6%）和带息负债比率（5%），而速动比率权重降低了5%。

②修订后指标体系更重视反映战略管理和风险控制的重要性。修正后评议指标中战略管理指标的权重为18%，而修正前经营发展战略指标的权重为12%；修正后的评议指标新增了风险控制指标，且其权重达到13%

③修订后指标体系在指标设置上更严谨。

11.3　杜邦分析法

11.3.1　杜邦分析法的概念

杜邦分析法是利用几种主要的财务比率之间的关系来综合地分析企业的财务状况。这种分析方法最早由美国杜邦公司使用，故名杜邦分析法，也称杜邦分析体系（The Du Pond System）。杜邦分析法是一种用来评价公司赢利能力和股东权益回报水平，从财务角度评价企业绩效的一种经典方法。其基本思想是将企业净资产收益率逐级分解为多项财务比率乘积，进而深入分析比较企业经营业绩。

杜邦分析法最显著的特点是将若干个用以评价企业经营效率和财务状况的比率按其内在联系有机地结合起来，形成一个完整的指标体系，并最终通过权益收益率来综合反映。采用这一方法，可使财务比率分析的层次更清晰、条理更突出，为报表分析者全面仔细地了解企业的经营和盈利状况提供方便。

杜邦分析法有助于企业管理层更加清晰地看到权益资本收益率的决定因素，以及销售净利率与总资产周转率、债务比率之间的相互关联关系，给管理层提供了一张明晰的考察公司资产管理效率和是否最大化股东投资回报的路线图。

11.3.2　杜邦分析体系

1．杜邦分析体系的核心指标

杜邦分析体系的核心指标是净资产收益率，它是一个综合性很强的财务分析指标。其计算公式如下：

$$
\begin{aligned}
净资产收益率 &= \frac{净利润}{平均净资产} \\
&= \frac{净利润}{平均资产总额} \times \frac{平均资产总额}{平均净资产} \\
&= 资产净利率 \times 平均权益乘数
\end{aligned}
\tag{11-1}
$$

$$
\begin{aligned}
资产净利率 &= \frac{净利润}{平均资产总额} \\
&= \frac{净利润}{销售收入} \times \frac{销售收入}{平均资产总额} \\
&= 销售净利率 \times 总资产周转率
\end{aligned}
\tag{11-2}
$$

由式（11-1）和式（11-2）可得：

净资产收益率 = 主营业务净利率 × 总资产周转率 × 平均权益乘数　　　　　　　（11-3）

　　资产净利率是影响净资产收益率的最重要的指标，取决于销售净利率和总资产周转率的高低。总资产周转率反映总资产的周转速度。要判明影响公司资产周转的主要问题在哪里，就需要对影响资产周转的各因素进行分析。销售净利率反映销售收入的收益水平。扩大销售收入、降低成本费用是提高企业销售净利率的根本途径，而扩大销售同时也是提高总资产周转率的必要条件和途径。

　　权益乘数表示企业的负债程度，反映了公司利用财务杠杆进行经营活动的程度。资产负债率高，权益乘数就大，这说明公司负债程度高，公司会有较多的杠杆利益，但风险也高；反之，资产负债率低，权益乘数就小，这说明公司负债程度低，公司会有较少的杠杆利益，但风险也低。

　　2. 杜邦分析体系的基本框架

　　杜邦分析体系的基本框架可以用图 11-1 表示。

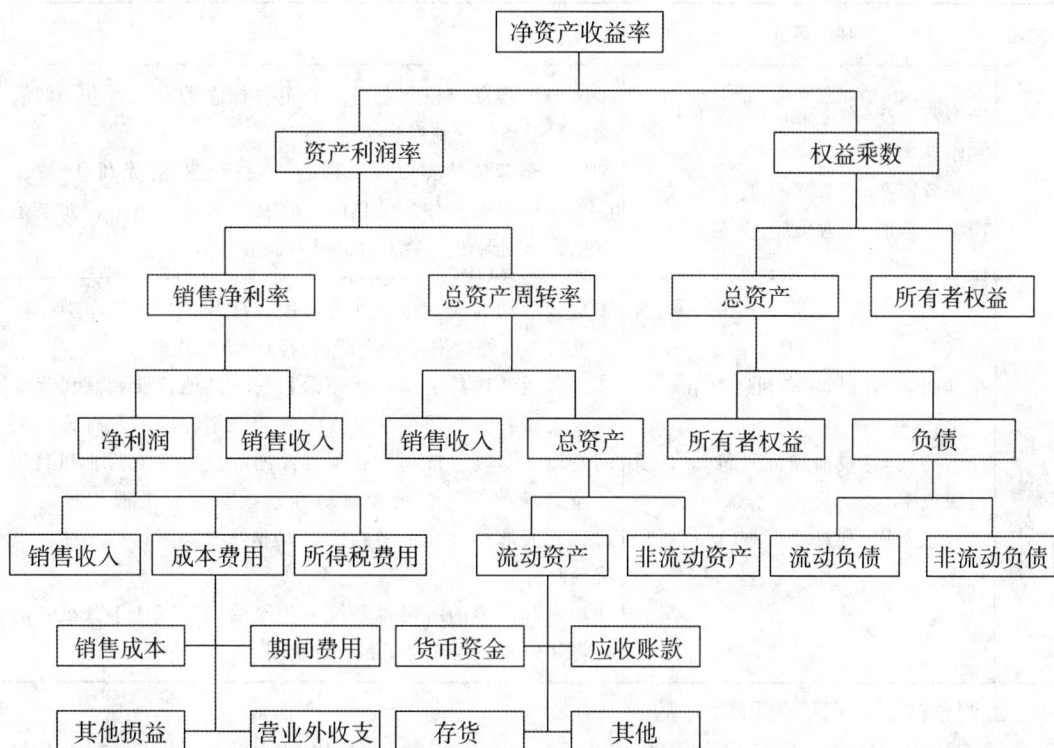

图 11-1　杜邦分析体系的基本框架

　　该体系是一个以净资产收益率为主线的多层次财务比率分解体系。各项财务比率在每一层次上与本企业历史或同行业数据进行比较，比较后向下一级分解。这种逐级向下分解的方式能够覆盖企业经营活动的每一个环节，进而实现系统、全面评价企业经营成果和财务状况的目的。然而这一分析体系也存在局限性，表现如下：

　　（1）计算资产利润率的总资产和净利润不匹配。总资产是全部资产提供者享有的资产，而净利润是专属于股东的。两者相除不满足投入产出匹配的原则，因此该指标不能反映实际的报酬率。

　　（2）没有区分经营活动损益和金融活动损益。对于多数企业来说，金融活动是净筹资，它们在金融市场上主要是筹资而不是投资。筹资活动不产生利润，而是产生费用。从财务管理的基本概念来看，企业的金融资产是投资活动的剩余，是尚未投入实际经营活动的资产，应该将其从经营资产中剔除。与此相对应，金融费用也应该从经营收益中剔除，才能使经营资产和经营收益匹配。

（3）没有区分有息负债与无息负债。利息支出仅仅是有息负债的成本，因此，只有利息支出与有息负债相除才是实际的平均利息率。并且，只有有息负债与股东权益相除才能得到更符合实际的财务杠杆。无息负债本来就没有杠杆作用，将其计入财务杠杆会歪曲杠杆的实际作用。

11.3.3 改进的杜邦分析法

1. 改进的杜邦分析体系的主要概念

改进的杜邦分析体系的主要概念见表 11-3。

表 11-3   改进的杜邦分析体系的主要概念

报表	基本等式	主要概念
资产负债表	净经营资产=净金融负债+股东权益 其中： 净经营资产=经营资产-经营负债 净金融负债=金融负债-金融资产	①区分经营资产和金融资产的主要标志是有无利息。如果能够取得利息，则列为金融资产 ②区分经营负债和金融负债的一般标准是有无利息要求。应付项目的大部分为无息的，将其列入经营负债；如果是有息的，则属于金融活动，列为金融负债
利润表	净利润=经营利润-净利息费用 其中： 经营利润=息税前经营利润×（1-所得税税率） 净利息费用=利息费用×（1-所得税税率）	①金融活动的损益是净利息费用，即利息收入的净额。除金融活动以外的损益，全部视为经营活动损益 ②经营活动损益主要包括经营利润、其他营业利润和营业外收支。经营利润等于销售收入减去销售成本及有关的期间费用，是具有持续性和预测性的收益；其他营业利润包括资产减值损失、公允价值变动损益和长期股权投资收益，它们的持续性不易判定；营业外收支不具持续性，没有预测价值 ③法定利润表的所得税是统一扣除的。为了便于分析，需要将其分摊给经营利润和利息费用

2. 调整的资产负债表和利润表

根据上述概念，重新编制 S 公司经调整的资产负债表和利润表，见表 11-4 和表 11-5。

表 11-4   调整的资产负债表

编制单位：S公司   2013 年 12 月 31 日   单位：元

净经营资产	年末余额	年初余额	净负债及股东权益	年末余额	年初余额
经营资产：			金融负债：		
应收票据	1 528 517 522.10	1 568 800 877.00	短期借款	1 200 000.00	64 508 000.00

净经营资产	年末余额	年初余额	净负债及股东权益	年末余额	年初余额
应收账款	729 557 891.22	371 924 320.37	吸收存款及同业存款	—	—
预付款项	411 451 092.97	576 430 358.52	交易性金融负债		
应收利息	448 230 974.72	—	长期借款		
应收股利	618 210 697.15	6 881 214 320.79	应付债券		
其他应收款	732 148 603.50	1 177 722 625.90	金融负债合计	1 200 000.00	64 508 000.00
买入返售金融资产	—	—			
存货	1 270 657 653.67	1 124 284 469.32			
一年内到期的非流动资产	1 150 882 798.16	2 391 915 135.00			
其他流动资产	7 448 087 257.07	4 721 800 000.00			
持有至到期投资	—	—			
长期应收款	—	206 347 798.16			
长期股权投资	74 812 750 277.08	65 654 951 529.68			
投资性房地产	347 342 603.70	359 196 410.69	金融资产：		
固定资产	3 885 316 541.31	4 112 544 054.11	货币资金	39 964 590 909.55	37 921 043 431.96
在建工程	1 199 119 820.34	712 388 433.31	交易性金融资产	—	—
无形资产	1 633 316 043.87	2 541 070 960.71	可供出售金融资产	4 719 654 253.35	5 076 436 663.25
开发支出	—	601 856 307.40	金融资产合计	44 684 245 162.90	42 997 480 095.21
长期待摊费用	—	—	净负债	-44 683 045 162.90	-42 932 972 095.21
递延所得税资产	—	—			
其他非流动资产	2 220 457 958.04	1 008 024 113.42			

净经营资产	年末余额	年初余额	净负债及 股东权益	年末余额	年初余额
经营资产合计	98 436 047 734.90	94 010 471 714.38			
经营负债：					
应付票据	—	—			
应付账款	6 894 878 780.15	5 909 312 451.30			
预收账项	691 916 996.68	410 594 478.56			
应付职工薪酬	1 947 665 741.76	1 170 711 960.23			
应交税费	-47 072 457.12	114 147 508.95			
应付利息	—	—			
应付股利	—	—			
其他应付款	740 765 748.01	407 064 050.00			
一年内到期的非 流动负债	240 280 081.30	6 385 856 465.00			
其他流动负债	—	—			
长期应付款	—	—	股东权益：		
专项应付款	939 884 119.00	972 655 000.00	股本	11 025 566 629.00	11 025 566 629.00
预计负债	547 355 040.27	313 290 318.98	资本公积	50 680 755 600.39	51 510 141 075.56
递延所得税负债	—	135 787 194.02	盈余公积	16 943 432 989.44	13 459 932 005.70
其他非流动负债	4 550 618 668.57	4 484 003 669.48	未分配利润	47 963 044 960.35	40 644 381 002.81
经营负债合计	16 506 292 718.62	20 303 423 096.52	股东权益合计	126 612 800 179.18	116 640 020 713.07
净经营资产	81 929 755 016.28	73 707 048 617.86	净负债及股东权益	81 929 755 016.28	73 707 048 617.86

表 11-5 调整的利润表

编制单位：S公司　　　　　　　　　　2013 年度　　　　　　　　　金额单位：元

项　目	本期金额	上期金额
经营活动：		
一、营业收入	18 585 566 506.07	17 811 015 046.41
减：营业成本	16 913 553 598.94	16 037 008 567.98
二、毛利	1 672 012 907.13	1 774 006 478.43
减：营业税金及附加	324 307 311.75	462 301 881.40
销售费用	2 455 261 031.10	2 030 113 918.46
管理费用	5 476 307 929.36	3 253 592 900.69
三、主要经营利润	-6 583 863 365.08	-3 972 002 222.12
减：资产减值损失	1 000 054 396.16	143 473 592.06
加：公允价值变动收益	—	—
投资收益	23 938 728 772.77	20 714 177 723.04
四、税前营业利润	16 354 811 011.53	16 598 701 908.86
加：营业外收入	243 868 752.52	210 953 825.71
减：营业外支出	81 009 616.44	-130 543 494.67
五、税前经营利润	16 517 670 147.61	16 940 199 229.24
减：经营利润所得税费用	-30 391 838.50	-39 555 239.40
六、经营利润	16 548 061 986.11	16 979 754 468.64
金融活动：		
一、税前利息费用	-867 846 131.13	-47 011 059.65
减：利息费用减少所得税	1 596 801.44	109 770.48
二、净利息费用	-869 442 932.57	-47 120 830.13
利润合计：		
税前利润合计	17 385 516 278.74	16 987 210 288.89
所得税费用合计	-31 988 639.94	-39 665 009.88
税后净利润合计	17 417 504 918.68	17 026 875 298.77
备注：平均所得税税率	-0.18%	-0.23%

3. 改进的杜邦分析体系的核心公式

$$净资产收益率=\frac{经营利润}{股东权益}-\frac{净利息}{股东权益}$$

$$=\frac{经营利润}{净经营资产}\times\frac{净经营资产}{股东权益}-\frac{净利息}{净负债}\times\frac{净负债}{股东权益}$$

$$=\frac{经营利润}{净经营资产}\times(1+\frac{净负债}{股东权益})-\frac{净利息}{净负债}\times\frac{净负债}{股东权益}$$

$$=净经营资产利润率+(净经营资产利润率-净利息率)\times净财务杠杆$$

从公式中可以看出来，净资产收益率的驱动因素包括：净经营资产利润率、净利息率和净财务杠杆。根据调整的资产负债表和利润表计算有关的财务比率见表 11-6。改进的杜邦分析体系的基本框架如图 11-2 所示。

表 11-6 　　　　　　　　　　　　**S 公司主要财务比率及其变动**

主要财务比率	行次	本年	上年	变动
经营利润率（经营利润/营业收入）（%）	①	89.04	95.33	-6.29
净经营资产周转次数（营业收入/净经营资产）	②	0.23	0.24	-0.01
净经营资产利润率（经营利润/净经营资产）（%）	③=①×②	20.20	23.04	-2.84
净利息率（净利息/净负债）（%）	④	1.95	0.11	1.84
经营差异率（净经营资产利润率-净利息率）（%）	⑤=③-④	18.25	22.93	-4.68
净财务杠杆（净负债/股东权益）（%）	⑥	-35.29	-36.81	1.52
杠杆贡献率（经营差异率×净财务杠杆）（%）	⑦=⑤×⑥	-6.44	-8.44	2
净资产收益率（%）	⑧=③+⑦	13.76	14.6	-0.84

4. 净资产收益率的驱动因素分解

使用连环替代法确定各影响因素对净资产收益率变动的影响程度（见表 11-7）。

根据表 11-7 可以看出，该公司净资产收益率比上年降低了 0.84%，其中主要影响因素是：（1）净经营资产利润率较上年降低 2.84%，使净资产收益率下降了 1.80%；（2）净利息率较上年增加了 1.84%，使净资产收益率上升了 0.68%；（3）财务杠杆较上年增加了 1.52%，使净资产收益率上升了 0.28%。因此得出结论，该公司净资产收益率下降的主要原因是净经营资产利润率的下降。

下面进一步分析净经营资产利润率下降的原因。

净经营资产利润率=经营利润率×净经营资产周转次数

较之于上年，S 公司的经营利润率下降了 6.29%，净经营资产周转次数减少了 0.01 次，说明该公司的经营资产盈利能力减弱并且周转速度也略有下降。但继续剖析经营利润率会发现，2013 年该公司主要经营利润率为-35.42%，而投资收益为 23 938 728 772.77 元，该公司经营收益主要来自投资收益，这种收益的不稳定性不易判断，具有较差的预测性。该公司主营业务出现大幅亏损，需要进一步剖析以确定原因并进行整治。

净资产收益率

净经营资产利润率　　杠杆贡献率

经营利润率　　净经营资产周转次数　　经营差异率 18.25%　　净财务杠杆 −35.29%

毛利率 9.00%

收入管理　成本管理

经营资产周转次数 0.1888

资产利润率 21.26%

净负债 −44 683 045 162.90

期间费用率

主要利润率

存货管理

负债利息率 1.95%

股东权益 126 612 800 179.18

其他营业利润率

营业利润率

应收账款管理

净利息 −869 442 932.57

资本结构政策

应付款项管理

营业外收支率

税前经营利润率 88.87%

长期资产管理

有息负债 1 200 000.00

利润留存政策

经营负债与收入比 0.8881

长期债务政策

所得税与收入比 −0.17%

短期经营负债

长期经营负债

营运资金政策

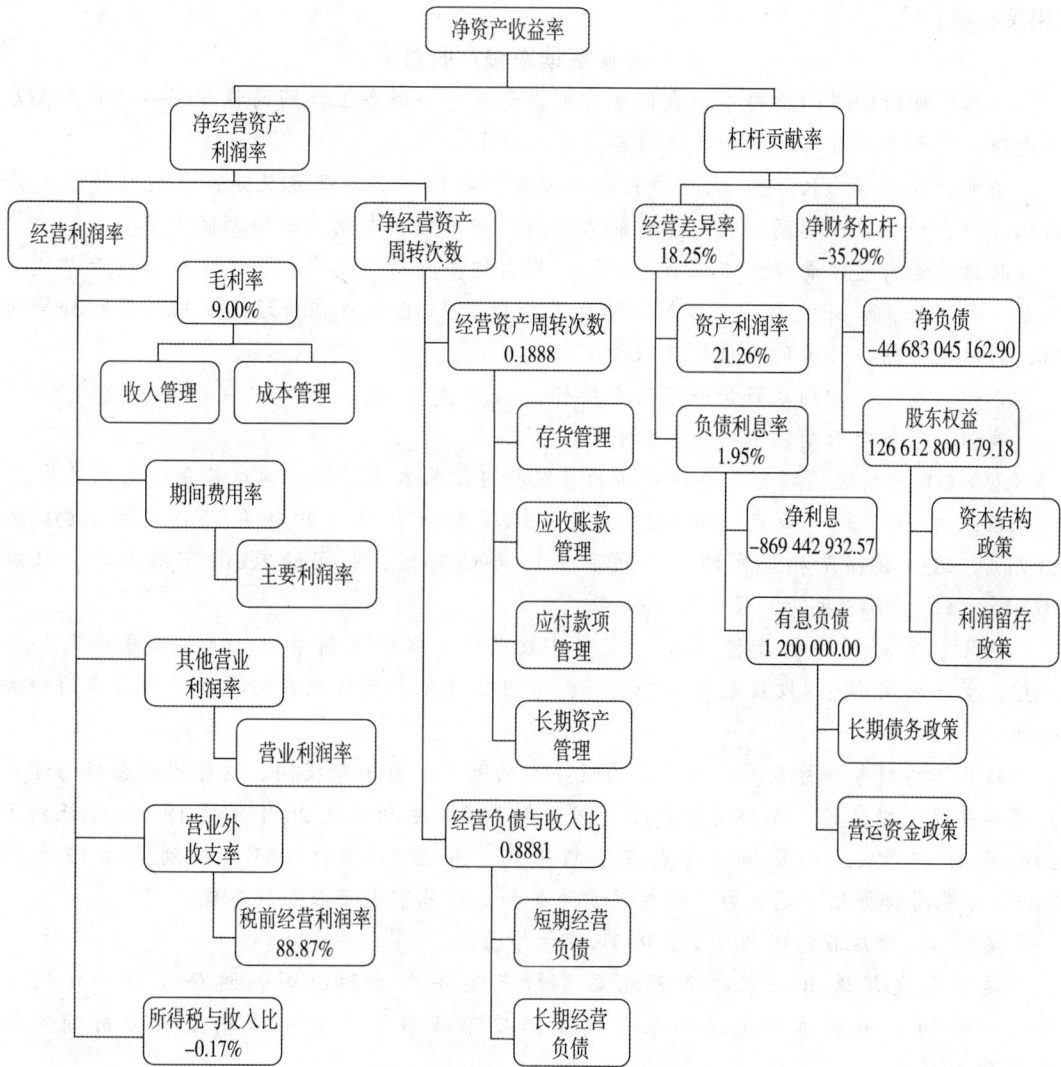

图 11-2　改进的杜邦分析体系的基本框架

表 11-7　　　　　　　　　　S 公司净资产收益率变动的因素分析（%）

变动影响因素	净经营资产利润率	净利息率	经营差异率	净财务杠杆	杠杆贡献率	净资产收益率	变动影响
上年净资产收益率	23.04	0.11	22.93	−36.81	−8.44	14.60	
净经营资产利润率变动	20.20	0.11	20.09	−36.81	−7.40	12.80	−1.80
净利息率变动	20.20	1.95	18.25	−36.81	−6.72	13.48	0.68
财务杠杆变动	20.20	1.95	18.25	−35.29	−6.44	13.76	0.28

【相关链接】

三个案例解读净资产收益率

在巴菲特所购买的公司中，我们常常可以看到一个财务上共同的特点——净资产收益率很高，比如可口可乐的净资产收益率在20%以上。

净资产收益率（ROE）就是净利润与净资产之比，其实质意义是衡量股东的投入产出比。净资产收益率越高，代表盈利能力越高，相同的股本创造的净利润更多。

既然投资者是冲着投资者收益率来的，那么这个指标听起来似乎是比较接近于"投资真相"的。但是，并没有"一招鲜"的财务指标。ROE也存在着过度使用财务杠杆等问题，所以还得结合公司的负债情况来看。

下面通过三个案例来解读一下这个指标。

案例一：苏宁云商的ROE连续降低。

看ROE的情况，特别是连续数年的情况，可以基本上掌握公司这几年的变化趋势。

在这方面，苏宁云商（002024.SZ）就比较有代表性。2011年，公司的ROE为23.71%，这一数据是相当高的，而到了2012年的时候，公司的ROE下降大半，只有10.54%，到了2013年的时候只有1.31%。

根据杜邦分析法的指标公式"净资产收益率＝销售净利率（NPM）×资产周转率（AU，资产利用率）×权益乘数（EM）"，可以从这几个指标来分析净资产收益率的构成情况。

从具体的财务指标来看，苏宁云商近年来的财务杠杆不断提高，这体现在公司的资产负债率是逐渐提高的。而公司的产品利润连年下降，毛利率从2011年的18.94%降低到了2013年的15.21%。存货周转率也在不断下降，从2011年的6.65下降到了2012年的5.03，可见周转得越来越乏力。这些因素的叠加，让苏宁近年来业绩不佳。

案例二：通威股份回归主业，ROE连续增长。

接下来我想选出一家净资产收益率情况逐年上升的公司，这还是有一定的难度，这样的公司显然要比三年来连续下降要难找多了。这也证明了好公司确实很需要耐心寻找。

好不容易找到一家做饲料的公司——通威股份（600438.SH）近三年的ROE是逐年上升的。

通威股份在2011—2013年的净资产收益率分别为6.01%、6.61%和16.34%。

分析公司近年来的财务情况，就可以发现它最近三年无论在毛利率还是在存货周转率上都是不断提高的。其产品毛利率并不高，但是从2011年的7.33%提高到了2013年的9.79%，而存货周转率也从2011年的11.99提高到了2013年的13.8。

通威股份近几年业绩的增长是因为将精力放回主业——饲料业务上。公司之前将精力、资源放到新能源业务上，饲料业务增速缓慢。而从2010年开始，公司将精力重新放回饲料业务上。

公司方面称，今后的第一发展要务是继续突出水产板块，未来两年的主营业务或将继续保持快速增长。

案例三：盛达矿业净资产收益率逾50%，一定就好吗？

我们在提到净资产收益率的时候，一向会强调要寻找该项指标高的公司。但是，这项指标就一定是越高越好吗？

比如盛达矿业（000603.SZ），其去年的净资产收益率为 50.7%，这一指标是相当高的。那么这一定是好事情吗？

我们发现，公司的 ROE 水准之所以较高，是因为其毛利率很高，在 80% 以上，而这也是矿业公司的通常情况。

与同行相比，盛达矿业的 ROE 水准还不是最高的，比如建新矿业的 ROE 就在 60% 以上。可见，分析 ROE 还要根据行业属性分析。

事实上，盛达矿业这几年的 ROE 出现了下降的趋势，在 2012 年为 54.5%。而公司净利润在这一年中也出现了减少，可见不能简单从 ROE 的高低确定公司的基本面。

资料来源　江怡曼.三个案例解读净资产收益率[N].第一财经日报，2014-06-27.

11.4　帕利普分析法

帕利普分析法，也称帕利普财务分析体系，是哈佛大学教授克雷沙·帕利普（Krishna G. Palepu）对杜邦分析体系进行了变形、补充而发展起来的。帕利普在《经营透视：企业分析与评价》一书中将财务分析体系中常用的财务比率划分为四大类：偿债能力比率、盈利能力比率、资产管理效率比率、现金流量比率。帕利普财务分析体系的原理是将某一个要分析的指标层层展开，以便探究财务指标发生变化的根本原因。

帕利普财务分析体系的分析过程包括以下五个方面：可持续增长率分析、利润动因分析、经营管理评估、投资管理评估和财务管理评估。

1. 可持续增长率分析——统一财务比率

从长远看，企业的价值取决于企业的盈利和增长能力，而这两项能力又取决于产品市场战略和资本市场战略。其中，产品市场战略包括企业的经营战略和投资战略；资本市场战略包括融资战略和股利政策。财务分析的目的就是评价企业在经营管理、投资管理、融资战略和股利政策四个领域的管理效果。可持续增长率是企业在保持利润能力和财务政策不变的情况下能够达到的增长比率，它取决于净资产收益率和股利政策。因此，可持续增长率将企业的各种财务比率统一起来，以评估企业的增长战略是否可持续，其原理如图 11-3 所示。

可持续增长率=净资产收益率×（1-股利支付率）

$$净资产收益率（ROE）=\frac{净利润}{平均净资产}$$

2. 利润动因分析——分解净资产收益率

企业的净资产收益率受两个因素的影响，即企业利用资产的有效性、与股东的投资相比企业的资产基础有多大。

净资产收益率=资产收益率×财务杠杆

为了更直观地了解利润的动因，净资产收益率可以进一步分解为：

净资产收益率=净利润率×资产周转率×财务杠杆

分解后的公式表明，影响企业净资产收益率的动因是净利润率、资产周转率和财务杠杆作用。

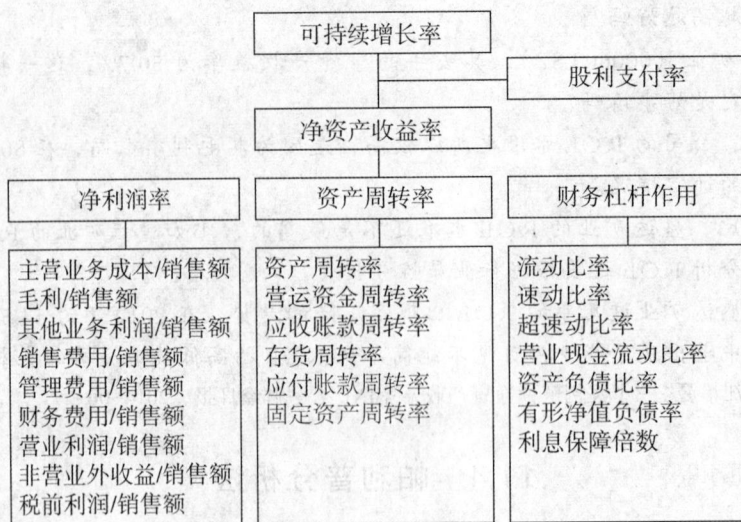

图 11-3　可持续增长率指标分析的基本框架

3. 经营管理评估——分解净利润率

净利润率表明企业经营活动的盈利能力，因此，对净利润率进行分解能够评估企业的经营管理效率。常用的分析工具是共同尺度利润表，即该表中的所有项目都用一个销售收入比率表示。共同尺度利润表可用于企业一段时间利润表各项目的纵向比较，也可用于行业内企业间的横向比较。通过分析共同尺度利润表，我们可以了解企业的毛利率与其竞争战略的关系、变动的主要原因，期间费用率与其竞争战略的关系、变动的主要原因，以及企业经营管理的效率等。

4. 投资管理评估——分解资产周转率

对资产周转率的详细分析可评估企业投资管理的效率。资产管理分为流动资金管理和长期资产管理。流动资金管理分析的重点是应收账款、存货和应付账款。评估资产管理效率的主要财务指标有资产周转率、营运资金周转率、应收账款周转率、存货周转率、应付账款周转率、固定资产周转率。通过分析这些财务指标可评估企业的投资管理效果。

5. 财务管理评估——检验财务杠杆的作用

财务杠杆使企业拥有大于其产权的资产基础，即企业通过借款和一些不计息债务等来增加资本。只要债务的成本低于资产收益率，财务杠杆就可以提高企业的净资产收益率，但同时财务杠杆也加大了企业的风险。评估企业财务杠杆风险程度的财务指标有流动比率、速动比率、超速动比率、营业现金流动比率等流动性比率，以及资产负债比率、有形净值负债率和利息保障倍数等长期偿债比率。

【相关链接】

北汽三年光阴让萨博变绅宝　发展自主品牌慢工出细活

北汽股份副总裁梁国锋认为，自主品牌和打造核心竞争力都需一个过程，不能操之过急，但这件事情一定要做

当中国汽车经历了技术贫血、技术输血，跨入技术造血时代之际，自主品牌就成为中国车企必须要迈过去的一道坎。长期以来，自主品牌的优势除了价格低之外，别无其他。北汽董事长徐和谊曾言，"从中高端切入市场，与国外品牌比拼性能，北汽已经做好了打

持久战的准备"。或许，对于想用自主品牌跑马圈地的国内车企们来说，这场持久战非打不可。

相较于其他车企，"北汽进入自主品牌时间比较晚，我们做自主品牌是从企业发展战略考虑的，而不是单单推出几款产品"。5 月 11 日，在北汽首款中高级轿车绅宝上市之际，北汽股份副总裁梁国锋接受《证券日报》记者采访时表示，绅宝是源于"技术疯子"萨博平台的产品。在绅宝上市前，北汽在研发、制造领域的前期投入已经超过 300 亿元。北汽一直强调以技术立本，发展自主品牌也有明确的规划，预计 2015 年产量达到 50 万辆到 70 万辆的水平，绅宝占比 20%到 30%。

技术源于萨博

买技术，还是买品牌？对于国内车企来说，这个问题永远没有标准答案。2009 年不失为国内车企海外并购的好时机，北汽也面临着这么一个选择题，徐和谊选择了前者。

2009 年 12 月 14 日，北汽完成了对瑞典萨博汽车公司相关知识产权的收购工作。自此，北汽自主品牌乘用车开始摸索着上路。

回忆起当年的收购，北汽股份汽车研究院常务副院长顾镭告诉记者，北汽自主品牌乘用车整个开发体系是在 2009 年收购萨博技术的基础上建立起来的，收购萨博实际上包括三个整车平台、两个增压发动机，还有两个变速箱技术。"在跟萨博谈判的时候，我们把对方整个体系，也就是融汇萨博 60 年造车经验的 Know-How 也全部买了过来，包括汽车开发、制造、质量和供应商管理体系。"

技术收购完成之后，北汽开始对绅宝进行产品开发。"绅宝的整个开发全部基于萨博体系，也就是说我们用的是萨博的设计指南、设计规范，还有实验方法、试制方法、验证方法以及它整个的数据管理体系，包括很多软件，我们用的都是跟萨博一样的，跟萨博之前所有的数据都兼容。实际上绅宝已经达到或超过萨博原车的水平。"顾镭告诉记者。

梁国锋补充道，"萨博是技术的疯子，有着近乎偏执的造车精神，这点非常重要。北汽一直强调以技术立本，绅宝是源于萨博平台的产品，因此我们在性能方面保留了萨博原汁原味的特点"。

坦言自主品牌起步晚

"我们始终认为产品竞争优势不是简单靠低成本扩张，而是要靠技术、靠附加值、靠性能去竞争。"5 月 11 日，北汽集团副总经理韩永贵向记者表示，自主品牌肯定会在竞争过程中面临着很大的压力，因为它不仅是跟自主品牌竞争，还跟所有细分市场，包括进口品牌和合资品牌竞争。

北汽股份副总裁梁国锋坦言，北京汽车进入自主品牌时间比较晚，客观来讲现在还没有什么经验可总结。"我们做自主品牌是从企业发展的战略考虑的，有的时候企业说做自主品牌，只是去做一款产品，而我们是从战略来考虑。要想提高企业核心竞争力，战略上一定要有自己的东西，要有自己的知识产权、专利和品牌，才能说明你是一个有竞争力的企业。"

在他看来，自主品牌一定要把工作做细，因为你拿出的任何产品都是面向市场竞争的。"自主品牌的竞争对手多，其实任何一个市场都不存在自主品牌和合资品牌之分，在这个市场上都是一样的。要立足就需要打造更好的产品。我想自主品牌和打造核心竞争力都需要一个过程，不能操之过急。但是，对于中国的汽车产业来说，这件事情一定要做。

你如果不做，根本不可能实现中国汽车大跨步向前发展。"

可以说，中国汽车当下面临的问题是产量大，但品牌不够强。"我们过去是一个技术洼地，很容易从周边获得很多技术，技术发展很快但是投入并不够高。今后，我们必须增强研发投入，必须要有原始创新。"在 2013 年中国汽车论坛上，谈到自主品牌，中国汽车工业协会秘书长董扬说。

"拿来主义"不再适合中国的汽车业了，从品牌、研发、制造、零部件等各个环节，国内车企都需要该投入时就投入了！据记者了解，北汽打造自主品牌完整的体系花了将近 5 年时间。在绅宝上市前，北汽在研发、制造领域的前期投入已经超过 300 亿元。

韩永贵强调，北汽为自主品牌发展制定了明确的战略和发展规划，不是把它当成一时的产品开发，而是把它作为整个北汽实现核心竞争力提升的战略目标去做。"我们提出在 2015 年自主品牌产量达到 50 万辆到 70 万辆的水平，今年总体来讲将达到 20 万辆的水平。作为高端产品，我们希望绅宝工厂 2015 年能够实现产量超过 10 万辆，占比接近 20% 到 30%。"

路漫漫其修远兮，吾将上下而求索。显而易见，在自主品牌这条道路上，绅宝被寄予了厚望。只是以北汽当下 91 家经销网点以及现有售后水平，能否支撑起一个中高端品牌？对此，有接近北汽集团的人士告诉记者，北汽正在努力解决这个问题，预计到今年年底，经销网点将达到 160 家左右。

资料来源　胡仁芳．北汽三年光阴让萨博变绅宝　发展自主品牌慢工出细活[N]．证券日报，2013-05-13.

本章小结

财务综合能力分析将企业的营运能力、偿债能力和盈利能力等诸多方面一同纳入一个有机的整体之中，对企业的经营状况和财务状况进行解剖和分析，为全面考核企业再生产各个主要方面的经济效果和制定决策提供重要的依据。财务状况综合分析的方法主要有沃尔分析法、杜邦分析法和帕利普分析法。

沃尔分析法是给定各指标的比重，以行业平均数为基础确定标准比率，将实际比率与标准比率相比，得出相对比率，将此相对比率与各指标比重相乘，得出总评分，进而评价企业的财务状况。

杜邦分析体系是一个以净资产收益率为主线的多层次财务比率分解体系。各项财务比率在每一层次上与本企业历史或同行业数据进行比较，比较后向下一级分解。这种逐级向下分解的方式能够覆盖企业经营活动的每一个环节，进而实现系统、全面评价企业经营成果和财务状况的目的。

帕利普分析法将财务分析体系中常用的财务比率划分为四大类，即偿债能力比率、盈利能力比率、资产管理效率比率和现金流量比率，并将要分析的指标层层展开，以探究财务指标发生变化的根本原因。

讨论题

1. 财务综合能力分析的目的是什么？

2. 改进的杜邦分析体系较之于传统体系有什么优点？

3.如何区分金融资产和经营资产？如何判断金融活动损益？

4.如何编制调整的资产负债表和利润表？

5.如何改进沃尔分析法？

业务题

根据 A 公司 2013 年度简化的资产负债表和利润表（见表 11-8 和表 11-9），运用杜邦分析法结合因素分析法分析 2013 年与 2012 年相比净资产收益率变动的原因，按顺序确定销售净利率、资产周转率和权益乘数变动对净资产收益率的影响，指出公司可能存在的问题。

表 11-8　　　　　　　　　　　　资产负债表（简表）　　　　　　　　　　单位：万元

资　产	期末余额	年初余额	负债和股东权益	期末余额	年初余额
应收账款	100	110	流动负债合计	90	100
其他速动资产	60	80	非流动负债合计	100	120
存货	120	130	负债合计	190	220
流动资产合计	280	320	股东权益合计	310	330
非流动资产合计	220	230			
资产总计	500	550	负债和股东权益总计	500	550

表 11-9　　　　　　　　　　　　　利润表（简表）　　　　　　　　　　　单位：万元

项　　目	本期金额	年初余额（略）
一、营业收入	14 000	
减：营业成本	9 800	
营业税金及附加	1 400	
销售费用	200	
管理费用	520	
财务费用	19	
资产减值损失		
加：公允价值变动收益		
投资收益	21	
二、营业利润	2 082	
加：营业外收入	20	
减：营业外支出	32	
三、利润总额	2 070	
减：所得税费用（25%）	517.5	
四、净利润	1 552.5	

案例分析

　　吴江某公司 2013 年 12 月 31 日的资产负债表和 2013 年度利润表见表 11-10 和表 11-11。

表 11-10　　　　　　　　　　　　　　　　　　资产负债表

编制单位：吴江某公司　　　　　　　　　2013 年 12 月 31 日　　　　　　　　　　　单位：元

资产	期末余额	年初余额	负债和股东权益	期末余额	年初余额
流动资产：			流动负债：		
货币资金	377 984 258.76	510 257 679.83	短期借款	192 000 000.00	564 500 000.00
交易性金融资产			交易性金融负债		
应收票据	57 285 646.68	69 911 599.65	应付票据	79 800 000.00	71 000 000.00
应收账款	89 685 672.79	85 285 328.72	应付账款	153 482 063.31	192 419 544.36
预付款项	114 646 217.14	85 492 610.53	预收款项	319 893 563.04	306 874 528.49
应收利息		197 000.00	应付职工薪酬	72 395 951.76	72 320 979.69
应收股利			应交税费	119 855 073.61	62 882 705.12
其他应收款	44 545 935.57	32 866 379.09	应付利息	3 428 442.95	3 386 341.39
存货	568 488 069.43	421 404 252.63	应付股利		
一年内到期的非流动资产			其他应付款	84 756 491.18	50 835 842.81
其他流动资产			一年内到期的非流动负债		
流动资产合计	1 252 635 800.37	1 205 414 850.45	其他流动负债		
非流动资产：			流动负债合计	1 025 611 585.85	1 324 219 941.86
可供出售金融资产			非流动负债：		
持有至到期投资			长期借款		
长期应收款		10 000 000.00	应付债券		796 339 684.80
长期股权投资	85 619 864.77	154 193 024.63	长期应付款		
投资性房地产			专项应付款	5 947 358.41	4 150 594.91
固定资产	1 541 964 832.59	1 611 344 676.67	预计负债		
在建工程	56 113 244.55	81 117 915.10	递延所得税负债		
工程物资			其他非流动负债		
固定资产清理			非流动负债合计	5 947 358.41	800 490 279.71
生产性生物资产			负债合计	1 031 558 944.26	2 124 710 221.57
油气资产			股东权益：		
无形资产	368 527 743.98	412 303 215.53	股本	1 221 011 112.00	470 011 279.00
开发支出			资本公积	636 902 885.02	654 170 705.20
商誉			减：库存股		
长期待摊费用	20 259 882.95	23 951 551.51	盈余公积	88 266 602.10	73 040 838.16
递延所得税资产			未分配利润	347 381 825.83	176 392 189.96
其他非流动资产			股东权益合计	2 293 562 424.95	1 373 615 012.32
非流动资产合计	2 072 485 568.84	2 292 910 383.44			
资产总计	3 325 121 369.21	3 498 325 233.89	负债和股东权益总计	3 325 121 369.21	3 498 325 233.89

表 11-11

利润表

编制单位：吴江某公司　　　　　　　　　2013 年度　　　　　　　　　单位：元

项　目	本期金额	上期金额（略）
一、营业收入	3 021 492 526.71	
减：营业成本	2 611 426 354.83	
营业税金及附加	37 781 738.12	
销售费用	54 345 510.05	
管理费用	80 070 061.20	
财务费用	43 986 649.23	
资产减值损失		
加：公允价值变动收益		
投资收益	63 698 901.17	
二、营业利润	257 581 114.45	
加：营业外收入	7 702 055.65	
减：营业外支出	7 138 345.70	
三、利润总额	258 144 824.40	
减：所得税费用	71 929 424.54	
四、净利润	186 215 399.86	

问题探讨：

根据资产负债表和利润表有关资料对该公司进行综合评价与分析。

第 4 篇

财务运用分析

{第 12 章}
企业财务危机预警
{第 13 章}
Excel 在财务分析中的运用

第 12 章

企业财务危机预警

凡事预则立，不预则废。

——《礼记·中庸》

微软离破产永远只有 18 个月。

——比尔·盖茨

学习目标

1. 掌握财务危机与财务危机预警的基本概念；
2. 了解财务危机的产生的原因以及征兆；
3. 掌握财务危机预警的定性与定量模型；
4. 掌握财务危机预警系统的概念、功能以及基本架构。

重点与难点

1. 财务危机预警的定性模型；
2. 财务危机预警的定量模型。

引 言

在市场经济环境下，企业自成立之日起就经受着"优胜劣汰，适者生存"的考验。在激烈的市场竞争中，管理能力、发展能力较弱的企业必将被淘汰出局，而在竞争中胜出的企业将进一步发展壮大。据统计，美国中小企业的平均寿命不到 7 年，大企业的平均寿命不超过 40 年；欧洲与日本企业的平均寿命为 12.5 年，跨国公司的平均寿命为 40~50 年。在企业面临的诸多生存危机中，财务危机首当其冲。企业陷入财务危机进而破产是任何一家企业都不愿经历的。然而，伴随着信息技术的飞速发展，国际间经济与贸易往来日益频繁，各种经济关系、经济行为越来越复杂多变。这一方面为企业的发展提供了机遇，另一方面则给企业的经济活动带来了前所未有的波动。今天还在市场上独领风骚的优秀企业，也许到了明天，就将被市场无情地淘汰。

"冰冻三尺，非一日之寒"，企业陷入财务危机是一个渐进的过程。大部分企业在陷入财务危机之前已有先兆，正是由于这种先兆的存在，使得我们进行财务危机预警研究成为可能。因此，为了防范和规避危机，无论是企业自身，还是企业的利益相关者都有必要建立和完善有效的财务危机预警系统。

12.1 财务危机预警概述

随着全球政治、经济环境的变化，科学技术和管理的日益进步，企业在受益的同时，也面临着前所未有的激烈竞争和考验。正所谓"月有阴晴圆缺，人有旦夕祸福"，面对市场如此残酷的竞争，企业发展也可能会陷入财务危机之中，而财务危机的发生并非突然，它是一个逐步、渐进的过程，因此财务危机不但具有先兆，并且是可以预测和预警的。

"预警"一词最早出现于军事领域，是关于突然袭击的信息的预告。随着社会的发展和时代的变迁，预警这一概念已经进入现代经济、技术、政治、医疗等各种领域。参照军事预警系统建立起来的经济预警系统也能够对经济问题进行预测，而财务危机预警系统正是针对企业财务危机问题所建立的预警系统。从传统的单变量预警模型到多变量预警模型，从传统的比较方法到人工智能技术的应用，大量创新、有效的预警模型与方法得以不断涌现。

12.1.1 财务危机的概念

1. 财务危机的定义

对于财务危机，国内外目前没有一种权威的定义，各种说法莫衷一是。与财务危机相关的几个概念是管理失败、财务失败、企业失败与企业破产。管理失败是指企业未能发挥潜力，或已实现的投资报酬率显著、持续地低于同类企业；财务失败是指一个企业无力偿还到期债务的困难和危机，通常与财务危机混用；企业失败通常指企业遭受长期又严重的损失，资产不足以清偿其负债（Golstein，1988）；企业破产是财务危机的一种极端表现，是一种法律程序。有时，上述这些概念并没有得到十分严格的区分。

对于财务危机的定义，一般呈现两种思路：

第一，将财务危机企业定义为已经宣告破产的企业。例如，Altman（1968）认为企业失败包括在法律上的破产、被接管和重整等，实质上是把财务危机基本视同为企业破产，即法定破产。遵循这条思路，Deakin（1972）认为财务危机企业是指已经破产、无力偿债或者为了债权人的利益已经进行清算的企业。在我国，为了便于实证研究，多数学者通常将财务危机定义为上市企业被特别处理（special treatment，ST）。

第二，财务危机有轻重之分。轻微的财务危机可能仅仅是短暂的资金周转困难，而严重的财务危机是经营失败或破产清算。从轻微到严重的财务危机之间还存在各种类型，企业发展过程中可能经历多种类型财务危机。为全面收集财务危机企业样本进行财务危机预警的实证研究，很多学者扩大了财务危机企业样本的选择范围。如 Beaver（1966）将财务危机企业定义为银行透支、未支付优先股股利、债券违约和宣告破产等几个状态。在总结前人的研究成果的基础上，Ross 等（1999，2000）进一步从四个方面定义企业的财务危机：一是企业失败，即企业清算后仍无法支付债权人的债务；二是法定破产，即企业或债权人向法院申请企业破产；三是技术破产，即企业无法按期履行债务合约付息还本；四是会计破产，即企业的账面净资产出现负数，资不抵债。我国大多数学者也认为财务危机是一个过程，既包括较轻微的财务困难，也包括极端的企业破产清算以及介于两者之间的各种情况。例如，谷祺、刘淑莲（1999）将财务危机定义为企业无力支付到期债务或费用的一种经济现象，包括从资金管理技术性失败到破产以及处于两者之间的各种情况。刘红霞、张心林（2004）认为财务困境包括三层含义：一是企业资产总额超过负债总额，但资产配置的流动性差，无法变现用于偿还债务，现金净流量低，经济效益差；二是最近两个会计年度净利润为负或最近一个会计年度股东权益低于注册资本；三是企业负债总额超过企业资产的公允价值，经协商进入重组状态。

综合国内外学者关于财务危机的定义可以发现，财务危机是企业经营发展过程中可能经历的一种财务状况，包括比较轻微的资金管理技术性失败和极为严重的破产，以及介于两者之间的各种状态。

2. 财务危机与财务风险

企业财务活动一般分为筹资活动、投资活动、资金回收和收益分配四个方面。相应地，财务风险就分为：①筹资风险，即因借入资金而增加丧失偿债能力的可能；②投资风险，即由于不确定因素致使投资报酬率达不到预期目标而发生的风险；③资金回收风险，即产品销售出去，其货币资金收回的时间和金额不确定性而造成的风险；④收益分配风险，即由于收益分配可能给企业今后生产经营活动产生不利影响而带来的风险。除了上述四种主要财务风险以外，企业还可能面临诸如汇率风险、财产跌价风险、企业财务讼诉风险和财政税收政策带来的企业财务风险等。

任何企业在其生存和发展过程中，都会遇到各种各样的风险。若企业抵御风险的能力较弱，或不能对风险采取有效的化解措施，很可能会陷入财务危机的困境。可见，财务危机是财务风险积聚到一定程度的产物，它同财务风险一样，是在不断运动变化着的。不同企业财务风险与财务危机有不同的表现形式，即便是同一企业，在不同时点其财务风险与财务危机也会有所不同。显然，陷入财务危机的企业必然面临着较大的财务风险，而具有财务风险的企业不一定会陷入财务危机。因为财务风险是客观存在的，任何企业（包括绩优企业）必然需要面对；而财务危机是财务风险发展到一定程度的产物，是财务风险加剧的表现。企业若能在有效期间内采取化解措施，就能降低财务风险，摆脱财务危机；若企业面对危机束手无策，或措施不力，很可能会进一步加剧财务危机，甚至导致破产厄运。

12.1.2　财务危机产生的原因

分析导致企业陷入财务危机的原因，找到对企业财务危机形成具有影响的因素，是分析财务危机的基础和进行财务危机预警分析的前提。因此，有必要对财务危机成因进行分析。众所周知，企业产生财务危机的因素有很多，既有宏观因素，也有微观因素；既有体制方面的问题，也有企业管理方面的问题等。对于财务危机产生的原因，国内外学者进行了深入的研究。

Argenti（1976）在其专著《企业失败：原因与症状》中，总结了导致企业陷入财务危机的八种动因：①企业管理差，主要是指高级管理层的结构缺陷，包括六个方面，即首席执行官一个人独断控制企业、董事的参与性差、高管队伍知识结构不平衡、财务职能弱、缺乏管理深度；②会计信息不足或会计信息系统存在缺陷，失败企业在会计信息方面常常被提到的四项缺陷是缺乏预算控制、缺乏现金流量预测、不存在成本核算系统、资产价值的不恰当估价；③企业对经营环境的变化不能采取恰当的应对措施，经营环境的变化可分为五大类，即竞争趋势的变化、政治环境的变化、经济环境的变化、社会变化和技术变化，公司没有发现经营环境的变化或者对环境的变化没有做出正确的反应是公司失败的主要原因；④制约公司对环境变化做出迅速反应的因素；⑤过度经营；⑥开发大项目，例如兼并、多元化经营、项目扩张、开发新产品、引进新服务、研究项目等；⑦高杠杆经营，即企业负债经营；⑧常见经营风险。常见经营风险一般不会导致企业的失败，但是对于实力弱小、管理差的企业来说，就经不起常见经营危机的打击。

京都大学经济学部新小田泰平分析日本企业破产的原因主要体现在三个层次：第一层次的原因是经营管理能力欠缺，以及因经营管理不善而导致的事故、损失、企业活动停滞等；第二层次的原因是财务结构恶化、不良债务、经营赤字、销量减少、库存增加等；第三层次的原因是失去支付能力、资产负债率激增等。从逻辑上来看，第三层次的原因是由第二层次的原因引起的，第二层次的原因是由第一层次的原因引起的。

对于我国企业，除了上述引起财务危机的因素之外，公司治理结构缺陷也可能带来财务危机。研究表明，公司治理结构可能会影响公司业绩，从而间接带来企业财务危机。一般而言，当公司治理结构有利于提高公司绩效时，公司发生财务危机的可能性较小；当公司治理结构不利于提高公司绩效时，公司很可能陷入财务危机。目前，我国上市公司治理结构中存在诸多缺陷，例如"一股独大"和"内部人控制"问题。大股东在不同程度上存在着侵害企业利益的行为，主要手段包括大股东侵占挪用上市公司的资金、关联交易、违规担保和利用重组掏空上市公司。

例如，三九医药案例中大股东占用上市公司资金。首先，约束缺位加剧了代理问题。在我国，政府为了保持对公司的控制权，国有股权一般都在公司化改制以后的上市公司股权结构中占据统治地位，而集团公司是行使控股股权的主要"授权投资机构"之一。上市公司名义上是公众公司，但实际控制权仍然在集团公司的手中，并没有成为真正意义上的独立经济实体。自 1985 年南方制药厂创建以来，赵新先一直都是三九集团的掌舵人，身兼董事长、总裁、党委书记和总经理四职。同时，三九集团内部经营层存在明显的交叉任职现象。这些都为三九集团占用上市公司资金大开方便之门。其次，扭曲的激励机制加剧了代理问题。剩余控制权的存在为高层经理提供了更强的激励去进行监管，关键是因为通过监管可以获取更多的收益。我国国有企业集团普遍存在经营者的收入形式单一、数额偏低、评价机制不合理等情况。虽然近年来国有企业经营者的收入有了较大改善，但是与市场上其他类型企业经营者相比收入差距仍然很大。尽管赵新先拥有对三九集团的部分剩余控制权，但是却没有拥有相应的剩余索取权。据公开资料显示，赵新先的工资为每月7800 元。三九医药 2003 年年报披露，所有管理层都不持有上市公司的任何股份，报告期内尚未设立董事会薪酬委员会，由于公司当前的状况及政策法规的限制，公司尚未建立对高管人员的长期激励机制。

杨华（2013）对 120 家公司陷入财务危机前 3 年的年报为依据，结合其特别处理公告和其他相关会计资料，采用归纳法总结出可能导致这些公司陷入财务危机的 5 项内部风险因素和 3 项外部风险因素（见表 12-1）。

表 12-1　　　　　　　　　　　　　　风险因素归纳

风险因素		具体内容	风险因素归纳					
			第1原因	第2原因	第3原因	第4原因	第5原因	小计
内因	产业结构因素	新投资产业或产品或者子公司需要大量资金；新领域经验不足，管理、经营费用高，但无利润或基本无效	2	5	1	2	0	10
		旧产业下滑、新产业未实现利润或子公司亏损严重；主营业务不突出，缺乏核心竞争力	7	4	2	0	0	13
	资金因素	投资期长，利润率低	0	0	1	1	0	2
		流动资金紧张，生产受阻	3	0	0	1	0	4
		产品积压、货款或其他资金回收慢或收不回来	1	4	2	1	0	8
		规模扩大受资金或场地影响	2	7	4	2	2	17
		财务费用或综合费用高，利润被消耗	2	1	1	1	1	6
	产品因素	质量状况不稳定或档次低	2	0	2	0	0	4
		产品单一、结构不合理或技术落后	3	5	3	2	0	13
	人力资源因素	员工队伍不稳定	0	0	1	0	0	1
		技术或人才短缺问题	5	7	6	5	1	24
	经营管理因素	管理模式、激励机制落后	4	4	7	5	1	21
		市场、营销政策	2	3	8	4	1	18
		品牌、文化	0	2	1	2	0	5
		担保风险	0	0	1	0	1	2
		生产组织不力	0	0	0	0	1	1
外因	市场因素	产品价格下降或不可控，利润降低	5	13	1	2	0	21
		市场竞争激烈	26	7	5	6	1	45
		行业产能过剩或现有产品有效市场需求不足，产量或业务量下滑	11	6	1	2	1	21
		市场竞争无序，付出代价	1	1	2	0	1	5
		资源不足；产品部件或原料能源成本过高或价格波动	21	14	18	5	1	59
		国内通货紧缩；国际经济环境影响	5	5	6	1	0	17
	政策调控因素	地方保护主义	0	0	1	0	0	1
		国家调控政策或政府许可	11	10	4	1	2	28
		环保问题	0	2	1	1	0	4
		历史遗留问题；社会负担或其他负担重	1	1	1	2	0	5
		会计政策调整，准备金增加	0	0	0	1	0	1
	不可抗力因素	气候等自然条件	2	2	0	0	0	4
		疫情	6	3	0	2	0	11

【相关链接】

只涨不跌神话破灭　狂飙突进难以为继

一度位列全国房企三甲的地产大鳄，近期不断传出资金链危机；一向以中高价位面世的楼盘，销售形势严峻———绿城集团近日的遭遇备受关注。绿城高地价、高负债的经营路数之软肋，对房地产企业有何警示？专家认为，"绿城之殇"的背后，打破了当下房地产只涨不跌的"神话"，折射的是一些房地产企业"狂飙突进"模式的难以为继。看起来出乎意料，却又是意料之中，长期以来风光无限的地产巨头绿城集团，近日一下子陷于困局。

2008 年国际金融危机袭来之际，绿城集团也传出过资金链紧张的问题。随后楼市迎来"小阳春"，包括绿城集团在内的大量房企逐渐摆脱困境。绿城集团几年间的膨胀，可说是中国楼市高歌猛进的一个缩影，其眼下遭遇的风险，也恰是中国楼市迟早要经历的一堂课。

9 月以来，绿城集团连续爆出负面新闻：从传闻"海南航空将以 30 亿元求购绿城集团及其下属公司"到传闻"接受房地产信托业务情况调查"。11 月初，网络又传"绿城集团因资金链问题正申请破产"。数据显示，今年 1—10 月，绿城集团累计取得销售金额约人民币 285 亿元，仅完成其年初制定全年目标 540 亿元的 52.78%。也就是说，在剩下的 2 个月内，绿城还需要完成 255 亿元的销售任务，销售压力之大由此可见。"绿城集团的产品几乎都在'双限'范围，而绿城的布点也绝大部分是限购城市。"接近绿城集团的分析人士称，绿城集团今年的整体销售情况并不好，资金回笼少，又要还贷，正遭遇严峻的资金压力，加之绿城集团无意对旗下产品降价销售，困境显而易见。在 2010 年，绿城集团的负债率高达 132%。今年上半年，调控之下银行信贷、股市融资等各渠道全面卡紧。截至 6 月 30 日，绿城集团总借贷高达 350 亿元，净资产负债率较去年年末再度上升 31.2 个百分点。

9 月 21 日，有报道说，银监会下发通知，要求信托公司上报关于信托公司与绿城集团及其关联企业开展房地产信托业务的情况。面临"调查门"和"财务危机"传闻推陈出新，绿城集团不"淡定"了，迫切希望 3 年内将净资产负债率从 168%降至 100%，采取"少拿地，多卖房"的战略，提高销售额，以期缓解财务危机。

资料来源　佚名.绿城陷资金链危机　银监会要求信托上报绿城数据[N].中国经营报，2011-09-22；詹丽华."财务危机"传闻推陈出新　绿城不"淡定"了[N].钱江晚报，2011-09-24；佚名."绿城危机"凸显　房产巨头深陷"高负债"泥潭[N].经济参考报，2011-11-17；相关上市公司年报。

12.1.3　财务危机的表现过程

一般来说，企业的财务危机不是一朝一夕所造成的，而是一个长期积累和逐步发展的过程。在企业财务危机从小到大的整个发展过程中，虽然这些危机会表现出不同的财务特征，但这种表现可能并不是十分显著和明确的，有的甚至是潜在的，但一旦急速发展，就可能马上进入完的财务危机状态，从而导致严重的后果，所以对企业不同的财务危机阶段所可能表现出来的不同经营和财务方面的危机特征，我们需要有充分的认识和把握。

日本的野田武辉研究了企业由于亏损引起财务危机，并最终破产的基本过程。他认为，企业连续亏损 5 年以上就有可能破产，根本原因在于长期亏损将导致资金周转困难，并最终导致贷款增多，对企业构成巨大的压力。在经济景气时期，企业发生筹资困难多数是因为大规模进行设备投资，造成贷款负担过重，但此时企业效益较好，如果能够依据经营前景与债权人达成有关延迟偿还债务的协议，企业将有可能起死回生。但由于企业持续亏损、销售能力下降和成本过高而导致的资金困难，将有可能使企业走向破产（如图12-1所示）。

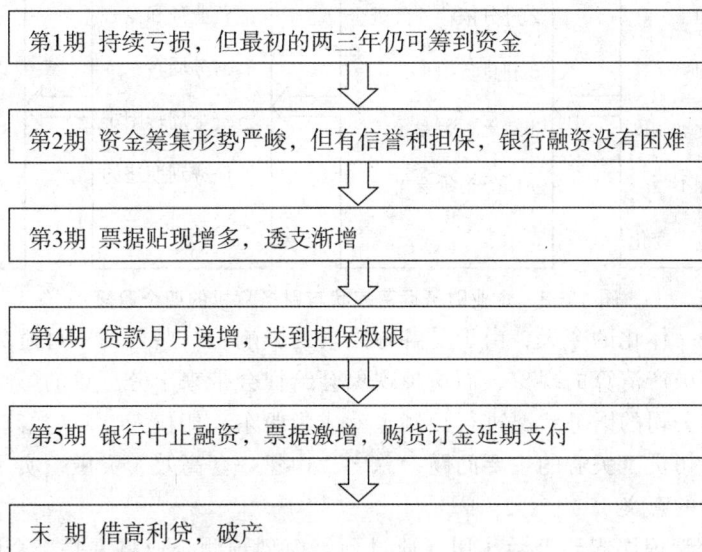

第1期 持续亏损，但最初的两三年仍可筹到资金

第2期 资金筹集形势严峻，但有信誉和担保，银行融资没有困难

第3期 票据贴现增多，透支渐增

第4期 贷款月月递增，达到担保极限

第5期 银行中止融资，票据激增，购货订金延期支付

末 期 借高利贷，破产

图 12-1 企业陷入财务危机的过程

我国学者张友棠（2004）将财务危机发生过程划分为潜伏期、发作期、恶化期。周守华等（2000）认为，企业财务危机可以划分为四个阶段：第一阶段为财务危机潜伏期，特征是盲目扩张、无效市场营销、疏于风险管理、缺乏有效的管理制度、企业资源分配不当、无视环境的重大变化；第二阶段为财务危机发作期，特征是自有资本不足、过分依赖外部资金、利息负担重、缺乏预警系统、债务拖延偿付；第三阶段为财务危机恶化期，特征是经营者无心经营业务和专心财务周转、资金周转困难、债务到期违约不偿付；第四阶段为财务危机实现期，特征是负债超过资产、丧失偿付能力，宣布破产（如图12-2所示）。虽然说并非所有的企业都是如此表现的，但一般来说大部分出现财务危机的企业是基本相似的，它们具有普遍性，只是不同企业由于财务危机产生的原因不一样，所以在这些危机特征的表现上各有不同。

12.1.4 财务危机预警的含义与意义

从财务危机发生的规律来看，企业财务危机有一个累积的过程，一般在其发生之前就能够进行预测，并给企业管理层和其他利益相关者发出明确的危机警示，使其主动调动企业内外部各种资源，制定有针对性的预控措施，从而使企业避免财务危机的发生或减轻财务危机的强度。危机并不可怕，可怕的是在危机到来之前还意识不到危机已经来临，因此，有必要对财务危机进行预先警示。

所谓财务危机预警，是指以企业的财务报表及其他经营资料为依据，根据相关管理理论，采用定性与定量相结合的方法，对企业在经营管理活动中存在的潜在风险进行跟踪与监控，及早发现危机信号，将企业所面临的危险情况预先告知企业经营者和其他利益相关者，并分析企业发生财务危机的原因和企业财务运营体系隐藏的问题，以提早着手实施预控的过程。

财务危机潜伏期   财务危机发作期   财务危机恶化期   财务危机实现期

财务危机潜伏期	财务危机发作期	财务危机恶化期	财务危机实现期
①盲目扩张 ②无效市场营销 ③疏于风险管理 ④缺乏有效的管理制度 ⑤企业资源分配不当 ⑥无视环境的重大变化	①自有资本不足 ②过分依赖外部资金 ③利息负担重 ④缺乏预警系统 ④债务拖延偿付	①经营者无心经营业务和专心财务周转 ②资金周转困难 ③债务到期违约不支付	①负债超过资产 ②丧失偿付能力 ③宣布破产

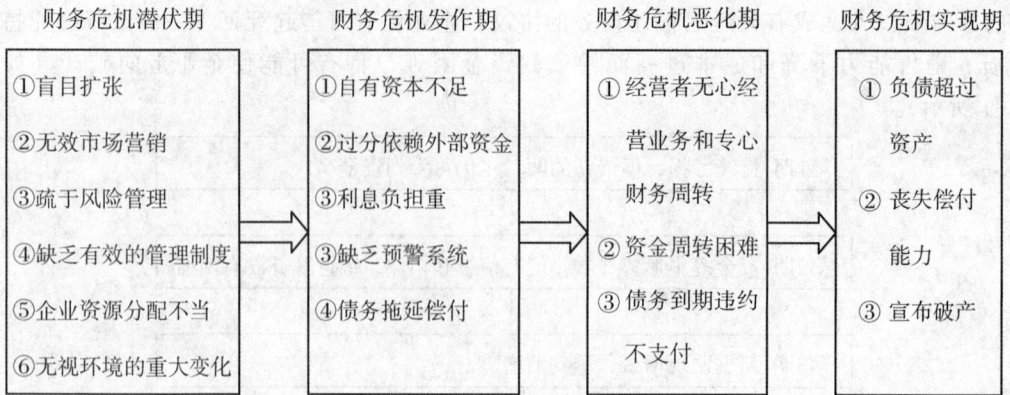

图 12-2　企业财务运营症状与财务危机的四个阶段

在世界经济一体化的今天，由于受各种因素的影响，一些公司不可避免地会发生财务困难、危机甚至破产清算的现象，而这种现象会给社会带来十分严重的影响。因此，这个时候如何对上市公司的财务状况进行预测也就成为股东、债权人、政府管理部门、证券分析人员乃至本公司员工关心的主要问题。总之，构建一套高效、灵敏、实用的财务危机预警系统具有重要的意义。

（1）对企业管理层起到警示作用。通过预警模型预测企业将来是否会陷入财务危机，及早发现潜伏的危机，协助管理者及时寻找导致财务状况恶化的原因，从而能够有针对性地改善经营管理，制定相应对策以避免财务危机的发生。即使不可逆转地陷入了财务危机，企业徘徊在破产边缘，预警模型也可以为企业赢得时间，努力寻找与其他有实力的企业进行重组合并的机会，尽量避免破产清算的发生。

（2）能帮助投资者做出有利的投资决策。当企业资不抵债而破产清算时，由于股东的资产请求权处在债权人之后，股东的投资往往会化为乌有。如果是上市企业，陷入财务危机会造成股票价格下跌，从而导致投资者损失。有效的财务危机预警模型能够帮助投资者和股东通过对企业财务信息的分析预测企业未来的财务状况，洞察其真实价值和经营发展前景，提高投资决策的科学性、警惕性，使投资者能够将有限的资本投资于未来价值高的企业，并能够在企业初露财务危机端倪就及时处理现有投资，防止或减少投资损失。

（3）有利于企业的债权人控制信贷风险，减少无法收回本息的损失。如果债权人能准确预测企业的财务危机，则可在企业陷入财务危机前改变偿债条款，提前收回本息。银行等金融机构可根据预警结果对企业进行信用等级评分，协助制定贷款决策，并对应收账款进行有效管理。

（4）有助于政府进行资源优化配置。企业财务危机预警的建立，能够帮助政府有效评价企业的经营业绩，全面预测企业的发展前景，从而做出使资源优化配置的决策。另外，在企业陷入财务危机前，政府可以提前协调各方面关系，减少企业的失败概率，从而减少破产成本的支出和因工人失业造成的社会动荡。

（5）有助于证券监管部门监管上市企业。企业财务危机预警从实证研究角度上支持和加强证券监管部门的监管工作，如我国证券监管部门所制定的特别处理等制度都需要对企业财务危机做出正确的判断。

12.2　财务危机预警定性方法

从 1932 年开始，国外学者就开始了财务危机预警模型与方法的研究。随着计算机技术、统计技术和人工智能技术的快速发展，预警模型使用的方法也在不断创新和发展，产生了大量有效的预警模型。下面将从主观和客观两个角度来介绍财务危机预警的典型模型与方法。

财务危机预警主观模型与方法是指通过分析和调查发现危机迹象及诱因，并告诉有关人员，以提前安排防范、应变措施。消除危机的分析系统，是预警机制的重要内容。其主要包括个案分析法、标准化调查法、短期资金周转表分析法、流程图分析法和管理评分法。

12.2.1　个案分析法

这种方法主要是通过观察企业财务危机的案例，试图从中体会出企业陷入财务危机的规律性表现。在获取财务危机的一般性规律的基础上，通过对关键指标的监控和预测来进行企业财务危机预警。在财务危机预警的各种模型和技术方法兴起以后，个案分析法不仅没有消亡，反而成了一种几乎与模型方法共分财务危机预警研究天下的基本方法。究其原因在于企业财务危机极其复杂，没有一个模型敢宣称可以预测一切。

劳伦斯·巴顿（Laurence Barton）以案例的方式举出内部危机诱因主要有产品危机、员工罢工、工厂煤气泄漏等。欧洲工商学院教授 Spyros Markridakis 通过对美国联合碳化公司、铝业公司等 16 家企业危机与失败案例的研究，认为导致企业危机与失败的因素非常分散，而且往往不是某一个单独因素所致。

12.2.2　标准化调查法

标准化调查法又称风险分析调查法，即通过专业人员、咨询公司、协会等，对企业可能遇到的问题加以详细调查与分析，形成报告文件以供企业管理者参考。其特点是在调查过程中所提的问题对大多数企业都适用，其不足之处是无法针对特定企业的特定问题进行调查分析，不能对其中的问题进行深入解释，从而不能引导使用者对调查所问问题之外的信息做出恰当的判断。

12.2.3　短期资金周转表分析法

此方法是进行短期财务危机预警的重要方法，其判断标准是：若企业不能制定出短期资金周转表，这本身就说明企业发生财务危机问题；若企业能制定出短期资金周转表，就要查明转入下月的结转额是否占总收入的 20% 以上，应付票据总支付额是否在销售收入的 60% 以下（批发商）或 40% 以下（制造业）。其实质是企业面对多变的理财环境需要经常准备好安全程度比较高的资金周转表，否则说明企业陷入财务危机当中。该方法简单易行，但由于其判断标准过于武断而尚存争议。

12.2.4　流程图分析法

流程图分析法是一种动态分析方法，它能暴露企业潜在的风险，对识别企业生产经营和财务活动的关键点特别有用。企业在生产经营过程中必然存在着一些关键点，如果在关键点上出现堵塞和发生损失，将会导致企业全部经营活动终止或资金运转终止。画出企业流程图，找出关键点，对企业潜在风险进行判断和分析，并采取相应的防范措施。流程图层次分明，脉络清晰，易于分析，但要求画图人员有较高水平。

以军工科研单位为例。军工科研单位的财务管理对象是其资金及流转。资金流转的起点和终点是现金，其他资产都是现金在流转中的转化形式。资金的流转是个动态过程，可以运用资金运动流程图法来进行分析。

资金运动流程图法是一种动态分析方法，根据资金在社会再生产过程中不断循环周转，资金的形态也随着经营过程不断改变这一运动特点，对资金运动流程进行分析，然后综合单位可能遭受的各种风险，对关键环节进行分析和控制。根据单位的一般特点，绘制其资金运动流程图，然后根据流程图分析，存在风险的环节主要包括偿债环节、资产管理环节、经费管理环节和投资环节，因此，财务危机预警系统可以围绕上述几个环节开展。

12.2.5 管理评分法

美国的任翰·阿吉蒂在调查企业的管理特性以及可能导致破产的公司管理缺陷后，提出采用管理评分法——A 得分分析法。阿吉蒂按照企业在经营管理中出现的几种缺陷、错误和征兆进行对比打分，并根据这些项目对破产过程和产生影响的大小程度对所打分数加权处理，总分为 100 分，企业得分越高，处境越差（见表 12-2）。"A 得分分析法"中的"缺陷"、"错误"和"征兆"共同反映了企业财务危机并不是突然发生的，而是会经历一个逐渐滑坡的过程：企业在经营时难免会出现一些经营上的缺陷，如果管理者未对这些缺陷及时加以克服，那么这些缺陷就会导致企业经营产生错误；如果这些错误不能得到纠正，那么企业就会呈现出明显的破产前征兆；如果企业不能悬崖勒马，则下一步必然就是企业的破产。在对企业进行逐项打分的基础上，如果企业得分大于 25 分，则表明企业正面临着较大的风险；如果企业得分在 18 至 25 分之间，则表明企业已经开始出现危机的迹象；如果企业得分低于 18 分，则表明企业处于安全区域。该方法简单易行，但要求使用者深入企业调查，全面了解企业管理的各个方面，才能对企业的管理进行正确的打分，从而对企业管理进行客观的评价，因此，在使用这种方法时，主观因素仍然发挥着比较大的作用。

表 12-2　　　　"A 得分分析法"的因素构成及其风险值

风险因素	记分值	临界值
1.经营缺陷：		
管理活动不深入	1	
管理技能不全面	2	
被动的经理班子	2	
财务经理不够强	2	
无过程的预算控制	3	
无现金开支计划	3	
无成本监督系统	3	
董事长兼任总经理	4	

风险因素	记分值	临界值
总经理独断专行	8	
应变能力太低	15	
小计	43	
2.经营错误：		10
高杠杆负债经营	15	
缺乏过头生意的资本	15	
过大风险项目	15	
小计	45	15
3.破产征兆：		
危机财务信号	4	
被迫编造假账	4	
经营秩序混乱	3	
管理停顿	1	
小计	12	0
分值加总	100	25

资料来源 杜胜利.企业经营业绩评价[M].北京：经济科学出版社，1999.

12.3 财务危机预警定量方法

财务危机预警的客观模型与方法一般是指以企业经营活动的实际数据和事先确定的风险临界值为分析基础的危机预警方法。这类方法大量运用了数学、统计学、运筹学、人工智能等方面的知识，力求通过对历史经验数据的加工处理和精密数学计算来提高财务危机预警的准确性。其主要包括两大类方法：财务报表分析法和计量经济分析法。

12.3.1 财务报表分析法

财务报表分析法主要利用财务报表所提供的数据来计算财务指标，进而分析企业财务状况并做出估计和评价。根据使用财务比率的数量，可以将财务分析分为单个财务比率分析与多个财务比率综合分析两种。

1.单个财务比率分析

单个财务比率分析是根据某一财务比率（如资产负债率、利息保障倍数、流动比率及速动比率等）数值变化趋势对企业财务危机进行判定与预测。例如，一般认为，制造业企业合理的流动比率为 2，如果某企业流动比率低于 1，就可能存在偿债风险，进而引发财务危机。

单个财务比率分析的优点是计算简单易懂，并可以结合非财务信息深入分析，有很强的灵活性与适应性。其缺点是不同的财务比率可能对同一企业有相互矛盾的预测，难以做出准确判断。同时，企业各种财务比率之间具有一定的互补性，如获利能力较强的企业资产负债率比同类企业高，但是可能不会影响偿债能力。因此，单个财务比率很难对企业财务状况做出全面的描述，研究人员试图将财务比率组合以综合评价财务状况。

对马钢股份 2013 年的流动比率、速动比率进行分析。

马钢股份 2013 年流动比率计算如下：

$$流动比率 = \frac{流动资产}{流动负债} = \frac{28\,596\,789\,876}{37\,088\,333\,872} = 0.77$$

马钢股份的流动比率小于 1，意味着其短期可转换成现金的流动资产不足以偿还到期流动负债，偿还短期债务能力弱。

马钢股份 2013 年速动比率计算如下：

$$速动比率 = \frac{流动资产 - 存货 - 一年内到期的非流动资产 - 其他流动资产 - 流动资产特殊项目}{流动负债}$$

$$= \frac{28\,596\,789\,876 - 10\,049\,721\,134 - 0 - 504\,406\,279 - 486\,511\,748}{37\,088\,333\,872} = 0.47$$

马钢股份的速动比率只有 0.47，这意味着，扣除存货等，马钢股份的流动资产只能偿还 47% 的到期流动负债。因此，我们可以透过流动比率或者速动比率看到马钢股份本身存在偿债风险。

2. 财务比率综合分析

以财务比率组合评估企业财务状况的方法有许多，主要有沃尔分析法和野田企业危机测定法等，其中沃尔分析法可参见第 11 章相关内容，现主要介绍野田企业危机测定法。

人们在对公司经营状况进行分析时，往往使用为数众多的财务比率，而野田企业危机测定法与此不同，它对众多财务比率进行提炼，应用增长性、综合收益性、短期流动性和长期安全性四个要素来判定企业的危险度。具体指标如下：

增长性：$人均销售额 = \dfrac{年销售额}{企业职员数}$

综合收益性：$总资产正常利润率 = \dfrac{正常利润}{总资产}$

短期流动性：$流动比率 = \dfrac{流动资产}{流动负债}$

长期安全性：$固定长期适合率 = \dfrac{固定资产}{自有资本 + 长期借款}$

野田企业危机测定法以 5 分来测定。其计算方法为：

$$某一指标的测评分 = 5 \times \frac{需预测公司的指标值}{行业标准}$$

其中，固定长期适合率为反向指标，所以固定长期适合率的测评分计算方法为：

$$固定长期适合率的测评分 = 5 \times \frac{行业标准}{需预测公司的指标值}$$

超过 5 分则以 5 分作为最终评分，因而测评分为：4~5 分判定为安全；2~4 分判定为警戒；2 分以下判定为危险。野田企业危机测定法不计算综合得分，结论需要结合对四个指标的评分进行综合判定。与单个财务比率分析一样，这种对企业财务危机的判定方法也可能出现四个财务比率判定不一致的情况。

例如，假设 ABC 公司所在行业的行业标准值为：人均销售额 349 792 元，总资产正常利润率 6.7%，流动比率 172.7%，固定长期适合率 75.1%。ABC 公司企业员工 2 100 人，2014 年营业收入 519 937 946 元，利润额 108 452 764 元，总资产 1 696 813 427 元，流动资产 687 445 444 元，流动负债 396 263 177 元，固定资产 766 992 403 元，所有者权益 859 367 983 元，长期借款 150 000 000 元。根据以上数据计算出 ABC 公司的四项指标值（见表 12-3），并对这四项指标进行 5 分法测评（见表 12-4）。

表 12-3　　　　　　　　　　　野田企业危机测定法检测项目

	增长性	综合收益率	短期流动性	长期安全性
	人均销售额（元）	总资产正常利润率	流动比率	固定长期适合率
标准值	349 792	6.7%	172.7%	75.1%
预警 ABC 公司的指标值	247 589	6.4%	173.5%	76.0%

表 12-4　　　　　　　　　　　野田企业危机测定法测定结果

	增长性	综合收益性	短期流动性	长期安全性
预警企业	3.54	4.78	5	4.94
安全		Y	Y	Y
警戒	Y			
危险				

【相关链接】

财务指标实时监控

单项财务指标的实时监控是基于企业信息技术平台对财务会计信息进行加工、处理和呈报这个基本前提的。利用计算机技术能够实现该层次的自动化报警，从而使管理层在财务状况出现局部异常的情况下及时采取相应的控制措施。

根据财务指标警戒度（Deg）的不同取值，将财务指标状态区间划分为三线三区：绿色平衡线、超前警戒线、临界警戒线和黄色警戒区、橙色警戒区、红色失衡区（如图 12-3 所示）。在上下临界警戒线的基础上增加正负超前警戒线的原因是：如果在财务指标警戒度脱离绿色平衡线时，只以上下临界警戒线来划分警戒区和失衡区，很可能在发出警报时，财务指标已经接近严重的失衡状态，由于任何措施都存在一定的效用时滞性，将很难使其快速恢复到绿色。因此，需要在上下临界警戒线的基础上考虑一个超前量，形成正负超前警戒线。当财务指标警戒度脱离绿色平衡线而尚未达到正负超前警戒线时，发出黄色警报；当财务指标警戒度超过正负超前警戒线而尚未达到上下临界警戒线时，发出橙色警报；当财务指标警戒度超过上下临界警戒线时，发出红色警报。财务指标标准化系数的上下临界值以及正负超前警戒线的 α 取值应结合不同企业的具体情况及其发展规划确定。

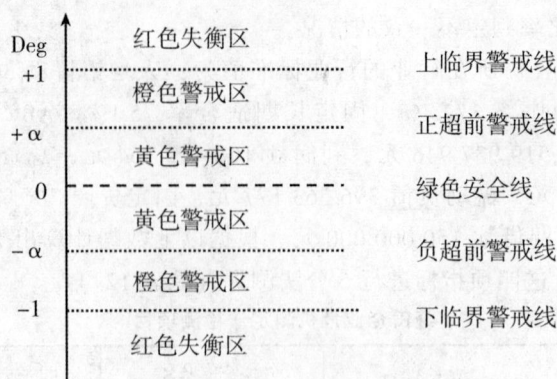

图 12-3 财务指标状态区间

资料来源 孙洁.企业财务危机预警的智能决策方法研究[D].哈尔滨：哈尔滨工业大学，2007.

12.3.2 计量经济分析法

计量经济分析法在财务困境实证研究中使用最普遍。1966 年 Beaver 用单变量分析法预测公司破产，该研究为多变量预测奠定了基础，之后的研究以多变量预测模型为主。

1. 单变量分析法

单变量分析法通常指用单一的财务比率预测或判定企业发生财务危机的可能性。单变量分析法与财务报表分析方法中单个财务比率分析非常相似，但在选取财务比率与确定财务比率（即判定点）两方面有很大的不同。前者通常对样本企业进行统计分析得出，后者主要依赖于经验总结与归纳。单变量分析法的效果主要依靠财务比率的选择和最佳判定点的寻找。

根据财务报表可以计算出许多财务比率。最佳财务比率是指在单变量分析法中预测准确率最高并且具有稳定性的财务比率，目前尚没有寻找最佳财务比率的科学方法。研究者所用的一般是结合经验判断的试错法，即先比较财务正常企业与财务危机企业的财务比率，从中选择出两类企业均值差异显著的。同时，结合已有文献的研究成果与自身的经验判断，进而对所选的财务比率进行试验，从中找出判别效果最好的。一般来说，单变量分析法中最显著的指标通常可以从衡量获利能力、流动能力以及偿债能力等方面的比率中寻找。

最早的财务危机预警研究是 Fitzpatrick（1932）开展的单变量研究。他以 19 家公司为样本，运用单个财务比率将样本划分为破产和非破产两组，研究发现，判别能力最高的是"净利润/股东权益"和"股东权益/负债"。Beaver（1966）使用由 79 家公司组成的样本，分别检验了反映公司不同财务特征的 6 组 30 个变量在公司破产前 1~5 年的预测能力，他发现最好的判别变量是"现金流量/总负债"和"净利润/总资产"，其中"现金流量/总负债"在公司破产前一年成功地做出分类，预测精度高达 87%，而"净利润/总资产"的判别精度更高，达到了 88%。而且，Beaver 还发现，越临近破产日，误判的概率就越低。

单变量分析法的优点是无须假设前提，适用范围广，方法简单易行，很早就为人们熟知并应用于实践。但单变量分析法也存在很多的不足：第一，不同的财务比率可能对同一企业有相互矛盾的判定或预测，难以做出结论，常使分析者或决策者陷入犹豫不决的困境；第二，在财务分析中，解决不同问题需要引用不同的比率作为最为有效的指标，而这些比率指标的重要性排序并不明确；第三，单一财务比率难以描述企业的财务状况，可能会出现考虑单一变量时，财务比率不具有显著的判别能力，但与其他财务比率一并考虑可能会提高解释能力的现象；第四，单变量分析法不够严谨，无法诠释各财务比率之间的互动关系。

2. 多元判别分析法

由于单变量模型的模糊性和片面性，很自然的趋势就是将多个比率结合起来，建立多元判别模型。多元判别分析（multivariate discriminant analysis）是对研究对象所属类别进行判别的一种统计分析方法。多元判别分析就是要从若干表明观察对象特征的变量值——财务比率中筛选出能提供较多信息的变量并建立判别函数，使推导出的判别函数对观测样本分类时的错判率最小。最经典的多变量财务危机预警模型为 Altman（1968）的 Z 记分模型，此后又有其他一些研究人员发展了这一方法。

（1）Altman 的 Z 记分模型

Altman 首次使用了多元线性判定模型来研究公司的破产问题。根据行业和资产规模，他选择了 33 家破产公司和 33 家非破产公司作为研究样本，根据误判率最小的原则，确定了 5 个变量作为判别变量，其多元线性判定模型为：

$$Z = 0.012X_1 + 0.014X_2 + 0.033X_3 + 0.006X_4 + 0.999X_5$$

其中：

$$X_1 = \frac{流动资产 - 流动负债}{资产总额}$$

$$X_2 = \frac{留存收益}{资产总额}$$

$$X_3 = \frac{息税前利润}{资产总额}$$

$$X_4 = \frac{权益资本的市场价值}{负债的账面价值}$$

$$X_5 = \frac{销售收入}{资产总额}$$

Altman 还通过 Z 记分模型的研究分析得出：Z 值越小，该企业遭受财务失败的可能性就越大。若 Z 值小于 1.81，则表明企业破产的可能性很大；若 Z 值在 1.8 与 2.99 之间，Altman 称之为"灰色地带"，则表明企业的财务及经营状况极不稳定；若 Z 值大于 2.99，则表明企业破产的可能性很小。

【相关链接】

财务危机预警模型——Z 计分模型的应用分析

破产作为企业消亡的一种形式，使相关利益人遭受损失，但复杂的经济环境、激烈的市场竞争以及企业内部可能出现的诸多问题，都会导致企业陷入危机、面临破产。据统计，美国中小企业平均寿命不到 7 年，大企业平均寿命不足 40 年，而中国中小企业的平均寿命仅为 2 至 5 年，集团企业的平均寿命仅为 7 至 8 年，美国每年倒闭的企业约有 10 万家，而中国有 100 万家，是美国的 10 倍。财务危机的发生，除了突变的不可抗力以外，都有一定的渐进性。如果每个企业在经营过程中能够及时地建立财务预警指标体系，分析各项指标数据，预测企业可能出现的经营风险和财务风险，做出全面综合的预警分析并及时采取相应的预警措施，便可将企业可能出现的财务危机降至最低，这对于企业来说是至关重要的。能够预示企业存在风险的财务问题，也逐步成为现代企业财务管理的重要内容。

财务危机预警可以为企业的管理者和利益相关者提供重要参考。财务危机预警就是通过对企业过去状况的信息、数据进行评估，通过一定的方法、手段，对企业未来的状况进行预测，以便企业股东调整战略方针，做出正确决策。

Altman（1966）利用差别分析法在多个财务指标中筛选出了 5 项预测效果最好的指标，包括：流动性比率、盈利能力比率、偿债能力比率、经营状况和效率比率、资本结构和财务杠杆比率。他以 1946—1965 年间 33 家破产企业为样本，配对 33 家正常经营的企业，对这 66 家企业分别计算这 5 项比率，并统计每个比率对于破产公司和非破产公司的辨别能力，通过分析这 5 个变量之间的相互关系以及每个变量对模型的贡献能力，来确定这 5 个比率各自的权重，最终得到了 Z 计分模型。

通过采用与国内大多数学者类似的研究方法，将 2010 年上市公司中被标有 ST 及 *ST 公司作为处于财务危机的企业，而把非 ST 公司界定为财务正常的企业。通过计算所选公司的 Z 值，并与标准值进行比对，来判断 Z 计分模型预测的准确性，用以检验 Z 计分模型对财务风险的检出力。

通过对随机选取了沪深两市 A 股市场 2010 年 30 家被 ST 和 *ST 的制造企业以及 30 家非 ST 的制造企业作为样本的计算可知，Z 计分模型对 30 家 ST、*ST 公司财务风险检出力的准确性要高于 30 家非 ST 公司。对 ST 公司财务风险检出力的准确率达 63.33%，而对非 ST 公司检出力的准确率达 14.17%。样本结果并没有在时间上呈现出一定的规律性，即在危机出现的前两年，预测结果越来越准确，但预测的准确性远达不到 Altman 当年做实验时所得到的准确率。

由于我国股市运行的时间较短，资本市场不够健全和成熟，证券市场机制不够完善，股价易受人为操纵，国家宏观调控对股价的影响也较大，尚不能真实地反映企业的市场价值。因此，Z 计分模型在我国更易受到股价的歪曲影响。对于我国资本市场来说，上市公司所提供的数据有限，该模型无法对上市公司所提供的资料真伪做出辨别，尤其是连续挂牌三年的上市公司，为了躲避退市风险，可能会对外提供虚假的信息和数据，降低了预测结果的准确性。因此，在预测分析企业财务状况时，不能仅仅停留在财务指标上，还应分析相关的非财务指标。

资料来源　陈娟，孟琳.财务危机预警模型——Z 计分模型的应用分析[C].中国会计学会 2013 年学术年会论文集，2013.

（2）F 分数模型

由于 Z 记分模型在建立时并没有充分考虑现金流量变动等方面的情况，因而具有一定的局限性。为此，我国学者周首华等（1996）对 Z 记分模型进行了改造，加入现金流量这一预测自变量，建立了 F 分数模型。该模型为：

$$F=-0.1774+1.1091X_1+0.1074X_2+1.9271X_3+0.0302X_4+0.4961X_5$$

其中：

$$X_1 = \frac{期末流动资产 - 期末流动负债}{期末总资产}$$

$$X_2 = \frac{期末留存收益}{期末总资产}$$

$$X_3 = \frac{税后纯益 + 折旧}{平均总负债}$$

$$X_4 = \frac{期末股东权益的市场价值}{期末总负债}$$

$$X_5 = \frac{税后纯益 + 利息 + 折旧}{平均总资产}$$

式中，X_1 反映流动性；X_2 反映企业全部资产中来自于留存收益部分的比重；X_3 是现金流量变量，反映偿债能力；X_4 测定财务结构；X_5 测定企业总资产在创造现金流量方面的能力。

F 分数模型以 0.0274 为临界点，低于该值将被预测为破产公司，高于该值则将被预测为可以继续生存的公司。

多元判别分析法预测精度较单变量分析法有较大的提高。不过，该方法也存在一些明显的局限性：其一，这种方法只适用于组内分布为近似正态的情况，而且要求两组的协方差矩阵相等，而在实际的判别分析中搜集到的数据大都来自非正态总体，并且协方差矩阵一般也不等，在这种情况下得到的预测结果可能是有偏的；其二，这种判别方法下所得到的结果是针对每一个个体的分值，通过分值的比较可以得到一个序数等级，从而判别其所在的类别，但分值本身并没有任何经济意义；其三，使用多元判别分析方法时，危机组和正常组之间一定要进行配对，配对标准的确定是一个很大的难题。

【相关链接】

F 分数模型在 ST 公司中的运用

Z 分数模型是一种建立比较早、得到广大学者认可及推广、能综合反映企业财务风险的财务风险预警方法。但是，该模型存在以下缺陷：(1) 研究对象的局限性。Z 分数模型的研究对象只有制造业企业，而且只针对美国的上市公司。这导致 Z 分数模型并不适用于非制造业及非上市公司，具有行业限制。(2) 样本数量少。F 分数模型采用了 4000 多家公司的数据作为样本，而 Z 分数模型仅以 66 家公司数据作为样本，使得验证模型的有效性降低。(3) 不具有横向可比性。该模型未考虑采取的样本里存在不同区域、不同行业的公司，其中的差异性使得 Z 分数模型不能进行横向比较。(4) 难以保证预测结果的真实性。Z 分数模型的财务指标是建立在权责发生制基础上的，存在人为操纵财务指标的弊端，且没有考虑现金流量这一决定企业经营状况的有效因素，使得计算而得的 Z 值真实性较弱。

通过对 F 分数模型与 Z 分数模型的比较分析，可发现 F 分数模型具有以下优点：(1) 考虑了现金流量。F 分数模型在 Z 分数模型的基础上考虑了现金流量这一有效变量，更全面地考虑了影响企业财务风险的因素，同时进一步完善了财务风险预警模型。(2) 具有大量的样本。F 分数模型以 4 160 家样本公司的数据为基础，经过长期观察、分析及验证后得以建立成形，对财务风险的预测更加精准。(3) 具有横向可比性。F 分数模型以不同行业的公司为研究对象，考虑了不同行业之间的差异，采用大量的样本公司验证其有效性。

根据表 12-5 中的 F 值可以看出，ST 长油公司 F 值在样本期间逐渐变小，并最终小于

表 12-5　　　　　　　　　　　　ST 长油公司数据整理结果

年度	X₁	X₂	X₃	X₄	X₅	F
2007	0.1920	0.1123	0.0831	3.6265	0.2732	0.4770
2008	0.1615	0.1213	0.0947	0.8514	0.2398	0.3421
2009	0.1223	0.0912	0.0057	1.2536	0.1635	0.0980
2010	0.1030	0.0741	0.0034	0.6021	0.1487	0.0433
2011	0.0640	0.0166	−0.0572	0.4415	0.0997	−0.1523
2012	0.0528	0.0178	−0.0675	0.3215	0.0875	−0.1478

临界点。其中在 2007—2010 年，F 值均大于临界点 0.0274，但是 2009 年和 2010 年的 F 值处于区间 [−0.0501，0.1049]，属于不确定区域；在 2011 年和 2012 年，F 值小于临界点 0.0274，并小于 −0.0501。由此可以得出，ST 长油在 2007—2008 年的财务状况良好；在 2009—2010 年财务状况的好坏还需要通过其他辅助手段作进一步的判断；在 2011—2012 年，公司财务状况出现恶化，可能存在破产的可能性。

据年报显示，ST 长油 2010 年亏损 1 859.47 万元，2011 年再度亏损 74 933.30 万元，2012 年亏损额达到 123 835.00 万元。2013 年年报发布后，出现 591 864.00 万元的巨亏。因此，ST 长油在 2013 年亏损后，已连续 4 年亏损，达到退市标准，并已于 2013 年 5 月 14 日起暂停上市。该公司也成为 2012 年退市制度改革以来，上海证券交易所第一家因财务指标不满足条件而退市的上市公司。

资料来源　杨知宇，杨景海.基于现金流量视角的财务风险预警模型分析——以 ST 上市公司为例[J].会计之友，2014（30）.

（3）Logistic 回归分析法

由于多元判别分析法存在一些明显的局限性，因而一些研究者不断对多元判别分析法进行改造和发展，这就导致了一种新的分析方法的出现，即 Logistic 回归分析法。

Logistic 函数又称增长函数，此函数由美国学者于 1920 年在研究果蝇的繁殖中重新发现，并开始在人口估计和预测中推广应用。随着计算机硬件与软件的快速发展。Logistic 回归已被广泛应用于经济研究中。在企业财务危机判定与预测中，Logistic 回归模型如下：

$$\ln \frac{P_i}{1 - P_i} = \beta_0 + \beta_1 X_{1i} + \cdots + \beta_K X_{ki}$$

式中，X_{ki} 为第 i 家企业的第 k 个财务比率；P_i 表示根据 Logistic 回归模型所估计出来的第 i 家企业发生财务危机的概率。

此模型的一个重要优点是它把在（0，1）上预测一个公司是否发生财务危机的概率问题转化为在实数轴预测一个公司是否发生财务危机的机会比问题。Logistic 回归函数建立模型不要求数据的正态分布，因而其参数估计也比多元判别分析法更加稳健。该方法目前在判别分析研究领域占有主流地位。

（4）人工智能方法

从 20 世纪 50 年代起，人们开始通过电脑程序模拟人类的识别技巧，由于这是存在电脑中的"智能"，故称之为人工智能技术（artificially intelligence，AI）。人工智能技术根据不断输入的动态数据，不断学习、修正、调整学习算法，保证最后判别结果的有效性。随着网络、计算机、信息技术的不断发展，企业的生存空间变得多变而不稳定。为了准确地进行财务危机预警，必须动态、及时获取与企业生产经营状况有关的各种最新信息，对预警模型的判别规则进行不断调整、更正，从而保证预警模型的判别规则是适合于当前环境的有效规则。因此，一些学者采用了包括人工神经网络（artificial neural network，ANN）、遗传算法（genetic algorithm，GA）、粗集理论（rough set theory，RST）、支持向量机（support vector machine，SVM）等人工智能方法建立了新的企业财务危机预警模型，极大地推动了财务危机预警模型的发展。

12.3.3　我国企业财务危机判别模型与方法

我国对于财务危机预警的研究起步较晚。虽然周首华等（1996）提出了 F 分数模型，但其研究对象并非中国企业，因此该模型在中国的适用性存在一定的质疑。虽然我国 20 世纪 90 年代初出版的许多财务管理书籍都已介绍过西方的破产预警模型，但是直到 1999 年，陈静第一个以我国企业数据为基础建立了危机预警模型。她选用了 1998 年 27 家 ST 上市公司作为危机企业样本，同时按同行业、同规模选取了 27 家非 ST 上市公司作为配对样本。她主要借鉴了 Beaver 和 Altman 构建的模型，采用 1995—1997 年的财务数据，应用多元判别分析法建立了两个模型。之后，张玲（2000）、高陪业和张道奎（2000）、吴世农和卢贤义（2001）、姜秀华和孙铮（2001）、李秉祥和启文秀（2004）、刘红霞和张心林（2004）、陈工孟等（2006）等学者采用多元判别分析法、Logistic 回归分析法以及人工智能技术建立了适用于我国上市公司财务危机的预警模型。下面我们主要介绍刘红霞和张心林构建的模型。

刘红霞和张心林（2004）以 ST 上市公司为财务危机企业，以反映上市公司偿债能力、资产管理能力、盈利能力、成长能力以及现金流量能力的 36 个财务比率为初始指标，采用因子分析法与多元判别分析法构建了一个具有 9 个指标的财务危机预警模型：

$$F = 0.27948Z_1 + 0.15051Z_2 + 0.12196Z_3 + 0.11331Z_4 + 0.10817Z_5 + 0.09799Z_6 + 0.07037Z_7$$

其中，Z_i 为 9 个财务指标的因子值，具体为：

$$Z_1 = 0.711X_1 + 0.540X_2 + 0.205X_3 - 0.040X_4 + 0.817X_5 + 0.767X_6 + 0.264X_7 + 0.384X_8 + 0.449X_9$$

$$Z_2 = 0.496X_1 + 0.644X_2 + 0.133X_3 - 0.133X_4 - 0.413X_5 - 0.445X_6 - 0.344X_7 + 0.351X_8 - 0.219X_9$$

$$Z_3 = 0.029X_1 + 0.241X_2 + 0.596X_3 + 0.470X_4 + 0.076X_5 + 0.045X_6 + 0.127X_7 - 0.518X_8 - 0.412X_9$$

$$Z_4 = -0.104X_1 - 0.159X_2 + 0.433X_3 + 0.422X_4 - 0.165X_5 - 0.302X_6 + 0.238X_7 + 0.410X_8 + 0.516X_9$$

$$Z_5 = -0.010X_1 + 0.033X_2 - 0.394X_3 + 0.724X_4 + 0.116X_5 + 0.118X_6 - 0.488X_7 + 0.159X_8 - 0.041X_9$$

$$Z_6 = 0.093X_1 + 0.126X_2 - 0.421X_3 + 0.222X_4 - 0.143X_5 - 0.051X_6 + 0.706X_7 + 0.159X_8 - 0.290X_9$$

$$Z_7 = -0.164X_1 - 0.207X_2 + 0.235X_3 - 0.076X_4 + 0.106X_5 + 0.166X_6 - 0.0484X_7 + 0.489X_8 - 0.471X_9$$

其中：

X_1：现金比率 $= \dfrac{（货币资金 + 短期投资）}{流动负债}$

X_2：资产负债比 $= \dfrac{总资产}{负债总额}$

X_3：存货周转率 $= \dfrac{主营业务成本}{存货平均余额}$

X_4：应收账款周转率 $= \dfrac{主营业务收入净额}{应收账款平均余额}$

X_5：主营业务利润率 $=\dfrac{\text{净利润}}{\text{主营业务收入净额}}$

X_6：BEP $=\dfrac{\text{息税前盈余}}{\text{总资产}}$

X_7：主营业务增长率 $=\dfrac{(\text{本年主营业务收入} - \text{上年主营业务收入})}{\text{上年主营业务收入}}$

X_8：$\dfrac{\text{经营活动现金}}{\text{净流量增长率}} = \dfrac{(\text{本年经营活动产生的现金净流量} - \text{上年经营活动产生的现金净流量})}{\text{上年经营活动产生的现金净流量}}$

X_9：主营业务现金比率 $=\dfrac{\text{经营活动产生的现金净流量}}{\text{主营业务收入}}$

当 F 值大于 0.215 时，企业处于财务安全区域；当 F 值小于 -0.225 时，企业处于财务危机区域；当 F 值在 -0.225 ~ 0.215 时，企业处于灰色区域，企业应该深入各预警子系统进行警兆分析与识别。

【例 12-1】S 公司 2009—2013 年的基本财务数据见表 12-6。

表 12-6　　　　　　　　　　S 公司 2009—2013 年的基本财务数据　　　　　　　　　　单位：元

序号	财务数据	2013年	2012年	2011年	2010年	2009年
1	货币资金	39 964 590 909.55	37 921 043 431.96	27 755 933 364.63	21 126 904 062.35	5 019 064 516.55
2	短期投资	0	0	0	0	0
3	流动负债	10 469 634 890.78	14 462 194 914.04	8 195 894 256.64	8 151 102 494.68	5 310 693 237.01
4	存货平均余额	1 197 471 061.50	1 318 831 445.78	1 669 388 073.10	1 869 277 220.29	1 312 904 268.28
5	应收账款平均余额	550 741 105.80	315 233 020.12	206 001 244.71	254 589 081.17	205 902 036.13
6	负债总额	16 507 492 718.62	20 367 931 096.52	20 027 074 511.86	16 199 436 793.95	14 821 936 180.12
7	总资产	143 120 292 897.80	137 007 951 809.59	120 936 831 533.22	80 567 527 495.90	56 765 188 593.77
8	主营业务收入	18 585 566 506.07	17 811 015 046.41	15 852 597 646.60	18 833 430 245.49	11 794 683 808.42
9	主营业务成本	16 913 553 598.94	16 037 008 567.98	13 858 782 344.52	15 350 394 953.25	9 506 912 803.84
10	主营业务收入净额	18 585 566 506.07	17 811 015 046.41	15 852 597 646.60	18 833 430 245.49	11 794 683 808.42
11	净利润	17 417 504 918.68	17 026 875 298.77	15 590 169 767.35	12 773 319 903.84	7 108 505 213.61
12	息税前盈余	16 517 670 147.61	16 940 199 229.24	15 816 092 272.29	13 079 140 716.42	7 435 549 956.64
13	经营活动产生的现金净流量	-1 413 264 890.20	-1 088 516 055.78	-2 294 424 014.37	332 861 893.89	424 985 595.57

注：由于 S 公司年报中没有列出"主营业务收入净额"的具体数据，故本例中假设"主营业务收入净额"与"主营业务收入"相等。

根据以上财务数据，可以计算用于财务危机预警的 S 公司财务指标（见表 12-7）。

表 12-7　　　　　　　　　　　用于财务危机预警的财务指标

符号	财务指标	2013年	2012年	2011年	2010年	2009年
X_1	现金比率=（货币资金+短期投资）/流动负债	3.817	2.622	3.387	2.592	0.945
X_2	资产负债比=总资产/负债总额	8.670	6.727	6.039	4.973	3.830
X_3	存货周转率=主营业务成本/存货平均余额	14.124	12.160	8.302	8.212	7.241
X_4	应收账款周转率=主营业务收入净额/应收账款平均余额	33.746	56.501	76.954	73.976	57.283
X_5	主营业务利润率=净利润/主营业务收入净额	0.937	0.956	0.983	0.678	0.603
X_6	BEP=息税前盈余/总资产	0.115	0.124	0.131	0.162	0.131
X_7	主营业务增长率=（本年主营业务收入−上年主营业务收入）/上年主营业务收入	0.043	0.124	−0.158	0.597	1.392
X_8	经营活动现金净流量增长率=（本年经营活动产生的现金净流量−上年经营活动产生的现金净流量）/上年经营活动产生的现金净流量	0.298	−0.526	−7.893	−0.217	−1.667
X_9	主营业务现金比率=经营活动产生的现金净流量/主营业务收入	−0.076	−0.061	−0.145	0.018	0.036

以 S 公司的财务指标计算因子值，并将因子值代入预警模型，得到 S 公司 2009—2013 年度的 F 值（见表 12-8）。

表 12-8　　　　　　　　　　　　　　　F 值

	2013年	2012年	2011年	2010年	2009年
F 值	11.042	13.640	15.031	15.667	11.735

F 值远大于临界值（0.215），表明 S 公司 2009—2013 年的财务状况处在安全区域，并在近期也能保持很好的财务状况。

12.4　财务危机预警系统方法

12.4.1　财务危机预警系统的概念与功能

财务危机预警系统是为了防止企业偏离正常经营轨道而建立的报警和控制系统，它利用数据化管理方式，以各种财务分析数据资料为基础，对企业经营中存在的财务危机警情予以警示，为企业调整经营决策提供可靠依据。简而言之，企业财务危机预警系统就是一个能够对企业在经营管理活动中的潜在风险进行跟踪、监控，及早地发现危机信号，将企业所面临的危险情况预先告知企业经营者和其他利益相关者，并分析企业发生财务危机的原因和财务运营体系隐藏的问题，以提早着手实施预控的系统。

财务危机预警系统作为一种成本低廉的诊断工具，能实时对公司的生产经营过程和财务状况进行跟踪监控，及时地进行财务危机预警分析，发现财务状况异常的征兆，并迅速报警，及时采取应变措施，避免或减少损失。具体而言，一个有效的财务危机预警系统具有以下功能：

（1）信息采集功能。财务危机预警系统的正常运行必须以真实、准确、及时的信息为前提，包括国家产业政策、税收政策、环保政策、地区发展政策、市场竞争状况、公司自身的财务和经营状况资料、同行业公司的信息、上下游公司的信息、消费者消费习惯及购买力状况等。信息收集是贯穿财务危机预警始终的工作。

（2）检测功能。公司产生财务危机的原因是多方面的，但"冰冻三尺，非一日之寒"，任何财务危机都有一个逐步显现、不断恶化、从量变到质变的过程。通过对公司的生产经营活动进行跟踪、记录和计量，考核实际情况与标准之间的差异，分析偏差中存在的问题，以便查找出财务危机的踪迹，即发现"警情"。检测过程中发现有差异，就意味着存在"警情"。

（3）诊断功能。它是根据跟踪检测的结果，运用现代企业管理技术、诊断技术对公司营运状况之优劣做出判断，找出公司运行中的弊端及其病根之所在，即分析"警度"。告知经营者"警情"的程度，并使经营者知其然，更知其所以然，制定有效措施，阻止财务状况进一步恶化，避免严重的财务危机真正发生。

（4）治疗功能。当危机真正发生后，财务危机预警系统能对症下药，通过更正公司运行中的偏差或过失，控制其进一步扩大，使公司回归到正常运转轨道。这一过程就是"排警"过程。

（5）保健功能。通过财务危机预警分析，财务危机预警系统不仅能及时回避现存的财务危机，而且能通过系统详细地记录其发生缘由、解决措施、处理结果，并及时提出改进意见，弥补公司现有财务管理及经营中的缺陷，完善财务危机预警系统，从而提供未来类似情况的前车之鉴，以便从根本上消除隐患，即"防警"。

12.4.2 财务危机预警系统的特征及构建原则

一般而言，财务危机预警系统应具有以下特征：

（1）预测性。财务危机预警系统应能够通过对有关信息及数据的分析、跟踪、预测发现企业在经营过程中潜在的问题，并发出预警信号，提醒企业防患于未然。

（2）目的性。预警系统并不是对企业现象无一遗漏地监测，它的目标应该非常明确，预警的终极对象就是企业财务危机。

（3）及时性。财务危机预警系统应能及时反映问题，对企业财务危机的监测、识别等应该是适时的，预警系统选用的程序和方法应当及时而灵敏地反映出企业财务危机的变化。

（4）可操作性。财务危机预警系统应该确实地能够用来测量和记录企业财务危机的变化，能够敏锐地揭示导致财务状况恶化的根源，找出关键问题，以指导相应的预控对策。

（5）经济性。财务危机预警系统获得的信息并不是越多越好，原因在于：一是信息越多，主要问题就越不突出；二是信息越多就越复杂，获取信息的成本就越高，筛选和处理信息的费用就越多，所以预警系统应该讲求成本效益匹配，以尽量小的支出获取最有用的信息。

财务危机预警系统的上述特征要求我们在构建预警系统时应该注意把握如下原则：

（1）科学性原则。科学性指财务危机预警监测的方法和指标设计必须科学。监测方法科学是财务危机预警系统发挥作用的前提，如果方法不正确，也就得不出正确的结论。在错误结论基础上做出的经营管理决策不但不能预防风险，还可能带来灾难性的后果。监测指标设计的科学性要求财务危机预警监测指标应能够反映各组相关财务数据的内在联系，提高财务运行效率，如实反映企业经营管理和财务活动的风险。

（2）系统性原则。系统性原则要求把企业作为一个整体来考虑。因为影响企业未来的因素是方方面面的，所以财务危机预警监测不仅要求监测指标具有先进性，而且要求监测对象具有完整性和全面性。这也就是要求财务危机预警系统对企业可能面临的内外部风险进行监测，而且对各个影响因素都予以充分考虑，做到监测指标不重复、不遗漏，使监测指标体系能够全面、真实反映企业的风险。只有这样才能得出准确的数据，做出正确的判断。

（3）预测性原则。这要求财务危机预警监测必须具有预测未来的价值，即它应依据企业经营活动形成的历史数据资料分析未来可能发生的情况，而不是对企业过去的经营成果和受托管理责任履行情况做出考核评价。所以，监测指标设计必须注意财务危机预警系统与财务评价系统的区别，并通过对潜在风险的监测，帮助企业采取有效措施加以防范，把风险消灭在萌芽状态，防患于未然。

（4）动态性原则。财务危机预警监测应是一个动态的分析监测，而不是一种静态的反映。动态分析监测可以反映企业经营者对风险的态度和防范风险的能力，从监测时间跨度上看，监测的时间越长，越能反映企业经营者的经营管理水平。动态性还体现在财务危机预警监测系统必须根据市场经济的发展、企业风险的变化而不断修正、补充监测的内容，确保财务危机预警系统的先进性。

12.4.3　财务危机预警系统的构架

企业财务危机预警系统作为一个客观存在的事物，是由若干要素相互联系而形成的一个有机整体。企业财务危机预警系统由财务危机预警组织系统、财务危机预警信息系统、财务危机风险分析及监测系统、财务危机处理系统四个子系统组成。

（1）财务危机预警组织系统。财务危机预警组织系统的健全与否，直接关系到企业财务危机预警系统的功能能否得到正常的发挥，它是财务危机预警系统的行使主体。财务危机预警组织的职责是负责确定预警目标，研究预警方案，听取财务危机预警情况汇报，商讨决定预报的类型和预报的内容，及时解决经营过程中出现的问题。其日常工作的开展可由企业现有的某些职能部门（如财务部等）派专人负责或通过设立专门的部门具体负责财务风险监测和预报等预警工作。

企业应根据自身的特点和条件选用不同的财务危机预警组织模式。无论哪种模式，在设置财务危机预警组织时都应把握以下原则：①经济效益原则。设置财务危机预警组织需要企业投入一定的成本，若企业为此投入的成本大于建立此组织后因减少财务风险而给企业带来的潜在收益，则该组织模式是不符合经济效益原则的，应考虑更换为更节约成本的模式。②专人负责、职责独立原则。财务危机预警组织应相对独立于企业的其他组织，独立开展工作，不直接干涉企业的经营管理过程，只是对企业最高管理层负责。在建立财务危机预警组织时，确保财务危机预警分析工作有专人落实，且不受其他组织干扰。③机构精简原则。企业在设置财务危机预警组织时应充分利用原有管理系统各种资源，在组织职能分配上作局部调整。

（2）财务危机预警信息系统。财务危机预警信息系统为财务危机预警提供信息支持，为财务危机预警组织采取预警行为提供所需的信息，它是财务危机预警系统的前提和基础。财务危机预警信息系统包括信息收集、信息处理和信息发布等环节。

①信息收集。信息收集包括原始信息收集和反馈信息收集两方面。原始信息收集除与企业内部财务会计信息和其他管理信息系统对接外，还应注意收集供应商、承销商以及其他关联单位和潜在合作方的财务、履约等方面的情况资料；商品市场、资本市场、外汇市场的行情及其变化；国家经济政策、税收法规、信贷政策，以及有关部门的监管法规的变化与走向等。反馈信息是指财务危机预警系统所采取的措施和方法付诸实施的效果、存在的问题和各方的反应等。

②信息处理。信息处理就是对收集的信息进行分类整理、分析、评判和综合，作为制定或修订财务危机预警行动方案、采取防范措施和方法的依据。信息处理是财务危机预警系统的重要环节。一方面，它将收集的原始信息和反馈信息转化为财务危机预警可资利用的信息，为财务危机预警组织做出决策、制定规则、采取措施和方法提供信息支持；另一方面，它也为企业对内、对外发布有关财务危机状况及其处理情况提供充分可靠的信息支持。

③信息发布。信息发布就是企业对内、对外发布或传递企业财务状况或财务危机现状及其处理情况的信息，它是企业财务危机预警过程中对内、对外进行信息沟通的主要形式。财务危机信息发布应做到：一要及时主动，不能拖延滞后；二要真实准确，不能错漏；三要注意策略，把握时机，密切关注各方反应，适时提供各方所需的信息。

（3）财务风险分析及监测系统。高效的风险分析和监测系统是财务危机预警系统的核心和关键。通过风险分析，可以迅速排除对财务影响小的风险，从而将主要精力放在有可能造成重大影响的风险上。预警风险分析一般有两个因素，即预警指标和临界值。预警指标是指用于预测财务危机的财务指标，也就是能够有效识别财务状况恶化的财务指标；临界值是指控制预警监测指标的临界点，一旦监测指标超过临界点，警情发生，就要启动应急计划。

（4）财务危机处理系统。在分析清楚企业出现的财务风险和危机后，应当立即制定相应的预防、转化措施，以减少风险和危机带来的损失。财务危机是关系到企业全局、根本性的危机，对企业威胁性大、影响面广，涉及的内容多且复杂，因此在财务危机的处理过程中，应认真对待每一个环节。忽视任何一个环节，都有可能产生不利影响，甚至导致处理失败。

12.4.4　财务危机预警系统的基本运行程序

财务危机预警系统的基本运行程序大致分为以下六个步骤：

（1）明确警义，即明确预警的对象。警义即预警的含义，它由若干个警素和警度所构成。警素是指构成警情的指标要素；警度是指警情的程度。影响警素和警度的指标不仅包括流动比率、速动比率、资产负债率等传统的财务指标，而且包括应收账款周转率、存货周转率等补充指标，还包括经营活动产生的现金流量、投资活动产生的现金流量、筹资活动产生的现金流量等现金流量指标。

（2）寻找警源。警源即警情产生的根源。从警源的生成机制看，警源可以分为三种：

一是来自自然因素的警源；二是由国外输入的警源；三是来自经济运行机制内部的警源。前两者称为外生警源，是随着外部经营环境变化而产生的。例如，由于国家产业政策的调整，有可能导致企业被迫转产或做出重大经营政策上的调整，也有可能直接或间接地导致巨额亏损，乃至破产。此时，外生警源为"政策调整"。后者称为内生警源。例如，投资失误，而投入资金又是从银行借入的，导致营运资金出现负数，企业难以用流动资产偿还即将到期的流动负债，很可能被迫折价变卖长期资产，以解燃眉之急。此时，投资失误则为企业出现财务危机的内生警源。

（3）分析警兆。警兆即警素发生异常变化前的先兆。在警源的作用下，当警素发生变化导致警情爆发之前，总有一些预兆或先兆，财务危机预警的警兆一般是通过财务状况或现金流量的指标恶化反映出来的。分析财务危机预警的警兆，是财务危机预警系统的关键一环，从警源到警兆有一个发展过程：警源孕育警情—警情发展扩大—警情爆发前的警兆出现。财务危机预警的目的就是在警情爆发前分析警兆，控制警源，拟定排警对策。警兆又可细分为景气警兆和动向警兆。景气警兆指警兆反映的是经济景气的程度和状况；动向警兆是与警情具有因果关系、逻辑关系或时间先后顺序关系的先行变量指标。动向警兆一般与警源相联系，与警源构成因果关系。在财务危机预警系统中，反映财务风险状况的一般属于景气警兆，而导致财务风险的经营风险状况属于动向警兆。财务出现风险的景气警兆有现金净流量为负数、资不抵债、无法偿还到期债务、过度依赖短期借款筹资等；经营出现风险导致财务出现风险的动向警兆有主导产品不符合国家产业政策、失去主要市场、或有负债与或有损失巨大、关键管理人员离职且无人替代等。

（4）建立预警模型。预报警度有两种方法：一是定性分析的方法，如专家调查法、特尔斐法、经验分析法等；二是定量分析的方法，包括指标形式和模型形式。

（5）监测并预报警度。警度即警情的级别程度。财务危机预警的警度一般分为五种：无警、轻警、中警、重警、巨警；也可以分为三种：安全区、预警区、危机区。警度的确定，一般是根据警兆指标的数据大小，找出与警素的警限相对应的警限区域，警兆指标值落在某个警限区域，则确定为相应级别的警限。例如，为了监测企业的债务情况，设置资产负债率为警兆指标。设置的警限区域为：资产负债率小于 30% 为无警，30%～40% 为轻警，40%～50% 为中警，50%～70% 为重警，大于 70% 为巨警。例如，某企业的资产负债率的实际值为 60%，则为重警。

（6）拟订排警对策。监测财务风险和危机的目的是有效防范财务风险和危机，当实际警情出现时或实际警度已测定时，就要采取行之有效的排警对策。排警对策的制定，应根据财务危机的类型和轻重程度来确定。在财务危机潜伏期和发作期，财务危机比较轻、不很严重，一般属于轻警和中警，其财务危机类型主要是亏损型和偿付型危机；在财务危机恶化期和实现期，财务危机很严重，属于重警和巨警，其财务危机类型主要是破产型危机。不同类型的财务危机其排警对策不同。

【相关链接】

企业集团资金安全预警体系

企业陷入财务困境有两种类型：一种是渐进型财务困境；另一种是突发型财务困境。渐进型财务困境指的是企业由于经营风险和财务风险导致其财务状况从正常到逐步恶化，最后出现财务危机甚至破产的现象，如上市公司由正常经营到特别处理（ST），再到最终退市的过程。突发型财务困境通常指的是企业对资金的内部控制出现问题，由操作风险导致突发性资金安全事故诱发财务危机甚至破产的现象。例如，金融危机时中信泰富集团投资澳元衍生品亏损上百亿港元，中钢集团陷入"40 亿元资金黑洞"，就连向来以稳健管理著称的瑞士银行也因魔鬼交易员而导致了 23 亿美元的巨额亏损，摩根大通的巨亏更是由其风险管理人员直接造成。

在企业集团这一超越单一法律实体的组织形式下，针对单一企业的财务预警无疑是不足的。吴星泽（2010）认为，利用财务指标进行财务预警具有严重的局限性，其原因在于财务指标只是某种与财务危机发生有关的表象，并且这种表象还具有滞后反应性、不完全性和主观性，不仅忽视了对财务危机本源的探究，更忽视了企业的资金管理实质是一种价值创造的管理活动这一过程本质。其结果只是以大量数据去构建极其复杂的数学模型，模型的准确性和适用性很难说清楚。

构建企业集团资金安全风险的预警机制应从风险的来源、特点与传导机制着眼进行预警。企业集团资金安全风险控制机制中，需要同时设计指标预警与内控程序预警，构建企业集团资金安全预警理论体系的路径（如图 12-4 所示）。具体而言，资金安全预警就是运用内部控制的流程管理和传统财务预警理论相结合预警资金风险，据此确定风险未来变化方向，并发出监控信号。实践中可以通过预警模型和预警系统采用 PDCA 循环实现自动风险预警，风险预警管理模型系统抓住主体运营过程中有可能引起风险变化的因素对风险进行识别、监控、预测和评价。

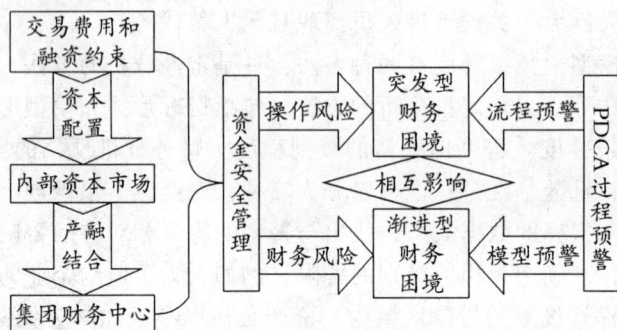

图 12-4　企业集团资金安全预警理论构建图

企业集团可以借鉴 PDCA 循环理论，依据全过程的预警思路，采用风险分析调查法、资金运营流程图分析法、指标判别法、管理评分法等定性和定量分析方法，实施动态高效的资金安全预警体系。PDCA 循环理论的工作过程依次为计划（plan）、执行（do）、检查（check）、行动（action），它从日常管理实践着手，循序渐进地持续改进，建立一种自我识别和自我改善的管理体系。该理论曾广泛地应用于质量管理体系（Deming，1986），国内也有学者将其用于内部控制评价（杨洁，2011）。

具体而言，资金安全预警应结合各国最新颁布的内部控制体系，借鉴金融机构对操作风险的识别和计量，针对企业潜在的操作风险发出警告，以此来对资金安全过程进行有效控制；针对财务风险，应在决策过程控制的基础上，依据历史数据筛选关键指标并构建资金安全预警模型，在陷入财务困境前提示风险管理人员做出防范措施。首先，从编制资金计划和事前的风险识别预警开始，形成风险预警预案，并贯彻实施（plan）；其次，从事中的操作流程控制和关键指标的实时监控预警，同时制定财务风险的防范与控制对策并切实有效地实施（do）；再次，做好自我检查和上级复查来跟踪预警（check）；最后，采用管理评分法，对整个预警体系进行优化改进（action），最终形成一个科学有效的 PDCA 循环预警体系。具体的集团资金安全预警体系构建实施方案如图 12-5 所示。

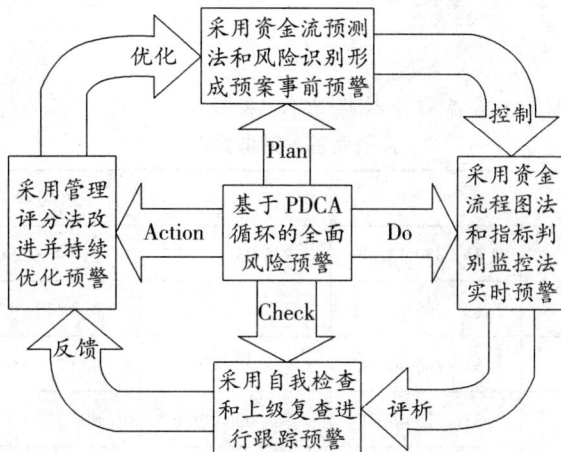

图 12-5　预警体系实施方案图

资料来源　吴战篪，李晓龙.企业集团资金安全预警体系研究[J].会计研究，2013.

本章小结

本章首先介绍了财务危机预警的概念、产生财务危机的原因、财务危机的表现过程以及财务危机预警的含义与意义，然后，从主观和客观两个方面阐述了财务危机预警的基本模型与方法，并讨论了我国企业财务危机预警模型与方法。另外，本章还分析了财务危机预警系统的概念、特征与功能，并在探讨财务危机预警系统构建原则的基础上阐述了财务危机预警系统的基本架构，以及财务危机预警系统的一般运行程序。

财务危机是企业经营发展过程中可能经历的一种财务状况，包括比较轻微的资金管理技术性失败和极为严重的破产，以及介于两者之间的各种状态。企业产生财务危机的因素有很多，既有宏观因素，也有微观因素；既有体制方面的问题，也有企业管理方面的问题等。一般来说，企业的财务危机不是一朝一夕造成的，而是一个长期积累和逐步发展的过程。构建一套高效、灵敏、实用的财务危机预警系统具有重要的意义。

财务危机预警主观模型与方法是指通过分析和调查，发现危机迹象及诱因，并告诉有关人员，以提前安排防范应变措施。财务危机预警主观模型与方法主要包括个案分析法、标准化调查法、短期资金周转表分析法、流程图分析法、管理评分法。财务危机预警的客观模型与方法一般是指以企业经营活动的实际数据和事先确定的风险临界值为分析基础的危机预警方法，其主要包括两大类方法：财务报表分析法和计量经济分析法。

企业财务危机预警体系由财务危机预警组织系统、财务危机预警信息系统、财务危机风险分析及监测系统、财务危机处理系统四个子系统组成。

讨论题

1.何谓财务危机？财务危机的表现有哪些？

2. 财务危机与财务风险之间的关系如何？

3. 如何评价财务危机预警模型中的主观预警模型与客观预警模型的优缺点？

4. 如何评价多变量判别分析法的优缺点？

5. 构建企业财务危机预警系统需要注意哪些关键点？

业务题

1.A 公司 2010—2013 年基本财务数据见表 12-9。

表 12-9　　　　　　　　　　　A公司基本财务数据　　　　　　　　　　单位：元

指标	2010年	2011年	2012年	2013年
资产总额	1 161 830 022.09	1 245 957 842.77	1 219 438 056.14	1 110 226 136.43
其中：流动资产	630 155 979.72	707 054 865.01	698 117 712.90	650 279 604.95
负债总额	523 280 469.82	758 090 026.82	802 770 804.23	804 159 886.37
其中：流动负债	510 775 465.95	758 090 026.82	802 770 804.23	804 159 886.37
股东权益	638 549 552.27	480 302 247.18	411 041 072.92	301 168 983.91
其中：留存收益	39 673 764.34	−120 634 142.88	−189 895 317.14	−301 657 016.33
息税前利润	30 405 671.43	−143 339 783.05	−59 370 211.30	−96 427 260.83
股票市价	7.90	5.72	3.91	2.45
期末股东权益的市价	910 902 325.24	671 827 853.33	515 838 628.84	353 062 988.99
销售收入	876 543 604.73	798 720 285.01	795 288 770.95	787 529 753.86
净利润	21 298 565.13	−147 557 580.62	−69 261 174.26	−111 761 699.19
折旧	21 261 495.97	19 258 273.10	20 809 092.95	2 0327 967.15
利息	−3 325 504.86	−5 720 335.50	−9 879 382.34	−14 641 507.47
经营活动产生的现金流量净额	−111 409 463.81	−137 249 226.43	−47 764 596.31	−112 428 655.05

要求：请用 Altman 的 Z 记分模型对 A 公司进行预警分析。

2. 请上网（www.cninfo.com.cn）下载上市公司一汽轿车（000800）2013 年度财务报表，利用刘红霞和张心林（2004）的 F 分数模型计算一汽轿车 2013 年度 F 值，并与 S 公司 2013 年度 F 值进行对比分析，比较两个公司的发展优势和劣势。

案例分析

济南轻骑两度陷入财务困境

济南轻骑摩托车股份有限公司（以下简称"济南轻骑"）是由中国轻骑集团有限公司（以下简称"轻骑集团"）核心层的三个分厂在 1993 年改组成立，注册资本为 17 760 万元，主要从事于摩托车及其零部件的设计、生产、销售和出口。成立之初，轻骑集团被济南市国资委授权持有该公司的国有股份，成为控股股东。2007 年中国兵器装备集团接收济南轻骑部分国有股份，成为第一大股东。

1995 年到 2000 年，济南轻骑在其控股股东轻骑集团主导下进行了大规模的并购扩张，扩张范围涉及信息产业、农业、药业和汽车业等，企业总资产从 10 亿元迅速上升至 40 亿元，增长了近 3 倍。然而，由于跨行业的并购扩张分散了企业核心资源，导致其主营业务经营水平快速下滑。与此同时，高速扩张占用了大量资金，企业不得不增加负债以满足生产经营的需要，到 2002 年其资产负债率高达 267%。高速扩张使得济南轻骑连续亏损，陷入了严重的财务困境之中。

第一次财务危机发生后，济南轻骑对并购企业进行了变卖和清理，并更换了公司高层管理人员。但是，第一次财务危机给企业带来的许多遗留问题并没有得到彻底解决，主要包括企业的负债比例较高、主营业务收入没有较大改善等。随后，摩托车行业竞争日趋激烈，民营企业、合资企业大量挤占摩托车市场，企业发展更加艰难。由于资产负债率一直高居不下，加上对成本费用控制不合理，企业已经连续多年在亏损和微利之间徘徊，济南轻骑再次陷入财务困境之中。

请查找相关资料，从内部条件与外部环境的角度，分析济南轻骑两次陷入财务困境的原因，分析第一次财务困境的遗留问题如何推动了第二次财务困境的形成。

第 13 章

Excel 在财务分析中的运用

工欲善其事，必行利其器。

——《论语》

学习目标

1. 了解 Excel 在财务分析中应用的一般程序；
2. 掌握运用 Excel 进行财务分析的工具和技巧。

重点与难点

1. 外部数据的获取方法；
2. Excel 在财务综合评价中的应用；
3. Excel 控件的应用。

引 言

据统计，几乎所有的电脑中都装有 Office 系统，但是，大约 80% 的人只会用其中 20% 的功能。

本章主要介绍如何将计算机技术与财务分析方法相结合，利用 Excel 建立各种财务分析模型，以帮助管理者在计算机环境中及时、准确地采集财务分析所需的数据，生成财务分析图表，从而对企业财务活动过程进行分析和评价，帮助企业改进财务管理工作，提高管理水平和经济绩效。

13.1 Excel 的基本技能

13.1.1 数据的获取

利用 Excel 建立分析模型时，模型中数据的获取是其要解决的关键问题。因为财务分析模型中的大量数据来自企业的财务报表数据，而为了取数的方便，这些数据又经常与分析模型存放在同一个工作簿中，所以，掌握如何进行跨表数据的引用是建立分析模型必备的技能。

获取外部数据的方法主要有：

1. 来自 Access 数据库

Excel 可以从 Access 文件获取数据。例如，Access 文件 "Finance.mdb" 包含一系列数据，Excel 的调用方法为：

（1）打开 Excel 2007，依次点击 "数据" —— "自 Access"，然后选择相应的文件，例如 "Finance.mdb"（如图 13-1 所示）。

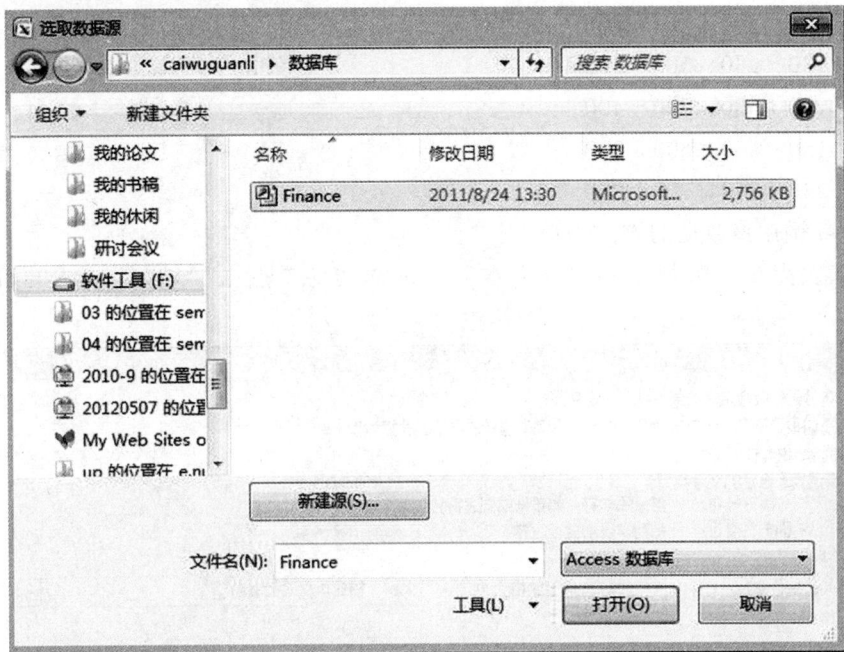

图 13-1　从 Access 获取数据

（2）点击 "打开"，选择要调用的文件（如图 13-2 所示）。

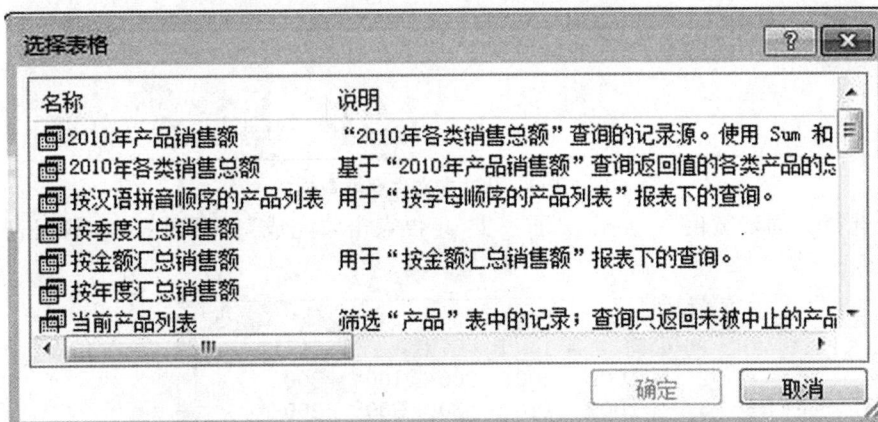

图 13-2　打开相关 Access 文件

（3）选择相应的数据表，点 "确定"，根据后续提示，获取相应数据。

2. 来自网站

Excel 可以直接调用网站的数据。当然，网站的数据可以是数据库文件，也可以是文本文件。如果是文本文件，需要使用 "复制" —— "粘贴" 的方法进行。

3. 来自文本

Excel 可以调用文本文件，尤其是以空格相隔的文本文件。许多数据在网站上或者文件中是以文本的形式以空格相隔而排列的，即使如此，Excel 也可以调用。方法如下：

例如有如下一系列文本存于文本文件"1.txt"中：

公司	A	B	C	D
1001	100	200	400	300
1002	120	130	300	200
1003	130	230	500	500
1004	200	300	200	400
1005	150	400	600	300
1006	230	340	200	900

用 Excel 调用该数据的方法为：

（1）依次点击"数据"—"自文本"—选择文件，点击"导入"，结果如图 13-3 所示。

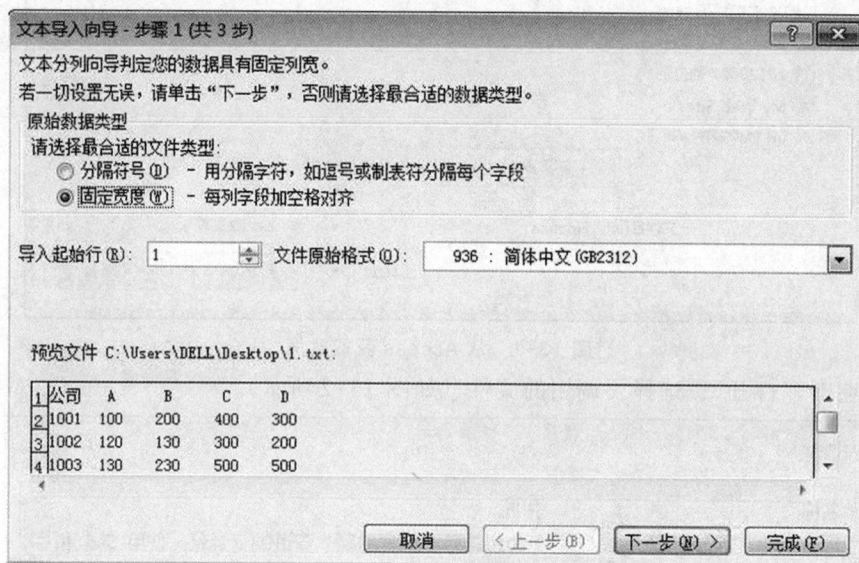

图 13-3　从文本文件获取数据

（2）选择"固定宽度"，点击"下一步"，再点击"完成"，得到 Excel 数据表（如图 13-4 所示）。

图 13-4　设置后的表格

4.打开其他数据库文件

可用 Excel 直接打开的数据库文件如图 13-5 所示。Excel 的调用方法为：

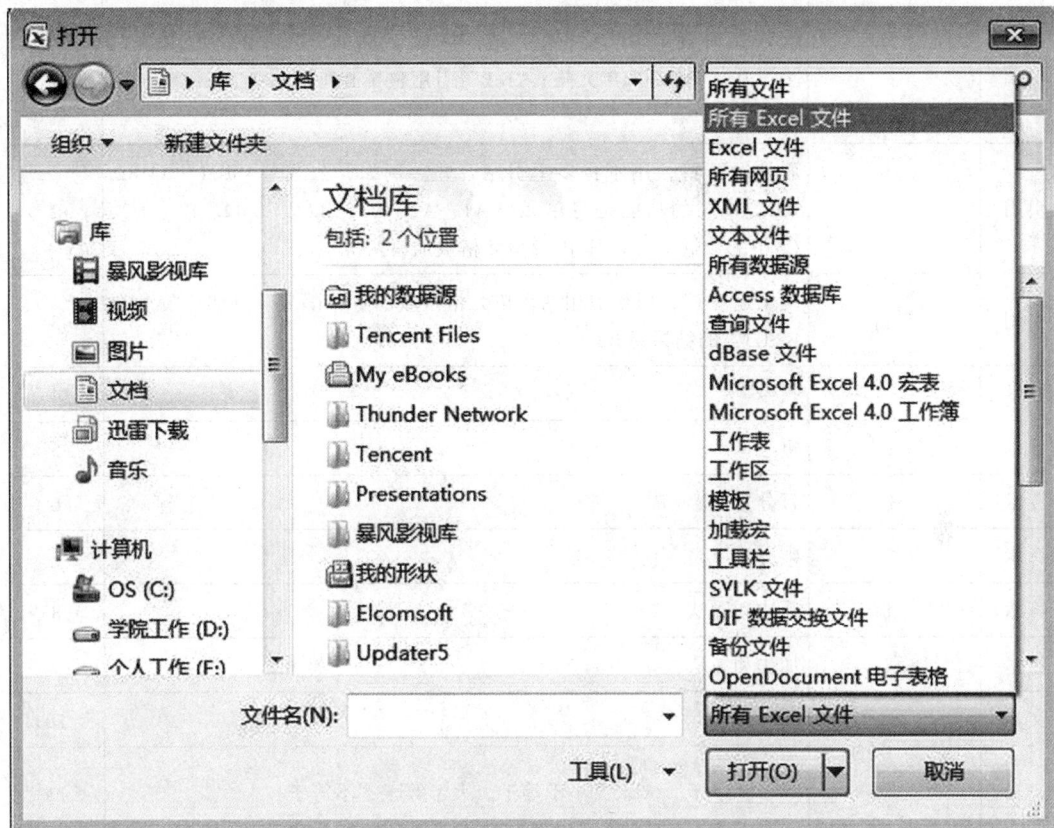

图 13-5　能够直接打开的数据库文件

（1）使用"文件"—"打开"功能，调用数据文件。

（2）选择相应的文件类型，即可打开相应文件，在 Excel 中操作。

13.1.2　Excel 数据的运算

Excel 数据的运算是通过运算符来实现的。Excel 的主要运算符及其优先级见表 13-1。

需要说明的是，Excel 运算过程中的字符串要用引号引起来。例如，单元格 A1 为最优方案的净现值（例如为 100000），A2 中希望出现"最优方案的净现值是：100000元"的字样，并且随着 A1 单元格数据的变化而变化，即当 A1 为 200000 元时，A2 单元格显示值自动更新为"最优方案的净现值是：200000 元"。那么在 A2 单元格不能直接输入整个内容，而应该是一个运算，计算公式为：="最优方案的净现值是："&A1&"元"。

若在 Excel 单元格中输入了错误公式，系统会自动报错。常见的错误信息见表 13-2。

13.1.3　Excel 函数

1.函数类别

函数是 Excel 中最具应用价值的工具。Excel 函数大体可以分为以下类别：

（1）数学函数。

数学函数是最为广泛的函数种类，例如：

表 13-1　　　　　　　　　　　　　Excel 的运算符及其优先级

类别	运算符	运算功能	优先级
引用	:	区域运算符，用于引用单元格区域。例如，"A1:B2"引用 A1、A2、B1、B2 四个单元格；"B:B"引用整个 B 列；"3:3"引用整个第 3 行	1
引用	,	联合运算符，用于将多个引用合并。例如，公式"=SUM（A1:B2, B2:C3）"的功能是将单元格 A1、A2、B1、B2 以及 B2、B3、C2、C3 中的数据加总，其中 B2 单元格被加总两次	2
引用	空格	交叉运算符，用于引用两个单元格区域的重叠部分。例如，"A1:B2 B2:C3"的结果是 B2	3
算术	（ ）	括号	4
算术	–	负号	5
算术	%	百分号	6
算术	^	乘方	7
算术	*和/	乘法和除法	8
算术	+和–	加法和减法	9
文本	&	文本连接	10
逻辑	=、<、>、<=、>=、<>	等于、小于、大于、小于等于、大于等于、不等于	11

表 13-2　　　　　　　　　　　　Excel 中常见的公式错误信息

错误信息	错误原因
#DIV/0!	公式的除数为零
#N/A	内部函数或自定义工作表函数中缺少一个或多个参数
#NAME?	不能识别的名字
#NULL!	指定的两个区域不相交
#NUM!	在需要数字参数的函数中使用了不能接受的函数
#REF!	公式中引用了无效的单元格
#VAULE!	参数或操作数的类型有错误
####!	公式产生的结果太长，单元格容纳不下

①SUM 函数：无条件求和。该函数的功能是计算所选取的单元格区域中所有数值的和。

②SUMIF 函数：条件求和。该函数的功能是根据指定条件对若干单元格求和。

③SUMPRODUCT 函数。该函数的功能是在给定的几组数组中，将数组间对应的元素

相乘，并返回乘积之和。

④AVERGAE 函数：平均值函数。该函数的功能是计算给定参数的算术平均值。

⑤MIN/ MAX 函数：最小值与最大值函数。

⑥ABS 函数：返回数字的绝对值。

⑦SQRT 函数：计算一个正数的正平方根。

⑧ROUND 函数：返回某个数字按指定位数舍入后的数字。

（2）财务函数。

财务函数也是广泛被应用的函数，例如：

①DDB 函数：双倍余额递减法函数。使用双倍余额递减法或其他指定方法返回一笔资产在给定期间内的折旧值，其语法格式为：

DDB （cost，salvage，life，period，factor）

其中，cost 为资产原值；salvage 为资产在折旧期末的价值（有时也称为资产残值），此值可以是 0；life 为折旧期限（有时也称作资产的使用寿命）；period 为需要计算折旧值的期间，必须使用与 life 相同的单位；factor 为余额递减速率，如果 factor 被省略，则假设为 2（双倍余额递减法）。

②FV 函数：复利（年金）终值函数。基于固定利率及等额分期付款方式返回某项投资的未来值，其语法格式为：

FV （rate，nper，pmt，pv，type）

其中，rate 为各期利率；nper 为总投资期，即该项投资的付款期总数；pmt 为各期所应支付的金额，其数值在整个年金期间保持不变，通常，pmt 包括本金和利息，但不包括其他费用或税款，如果省略 pmt，则必须包括 pv 参数；pv 为现值，或一系列未来付款的当前值的累积和，如果省略 pv，则假设其值为 0，并且必须包括 pmt 参数；type 数字 0 或 1，用以指定各期的付款时间是在期初还是期末，如果省略 type，则假设其值为 0。

③NPV 函数：净现值函数。通过使用贴现率以及一系列未来支出（负值）和收入（正值）计算一项投资的净现值，其语法格式为：

NPV （rate，value1，value2，...）

④年金函数 PMT。基于固定利率及等额分期付款方式返回贷款的每期付款额，其语法格式为：

PMT （rate，nper，pv，fv，type）

（3）条件函数。

IF 函数也称条件函数，它根据参数条件的真假返回不同的结果。

（4）计数函数。

①COUNT 函数：计算给定区域内数值型参数的数目。

②COUNTIF 函数：计算给定区域内满足特定条件的单元格的数目。

（5）逻辑函数。

①AND 函数：表示逻辑与。

②OR 函数：表示逻辑或。

③NOT 函数：功能是对参数的逻辑值求反。

这三个函数一般与 IF 函数结合使用。

（6）查找函数。

①LOOKUP 函数：返回向量（单行区域或单列区域）或数组中的数值。

②VLOOKUP 函数：在表格或数值数组的首列查找指定的数值，并由此返回表格或数组当前行中指定列处的数值。

③HLOOKUP 函数：从表格或数值数组的首行查找指定的数值，并由此返回表格或数组当前列中指定行处的数值。

④MATCH 函数：返回在指定方式下与指定数值匹配的数组中元素的相应位置。

（7）引用检索函数。

①INDEX 函数：返回表格或区域中的数值或对数值的引用。

②ADDRESS 函数：按照给定的行号和列标，建立文本类型的单元格地址。

③INDIRECT 函数：返回由文字串指定的引用。

（8）矩阵函数。

①TRANSPOSE 函数：求矩阵的转置矩阵。

②MINVERSE 函数：返回矩阵的逆矩阵。

③MMULT 函数：返回两数组的矩阵乘积。

2. 语法格式

Excel 函数的语法格式为：

函数名（参数 1，参数 2，…，参数 n）

在使用函数时，应注意以下几个问题：

（1）函数名与其后的括号"（"之间不能有空格。

（2）当有多个参数时，参数之间要用逗号","分隔。

（3）参数部分总长度不能超过 1024 个字符。

（4）参数可以是数值、文本、逻辑值、单元格地址或单元格区域地址，也可以是各种表达式或函数。

（5）函数中的逗号、引号等都是半角字符，而非全角的中文字符。

（6）注意：在运用矩阵函数时，数组的计算确认需要用"Shift+Ctrl+Enter"组合键的方式确认，而不能只按"Enter"键。

13.2　比率分析模型

13.2.1　比率分析法

比率分析法就是将财务报表中的有关项目进行对比，计算得出一系列财务比率指标，来确定财务活动变动程度，揭示企业财务状况的一种分析方法。比率分析是财务分析的核心，根据财务报表中有重要或内在联系的指标数据计算出相关比率是财务比率分析的基础。不同的企业，其经验管理所需的比率分析指标不尽相同，因此，企业需要根据实际需要，选取所需的财务比率指标，建立比率分析模型，从而对企业财务活动的过程和结果做出分析、比较、解释和评价。

13.2.2　比率分析模型的建立

建立比率分析模型就是以财务报表中的数据为依据，建立一系列比率分析公式，得出一系列财务比率数值,从而揭示企业的财务状况和经营成果。下面以某企业有关财务报表数据为例,来说明比率分析模型建立的具体步骤。

【例 13-1】根据 S 公司 2013 年 12 月 31 日资产负债表和 2013 年度利润表建立比率分析模型,进行财务比率分析,并绘制分析图表。

利用 Excel 建立比率分析模型,进行财务比率分析的具体步骤如下:

1. 获取财务比率分析数据信息

财务分析的数据主要来源于资产负债表和利润表,具体分析数据可以从以前建立好的财务报表文件中直接复制得到,同时,为了方便数据的获取,可将 S 公司 2013 年 12 月 31 日资产负债表和 2013 年度利润表的数据复制到同一个工作簿中。具体操作步骤如下。

(1)启动 Excel,新建一个工作簿并将其命名为"财务分析模型",双击工作表标签 Sheet1,将其重命名为"资产负债表"。

(2)将以前已生成的资产负债表数据复制到该工作表中。先选中要复制的报表数据,单击右键,在弹出的快捷菜单中选择"复制"命令。然后,将鼠标指针定位到新建的工作表"资产负债表"中,右键单击 A1 单元格,在弹出的快捷菜单中选择"选择性粘贴"命令。在弹出的对话框中分别选择粘贴"数值"和粘贴"格式"选项。然后,单击"确定"按钮返回工作表中,这样就将原有资产负债表和格式全部复制到新工作表中,最后,根据数据内容调整合适的行高和列宽即可。

(3)在工作簿"财务分析模型"中双击工作表标签 Sheet2,并将其重命名为"利润表",然后,用同样的方法将以前建立的"利润表"中数据复制到"利润表"工作表中。

获取数据后的 Excel 文件见表 13-3、表 13-4。

表 13-3　　　　　　　　　　　　资产负债表的 Excel 文件示例

	A	B	C	D	E	F
1			资产负债表			会企01表
2	编制单位:S公司		2013年12月31日			单位:元
3	资　产	期末余额	年初余额	负债和 股东权益	期末余额	年初余额
4	流动资产:			流动负债:		
5	货币资金	39 964 590 909.55	37 921 043 431.96	短期借款	1 200 000.00	64 508 000.00
6	交易性金融资产	0	0	吸收存款及同业 存款	0	0
7	应收票据	1 528 517 522.10	1 568 800 877.00	交易性金融 负债	0	0
8	应收账款	729 557 891.22	371 924 320.37	应付票据	0	0
9	预付款项	411 451 092.97	576 430 358.52	应付账款	6 894 878 780.15	5 909 312 451.30
10	应收利息	448 230 974.72	0	预收款项	691 916 996.68	410 594 478.56

3	资 产	期末余额	年初余额	负债和股东权益	期末余额	年初余额
11	应收股利	618 210 697.15	6 881 214 320.79	应付职工薪酬	1 947 665 741.76	1 170 711 960.23
12	其他应收款	732 148 603.50	1 177 722 625.90	应交税费	−47 072 457.12	114 147 508.95
13	买入返售金融资产	0	0	应付利息	0	0
14	存货	1 270 657 653.67	1 124 284 469.32	应付股利	0	0
15	一年内到期的非流动资产	1 150 882 798.16	2 391 915 135.00	其他应付款	740 765 748.01	407 064 050.00
16	其他流动资产	7 448 087 257.07	4 721 800 000.00	一年内到期的非流动负债	240 280 081.30	6 385 856 465.00
17	流动资产合计	54 302 335 400.11	56 735 135 538.86	其他流动负债	0	0
18	非流动资产：			流动负债合计	10 469 634 890.78	14 462 194 914.04
19	发放贷款及垫款	0	0	非流动负债：		
20	可供出售金融资产	4 719 654 253.35	5 076 436 663.25	长期借款	0	0
21	持有至到期投资	0	0	应付债券	0	0
22	长期应收款	0	206 347 798.16	长期应付款	0	0
23	长期股权投资	74 812 750 277.08	65 654 951 529.68	专项应付款	939 884 119.00	972 655 000.00
24	投资性房地产	347 342 603.70	359 196 410.69	预计负债	547 355 040.27	313 290 318.98
25	固定资产	3 885 316 541.31	4 112 544 054.11	递延所得税负债	0	135 787 194.02
26	在建工程	1 199 119 820.34	712 388 433.31	其他非流动负债	4 550 618 668.57	4 484 003 669.48
27	工程物资	0	0	非流动负债合计	6 037 857 827.84	5 905 736 182.48
28	无形资产	1 633 316 043.87	2 541 070 960.71	负债合计	16 507 492 718.62	20 367 931 096.52
29	开发支出	0	601 856 307.40	股东权益：		
30	长期待摊费用	0	0	股本	11 025 566 629.00	11 025 566 629.00
31	递延所得税资产	0	0	资本公积	50 680 755 600.39	51 510 141 075.56
32	其他非流动资产	2 220 457 958.04	1 008 024 113.42	减：库存股		
33	非流动资产合计	88 817 957 497.69	80 272 816 270.73	盈余公积	16 943 432 989.44	13 459 932 005.70
34				未分配利润	47 963 044 960.35	40 644 381 002.81
35				外币报表折算差额		
36				股东权益合计	126 612 800 179.18	116 640 020 713.07
37	资产总计	143 120 292 897.80	137 007 951 809.59	负债和股东权益总计	143 120 292 897.80	137 007 951 809.59

表 13-4　　　　　　　　　　　　　利润表的 Excel 文件示例

	A	B	C
1	利润表		会企02表
2	编制单位：S公司	2013年度	单位：元
3	项　目	本期金额	上期金额
4	一、营业收入	18 585 566 506.07	17 811 015 046.41
5	减：营业成本	16 913 553 598.94	16 037 008 567.98
6	营业税金及附加	324 307 311.75	462 301 881.40
7	销售费用	2 455 261 031.10	2 030 113 918.46
8	管理费用	5 476 307 929.36	3 253 592 900.69
9	财务费用（收益以"−"号填列）	−867 846 131.13	−47 011 059.65
10	资产减值损失	1 000 054 396.16	143 473 592.06
11	加：公允价值变动收益（损失以"−"号填列）	0	0
12	投资收益（损失以"−"号填列）	23 938 728 772.77	20 714 177 723.04
13	二、营业利润（亏损以"−"号填列）	17 222 657 142.66	16 645 712 968.51
14	加：营业外收入	243 868 752.52	210 953 825.71
15	减：营业外支出	81 009 616.44	−130 543 494.67
16	三、利润总额（亏损总额以"−"号填列）	17 385 516 278.74	16 987 210 288.89
17	减：所得税费用	−31 988 639.94	−39 665 009.88
18	四、净利润（净亏损以"−"号填列）	17 417 504 918.68	17 026 875 298.77
19	五、其他综合收益的税后净额		
20	六、综合收益总额		
21	七、每股收益		

2. 建立财务比率分析模型

财务比率分析涉及的分析指标主要有偿债能力比率、营运能力比率、盈利能力比率和发展能力比率四类。依据这四类分析指标，利用 Excel 建立财务比率分析模型。具体操作步骤如下：

（1）在工作簿"财务分析模型"中双击工作表标签 Sheet3，并将其重命名为"财务比率分析模型"，然后根据四类指标内容输入各个指标项目，并对表格进行格式化。

（2）根据四类指标具体项目的含义，分别设置 2013 年各分析比率公式（见表 13-5 至表 13-8）。

表 13-5   偿债能力分析比率公式

指标名称（年度）	单元格名称	指标公式
流动比率（2013）	C5	=资产负债表!B17/资产负债表!E18
速动比率（2013）	C6	=（资产负债表!B17-资产负债表!B14-资产负债表!B15-资产负债表!B16）/资产负债表!E18
现金流动负债比率（2013）	C7	=-1413264890.20/AVERAGE（资产负债表!E18：F18）
资产负债率（2013）	C8	=资产负债表!E28/资产负债表!B37
产权比率（2013）	C9	=资产负债表!E28/资产负债表!E36
已获利息倍数（2013）	C10	=（利润表!B16+利润表!B9）/利润表!B9

公式说明："现金流动负债比率（2013）"公式中的数据-1413264890.20 为 2013 年"经营活动产生的现金流量净额"的数据。

表 13-6   营运能力分析比率公式

指标名称（年度）	单元格名称	指标公式
存货周转率（2013）	C11	=利润表!B5/AVERAGE（资产负债表!B14：C14）
存货周转天数（2013）	C12	=360/C11
应收账款周转率（2013）	C13	=利润表!B4/AVERAGE（资产负债表!B8：C8）
应收账款周转天数（2013）	C14	=360/C13
流动资产周转率（2013）	C15	=利润表!B4/AVERAGE（资产负债表!B17：C17）
固定资产周转率（2013）	C16	=利润表!B4/AVERAGE（资产负债表!B25：C25）
总资产周转率（2013）	C17	=利润表!B4/AVERAGE（资产负债表!B37：C37）

公式说明：为简化计算，资产负债表项目取期末余额计算。

表 13-7   盈利能力分析比率公式

指标名称（年度）	单元格名称	指标公式
净资产收益率（2013）	C18	=利润表!B18/AVERAGE（资产负债表!E36：F36）
总资产报酬率（2013）	C19	=利润表!B18/AVERAGE（资产负债表!B37：C37）
营业利润率（2013）	C20	=利润表!B13/利润表!B4
销售净利率（2013）	C21	=利润表!B18/利润表!B4
销售毛利率（2013）	C22	=（利润表!B4-利润表!B5）/利润表!B4

公式说明：为简化计算，资产负债表项目取期末余额计算。

表 13-8   发展能力分析比率公式

指标名称（年度）	单元格名称	指标公式
销售增长率（2013）	C23	=（利润表!B4-利润表!C4）/利润表!C4
总资产增长率（2013）	C24	=（资产负债表!B37-资产负债表!C37）/资产负债表!C37
净利增长率（2013）	C25	=（利润表!B18-利润表!C18）/利润表!C18
资本积累率（2013）	C26	=（资产负债表!E36-资产负债表!F36）/资产负债表!F36

　　公式中的数据如果来自本工作簿已建好的工作表"资产负债表"和"利润表"，则通过跨表引用单元来取数，先计算出"2013 年"一栏的数据，然后通过填充柄直接将公式复制到"2012 年"一栏中即可；如果公式中的数据来自其他年度的信息，为简化操作，直接在公式中输入具体数值，相关解释见公式图表下方的公式说明。

　　定义公式时可直接用单元定义公式，或给单元命名后，用名字来定义公式。相比而言，应用名字定义公式比应用单元定义公式更加容易阅读、理解和记忆。下面就以"流动比率"公式的定义为例，说明这两种定义公式的方法。

　　方法一：直接用单元定义公式。

　　①双击 C5 单元格，根据流动比率的公式，直接在单元格中录入"=资产负债表!B17/资产负债表!E18"，即引用工作表"资产负债表"B17（流动资产）和 E18（流动负债）的数据，并进行运算，得到流动比率的结果。

　　②或者采用单击的方式来引入跨表数据。如双击 C5 单元格，录入"="之后，单击工作表"资产负债表"，在其中找到"流动资产"和"流动负债"数据，直接单击数据所在的单元格，并加入运算符，按"Enter"键确认公式，返回"财务比率分析模型"工作表中就可看到公式的结果。

　　方法二：用单元名称来定义公式。

　　①给"资产负债表"中有关单元格定义名称。如将单元格 B17 命名为"流动资产"，将单元格 E18 命名为"流动负债"。

　　②双击"财务比率分析模型"工作表中 C5 单元格，直接输入"=流动资产/流动负债"，即可看到流动比率的运算结果。

　　（3）为进一步了解两年财务比率变动情况，特增加了用来反映两年比率指标相对增减绝对数额的"增减"栏，以及根据增减变动情况，按照"变动幅度大于20%且小于50%的应引起关注，变动幅度大于50%的提醒异常"的原则，设置了"结论"栏，利用 IF 函数和 ABS 函数达到效果。两栏公式设置内容及步骤如下：

　　①"增减"栏分别用 C 列各栏数据（2013 年）与 D 列各栏数据（2012 年）相减得到。公式设置方法和步骤为：先定义好 E5 单元格的公式"=C5-D5"，然后将此公式利用填充柄或直接复制到以下各行中即可。

　　②"结论"栏的公式设置方法和步骤同"增减"栏。以 F5 单元格为例，公式定义的具体内容为"=IF（ABS（E5）<20%）"，则返回空值，否则继续判断 E5 数据的绝对值是否小于50%。如果是，则返回文字"关注"，即增减幅度大于20%且小于50%的应引起关注；如果否，则返回文字"异常"，即增减幅度大于50%的提醒异常。

（4）根据"财务比率分析模型"工作表中的数据信息，对其进行格式化设计，达到美化效果。

13.3 财务综合评价模型

综合评价是财务分析的重要内容，使用 Excel 能够较为便捷地进行综合评价，并得出不同公司之间的排名。

例如，某行业主要企业的财务数据见表 13-9，对该行业进行财务综合评价并排名。

表 13-9　　　　　　　　　　　某行业主要企业财务指标

企业	流动比率 X1	速动比率 X2	资产负债率 X3	应收账款周转率 X4	存货周转率 X5	ROE	ROA
企业一	1.6	1.1	50%	4.5	6.7	30%	21%
企业二	2.5	1	30%	5.7	5.8	21%	13%
企业三	3.1	1.3	40%	7.8	9.2	15%	8.80%
企业四	1.9	0.9	45%	2.4	9.3	18%	9%
企业五	2	0.8	60%	10.1	10.5	23%	12%
企业六	2.2	1.2	75%	9.5	10.8	45%	22%
企业七	1.5	0.4	44%	9.4	7.4	4%	2.10%
企业八	0.4	0.1	65%	6.7	8.2	7.80%	3.50%
企业九	1.6	0.1	28%	13.2	10.2	22%	12%
企业十	2.2	1.1	44%	5.5	9	9%	5%

13.3.1　综合评价权重的确定

层次分析法（analytical hierarchy process，AHP）是确定指标权重的常用方法。该方法是美国运筹学家汤姆斯·萨蒂（Thomas L.Saaty）在 20 世纪 70 年代提出来的，它是管理科学中很有用的数学方法，已被成功地用于规划、调解冲突、利润成本分析和群体决策等方面。其方法是通过对系统的多个因素的分析来划分出各因素间相互联系的有序层次，然后请专家对每一层全部因素进行比较客观的判断后，给出相对重要性的定量表示，然后建立数学模型，计算每一层全部因素的权重。权重建立后，通过建立评价函数来对各方案进行综合评价。

层次分析法基本步骤如下：

第一，构造多级递阶的结构模型。根据评价系统的目的、评价准则、替代方案等因素建立递阶的结构模型：第一层为目标层；中间层为准则层；最下层为方案层。

第二，以上一级因素为准则，对同属一级的因素进行两两比较，根据评价尺度确定其相对重要性，据此建立判断矩阵。

记判断矩阵为 A= $(a_{ij})_{n \times n}$，a_{ij} 的赋值由第 i 个指标与第 j 个指标相比的重要程度来表示。a_{ij}的赋值规则见表13-10。

表 13-10 重要性判断赋值规则

判断种类	同样重要	比较重要	重要	很重要	极重要
赋值	1	3	5	7	9

比如第 i 个指标和第 j 个指标同等重要，则赋值为 1，即 $a_{ij}=1$，第 i 个指标与第 j 个指标相比极重要，则赋值为 9，即 $a_{ij}=9$。

第三，计算判断矩阵的特征向量，确定各因素对上一级因素的相对重要性。

同级因素之间的相对重要性可以通过计算判断矩阵和特征向量获得。在层次分析法中通常采用简便的办法计算特征向量，主要有求和法和求根法两种。

（1）求和法。

①将矩阵按列归一化：$b_{ij} = \dfrac{a_{ij}}{\sum a_{ij}}$ ；

②对 b_{ij} 按行求和：$v_i = \sum b_{ij}$ ；

③对 v_i 归一化：$w_i = \dfrac{v_i}{\sum v_i}$ 。

$W = (w_1, w_2, \cdots, w_n)'$ 即所求的特征向量，也就是各因素对上一级因素的相对重要性。

（2）求根法。

①将矩阵按行求根：$v_i = \sqrt[n]{\prod_j a_{ij}}$ ；

②归一化：$w_i = \dfrac{v_i}{\sum v_i}$ 。

第四，对所确定的相对重要性进行一致性检验。若检验通过，则进入第五步；若检验不能通过，则返回第三步。

在实际评价中，有时会犯不一致的错误。为了判断判断矩阵和一致性，需要进行一致性判断。判断方法如下：

（1）计算一致性指标：$CI = \dfrac{\lambda_{max} - n}{n - 1}$ 。其中，$\lambda_{max} = \dfrac{1}{n} \sum_{i=1}^{n} \left(\dfrac{(AW)_i}{w_i} \right)$ 。

（2）计算随机一致性比率：$CR = \dfrac{CI}{RI}$ 。其中，RI 为平均一致性指标，表 13-11 是 500 样本的平均值。

表 13-11 平均随机一致性指标

阶数	3	4	5	6	7	8	9	10	11	12	13	14	15
RI	0.52	0.89	1.12	1.26	1.36	1.41	1.46	1.49	1.52	1.54	1.56	1.58	1.59

当 CR<0.1 时，判断矩阵的一致性是可以接受的。

第五，进行总排序。根据上述结果计算各要素对目标层的综合重要度，根据综合重要度判断方案的优劣。

运用 Excel 能够方便地进行层次分析法的计算。层次分析法的 Excel 计算模型和计算公式分别如图 13-6 和图 13-7 所示。

计算指标权重

	X1	X2	X3	几何平均	归一化
X1	1	2/3	1 1/3	0.961499714	0.326233
X2	1 1/4	1	1	1.077217345	0.365496
X3	3/4	1	1	0.908560296	0.308271

一致性检验

1	3	CI	-0.00911538
1	3	CR	-0.017529578
1	3		
拉母德	3	是否通过检验	通过

图 13-6　层次分析法的 Excel 计算模型

计算指标权重

	X1	X2	X3	几何平均	归一化
X1	1	0.66666666666666	1.33333333333	=GEOMEAN(C3:E3)	=F3/SUM($F$3:$F$5)
X2	1.25	1	1	=GEOMEAN(C4:E4)	=F4/SUM($F$3:$F$5)
X3	0.75	1	1	=GEOMEAN(C5:E5)	=F5/SUM($F$3:$F$5)

一致性检验

=MMULT(C3:E5,G3:G5)	=C8/G3	CI	=(D11-3)/(3-1)
=MMULT(C3:E5,G3:G5)	=C9/G4	CR	=F8/0.52
=MMULT(C3:E5,G3:G5)	=C10/G5		
拉母德	=AVERAGE(D8:D10)	是否通过检验	=IF(F9<0.1,"通过","不通过")

图 13-7　层次分析法的 Excel 计算公式

13.3.2　综合评价模型建立

1. 指标的无量纲化处理

因为财务指标的单位并不统一，有些是正指标（如各类盈利水平指标和周转效率指标），有些是中性指标（如资产负债率、流动比率、速动比率），并且财务指标的计量单位也不一样，无法直接进行财务综合评价，因此，在进行财务综合评价之前需要对财务指标进行无量纲化处理，一般可使用功效系数法进行处理。功效系数法基本方法如下：

（1）正指标的处理方法：

$$U_{ij}=\frac{X_{ijr}-X_{ij\min}}{X_{ij\max}-X_{ij\min}}\times 40+60$$

（2）中性指标的处理方法：

当 $X_{i\min}\leqslant X_{ij}<\bar{X}_i$ 时，$U_{ij}=\frac{X_{ij}-X_{i\min}}{\bar{X}_i-X_{i\min}}\times 40+60$

当 $\bar{X}_i < X_{ij} \leqslant X_{i\,max}$ 时，　$U_{ij} = \dfrac{X_{i\,max} - X_{ij}}{X_{i\,max} - \bar{X}_i} \times 40 + 60$

式中，下角标 i、j 的含义为第 i 个评价指标的第 j 个企业；U_{ij} 为无量纲化指标；$X_{i\,max}$ 为该指标的行业最大值；$X_{i\,min}$ 为该指标的行业最小值；$\bar{X}_i$ 为中性指标的最适度值（或行业平均值）。

运用 Excel 进行无量纲化处理的方法为：

在 B20 中输入计算公式：

B20	=IF（B3>B$15，（B$13-B3）/（B$13-B$15）*40+60，（B3-B$14）/（B$15-B$14）*40+60）

将 B20 复制到 B20：H29，得到如图 13-8 所示的计算结果。

	17	无量纲化处理及综合评价							
		A	B	C	D	E	F	G	H	I
18	企业	流动比率X1	速动比率X2	资产负债率X3	应收账款周转率X4	存货周转率X5	ROE	ROA	综合评价
19	权重	0.1	0.15	0.1	0.15	0.15	0.2	0.15	
20	企业一	92.00	78.60	97.17	76.54	72.37	83.51	63.58	79.28
21	企业二	80.00	87.91	63.98	85.98	60.00	97.62	92.26	82.84
22	企业三	60.00	60.00	83.88	97.76	90.62	88.42	90.66	82.93
23	企业四	100.00	97.21	93.83	60.00	88.71	96.18	91.58	89.24
24	企业五	96.67	96.36	82.30	81.68	65.74	94.48	95.84	87.74
25	企业六	90.00	69.30	60.00	85.87	60.00	60.00	60.00	68.28
26	企业七	89.33	75.58	91.84	86.57	81.99	60.00	60.00	75.74
27	企业八	60.00	60.00	74.87	93.86	92.99	69.82	66.41	74.44
28	企业九	92.00	96.36	60.00	60.00	71.48	96.05	95.84	82.96
29	企业十	90.00	78.60	91.84	84.41	94.45	72.92	73.27	82.38

图 13-8　Excel 财务综合评价计算表

2. 财务综合评价

运用 Excel 进行综合评价，在 I20 中输入计算公式：

I20	=SUMPRODUCT（B$19:H$19,B20:H20）

然后将 I20 复制至 I21：I29，得到 10 个企业的财务综合评价值（如图 13-8 所示）。

3. 给出评价结果提示框

运用 Excel 根据计算结果直接给出评价结果提示框（如图 13-9 所示）。

	A	B	C	D
31		结论区：		
32		平均得分：	80.58	
33		财务最优公司：	企业四	
34		财务最差公司：	企业六	

图 13-9　Excel 财务综合评价结论区

图 13-9 中结论区的计算公式为：

B32	=AVERAGE（I20:I29）
B33	=INDEX（\$A\$20:\$A\$29,MATCH（MAX（\$I\$20:\$I\$29），\$I\$20:\$I\$29,0））
B34	=INDEX（\$A\$20:\$A\$29,MATCH（MIN（\$I\$20:\$I\$29），\$I\$20:\$I\$29,0））

13.4 Excel 中控件的使用

13.4.1 Excel 中的控件

Excel 中有丰富的控件可供使用，在进行财务管理时，主要使用其表单控件。在 Excel 2007 版中的表单控件在"开发工具"菜单的"插入"项（如图 13-10 所示）。

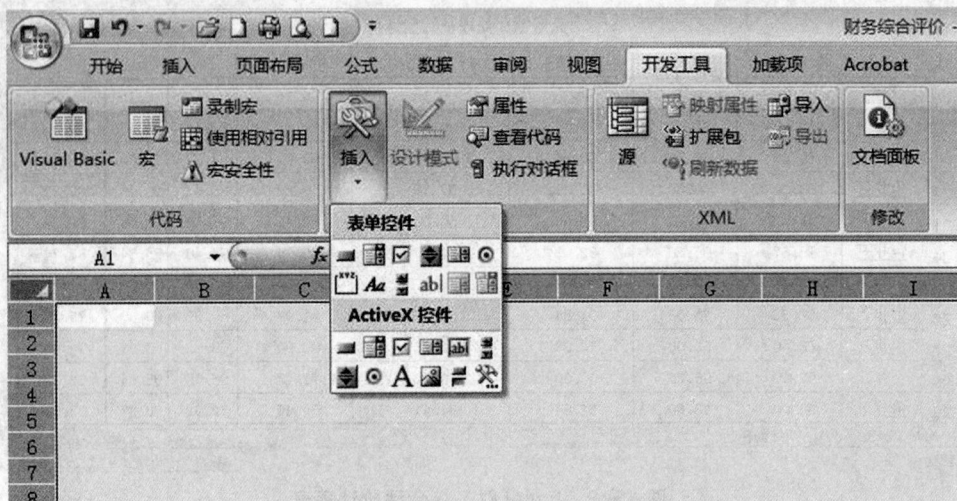

图 13-10 Excel 中的控件

13.4.2 运用控件举例

运用 Excel 中的控件可以达到意想不到的效果，节约操作成本，实现动态调控。

下面以财务预测"指数平滑法"为例说明"微调器"的使用。

1. 模型概要

（1）问题描述：对于平稳的时间序列，可以运用移动平均法、指数平滑法进行预测。

（2）主要变量：被预测因素的时间序列。

（3）决策方法：移动平均法、指数平滑法。

（4）关键技术：移动平均法、指数平滑法的 Excel 算法、相对引用、微调器的使用。

2. 应用举例

【例 13-2】某企业 2013 年 1—12 月份某产品的销售量有关资料见表 13-12。

表 13-12　　　　　　　　　　　　　　　某产品的销售量　　　　　　　　　　　　　　　单位：万件

月份	1	2	3	4	5	6	7	8	9	10	11	12
销售量	150	130	140	157	148	143	151	162	149	155	151	145

问题：用三期指数平滑法预测下年 1 月份的销售量。

【模型展示】指数平滑法预测模型如图 13-11 所示。

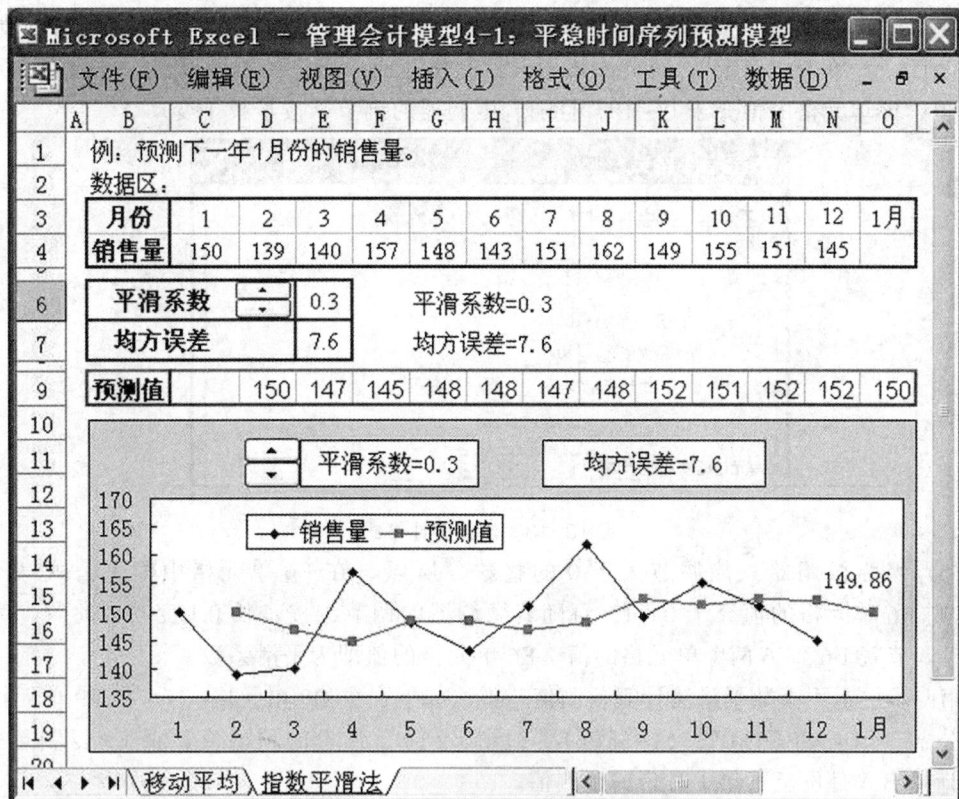

图13-11　指数平滑法预测模型

【建模步骤】

第一步：在数据区输入原始数据（见图13-11之B3：N4）。

第二步：输入相关说明文字。

第三步：设置一个可以动态调节的平滑系数控制器。方法如下：

（1）合并B6：C6单元格，在其中输入"平滑系数"。

（2）打开"视图—工具栏—窗体"（如图13-12所示）。

图13-12　窗体

（3）用鼠标单击微调器按钮，此时鼠标变为"+"字，在D6单元格处画一个大小适中的微调器。

（4）设置微调器。右键单击微调器，选择"设置控件格式"，设置该控件（如图13-13所示）。单击"确定"，至此，该微调器制作完成。通过控制微调器，可控制单元格D6的值，该单元格的值介于0～10，且随着微调器的调节，按步长1变动。

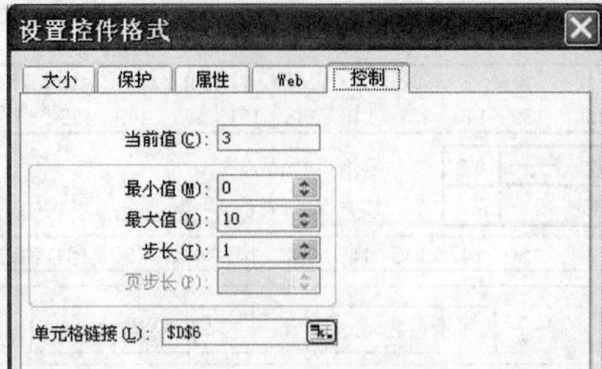

图 13-13　设置控件格式

（5）因为微调器只能调节大于0的整数，所以，在E6单元格中输入公式"=B6/10"，则E6单元格的值介于0～1，且随着微调器的调节，按步长0.1变动。此时，微调器同时调节着D6、E6两个单元格的值，E6单元格的值即为平滑系数。

第四步：运用指数平滑法计算预测值。方法如下：令D9单元格=C4，在E9单元格中输入公式"=D4*\$E\$6+D9*（1-\$E\$6）"，则E9为3月份的预测值；将E9复制至F9：O9，计算出4月份至下年1月份的预测值。

注意：在E9单元格的计算公式中，对于E6的引用是绝对引用。

第五步：计算均方误差。根据统计学关于均方误差的计算方法，运用Excel的内置函数计算均方误差。方法如下：在E7单元格内输入公式"=（SUMXMY2（D4：N4，D9：N9）/COUNT（D4：N4））^0.5"，则计算出预测的均方误差。

第六步：绘制折线图。

第七步：修饰图表，在图形中加入平滑系数的控制器和均方误差的结果，且要求图形中的控制器是动态可调的，均方误差的值也是随着平滑系数的改变而改变的。方法如下：

（1）先设置两个单元格，使其值分别等于平滑系数的说明性文字和均方误差的说明性文字。令G6 ="平滑系数="&E6，令G7="均方误差="&ROUND（E7，2），则G6单元格的值为平滑系数的说明性文字，G7单元格的值为均方误差的说明性文字。

（2）在图形中绘制一个文本框，鼠标点击其边沿，使其处于编辑状态，然后在编辑栏输入"=\$G\$6"，此时，该文本框就与G6单元格建立了链接，其显示的内容始终与G6单元格一样。用同样的方法制作均方误差的说明性文本框。

（3）复制平滑系数的控制器按钮，粘贴到图形中，与平滑系数的文本框组合。

（4）调整修饰图表大小，使其美观。

13.5　数据透视表在财务分析中的使用

13.5.1　数据透视表简介

数据透视表是Excel的一项强有力的分析工具。数据透视表可以通过Excel 2007的

"插入"菜单"数据透视表"和"数据透视图"命令，借助数据透视表向导生成（如图13-14所示）。

图 13-14　数据透视表菜单

可以根据需要，使"数据透视表"创建在源数据表中或是创建在一个新的"数据透视表"工作表中。数据透视表创建出来后，会在"字段列表"中自动显示出源数据表的各个字段名称；同时，会出现一个二维数据表的空表框架，如图 13-15 所示。

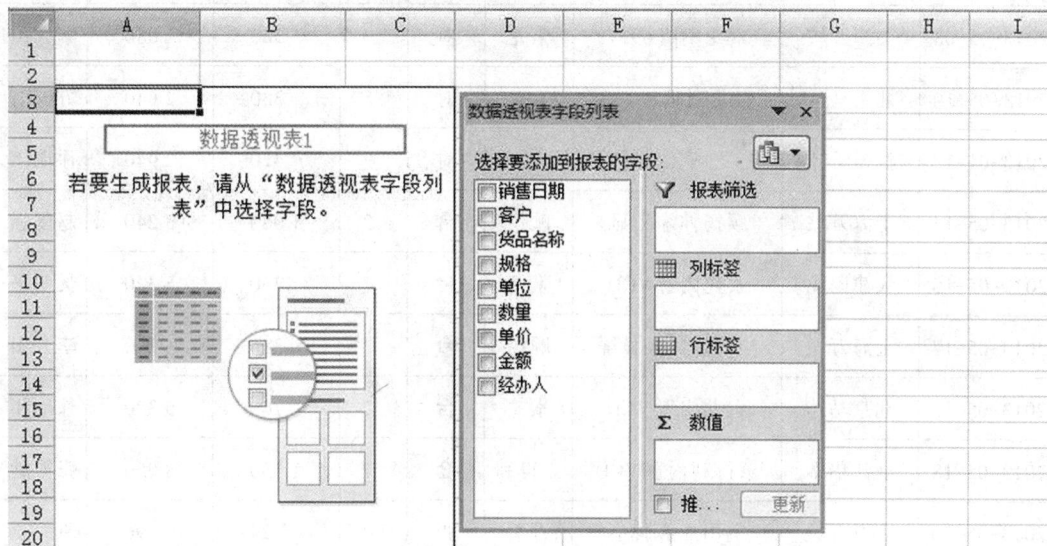

图 13-15　数据透视表操作界面

在数据透视表的空框架中，一共有四个不同的区域，分别是"行字段"区、"列字段"区、"数据项"区以及"页字段"区。这四个区域都可以包容一个或多个源数据表中的字段信息，但是由于它们的位置不同，所以它们的名称和作用完全不同。

在数据透视表中，"行字段"区和"列字段"区的作用是分类；"数据项"区的作用是汇总（汇总有"求和"、"求平均"、"计数"等多种方式）；"页字段"区的作用则主要是分类筛选。无论是哪个区域，操作都是相同的，都是将字段列表中的"字段名"拖拽至相应的位置即可。

13.5.2　数据透视表在销售分析中的应用

下面以销售分析为例，说明数据透视表的应用。

表 13-13 是一组销售数据，现需要根据不同的字段进行分类汇总。

表 13-13　　　　　　　　　　　　　　企业销售统计表

销售日期	客户	货品名称	规格	单位	数量	单价（元）	金额（元）	经办人
2013-05-01	北京马达	宝田扶手箱	宝田	个	8	128	1 024	徐瑞年
2013-05-01	天津国龙	万美扶手箱	万美	个	10	108	1 080	吴明华
2013-05-02	上海万城	万美扶手箱	万美	个	3	136	408	徐瑞年
2013-05-03	北京马达	宝田布座套	宝田	件	7	188	1 316	方天浩
2013-05-05	浙江华泰	万美车套板	万美	个	12	65	780	班海燕
2013-05-06	天津国龙	万美挡泥板	万美	件	10	28	280	杨明雪
2013-05-06	南京利百	万美亚麻脚垫	万美	张	7	22	154	吴明华
2013-05-08	北京马达	宝田亚麻脚垫	宝田	张	12	28	336	赵国强
2013-05-08	上海万城	索龙喇叭 6937	索龙	对	3	360	1 080	李方田
2013-05-10	北京马达	索龙喇叭 S—60	索龙	对	8	330	2 640	方天浩
2013-05-12	杭州千叶	喜龙华套装喇叭	喜龙华	对	7	420	2 940	徐瑞年
2013-05-14	上海万城	顺扬伸缩彩显	顺扬	台	3	1 080	3 240	赵国强
2013-05-16	天津国龙	索龙内置 VCD	索龙	台	7	760	5 320	吴明华
2013-05-17	上海万城	顺扬遮阳板显屏	顺扬	台	3	380	1 140	李方田
2013-05-18	北京马达	索龙内置 VCD	索龙	台	7	760	5 320	徐瑞年
2013-05-18	浙江华泰	意得利内置 VCD	意得利	套	7	1 150	8 050	张德胜
2013-05-20	上海万城	宝田亚麻脚垫	万美	张	4	24	96	班海燕
2013-05-21	上海万城	宝田挡泥板	宝田	件	3	25	75	张德胜
2013-05-23	杭州千叶	宝田挡泥板	宝田	件	7	25	175	赵国强
2013-05-23	天津国龙	意得利 752MP4	意得利	台	7	880	6 160	班海燕
2013-05-23	南京利百	万美扶手箱	万美	个	10	108	1 080	杨明雪
2013-05-26	浙江华泰	万美扶手箱	万美	个	7	108	756	李方田
2013-05-28	上海万城	顺扬 788 伸缩彩显	顺扬	台	3	960	2 880	吴明华

操作方法如下：

第一步：打开数据透视表（如图 13-16 所示）。

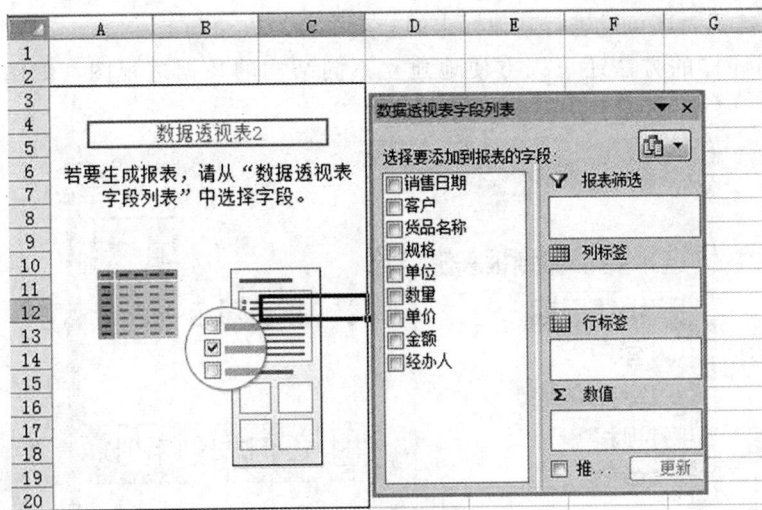

图 13-16 打开数据透视表

第二步：建立数据透视表结构。把"客户"、"规格"、"金额"、"经办人"拉入相应的结构里，建立数据透视表结构（如图 13-17 所示）。

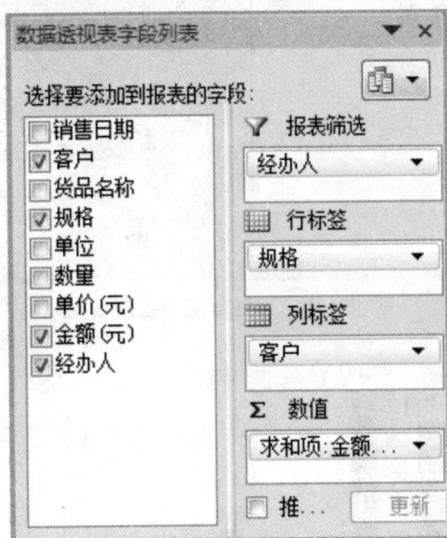

图 13-17 建立数据透视表结构

第三步：实现数据透视表（如图 13-18 所示）。

	A	B	C	D	E	F	G	H
1	经办人	（全部）						
2								
3	求和项:金额(元)	列标签						
4	行标签	北京马达	杭州千叶	南京利百	上海万城	天津国龙	浙江华泰	总计
5	宝田	2676	175		75			2926
6	顺扬				7260			7260
7	索龙	7960			1080	5320		14360
8	万美			1234	504	1360	1536	4634
9	喜龙华		2940					2940
10	意得利					6160	8050	14210
11	总计	10636	3115	1234	8919	12840	9586	46330

图 13-18 实现数据透视表

运用数据透视表还可以进行其他标志的分类统计，方法同上。

另外，用同样的方法还可以方便地建立不同结构的数据透视图（如图 13-19 至图 13-22 所示）。

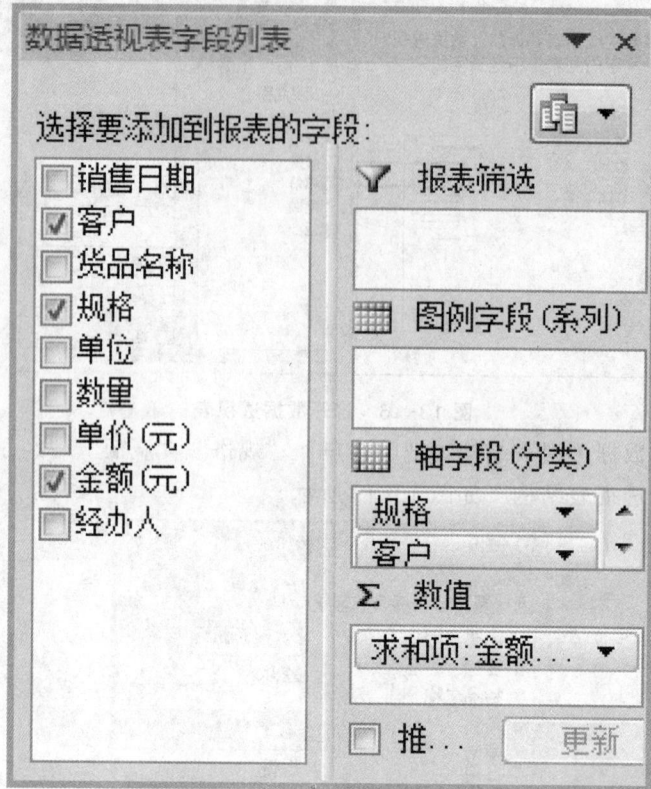

图 13-19　建立数据透视表结构

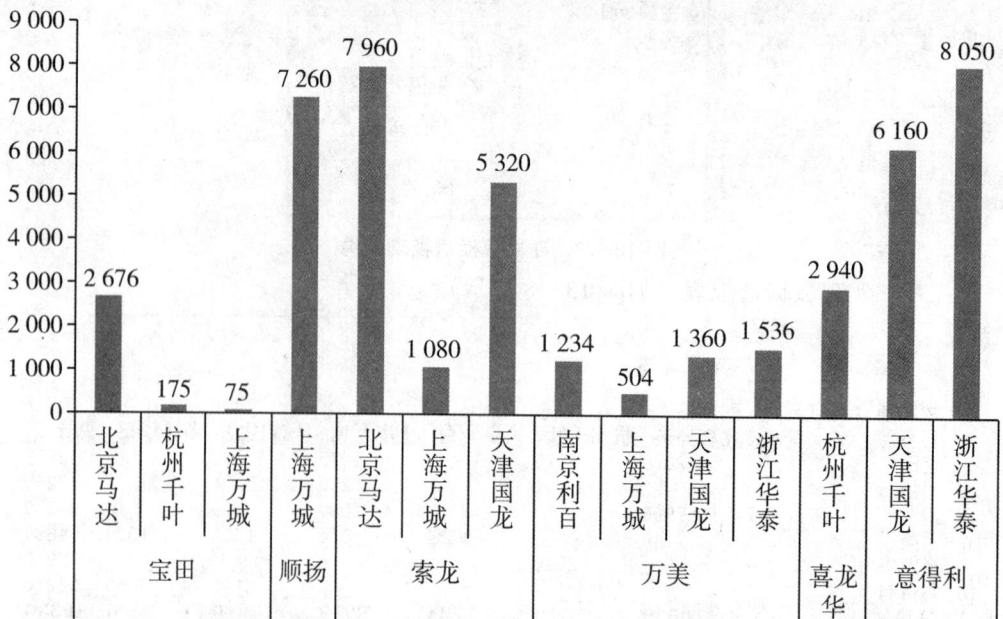

图 13-20　根据商品分类建立数据透视图

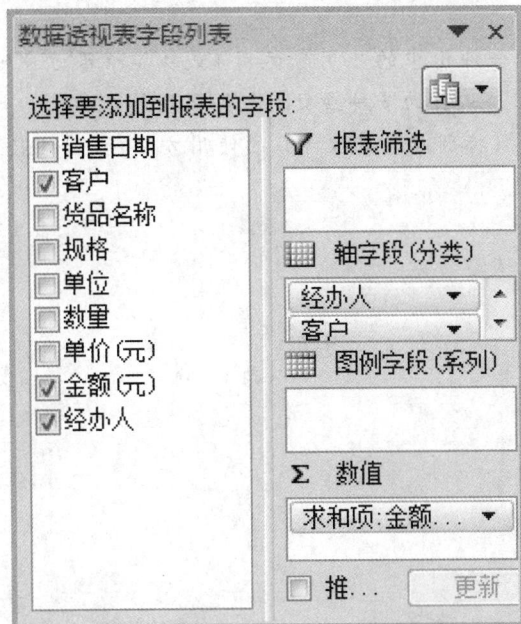

图 13-21 建立数据透视表结构

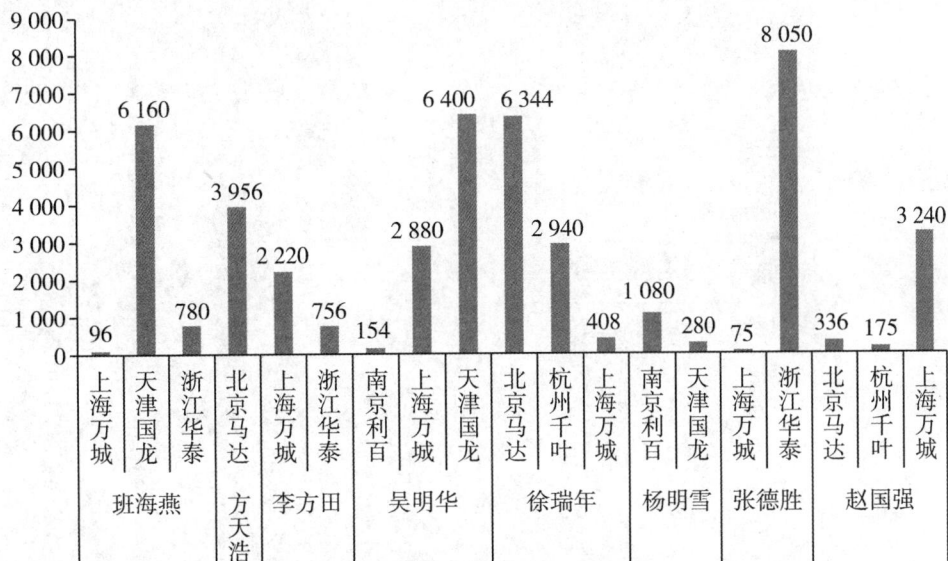

图 13-22 根据经办人分类建立数据透视图

本章小结

本章主要介绍了 Excel 在财务分析中的应用方法。其主要包括:

(1) Excel 的基本操作: Excel 的数据获取方法可以来自于 Access、来自于文本文件、来自于网站,也可以直接复制于其他数据库文件。Excel 的函数是其重要功能,包括数学函数、财务函数、文本函数、判断函数、查找函数、矩阵函数等。

(2) Excel 在财务比率分析中的应用。Excel 函数的数据获取功能能够方便地获得公司的财务报表,在此基础上运用 Excel 的公式和单元格引用功能能够方便地计算公司的财务指标。

（3）Excel 在财务综合评价中的应用。运用 Excel 能够很方便地进行公司财务状况的综合评价，其中会运用到 Excel 的多种函数、数据引用等工具。

（4）Excel 中的控件（特别是表单控件）的使用方法。（5）Excel 中的数据透视表的使用方法。

参考文献与推荐阅读

[1]ALTMAN E I.Financial Ratios，Discriminant Analysis and the Prediction of Corporate Bankruptcy[J].The Journal of Finance，Vol.23，No.4，1968：589-609.

[2]Excel Home.Excel 2007 实战技巧精粹[M].北京：人民邮电出版社，2010.

[3]Excel Home.Excel 2007 数据透视表应用大全[M].北京：人民邮电出版社，2012.

[4]奥尔特曼，霍奇基斯.公司财务危机与破产[M].罗菲，译.3 版.大连：东北财经大学出版社，2007.

[5]鲍新中，张一娜.现金流量表综合分析方法及其应用[J].财会通讯，2009（2）.

[6]博学工作室.Excel 2007 数据处理与分析范例精解[M].北京：机械工业出版社，2008.

[7]常雪梅.偿债能力分析的局限性及其改进方法初探[J].会计之友，2014（21）.

[8]丛珊珊.从现金流量分析企业的偿债能力[J].商场现代化，2014（19）.

[9]崔奇.如何从年报探析上市公司真实盈利能力[J].商业会计，2014（6）.

[10]戴天婧，张茹，汤谷良.财务战略驱动企业盈利模式——美国苹果公司轻资产模式案例研究.会计研究，2012（11）.

[11]丁以中.管理科学——运用 Spreadsheet 建模和求解[M].北京：清华大学出版社，2013.

[12]丁远，施托洛韦，勒巴.财务报告与分析：一种国际化视角[M].北京：机械工业出版社，2013.

[13]范霍恩，瓦霍维奇.财务管理基础[M].刘曙光，等，译.13 版.北京：清华大学出版社，2009.

[14]弗雷泽，奥米斯顿.财务报表解析[M].王立彦，曾建光，译.9 版.北京：北京大学出版社，2013.

[15]葛家澍，刘峰.论企业财务报告的性质及其信息的基本特征[J].会计研究，2011（12）.

[16]佚名.财务报告与控制[M].荆新，等，译.北京：中国人民大学出版社，2009.

[17]何瑛，周访.我国企业集团实施财务共享服务的关键因素的实证研究[J].会计研究，2013（10）.

[18]赫尔弗特.财务分析技术——价值创造指南[M].刘霄仑，朱晓辉，译.11 版.北京：人民邮电出版社，2010.

[19]胡玉明.财务报表分析[M].2 版.大连：东北财经大学出版社，2012.

[20]黄小莉.财务能力分析指标内在关系初探[J].财会通讯，2009（4）.

[21]施利特，皮勒.财务诡计：揭秘财务史上13大骗术44种手段[M].赵德银，等，译.北京：机械工业出版社，2012.

[22]江光光.上市公司自发性会计政策变更动机研究[J].经济研究导刊，2014（1）.

[23]兰德平.企业盈利能力分析指标的改进[J].科技创新导报，2010（5）.

[24]李秉成，田笑丰，曹芳.现金流量表分析指标体系研究[J].会计研究，2003（10）.

[25]李荔.走出财务黑洞——舞弊防范与识别之道[M].北京：经济科学出版社，2012.

[26]李馨，钟育红.现金流量表分析浅探[J].财会通讯，2006（1）.

[27]李云鹤，李湛，唐松莲.企业生命周期、公司治理与公司资本配置效率[J].南开管理评论，2011，14（3）.

[28]梁珣，陈亚男，等."獐子岛"内部控制失效的原因及改进建议[J].经济师，2015（1）.

[29]梁玥，冯晶，刘沁燕，等.我国信息技术服务业上市公司营运能力分析——基于创业板数据[J].中国管理信息化，2014（11）.

[30]林东杰，等.坏账准备计提与公司盈余质量的关系[J].南京审计学院学报，2013（5）.

[31]刘红霞.企业财务危机预警方法及系统的构建研究[M].北京：中国统计出版社，2005.

[32]刘金芹.基于所有者权益变动表的财务分析[J].会计之友，2010（6）.

[33]刘兰娟.经济管理中的计算机应用[M].北京：清华大学出版社，2013.

[34]刘李胜.上市公司财务管理——深层变革与创新[M].北京：经济科学出版社，2011.

[35]希金斯.财务管理分析[M].沈艺峰，等，译.8版.北京：北京大学出版社，2009.

[36]骆淑芳.所有者权益变动表的解析[J].商业会计，2011（12）.

[37]波特.竞争优势[M].陈丽芳，译.北京：中信出版社，2014.

[38]玛德，等.财务报告中的估值[M].李杰，孟祥军，译.大连：大连出版社，2010.

[39]纳鹏杰，纳超洪.企业集团财务管控与上市公司现金持有水平研究[J].会计研究，2012（5）.

[40]帕利普，等.经营分析与评价：有效利用财务报表[M].朱荣，等，译.4版.大连：东北财经大学出版社，2008.

[41]彭韶兵，邢精平.公司财务危机论[M].北京：清华大学出版社，2005.

[42]钱爱民，等.财务报表分析：案例分析与学习指导[M].3版.北京：中国人民大学出版社，2014.

[43]钱爱民.财务状况质量综合评价研究[M].北京：北京大学出版社，2011.

[44]任晨煌.解读新会计准则体系下的所有者权益变动表[J].财务与会计，2007（8）.

[45]上海国家会计学院.财务报表分析[M].北京：经济科学出版社，2012.

[46]罗斯，等.公司理财[M].方红星，译.9版.北京：机械工业出版社，2012.

[47]孙彭飞.江铃汽车偿债能力分析[N].企业导报，2014-01-01.

[48]唐亮.我国盈余质量评价指标的选择[J].管理观察，2008（2）.

[49]王棣华.企业固定资产管理相关内容的探讨[J].商业会计，2012（1）.

[50]王芳.中国高速频道公司舞弊案的分析和启示[J].新会计，2014（1）.

[51]王峰娟，张文海.宝钢股份股票回购的动机和影响[J].财务与会计，2014（1）.

[52]王国娇.如何突破企业偿债能力分析中的局限[J].商业会计，2009（3）.

[53]王化成.财务报表分析[M].北京：北京大学出版社，2014.

[54]王军会，岳春海.保利地产经营现金流为负下持续高派现的合理性探析[J].财务与会计，2013（1）.

[55]王兴德.基于Excel的XD建模法[M].北京：清华大学出版社，2008.

[56]尉然.论净资产与所有者权益的关系[N].企业导报，2010-02-03.

[57]温素彬.管理会计：理论·模型·案例[M].北京：机械工业出版社，2014.

[58]吴战篪，李晓龙.企业集团资金安全预警体系研究[J].会计研究，2013（2）.

[59]夏冬林.解读财务报表[[M].北京：中国人民大学出版社，2009.

[60]夏红雨.企业偿债能力分析的新视角[J].会计之友，2010（3）.

[61]熊楚熊.企业资产盈利能力分析[J].财务与会计，2009（24）.

[62]徐光华，柳世平，刘义鹃.财务报表解读与分析[M].北京：清华大学出版社，2008.

[63]徐光华，张瑞.企业社会责任与财务绩效相关性研究[J].财会通讯（学术版），2007（12）.

[64]杨华.基于管理记分法的上市公司财务危机预警研究[J].财会通讯，2013（11）.

[65]杨淑娥，等.企业多层次财务危机预警研究：方法与应用[M].北京：经济科学出版社，2009.

[66]杨应杰，冯雪琴.家电企业应收账款管理探析——以苏宁电器为例[J].中国农业会计，2014（4）.

[67]杨知宇，杨景海.基于现金流量视角的财务风险预警模型分析——以ST上市公司为例[J].会计之友，2014（30）.

[68]叶志瑾，陈武，孙建波，等.浅谈所有者权益变动表分析方法[J].会计师，2008（9）.

[69]袁春生.上市公司财务舞弊研究[M].北京：经济管理出版社，2010.

[70]张春雷.如何降低企业资产负债率[J].企业研究，2014（16）.

[71]张先治，陈友邦.财务分析[M].6版.大连：东北财经大学出版社，2014.

[72]张先治，陈友邦，秦志敏.财务分析习题与案例[M].3版.大连：东北财经大学出版社，2013.

[73]张新民，钱爱民.财务报表分析[M].3版.北京：中国人民大学出版社，2014.

[74]张新民.从报表看企业：数字背后的秘密[M].北京：中国人民大学出版社，2014.

[75]张琰.江铃汽车营运能力分析[J].现代商贸工业，2014（17）.

[76]赵冠华.企业财务困境分析与预测方法研究[M].北京：经济科学出版社，2011.

[77]赵国忠.财务报告分析[M].3版.北京：北京大学出版社，2010.

[78]赵琳.全面收益理论对我国会计准则改革的影响[J].会计之友，2012（7）.

[79]郑朝晖.上市公司的48大财务迷局[M].北京：机械工业出版社，2009.

[80]郑朝晖.远离财务骗术：夏草教你规避财报风险[M].北京：机械工业出版社，2010.

[81]中国注册会计师协会.财务成本管理[M].北京：中国财政经济出版社，2014.

[82]周凤.创业板首批上市 28 家公司股利政策研究[J].会计之友，2013（6）.

[83]周首华，杨济华，王平.论财务危机的预警分析——F 分数模式[J].会计研究，1996（8）.

[84]邹艳，王雪，等.公允价值计量在投资性房地产中的运用研究[J].会计研究，2013（9）.